国 有 財 産 の 概 要

第1　国有財産の制度

1．国有財産とは

国の所有する財産には，現金や預金のほか，土地・建物等の不動産，船舶・自動車・航空機等の動産，貸付金等の債権，著作権・特許権等の知的財産権，地上権・鉱業権等の用益物権等多種多様なものがある（広義の国有財産）が，ここにいう国有財産とは，国有財産法（昭和23年法律第73号）第2条及び附則第4条に規定されている財産（狭義の国有財産），すなわち第1表に示すものをいう。

第1表　国有財産の範囲

⑴　国有財産法第2条に規定する国有財産

- 国有財産
  - 物
    - 不動産
      - ⑴　土地
      - ⑵　土地の定着物（建物，立木竹等）
    - 動　産
      - ⑴　船舶，浮標，浮桟橋，浮ドック，航空機
      - ⑵　不動産及び⑴に掲げる動産の従物（昇降機，冷暖房装置等）
  - 財産権
    - 用益物権
      - ⑴　地上権
      - ⑵　地役権
      - ⑶　鉱業権
      - ⑷　以上のものに準ずる権利（採石権等）
    - 知的財産権
      - ⑴　特許権
      - ⑵　著作権
      - ⑶　商標権
      - ⑷　実用新案権
      - ⑸　以上のものに準ずる権利（意匠権等）
    - 有価証券等（国が資金又は積立金の運用及びこれに準ずる目的のために臨時に所有するものを除く。）
      - ⑴　株式
      - ⑵　新株予約権
      - ⑶　社債（特別の法律により法人の発行する債券に表示されるべき権利を含み，短期社債等を除く。）
      - ⑷　地方債
      - ⑸　信託の受益権
      - ⑹　以上のものに準ずるもの
      - ⑺　出資による権利

※　⑸信託の受益権には，国有財産法第28条の2の規定により行った不動産の信託の受益権が含まれる。

⑵　国有財産法附則第4条に規定する国有財産

旧陸軍省，海軍省及び軍需省の所管に属していた機械及び重要な器具

2．国有財産の分類及び種類

国有財産は，行政財産と普通財産とに分類され，行政財産は，さらに4つの種類に分けられている（国有財産法第3条）。

⑴　行政財産

イ．公用財産

国において国の事務，事業又はその職員の住居の用に供し，又は供するものと決定した財産（例えば，庁舎，国家公務員宿舎）

ロ．公共用財産

国において直接公共の用に供し，又は供するものと決定した財産（例えば，公園，道路，海浜地）

ハ．皇室用財産

国において皇室の用に供し，又は供するものと決定した財産（例えば，皇居，御所，御用邸，陵墓）

ニ．森林経営用財産

国において森林経営の用に供し，又は供するものと決定した財産

⑵　普通財産

普通財産とは，行政財産以外の一切の国有財産をいい，原則として特定の行政目的に直接供されることのないものであり，その内容は様々な性格の財産から構成されている。

これらの財産は，行政財産に近い性格を有する財産とそれ以外の財産に大別できる。前者の例としては，イ．国が政策目的を達成するために特別の法律の規定に基づいて行った現金出資又は現物出資により取得した出資による権利，ロ．アメリカ合衆国の軍隊に条約に基づき提供するキャンプ地，飛行場，港湾施設等があり，通常の普通財産のように自由に処分することはできないものである。後者の財産は，その時々の社会的要請に即応して効率的，かつ，適正に管理又は処分を行うべき性質の財産である。

また，取得の経緯からみると，相続税法等の規定により租税物納として金銭に代えて国庫に納付され普通財産となったもの，又は行政財産が不要となって本来の行政目的に供されなくなった場合，すなわち用途廃止されて普通財産となったもの等がある。

3．国有財産の管理及び処分

⑴　管理処分の仕組み

国有財産の管理とは，これを取得し，維持保存し，又は貸付け等の運用をすることであり，処分とは，売払い，交換，譲与，信託等をすることをいう。これら管理処分の仕組みは，行政財産と普通財産とでは異なっている。

行政財産は各省各庁の長が管理するが（国有財産法第５条），国有財産法に定める場合（例えば，地方公共団体等がその経営する鉄道等の施設の用に供する場合において，これらの者のために地上権を設定する場合，庁舎等の一部に余裕がある場合で，当該余裕部分を国以外の者に貸し付ける場合等）のほか，これを売払い，貸付け，又はこれに私権を設定することはできないことになっている（国有財産法第18条）。

これに対し，普通財産は原則として財務大臣が管理処分し（国有財産法第６条），これを売払い，貸付け，又はこれに私権を設定することも可能である（国有財産法第20条）。

行政財産が不要となった場合は，各省各庁の長は，その用途を廃止して普通財産とし，これを財務大臣に引き継がなければならない（国有財産法第８条）。もっとも，交換や取こわしの目的で用途廃止するもの等引継不適当の財産や国債整理基金特別会計等10の特別会計に属する財産は，用途廃止後もそのまま所管の各省各庁の長が，管理処分を行うこととなっている。

財務大臣は，普通財産を管理処分するとともに，国有財産の管理処分の総括を行っている（国有財産法第７条）。国有財産の総括とは，国有財産の適正な方法による管理処分を行うため，国有財産の制度を整え，その管理処分の事務を統一し，その増減，現在額及び現状を明らかにし，並びにその管理処分について，必要な調整をすることをいう（国有財産法第４条）。

この国有財産の総括に関する事務の具体的な内容としては，イ．国有財産に関する資料若しくは報告を求め，実地監査をし，又は用途の変更，用途の廃止，所管換その他必要な措置を求めること（国有財産法第10条）ロ．所管換の協議を受けること（国有財産法第12条）ハ．取得，処分等の協議を受けること（国有財産法第14条）等がある。

なお，財務大臣の行う総括事務や各省各庁の長の行う管理処分の事務は，その一部を下部機関である部局等の長に委任できることとなっている（国有財産法第９条第１項及び第２項）。また，管理処分の事務の一部は，都道府県又は市町村が行うことができることとなっている（国有財産法第９条第３項及び第４項）。

⑵　国有財産台帳

イ．国有財産の管理処分を適正，かつ，効率的に行うためには，国有財産の現況を正確に把握することが必要である。そのため各省各庁又はその下部機関の部局等は，国有財産台帳を備えて，その所管する財産の現況を記録することとされている（国有財産法第32条）。

この国有財産台帳は，財産の区分（土地，立木竹，建物，工作物等の区別をいう。），種目（土地における敷地，宅地，原野等の区別，建物における事務所建，住宅建等の区別をいう。），所在，数量，価格，得喪変更の年月日及び事由，その他必要な事項を記録することになっている。したがって，国有財産の取得，所管換，処分その他の事由によって，これに変動が生じた場合には，その増減を台帳に記録して整理を行っている。

国有財産は，原則として国有財産台帳に記録されるが，例外として記録されないものがある（国有財産法第38条）。これは，（イ）公共用財産のうち公園，広場として公共の用に供し，又は供するものと決定したもの以外のもの（すなわち，道路，河川，海浜地等）と，（ロ）一般会計に属する普通財産のうち都道府県道又は市町村道の用に供するため貸し付けたものである。

なお，これらの財産については，所管大臣がそれぞれの管理法規により，管理を行うための公共物の管理台帳を作成することとなっている。

また，このほか，実際上国有財産台帳に記録されていない国有財産（いわゆる脱落地）があるが，これらについては，実態を把握する都度，台帳に記録することとしている。

ロ．国有財産台帳に新たに登録される価格は，原則として取得価格である。この台帳価格については，財務大臣が指定するものを除き，その後の価格変動等に伴う修正を行うため，国有財産法施行令第23条の規定に基づき，毎年度，評価替（以下「価格改定」という。）を行うこととしている。

(注)　価格改定の評価方法

・土地…原則として，相続税評価額
・建物，工作物等…改定前台帳価格から減価償却額を控除した額
・政府出資等…市場価格のあるものは市場価格，市場価格のないものは純資産額

ハ．平成22年１月からの国有財産総合情報管理システムの実施に伴い，国有財産台帳は電子化されている。

⑶　国有財産増減及び現在額報告書等，同総計算書等

各省各庁の長は，その所管する国有財産について，年度間の増減及び当該年度末の現在額を，国有財産増減及び現在額報告書として作成することとなっている。また，その所管する国有財産のうち，国有財産法の規定により無償貸付をした財産について国有財産無償貸付状況報告書を作成することとなっている。

各省各庁の長はこれらの報告書を財務大臣に送付し，財務大臣はこれらに基づき国有財産増減及び現在額総計算書並びに国有財産無償貸付状況総計算書を作成することとされている（国有財産法第33条及び第36条）。

財務大臣は，この両総計算書を内閣に送付し，内閣はこれらを会計検査院に送付して検査を受けたうえ，翌年度開会の国会の常会に報告することとなっている（国有財産法第34条及び第37条）。

なお，平成15年度決算からは，国会からの「決算の早期化」の要請を受けて，両総計算書を国有財産法の規定よりも２ヶ月程度早く国会に報告することとされたところである。

（注）1．本特集号の国有財産に関する現在額等の統計数字は，令和４年度国有財産増減及び現在額総計算書並びに国有財産無償貸付状況総計算書に基づき作成したものである。

2．統計の配列は，総括関係統計，行政財産関係統計，普通財産関係統計の順とし，巻末に参考資料を掲載した。

第２　国有財産の現在額

1．国有財産の総額

国有財産の令和４年度末における現在額は，131兆8,347億円であり，そのうち行政財産は26兆5,627億円（20.1％），普通財産は105兆2,720億円（79.9％）である。

（注）　国有財産の総額には，公共用財産のうち，道路，河川，海浜地等は含まれていない。

2．区分別現在額（統計１，２，８，20，24参照）

令和４年度末現在の国有財産を区分別にみると第２表のとおりであり，政府出資等が総額の75.0％を，土地が15.2％を占め，次いで立木竹，建物，工作物の順となっている。

(1)　土地

土地の現在額は87,563㎢，19兆9,816億円であり，この面積は，国土面積377,973㎢の約23.2％に相当する。

土地のうち，行政財産は86,665㎢，14兆8,233億円であり，普通財産は898㎢，５兆1,582億円である。

行政財産のうち，面積の主なものは，農林水産省所管の森林経営用財産85,307㎢（１兆519億円）である（第３表参照）。価格の主なものは，公用財産の12兆3,785億円（1,202㎢）であって，その主なものは，防衛省所管の４兆2,778億円（1,013㎢），国土交通省所管の１兆5,845億円（89㎢）及び財務省所管の１兆3,730億円（８㎢）である。

また，普通財産の土地の現況は第４表のとおりであって，アメリカ合衆国の軍隊への提供を行っているもの68㎢，２兆859億円，公園等として地方公共団体等へ貸し付けしているもの89㎢，２兆858億円が大半を占めている。

(2)　立木竹

立木竹の現在額は３兆9,562億円であって，行政財産は３兆9,381億円であり，普通財産は180億円である。

行政財産の主なものは，農林水産省所管の森林経営用財

第２表　令和４年度末国有財産区分別現在額

（令和５年３月31日現在）（単位　億円）

区分	数量単位	数量	価格
土地	千平方メートル	87,563,617	199,816
立木竹			39,562
建物	延べ千平方メートル	58,796	33,904
工作物			25,197
機械器具			0
船舶	隻	2,342	16,075
航空機	機	1,570	10,411
地上権等	千平方メートル	3,230	32
特許権等	千件	1,906	11
政府出資等			988,724
不動産の信託の受益権	件	2	4,612
合計			**1,318,347**

（注）1．公園・広場以外の，道路・河川・海浜地等の公共用財産は含まれていない。
2．計数は，単位未満を切り捨てているため，合計欄の数字と内訳の計とは一致しないことがある。

第２表　参　考

（単位　億円）

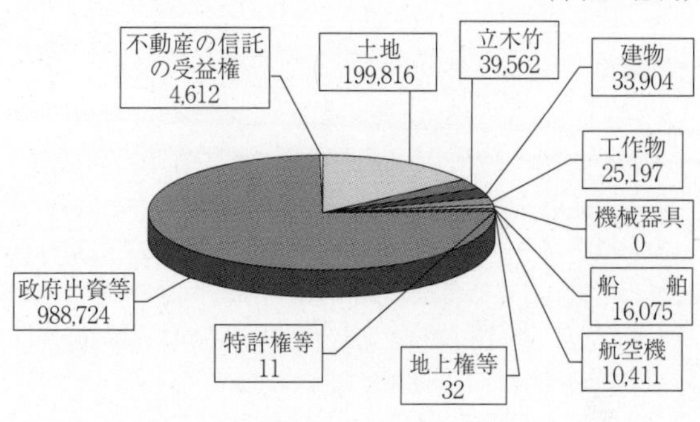

第３表　行政財産（土地）の現況

（令和５年３月31日現在）（単位　千㎡，億円，％）

種類	数量	割合	価格	割合
公用財産	1,202,363	1.4	123,785	83.5
うち　防衛省所管	1,013,093	1.2	42,778	28.9
うち　国土交通省所管	89,866	0.1	15,845	10.7
公共用財産	136,945	0.2	6,804	4.6
皇室用財産	19,055	0.0	7,124	4.8
森林経営用財産	85,307,077	98.4	10,519	7.1
合計	**86,665,441**	**100.0**	**148,233**	**100.0**

（注）　数量及び価格は，単位未満を切り捨てており，割合は単位未満を四捨五入しているため，合計欄の数字と内訳の計とは一致しないことがある。

第４表　普通財産（土地）の現況

（令和５年３月31日現在）（単位　千㎡，億円，％）

区分	数量	割合	価格	割合
一般会計所属財産	896,253	99.8	50,992	98.9
在日米軍への提供地	68,566	7.6	20,859	40.4
地方公共団体等への貸付地	89,665	10.0	20,858	40.4
時価貸付	15,175	1.7	4,828	9.4
無償貸付	71,314	7.9	14,578	28.3
減額貸付	3,175	0.4	1,452	2.8
未利用国有地	9,208	1.0	5,283	10.2
その他（山林原野等）	728,812	81.1	3,990	7.7
特別会計所属財産	1,922	0.2	590	1.1
合計	898,176	100.0	51,582	100.0

（注）　数量及び価格は，単位未満を切り捨てており，割合は単位未満を四捨五入しているため，合計欄の数字と内訳の計とは一致しないことがある。

産３兆8,349億円である。

また，普通財産の主なものは，環境省所管の94億円である。

⑶　**建物**

建物の現在額は延べ面積（以下「延べ」という。）58㎢，３兆3,904億円であって，行政財産は延べ48㎢，２兆9,189億円であり，普通財産は延べ９㎢，4,714億円である。

行政財産の主なものは，公用財産延べ48㎢，２兆8,483億円であって，その主なものは，防衛省所管の延べ18㎢，9,857億円，財務省所管の延べ９㎢，4,543億円及び法務省所管の延べ６㎢，4,059億円である。

また，普通財産の主なものは，財務省所管の延べ６㎢，3,212億円及び防衛省所管の延べ３㎢，1,284億円である。

⑷　**工作物**

工作物の現在額は２兆5,197億円であって，行政財産は２兆2,292億円であり，普通財産は2,904億円である。

行政財産の主なものは，公用財産２兆986億円であって，その主なものは，国土交通省所管の7,992億円，防衛省所管の5,122億円及び経済産業省所管の3,117億円である。

また，普通財産の主なものは，財務省所管の1,773億円及び防衛省所管の1,064億円である。

⑸　**機械器具**

機械器具の現在額は20円であって，そのすべてが財務省所管一般会計の普通財産である。機械器具は，旧陸軍省，海軍省及び軍需省の所管に属していた機械及び重要な器具であり，国有財産法附則第４条の規定によって国有財産とされている。

⑹　**船舶**

船舶の現在額は2,342隻，１兆6,075億円であって，行政財産は2,314隻，１兆6,075億円であり，普通財産は28隻，0.2億円である。

行政財産の主なものは，公用財産2,235隻，１兆6,075億円であって，その主なものは，防衛省所管の478隻，１兆3,190億円及び国土交通省所管の1,522隻，2,546億円である。

また，普通財産の主なものは，防衛省所管の17隻，0.2億円である。

⑺　**航空機**

航空機の現在額は1,570機，１兆411億円であって，行政財産は1,563機，１兆410億円であり，普通財産は７機，0.7億円である。

行政財産はすべて公用財産であって，その主なものは，防衛省所管の1,369機，9,689億円及び国土交通省所管の107機，544億円である。

⑻　**地上権等**（統計９，10参照）

地上権等（地上権，地役権，鉱業権等）の現在額は３㎢，32億円であって，行政財産は３㎢，32億円であり，普通財産は１千㎡，５百万円である。

行政財産の主なものは，公用財産３㎢，32億円であって，その主なものは，環境省所管の地上権２㎢，22億円である。

また，普通財産の主なものは，財務省所管の地役権0.1千㎡，４百万円である。

⑼　**特許権等**（統計９，10参照）

特許権等（特許権，著作権，商標権，実用新案権等）の現在額は1,906千件，11億円であって，行政財産は1,906千件，11億円であり，普通財産は0.1千件，0.4億円である。

行政財産はすべて公用財産であって，その主なものは，国土交通省所管の著作権1,902千件，10億円である。

また，普通財産の主なものは，農林水産省所管の著作権１件，0.4億円である。

⑽　**政府出資等**

政府出資等の現在額は国有財産総額の75.0％に及ぶ98兆8,724億円であって，その99.3％に当たる98兆2,221億円は，国が特別の法律（国際条約を含む。）の規定に基づいて独立行政法人等に対して出資等を行ったことにより取得した出資による権利，株式等の普通財産である。

政府出資の現在額を会計別，出資法人の種類別にみると第５表のとおりであって，このうち，66兆7,533億円は一般会計からの，31兆4,687億円は特別会計からの出資である。

一般会計からの出資の主なものは，株式会社日本政策金融公庫（13兆9,773億円），独立行政法人日本高速道路保有・債務返済機構（10兆7,752億円），独立行政法人国際協力機構（10兆2,702億円），及び国際開発協会（３兆8,388億円）への出資である。

特別会計からの出資の主なものは，外国為替資金特別会計から国際通貨基金（５兆7,032億円），年金特別会計から全国健康保険協会（４兆9,135億円），財政投融資特別会計

第５表　政府出資現在額

（令和５年３月31日現在）（単位　億円）

政府出資法人	法人数	国有財産台帳価格		
		一般会計	特別会計	合計
金融機関	2	1,576	127	1,703
事業団等	9	12,800	50,670	63,471
独立行政法人	83	332,116	38,211	370,328
国立大学法人	82	78,908	–	78,908
大学共同利用機関法人	4	3,250	–	3,250
特殊会社	30	169,250	168,645	337,896
国際機関	11	69,538	57,032	126,570
清算法人等	4	91	–	91
合計	225	667,533	314,687	982,221

（注）1. 市場価格のある株式及び出資証券は市場価格により，また，市場価格のないものは各法人及び各勘定の貸借対照表の総資産から総負債を差し引いた純資産額により，それぞれ年度末時点で評価したものとしている（国有財産台帳価格）。
2. 金融機関…沖縄振興開発金融公庫及び日本銀行。
3. 事業団等…日本私立学校振興・共済事業団外８事業団等。
4. 独立行政法人…国立公文書館外82法人。
5. 国立大学法人…北海道大学外81国立大学法人。
6. 大学共同利用機関法人…人間文化研究機構外３大学共同利用機関法人。
7. 特殊会社…日本電信電話株式会社外29会社。
8. 国際機関…国際通貨基金外10機関。
9. 清算法人等…日本製鐵株式会社外１清算法人及び南方開発金庫外１閉鎖機関。
10. 計数は，単位未満を切り捨てているため，合計欄の数字と内訳の計とは一致しないことがある。

から日本電信電話株式会社（４兆6,249億円），財政投融資特別会計から株式会社日本政策投資銀行（３兆8,865億円）及び財政投融資特別会計から株式会社国際協力銀行（２兆9,085億円）への出資である。

（法人別内訳及び法人の概要は統計13，14参照）

⑾　不動産の信託の受益権

不動産の信託の受益権の現在額は，財務省所管の普通財産２件，4,612億円である。

３．会計別・分類別・種類別現在額（統計３，８参照）

令和４年度末現在の国有財産を会計別，分類別，種類別にみると第６表のとおりである。

また，公用財産，公共用財産，皇室用財産，森林経営用財産及び普通財産について，それぞれの用途別の割合を図示すれば第６表（参考）のとおりである。

なお，行政財産及び普通財産について，区分別に表示すると第７表のとおりである。

４．所管別現在額（統計５，18，20，24参照）

令和４年度末現在の国有財産を所管別にみると第８表のとおりである。現在額の73.9％に当たる97兆4,055億円が財務省

第６表　国有財産会計別・分類別・種類別現在額（令和５年３月31日現在）

（単位　億円，％）

分類・種類	土地		建物		その他			計	
	数量	価格	数量	価格	価格	うち		価格	割合
（一般会計）	千平方メートル		延べ千平方メートル						
行政財産	86,590,868	135,116	46,679	27,719	78,067	立木竹	39,323	240,904	24.8
公用財産	1,127,790	110,668	45,838	27,013	38,235	船舶	16,028	175,917	18.1
公共用財産	136,945	6,804	621	578	794	工作物	635	8,177	0.8
皇室用財産	19,055	7,124	219	127	137	工作物	120	7,388	0.8
森林経営用財産	85,307,077	10,519	–	–	38,900	立木竹	38,349	49,420	5.1
普通財産	896,253	50,992	9,757	4,696	675,296	政府出資等	667,603	730,984	75.2
計	87,487,122	186,109	56,436	32,415	753,364			971,888	100.0
（特別会計）									
行政財産	74,573	13,117	2,225	1,469	10,136	工作物	9,975	24,723	7.1
公用財産	74,573	13,117	2,225	1,469	10,136	工作物	9,975	24,723	7.1
公共用財産	–	–	–	–	–		–	–	–
皇室用財産	–	–	–	–	–		–	–	–
森林経営用財産	–	–	–	–	–		–	–	–
普通財産	1,922	590	134	18	321,126	政府出資等	321,120	321,735	92.9
計	76,495	13,707	2,359	1,488	331,263			346,459	100.0
（合計）									
行政財産	86,665,441	148,233	48,905	29,189	88,204	立木竹	39,381	265,627	20.1
公用財産	1,202,363	123,785	48,064	28,483	48,371	工作物	20,986	200,640	15.2
公共用財産	136,945	6,804	621	578	794	工作物	635	8,177	0.6
皇室用財産	19,055	7,124	219	127	137	工作物	120	7,388	0.6
森林経営用財産	85,307,077	10,519	–	–	38,900	立木竹	38,349	49,420	3.7
普通財産	898,176	51,582	9,891	4,714	996,423	政府出資等	988,724	1,052,720	79.9
合計	87,563,617	199,816	58,796	33,904	1,084,627			1,318,347	100.0

（注）1. 一般会計合計額と特別会計合計額の割合は，一般会計73.7％，特別会計26.3％である。
2.「その他」は，立木竹，工作物，機械器具，船舶，航空機，地上権等，特許権等，政府出資等及び不動産の信託の受益権である。
3. 数量及び価格は，単位未満を切り捨てており，割合は単位未満を四捨五入しているため，合計欄の数字と内訳の計とは一致しないことがある。

第6表 （参考）国有財産分類別・種類別現在額（令和5年3月31日現在）

1．分類・種類別

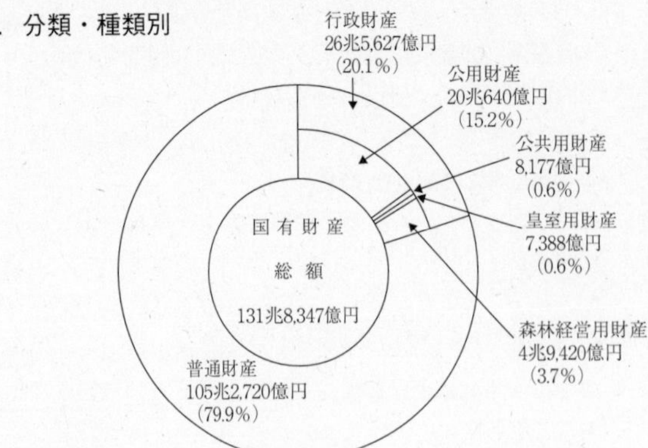

2．行政財産

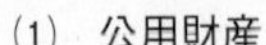

(1) 公用財産

(3) 皇室用財産

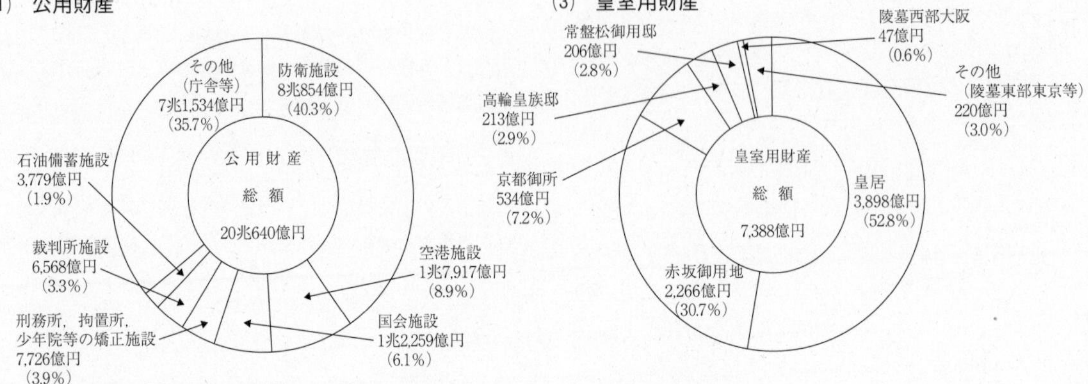

(2) 公共用財産

(4) 森林経営用財産

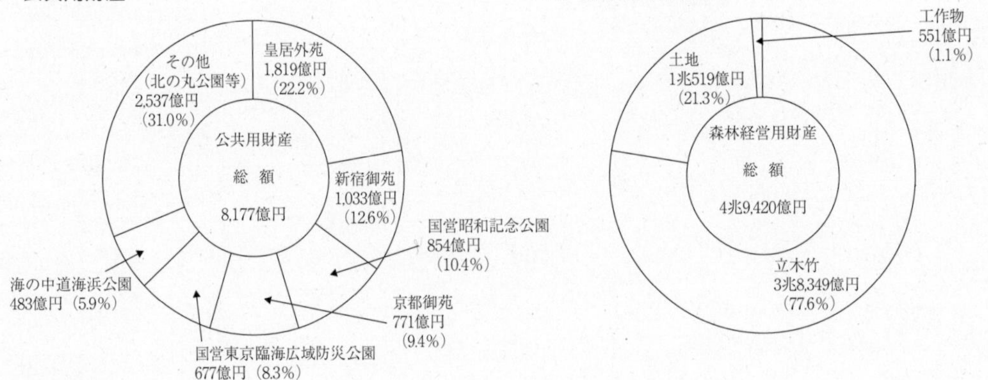

3．普通財産

(1) 総額

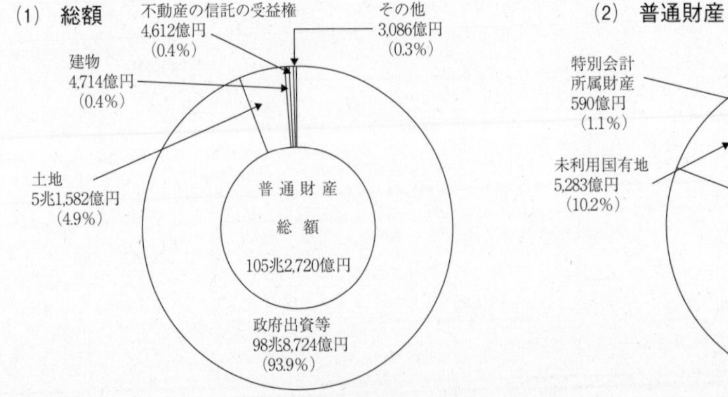

(2) 普通財産（土地）

普通財産
（土地）総額
5兆1,582億円

特別会計
所属財産
590億円
（1.1%）

その他
（山林原野等）
3,990億円
（7.7%）

未利用国有地
5,283億円
（10.2%）

在日米軍への提供地
2兆859億円
（40.4%）

地方公共団体
等への貸付地
2兆858億円
（40.4%）

第７表　国有財産分類別・区分別現在額

（令和５年３月31日現在）（単位　億円，％）

分類・区分	価格	割合
行政財産	265,627	20.1
土地	148,233	11.2
立木竹	39,381	3.0
建物	29,189	2.2
工作物	22,292	1.7
船舶・航空機	26,485	2.0
その他	44	0.0
普通財産	1,052,720	79.9
土地	51,582	3.9
立木竹	180	0.0
建物	4,714	0.4
工作物	2,904	0.2
機械器具	0	0.0
船舶・航空機	1	0.0
政府出資等	988,724	75.0
その他	4,612	0.3
合計	1,318,347	100.0

（注）1. 上記は，国有財産増減及び現在額総計算書に基づき作成したものであり，道路，河川等は含まれていない。
2. 価格は，単位未満を切り捨てており，割合は単位未満を四捨五入しているため，合計欄の数字と内訳の計とは一致しないことがある。

所管に係るものであって，その98.0％は普通財産95兆4,893億円（主として政府出資等89兆5,064億円）である。

次に，防衛省所管に係るものが総額の6.3％，８兆3,236億円であって，その97.1％は行政財産８兆854億円（主として土地４兆2,778億円）である。

以下，厚生労働省所管に係るものが総額の5.1％，６兆7,427億円であって，その92.7％は普通財産６兆2,486億円（主として政府出資等６兆2,427億円），農林水産省所管に係るものが総額の4.1％，５兆3,725億円であって，その97.6％は行政財産５兆2,437億円（主として立木竹３兆8,760億円）の順となっている。

第３　国有財産の増減額

１．増減の総額（統計15，16参照）

国有財産の令和４年度中の総増加額は８兆3,041億円，総減少額は３兆179億円であって，差し引き５兆2,862億円の純増加となっている。

２．区分別増減額（統計15参照）

令和４年度における国有財産の増減額を区分別にみると第９表のとおりである。この増減額から価格改定の結果による増減額を差し引いた増減額は第10表のとおりであって，増加した主なものは，政府出資等2,999億円（１兆255億円増加，7,255億円減少）及び工作物2,903億円（3,237億円増加，333億円減少）である。また，価格改定による増減額は第11表のとおりである。

３．会計別増減額

令和４年度における国有財産の増減額を会計別にみると第12表のとおりである。この増減額から価格改定の結果による増減額を差し引いた増減額は第13表のとおりであって，一般会計は１兆4,572億円（１兆9,134億円増加，4,561億円減少）の増加，特別会計は518億円（4,612億円増加，5,130億円減少）の減少となっている。

特別会計の増加の主なものは，財政投融資特別会計2,979億円，自動車安全特別会計749億円及びエネルギー対策特別会計520億円，減少の主なものは，財政投融資特別会計4,207億円及び年金特別会計472億円である。

４．分類別・種類別増減額

令和４年度における国有財産の増減額を分類別，種類別にみると第14表のとおりである。この増減額から価格改定による増減額を差し引いた増減額は第15表のとおりであって，行政財産の純増加額は１兆981億円であり，普通財産の純増加額は3,073億円である。

５．所管別増減額（統計16参照）

令和４年度における国有財産の増減額を所管別にみると第16表のとおりである。この増減額から価格改定の結果による増減額を差し引いた増減額は第17表のとおりであって，増加した主なものは，防衛省所管の6,667億円（6,900億円増加，233億円減少），減少したものは，厚生労働省所管の737億円（118億円増加，855億円減少）である。

６．事由別増減額（統計15，16参照）

国有財産の増減を事由別に大別すると，国と国以外の者との間の異動と，国の内部における異動とに分けることができる。

前者を対外的異動，後者を対内的異動とすれば，購入，売払，出資等は対外的異動であり，所管換（各省各庁の長の間において国有財産の所管を移すことをいう。），所属替（同一所管内において二以上の部局等がある場合に，一の部局等に所属する国有財産を他の部局等の所属に移すことをいう。）等は対内的異動である。

対外的異動には，増加については，歳出を伴うもの（購入，新築，新設等）と歳出を伴わないもの（租税物納等）があり，減少については，歳入を伴うもの（売払，出資金回収等）と歳入を伴わないもの（譲与，取こわし等）がある。

対内的異動は，調整上の増減，整理上の増減及び価格改定上の増減に分けることができる。

第８表　国有財産分類別・所管別現在額（令和５年３月31日現在）

（単位　億円，％）

分類・所管	土地		建物		その他			計	
	数量	価格	数量	価格	価格	うち		価格	割合
（行政財産）	千平方メートル		延べ千平方メートル						
衆議院	360	7,774	621	631	142	工作物	136	8,548	3.2
参議院	135	3,418	221	227	64	工作物	56	3,711	1.4
最高裁判所	2,160	4,688	2,022	1,515	365	工作物	351	6,568	2.5
会計検査院	46	15	12	4	1	工作物	1	21	0.0
内閣	325	322	59	47	30	工作物	29	401	0.2
内閣府	23,658	16,764	2,516	1,647	880	工作物	648	19,292	7.3
デジタル庁	–	–	1	4	6	工作物	6	11	0.0
総務省	305	1,361	288	227	55	工作物	45	1,643	0.6
法務省	38,120	8,995	6,338	4,059	1,147	工作物	1,108	14,201	5.3
外務省	1,077	2,802	610	1,039	758	工作物	751	4,600	1.7
財務省	8,857	13,730	9,026	4,543	887	工作物	797	19,162	7.2
文部科学省	5,032	3,044	269	338	44	工作物	42	3,427	1.3
厚生労働省	9,741	3,323	2,146	1,281	336	工作物	323	4,940	1.9
農林水産省	85,311,489	12,542	1,033	282	39,612	立木竹	38,760	52,437	19.7
経済産業省	11,595	3,302	378	190	3,183	工作物	3,117	6,675	2.5
国土交通省	127,430	18,622	4,955	2,931	11,693	工作物	8,410	33,247	12.5
環境省	112,011	4,746	316	359	774	工作物	722	5,880	2.2
防衛省	1,013,093	42,778	18,085	9,857	28,218	船舶	13,190	80,854	30.4
計	**86,665,441**	**148,233**	**48,905**	**29,189**	**88,204**			**265,627**	**100.0**
（普通財産）									
衆議院	–	–	–	–	–		–	–	–
参議院	–	–	–	–	–		–	–	–
最高裁判所	–	–	–	–	–		–	–	–
会計検査院	–	–	–	–	–		–	–	–
内閣	–	–	–	–	–		–	–	–
内閣府	–	–	0	0	94	政府出資等	93	94	0.0
デジタル庁	–	–	–	–	–		–	–	–
総務省	12	0	2	0	0	工作物	0	0	0.0
法務省	1	98	0	0	–		–	98	0.0
外務省	28	2	16	14	11	工作物	11	28	0.0
財務省	670,001	50,181	6,393	3,212	901,499	政府出資等	895,064	954,893	90.7
文部科学省	138	1	22	20	1,830	政府出資等	1,830	1,852	0.2
厚生労働省	279	50	53	7	62,428	政府出資等	62,427	62,486	5.9
農林水産省	225,063	874	15	2	410	政府出資等	408	1,288	0.1
経済産業省	5	0	1	1	20,940	政府出資等	20,940	20,942	2.0
国土交通省	2,636	370	7	2	7,919	政府出資等	7,914	8,293	0.8
環境省	–	–	276	168	191	立木竹	94	359	0.0
防衛省	9	1	3,101	1,284	1,096	工作物	1,064	2,382	0.2
計	**898,176**	**51,582**	**9,891**	**4,714**	**996,423**			**1,052,720**	**100.0**
（合計）									
衆議院	360	7,774	621	631	142	工作物	136	8,548	0.6
参議院	135	3,418	221	227	64	工作物	56	3,711	0.3
最高裁判所	2,160	4,688	2,022	1,515	365	工作物	351	6,568	0.5
会計検査院	46	15	12	4	1	工作物	1	21	0.0
内閣	325	322	59	47	30	工作物	29	401	0.0
内閣府	23,658	16,764	2,516	1,647	974	工作物	648	19,386	1.5
デジタル庁	–	–	1	4	6	工作物	6	11	0.0
総務省	317	1,361	290	227	55	工作物	45	1,644	0.1
法務省	38,122	9,093	6,338	4,059	1,147	工作物	1,108	14,300	1.1
外務省	1,105	2,804	627	1,053	770	工作物	763	4,629	0.4
財務省	678,858	63,912	15,420	7,755	902,387	政府出資等	895,064	974,055	73.9
文部科学省	5,171	3,046	291	358	1,874	政府出資等	1,830	5,279	0.4
厚生労働省	10,021	3,373	2,200	1,289	62,764	政府出資等	62,427	67,427	5.1
農林水産省	85,536,552	13,416	1,048	285	40,023	立木竹	38,762	53,725	4.1
経済産業省	11,600	3,302	380	191	24,123	政府出資等	20,940	27,617	2.1
国土交通省	130,066	18,993	4,963	2,934	19,613	工作物	8,413	41,540	3.2
環境省	112,011	4,746	593	527	966	工作物	774	6,240	0.5
防衛省	1,013,102	42,779	21,187	11,141	29,314	船舶	13,190	83,236	6.3
計	**87,563,617**	**199,816**	**58,796**	**33,904**	**1,084,627**			**1,318,347**	**100.0**

（注）1.「その他」は，立木竹，工作物，機械器具，船舶，航空機，地上権等，特許権等，政府出資等及び不動産の信託の受益権である。
2. 数量及び価格は，単位未満を切り捨てており，割合は単位未満を四捨五入しているため，合計欄の数字と内訳の計とは一致しないことがある。

第9表　国有財産区分別増減額（令和4年度）

（単位　億円，％）

区分		数量単位	増			減			差引	
			数量	価格	割合	数量	価格	割合	数量	価格
土地		千平方メートル	8,770	3,302	4.0	124,321	1,541	5.1	△115,551	1,760
立木竹	樹木	千本	53	171	(0.2)	81	14	(0.0)	△27	156
	立木	千立方メートル	27,758	3,789	(4.6)	6,834	636	(2.1)	20,924	3,153
	竹	千束	0	1	(0.0)	0	0	(0.0)	△0	1
	計			3,962	4.8		650	2.2		3,311
建物	建面積	千平方メートル	438	2,047	2.5	438	2,055	6.8	0	△7
	延べ面積	千平方メートル	1,042			897			144	
工作物				3,237	3.9		3,275	10.9		△38
機械器具				–	–		–	–		–
船舶	汽船	隻	84	620	(0.7)	86	733	(2.4)	△2	△112
		千トン	24			22			1	
	艦船	隻	26	2,535	(3.1)	19	1,907	(6.3)	7	627
		千トン	31			12			18	
	雑船	隻	75	4	(0.0)	75	4	(0.0)	–	△0
	計	隻	185	3,160	3.8	180	2,645	8.8	5	514
航空機		機	44	2,722	3.3	42	3,722	12.3	2	△1,000
地上権等		千平方メートル	105	3	0.0	3	0	0.0	101	3
特許権等		千件	15	0	0.0	1	1	0.0	13	△1
政府出資等				62,570	75.3		16,285	54.0		46,284
不動産の信託の受益権		件	–	2,034	2.5	–	–	–	–	2,034
合計				**83,041**	**100.0**		**30,179**	**100.0**		**52,862**

（注）　数量及び価格は，単位未満を切り捨てており，割合は単位未満を四捨五入しているため，合計欄の数字と内訳の計とは一致しないことがある。

第10表　国有財産区分別増減額（令和4年度）
（価格改定による増減額を除いたもの）

（単位　億円，％）

区分		数量単位	増			減			差引	
			数量	価格	割合	数量	価格	割合	数量	価格
土地		千平方メートル	8,770	886	3.7	124,321	805	8.3	△115,551	80
立木竹	樹木	千本	53	3	(0.0)	81	14	(0.2)	△27	△10
	立木	千立方メートル	27,758	1,429	(6.0)	6,834	208	(2.2)	20,924	1,220
	竹	千束	0	0	(0.0)	0	0	(0.0)	△0	△0
	計			1,433	6.0		223	2.3		1,209
建物	建面積	千平方メートル	438	2,047	8.6	438	496	5.1	0	1,550
	延べ面積	千平方メートル	1,042			897			144	
工作物				3,237	13.6		333	3.4		2,903
機械器具				–	–		–	–		–
船舶	汽船	隻	84	620	(2.6)	86	347	(3.6)	△2	273
		千トン	24			22			1	
	艦船	隻	26	2,535	(10.7)	19	88	(0.9)	7	2,446
		千トン	31			12			18	
	雑船	隻	75	4	(0.0)	75	1	(0.0)	–	2
	計	隻	185	3,160	13.3	180	437	4.5	5	2,722
航空機		機	44	2,722	11.5	42	138	1.4	2	2,583
地上権等		千平方メートル	105	3	0.0	3	0	0.0	101	2
特許権等		千件	15	0	0.0	1	0	0.0	13	0
政府出資等				10,255	43.2		7,255	74.9		2,999
不動産の信託の受益権		件	–	–	–	–	–	–	–	–
合計				**23,746**	**100.0**		**9,692**	**100.0**		**14,054**

（注）　数量及び価格は，単位未満を切り捨てており，割合は単位未満を四捨五入しているため，合計欄の数字と内訳の計とは一致しないことがある。

第11表　国有財産区分別増減額（令和４年度）（価格改定によるもの）

（単位　億円，％）

区分	増 価格	増 割合	減 価格	減 割合	差引 価格
土地	2,415	4.1	736	3.6	1,679
立木竹 樹木	167	(0.3)	−	(−)	167
立木竹 立木	2,360	(4.0)	427	(2.1)	1,932
立木竹 竹	1	(0.0)	−	(−)	1
立木竹 計	2,529	4.3	427	2.1	2,101
建物	−	−	1,558	7.6	△1,558
工作物	−	−	2,941	14.4	△2,941
機械器具	−	−	−	−	−
船舶 汽船	−	(−)	385	(1.9)	△385
船舶 艦船	−	(−)	1,819	(8.9)	△1,819
船舶 雑船	−	(−)	3	(0.0)	△3
船舶 計	−	−	2,208	10.8	△2,208
航空機	−	−	3,583	17.5	△3,583
地上権等	0	0.0	0	0.0	0
特許権等	0	0.0	1	0.0	△1
政府出資等	52,314	88.2	9,029	44.1	43,284
不動産の信託の受益権	2,034	3.4	−	−	2,034
合計	**59,294**	**100.0**	**20,487**	**100.0**	**38,807**

（注）価格は，単位未満を切り捨てており，割合は単位未満を四捨五入しているため，合計欄の数字と内訳の計とは一致しないことがある。

第12表　国有財産会計別増減額（令和４年度）

（単位　億円，％）

会計	土地 数量	土地 価格	建物 数量	建物 価格	その他 価格	その他 うち		計 価格	計 割合
（増加額）	千平方メートル		延べ千平方メートル						
一般会計	8,510	2,822	893	1,760	49,919	政府出資等	35,729	54,503	65.6
特別会計	259	479	149	286	27,771	政府出資等	26,840	28,537	34.4
合計	**8,770**	**3,302**	**1,042**	**2,047**	**77,691**			**83,041**	**100.0**
（減少額）									
一般会計	123,995	1,369	748	1,735	18,238	政府出資等	9,086	21,344	70.7
特別会計	326	172	149	319	8,343	政府出資等	7,199	8,835	29.3
合計	**124,321**	**1,541**	**897**	**2,055**	**26,582**			**30,179**	**100.0**
（差引額）									
一般会計	△115,484	1,453	145	24	31,681	政府出資等	26,643	33,159	
特別会計	△66	306	△0	△32	19,428	政府出資等	19,641	19,702	
合計	**△115,551**	**1,760**	**144**	**△7**	**51,109**			**52,862**	

（注）1. 「その他」は，立木竹，工作物，機械器具，船舶，航空機，地上権等，特許権等，政府出資等及び不動産の信託の受益権である。
2. 数量及び価格は，単位未満を切り捨てており，割合は単位未満を四捨五入しているため，合計欄の数字と内訳の計とは一致しないことがある。

第13表　国有財産会計別増減額（令和４年度）（価格改定による増減額を除いたもの）

（単位　億円，％）

会計	土地 数量	土地 価格	建物 数量	建物 価格	その他 価格	その他 うち		計 価格	計 割合
（増加額）	千平方メートル		延べ千平方メートル						
一般会計	8,510	829	893	1,760	16,544	政府出資等	6,908	19,134	80.6
特別会計	259	57	149	286	4,268	政府出資等	3,347	4,612	19.4
合計	**8,770**	**886**	**1,042**	**2,047**	**20,812**			**23,746**	**100.0**
（減少額）									
一般会計	123,995	712	748	246	3,602	政府出資等	2,666	4,561	47.1
特別会計	326	93	149	250	4,786	政府出資等	4,589	5,130	52.9
合計	**124,321**	**805**	**897**	**496**	**8,389**			**9,692**	**100.0**
（差引額）									
一般会計	△115,484	117	145	1,514	12,941	政府出資等	4,241	14,572	
特別会計	△66	△36	△0	36	△518	政府出資等	△1,241	△518	
合計	**△115,551**	**80**	**144**	**1,550**	**12,423**			**14,054**	

（注）1. 「その他」は，立木竹，工作物，機械器具，船舶，航空機，地上権等，特許権等，政府出資等及び不動産の信託の受益権である。
2. 数量及び価格は，単位未満を切り捨てており，割合は単位未満を四捨五入しているため，合計欄の数字と内訳の計とは一致しないことがある。

第14表　国有財産分類別・種類別増減額（令和４年度）

（単位　億円，％）

分類・種類	土地		建物		その他			計	
	数量	価格	数量	価格	価格	うち		価格	割合
（増加額）	千平方メートル		延べ千平方メートル						
行政財産	3,241	2,578	830	1,757	12,644	立木竹	3,930	16,980	20.4
公用財産	2,810	2,251	817	1,671	8,608	船舶	3,157	12,531	15.1
公共用財産	413	135	2	17	109	工作物	81	261	0.3
皇室用財産	0	141	10	68	52	工作物	49	262	0.3
森林経営用財産	17	50	－	－	3,874	立木竹	3,744	3,924	4.7
普通財産	5,529	723	211	289	65,047	政府出資等	62,570	66,060	79.6
合計	**8,770**	**3,302**	**1,042**	**2,047**	**77,691**			**83,041**	**100.0**
（減少額）									
行政財産	2,304	1,044	586	1,567	9,708	航空機	3,722	12,320	40.8
公用財産	1,541	1,025	583	1,518	8,839	航空機	3,722	11,383	37.7
公共用財産	－	5	1	36	98	工作物	97	140	0.5
皇室用財産	－	0	1	12	14	工作物	14	27	0.1
森林経営用財産	762	13	－	－	755	立木竹	630	769	2.5
普通財産	122,017	497	310	487	16,874	政府出資等	16,285	17,858	59.2
合計	**124,321**	**1,541**	**897**	**2,055**	**26,582**			**30,179**	**100.0**
（差引額）									
行政財産	937	1,533	244	190	2,936	立木竹	3,287	4,660	
公用財産	1,269	1,225	234	152	△231	航空機	△999	1,147	
公共用財産	413	129	1	△18	10	立木竹	27	121	
皇室用財産	0	141	8	55	37	工作物	35	235	
森林経営用財産	△745	36	－	－	3,118	立木竹	3,113	3,155	
普通財産	△116,488	226	△99	△197	48,173	政府出資等	46,284	48,201	
合計	**△115,551**	**1,760**	**144**	**△7**	**51,109**			**52,862**	

（注）1.「その他」は，立木竹，工作物，機械器具，船舶，航空機，地上権等，特許権等，政府出資等及び不動産の信託の受益権である。
2. 数量及び価格は，単位未満を切り捨てており，割合は単位未満を四捨五入しているため，合計欄の数字と内訳の計とは一致しないことがある。

第15表　国有財産分類別・種類別増減額（令和４年度）
（価格改定による増減額を除いたもの）

（単位　億円，％）

分類・種類	土地		建物		その他			計	
	数量	価格	数量	価格	価格	うち		価格	割合
（増加額）	千平方メートル		延べ千平方メートル						
行政財産	3,241	657	830	1,757	10,146	船舶	3,157	12,561	52.9
公用財産	2,810	653	817	1,671	8,461	船舶	3,157	10,786	45.4
公共用財産	413	3	2	17	81	工作物	81	102	0.4
皇室用財産	0	0	10	68	49	工作物	49	118	0.5
森林経営用財産	17	0	－	－	1,553	立木竹	1,423	1,553	6.5
普通財産	5,529	229	211	289	10,666	政府出資等	10,255	11,185	47.1
合計	**8,770**	**886**	**1,042**	**2,047**	**20,812**			**23,746**	**100.0**
（減少額）									
行政財産	2,304	451	586	213	915	船舶	436	1,580	16.3
公用財産	1,541	451	583	210	700	船舶	436	1,362	14.1
公共用財産	－	－	1	1	8	工作物	7	9	0.1
皇室用財産	－	－	1	1	0	工作物	0	1	0.0
森林経営用財産	762	0	－	－	206	立木竹	203	206	2.1
普通財産	122,017	354	310	283	7,473	政府出資等	7,255	8,111	83.7
合計	**124,321**	**805**	**897**	**496**	**8,389**			**9,692**	**100.0**
（差引額）									
行政財産	937	205	244	1,544	9,230	船舶	2,720	10,981	
公用財産	1,269	202	234	1,460	7,760	船舶	2,720	9,424	
公共用財産	413	3	1	16	73	工作物	73	93	
皇室用財産	0	0	8	67	49	工作物	49	116	
森林経営用財産	△745	△0	－	－	1,347	立木竹	1,219	1,347	
普通財産	△116,488	△125	△99	6	3,192	政府出資等	2,999	3,073	
合計	**△115,551**	**80**	**144**	**1,550**	**12,423**			**14,054**	

（注）1.「その他」は，立木竹，工作物，機械器具，船舶，航空機，地上権等，特許権等，政府出資等及び不動産の信託の受益権である。
2. 数量及び価格は，単位未満を切り捨てており，割合は単位未満を四捨五入しているため，合計欄の数字と内訳の計とは一致しないことがある。

第16表　国有財産所管別増減額（令和４年度）

（単位　億円，％）

所管	土地		建物		その他			計	
	数量	価格	数量	価格	価格	うち		価格	割合
（増加額）	千平方メートル		延べ千平方メートル						
衆議院	−	6	3	12	21	工作物	20	40	0.0
参議院	−	0	−	0	2	立木竹	1	3	0.0
最高裁判所	11	80	23	74	77	工作物	75	232	0.3
会計検査院	−	0	−	0	0	立木竹	0	0	0.0
内閣	−	−	−	0	0	工作物	0	0	0.0
内閣府	0	458	23	111	239	工作物	118	809	1.0
デジタル庁	−	−	0	0	2	工作物	2	3	0.0
総務省	0	3	−	0	8	工作物	8	12	0.0
法務省	144	134	94	231	209	工作物	202	575	0.7
外務省	6	1	4	21	24	工作物	24	48	0.1
財務省	4,771	902	241	476	58,806	政府出資等	56,361	60,186	72.5
文部科学省	41	23	0	0	0	工作物	0	23	0.0
厚生労働省	204	70	46	38	3,887	政府出資等	3,847	3,996	4.8
農林水産省	577	83	7	11	4,032	立木竹	3,815	4,127	5.0
経済産業省	15	7	−	0	2,340	政府出資等	2,274	2,348	2.8
国土交通省	880	815	318	268	1,816	工作物	859	2,899	3.5
環境省	684	94	4	20	77	工作物	54	192	0.2
防衛省	1,430	620	274	777	6,142	船舶	2,537	7,540	9.1
合計	**8,770**	**3,302**	**1,042**	**2,047**	**77,691**			**83,041**	**100.0**
（減少額）									
衆議院	−	69	5	24	22	工作物	22	116	0.4
参議院	−	30	−	7	8	工作物	8	46	0.2
最高裁判所	18	76	3	80	75	工作物	75	232	0.8
会計検査院	−	0	−	0	0	工作物	0	0	0.0
内閣	−	3	−	2	5	工作物	5	11	0.0
内閣府	14	56	12	92	177	工作物	95	327	1.1
デジタル庁	−	−	−	0	0	工作物	0	1	0.0
総務省	−	0	0	12	15	工作物	9	27	0.1
法務省	291	92	90	193	193	工作物	192	479	1.6
外務省	10	1	4	11	15	工作物	15	28	0.1
財務省	120,284	469	228	626	14,124	政府出資等	13,589	15,220	50.4
文部科学省	16	5	0	12	37	政府出資等	32	55	0.2
厚生労働省	260	67	83	83	888	政府出資等	832	1,039	3.4
農林水産省	2,367	42	9	26	806	立木竹	634	874	2.9
経済産業省	15	36	0	18	1,533	政府出資等	1,261	1,589	5.3
国土交通省	766	330	244	257	2,502	工作物	897	3,090	10.2
環境省	−	1	38	58	98	工作物	90	158	0.5
防衛省	276	257	177	545	6,073	航空機	3,296	6,876	22.8
合計	**124,321**	**1,541**	**897**	**2,055**	**26,582**			**30,179**	**100.0**
（差引額）									
衆議院	−	△63	△1	△12	△1	工作物	△2	△76	
参議院	−	△30	−	△7	△6	工作物	△8	△43	
最高裁判所	△6	3	20	△5	2	立木竹	2	△0	
会計検査院	−	0	−	△0	△0	工作物	△0	△0	
内閣	−	△3	−	△2	△4	工作物	△4	△10	
内閣府	△13	401	11	19	61	航空機	32	482	
デジタル庁	−	−	0	0	1	工作物	1	2	
総務省	0	2	△0	△11	△6	航空機	△5	△15	
法務省	△146	42	3	37	15	工作物	9	95	
外務省	△3	0	△0	10	9	工作物	9	20	
財務省	△115,513	433	12	△150	44,682	政府出資等	42,771	44,965	
文部科学省	25	17	−	△12	△36	政府出資等	△32	△32	
厚生労働省	△55	3	△36	△45	2,998	政府出資等	3,015	2,956	
農林水産省	△1,790	41	△1	△14	3,225	立木竹	3,181	3,252	
経済産業省	−	△29	△0	△18	806	政府出資等	1,012	759	
国土交通省	113	484	74	11	△686	政府出資等	△481	△190	
環境省	684	93	△33	△37	△21	工作物	△36	33	
防衛省	1,153	363	96	231	68	航空機	△976	663	
合計	**△115,551**	**1,760**	**144**	**△7**	**51,109**			**52,862**	

（注）1.「その他」は，立木竹，工作物，機械器具，船舶，航空機，地上権等，特許権等，政府出資等及び不動産の信託の受益権である。
2. 数量及び価格は，単位未満を切り捨てており，割合は単位未満を四捨五入しているため，合計欄の数字と内訳の計とは一致しないことがある。

第17表　国有財産所管別増減額（令和４年度）
（価格改定による増減額を除いたもの）

（単位　億円，％）

所管	土地		建物		その他			計	
	数量	価格	数量	価格	価格	うち		価格	割合
（増加額）	千平方メートル		延べ千平方メートル						
衆議院	－	－	3	12	20	工作物	20	32	0.1
参議院	－	－	－	0	0	工作物	0	1	0.0
最高裁判所	11	35	23	74	75	工作物	75	185	0.8
会計検査院	－	－	－	0	0	工作物	0	0	0.0
内閣	－	－	－	0	0	工作物	0	0	0.0
内閣府	0	257	23	111	230	工作物	118	600	2.5
デジタル庁	－	－	0	0	2	工作物	2	3	0.0
総務省	0	0	－	0	8	工作物	8	9	0.0
法務省	144	19	94	231	202	工作物	202	453	1.9
外務省	6	0	4	21	24	工作物	24	46	0.2
財務省	4,771	195	241	476	10,192	政府出資等	9,797	10,863	45.7
文部科学省	41	9	0	0	0	工作物	0	10	0.0
厚生労働省	204	42	46	38	37	工作物	37	118	0.5
農林水産省	577	9	7	11	1,639	立木竹	1,423	1,661	7.0
経済産業省	15	6	－	0	521	政府出資等	458	527	2.2
国土交通省	880	283	318	268	1,697	工作物	859	2,249	9.5
環境省	684	4	4	20	55	工作物	54	80	0.3
防衛省	1,430	22	274	777	6,100	船舶	2,537	6,900	29.1
合計	**8,770**	**886**	**1,042**	**2,047**	**20,812**			**23,746**	**100.0**
（減少額）									
衆議院	－	－	5	2	0	工作物	0	2	0.0
参議院	－	－	－	0	0	工作物	0	0	0.0
最高裁判所	18	55	3	2	2	工作物	2	61	0.6
会計検査院	－	－	－	－	0	工作物	0	0	0.0
内閣	－	－	－	－	0	立木竹	0	0	0.0
内閣府	14	6	12	14	10	工作物	9	31	0.3
デジタル庁	－	－	－	－	－		－	－	－
総務省	－	－	0	0	0	工作物	0	0	0.0
法務省	291	27	90	21	13	工作物	12	62	0.6
外務省	10	0	4	8	11	工作物	11	20	0.2
財務省	120,284	310	228	258	6,656	政府出資等	6,482	7,225	74.5
文部科学省	16	3	0	0	0	工作物	0	3	0.0
厚生労働省	260	56	83	27	771	政府出資等	767	855	8.8
農林水産省	2,367	23	9	6	215	立木竹	206	245	2.5
経済産業省	15	6	0	0	8	政府出資等	6	14	0.1
国土交通省	766	262	244	105	535	船舶	347	904	9.3
環境省	－	0	38	14	16	工作物	9	30	0.3
防衛省	276	53	177	35	145	船舶	88	233	2.4
合計	**124,321**	**805**	**897**	**496**	**8,389**			**9,692**	**100.0**
（差引額）									
衆議院	－	－	△1	10	19	工作物	19	29	
参議院	－	－	－	0	0	工作物	0	1	
最高裁判所	△6	△19	20	72	72	工作物	72	124	
会計検査院	－	－	－	0	0	工作物	0	0	
内閣	－	－	－	0	0	工作物	0	0	
内閣府	△13	251	11	97	220	航空機	110	569	
デジタル庁	－	－	0	0	2	工作物	2	3	
総務省	0	0	△0	0	8	工作物	8	8	
法務省	△146	△8	3	210	189	工作物	189	391	
外務省	△3	△0	△0	12	13	工作物	13	26	
財務省	△115,513	△114	12	217	3,535	政府出資等	3,315	3,638	
文部科学省	25	5	－	0	0	工作物	0	6	
厚生労働省	△55	△13	△36	11	△734	政府出資等	△767	△737	
農林水産省	△1,790	△13	△1	5	1,424	立木竹	1,216	1,416	
経済産業省	－	－	△0	0	513	政府出資等	452	513	
国土交通省	113	20	74	162	1,161	工作物	802	1,344	
環境省	684	4	△33	6	39	工作物	44	49	
防衛省	1,153	△30	96	742	5,955	船舶	2,448	6,667	
合計	**△115,551**	**80**	**144**	**1,550**	**12,423**			**14,054**	

（注）1.「その他」は，立木竹，工作物，機械器具，船舶，航空機，地上権等，特許権等，政府出資等及び不動産の信託の受益権である。
2. 数量及び価格は，単位未満を切り捨てており，割合は単位未満を四捨五入しているため，合計欄の数字と内訳の計とは一致しないことがある。

イ．調整上の増減

所管換，所属替，引継，引受（引継，引受とは，各省各庁で行政財産の用途を廃止し，当該財産を財務省へ引き継ぎ，財務省がこれを引き受けることをいう。），整理替（同一部局内において，用途変更を伴わないで所属口座に異動（分割を含む。）があることをいう。）等国有財産の管理を効率化するため国の内部で行う調整に伴う増減である。

ロ．整理上の増減

実測（土地，建物及び工作物に適用），実査（立木竹に適用），誤謬訂正，報告洩等による増減である。

ハ．価格改定上の増減

令和５年３月31日現在で行った価格改定の結果による増減である。

令和４年度における国有財産の増減額を異動の内容別にみると第18表のとおりである。増加額では，対外的異動が24.6％，対内的異動が75.4％であり，減少額では，対外的異動が25.2％，対内的異動が74.8％となっている。

⑴　増加額について

増加額の主なものを挙げると次のとおりである。

イ．対外的異動によるもの

㈠　歳出を伴うもの

出　資（現金）　6,858億円

現金出資による政府出資等の増であり，その主なものは，一般会計から株式会社日本政策金融公庫1,403億円，独立行政法人エネルギー・金属鉱物資源機構1,100億円，独立行政法人日本芸術文化振興会500億円，独立行政法人国際協力機構470億円，財政投融資特別会計から株式会社国際協力銀行850億円，株式会社海外交通・都市開発事業支援機構580億円，株式会社日本政策投資銀行500億円，独立行政法人エネルギー・金属鉱物資源機構227億円，エネルギー対策特別会計から独立行政法人エネルギー・金属鉱物資源機構458億円，東日本大震災復興特別会計から株式会社日本政策金融公庫0.7億円である。

新　造　3,568億円

船舶2,385億円（27隻）及び航空機1,182億円（20機）の新造である。船舶の主なものは，防衛省所管一般会計の公用財産2,127億円（12隻）であり，航空機の主なものは，防衛省所管一般会計の公用財産1,071億円（13機）である。

新　設　1,642億円

工作物の新設である。主なものは，防衛省所管一般会計の公用財産768億円である。

㈡　歳出を伴わないもの

出　資（現物）　2,964億円

現物出資による政府出資等の増であり，その主なものは，財務省所管一般会計から国際開発協会への出資2,507億円，国立大学法人奈良国立大学機構への出資144億円である。

ロ．対内的異動によるもの

価格改定　5兆9,294億円

政府出資等５兆2,314億円，立木竹2,529億円等である。政府出資等の主なものは，財務省所管一般会計の普通財産２兆8,821億円であり，立木竹の主なものは，農林水産省所管一般会計の森林経営用財産2,320億円である。

実　査　868億円

立木竹の実査である。主なものは，農林水産省所管一般会計の森林経営用財産863億円である。

所属替　855億円

政府出資等347億円，船舶287億円等である。政府出資等の主なものは，財務省所管国債整理基金特別会計の普通財産329億円であり，船舶の主なものは，国土交通省所管一般会計の公用財産238億円である。

整理替　503億円

土地241億円，船舶109億円等である。土地の主なものは，国土交通省所管一般会計の公用財産210億円であり，船舶の主なものは，国土交通省所管一般会計の公用財産108億円である。

⑵　減少額について

減少額の主なものを挙げると次のとおりである。

イ．対外的異動によるもの

㈠　歳入を伴うもの

売　払　3,607億円

政府出資等3,329億円，土地268億円等である。政府出資等の主なものは，財務省所管財政投融資特別会計の普通財産3,294億円であり，土地の主なものは，財務省所管一般会計の普通財産200億円である。

出資金回収　773億円

独立行政法人等への出資金を現金により回収したことによる政府出資等の減であり，主なものは，年金特別会計から独立行政法人福祉医療機構への出資467億円，労働保険特別会計から独立行政法人高齢・障害・求職者雇用支援機構への出資288億円である。

㈡　歳入を伴わないもの

資本金減少　2,545億円

法令の規定に基づく株式会社日本政策金融公庫の減資などによるものである。すべて政府出資等であり，主なものは，財務省所管一般会計の普通財産2,019億円である。

出　資（現物）　259億円

国立大学法人の統廃合に伴う政府出資等の減である。

ロ．対内的異動によるもの

価格改定　２兆487億円

政府出資等9,029億円，航空機3,583億円等である。政府出資等の主なものは，財務省所管一般会計の普通財産6,419億円であり，航空機の主なものは，防衛省所管一

第18表　国有財産増減状況（令和４年度）

（単位　億円，％）

異動の内容	土地		建物		その他		計	
	数量	価格	数量	価格	価格	うち	価格	割合
（増加額）	千平方メートル		延べ千平方メートル					
対外的異動	2,541	90	542	1,598	18,745	政府出資等　9,907	20,434	24.6
歳出を伴うもの	1,872	60	507	1,587	15,693	政府出資等　6,858	17,340	20.9
歳出を伴わないもの	669	29	35	11	3,051	政府出資等　3,049	3,093	3.7
対内的異動	6,228	3,211	500	448	58,946	政府出資等　52,662	62,607	75.4
調整上の増加	4,521	490	459	406	1,133	船舶　399	2,030	2.4
整理上の増加	1,707	306	40	41	934	立木竹　868	1,282	1.5
価格改定上の増加	−	2,415	−	−	56,879	政府出資等　52,314	59,294	71.4
合計	8,770	3,302	1,042	2,047	77,691		83,041	100.0
（減少額）								
対外的異動	3,051	302	383	70	7,221	政府出資等　6,907	7,594	25.2
歳入を伴うもの	2,126	268	42	7	4,106	政府出資等　4,103	4,382	14.5
歳入を伴わないもの	925	34	341	62	3,115	政府出資等　2,804	3,211	10.6
対内的異動	121,270	1,239	514	1,984	19,360	政府出資等　9,377	22,585	74.8
調整上の減少	120,808	490	465	405	1,132	船舶　399	2,028	6.7
整理上の減少	461	12	48	21	35	工作物　34	69	0.2
価格改定上の減少	−	736	−	1,558	18,192	政府出資等　9,029	20,487	67.9
合計	124,321	1,541	897	2,055	26,582		30,179	100.0
（差引額）	△115,551	1,760	144	△7	51,109		52,862	

（注）1.「その他」は，立木竹，工作物，機械器具，船舶，航空機，地上権等，特許権等，政府出資等及び不動産の信託の受益権である。
　　2. 数量及び価格は，単位未満を切り捨てており，割合は単位未満を四捨五入しているため，合計欄の数字と内訳の計とは一致しないことがある。

般会計の公用財産3,287億円である。

所属替　855億円

政府出資等347億円，船舶287億円等である。政府出資等はすべて財務省所管一般会計の普通財産であり，船舶の主なものは，国土交通省所管一般会計の公用財産238億円である。

整理替　503億円

土地241億円，船舶109億円等である。土地の主なものは，国土交通省所管一般会計の公用財産210億円であり，船舶の主なものは，国土交通省所管一般会計の公用財産108億円である。

所管換　472億円

建物259億円，工作物177億円等である。建物の主なものは，財務省所管財政投融資特別会計の普通財産238億円であり，工作物の主なものは，財務省所管財政投融資特別会計の普通財産169億円である。

7．国有財産の台帳価格改定

令和５年３月31日時点における価格改定の結果については，第19表のとおり３兆8,807億円の純増加となっている。

8．国有財産の推移（統計１，６，７参照）

最近５か年間の国有財産の推移をみると第20表のとおりであり，各年度における増減額の主な事由についてみると，

平成30年度は前年度に比べ増加しており，要因としては，価格改定（政府出資等など）２兆9,265億円，出資（現金）（政府出資等）4,955億円などを挙げることができる。

令和元年度は前年度に比べ増加しており，要因としては，価格改定（政府出資等など）２兆8,657億円，出資（現金）（政府出資等）6,947億円などを挙げることができる。

令和２年度は前年度に比べ増加しており，要因としては，出資（現金）（政府出資等）５兆4,532億円，価格改定（政府出資等など）４兆1,271億円などを挙げることができる。

令和３年度は前年度に比べ増加しており，要因としては，出資（現金）（政府出資等）８兆845億円，価格改定（政府出資等など）４兆64億円などを挙げることができる。

令和４年度は前年度に比べ増加しており，要因としては，価格改定（政府出資等など）５兆9,294億円，出資（現金）（政府出資等）6,858億円などを挙げることができる。

なお，最近５か年間の政府出資等の年度末の現況は第21表のとおりである。

第19表　国有財産台帳価格改定結果（令和５年３月31日現在）

（単位　億円）

分類 ＼ 区分	行政財産			普通財産			合計		
	改定前価格	改定後価格	増減額	改定前価格	改定後価格	増減額	改定前価格	改定後価格	増減額
土地	146,611	147,939	1,327	51,227	51,579	351	197,839	199,519	1,679
立木竹　樹木	678	820	142	121	146	25	799	967	167
立木竹　立木	36,617	38,544	1,927	26	31	5	36,643	38,576	1,932
立木竹　竹	7	8	1	1	1	0	8	10	1
立木竹　計	37,303	39,373	2,070	149	180	31	37,452	39,554	2,101
建物	29,507	28,153	△1,354	4,904	4,700	△204	34,412	32,854	△1,558
工作物	24,133	21,559	△2,574	3,260	2,892	△367	27,394	24,452	△2,941
機械器具	–	–	–	0	0	–	0	0	–
船舶　汽船	3,253	2,867	△385	0	0	–	3,253	2,867	△385
船舶　艦船	15,003	13,187	△1,816	2	0	△2	15,006	13,187	△1,819
船舶　雑船	24	21	△3	0	0	–	24	21	△3
船舶　計	18,281	16,075	△2,205	2	0	△2	18,284	16,075	△2,208
航空機	13,993	10,410	△3,583	1	0	△0	13,995	10,411	△3,583
地上権等	32	32	0	0	0	–	32	32	0
特許権等	12	11	△1	0	0	△0	13	11	△1
政府出資等	–	–	–	945,439	988,724	43,284	945,439	988,724	43,284
不動産の信託の受益権	–	–	–	2,577	4,612	2,034	2,577	4,612	2,034
合計	269,877	263,556	△6,320	1,007,563	1,052,691	45,128	1,277,440	1,316,248	38,807

（注）1.　本表には，価格改定対象外財産（「外国に所在する財産」等）は含まれていない。
　　　2.　計数は，単位未満を切り捨てているため，合計欄の数字と内訳の計とは一致しないことがある。

第20表　最近５か年間の国有財産の推移

（単位　億円）

年度	年度末現在額	前年度末に対する増減額
平成30	1,085,939	17,697
令和元	1,098,712	12,773
2	1,172,598	73,885
3	1,265,485	92,887
4	1,318,347	52,862

（注）　計数は，単位未満を切り捨てている。

第20表（参考）　国有財産（土地）の推移

（単位　億㎡）

年度	行政財産	普通財産	計
昭和45年度末	883	19	903
50	884	15	900
55	884	12	897
60	884	11	896
平成２	883	11	895
7	882	11	893
12	881	11	892
13	879	11	891
14	879	11	891
15	879	11	890
16	866	10	877
17	866	10	877
18	866	10	877
19	866	10	876
20	866	10	876
21	866	10	876
22	866	10	876
23	866	10	876
24	866	10	876
25	866	10	876
26	866	10	876
27	866	10	876
28	866	10	876
29	866	10	876
30	866	10	876
令和元	866	10	876
2	866	10	876
3	866	10	876
4	866	8	875

（注）　計数は，単位未満を切り捨てているため，計とは一致しないことがある。

第４　国の庁舎等の概況

１．国の庁舎等の概要

(1)　国の庁舎等とは

国の庁舎等とは，庁舎，刑務所，飛行場及び自衛隊の施設など国の事務又は事業の用に供されている建物及び付帯施設並びにこれらの敷地（借り受けているものも含む。）であり，各省各庁の長が管理しているが，財務大臣は国有財産の総括大臣として，効率的な整備及び効率的な使用を推進している。

（注）　庁舎等には，国家公務員宿舎，森林原野，皇居，道路及び河川等は含まない。

(2)　庁舎等の効率的な整備の推進

財務省では，庁舎等の効率的な整備を推進するため，各省各庁が新たに庁舎等を整備するに当たって，その必要性等を審査・調整し，毎年度の庁舎等の整備予算に反映させるよう努めている。

審査・調整に当たっては，国有財産の有効活用を図る観点から，既存庁舎の活用の可能性等を確認し，新たに庁舎整備が必要な場合には，建替えと借受けのコスト比較を行い，最も効率的な調達方法を選択することとしている。

(3)　既存庁舎等の効率的な使用の推進

財務省では，既存庁舎等の効率的な使用を推進するため，借受庁舎の解消による借受費用の縮減や売却可能財産の創出等の観点から，実地監査などを通じて，各省各庁の使用実態を把握し，「国の庁舎等の使用調整等に関する特別措置法（昭和32年法律第115号）（以下「庁舎法」という。）」

第21表　最近５か年間の政府出資等の推移

（単位　億円，％）

年　　度	政 府 出 資	有 価 証 券	合計（A）	国有財産総額（B）	割合（A／B）
平成30年度末	774,637	6,141	780,779	1,085,939	71.9
令和元	779,069	6,213	785,282	1,098,712	71.5
2	847,436	4,375	851,812	1,172,598	72.6
3	937,278	5,160	942,439	1,265,485	74.5
4	982,221	6,502	988,724	1,318,347	75.0

（注）1.「政府出資」とは，国が特別の法律（国際条約を含む。）の規定に基づいて特定の法人に対して出資を行ったことにより取得した出資による権利，株式及び出資証券であり，「有価証券」とは，租税物納等により取得した株式等（「政府出資」に該当するものを除く。）及び石油公団の廃止に伴いエネルギー対策特別会計が承継した株式である。

2. 原則として，市場価格のあるものは市場価格により，また，市場価格のないものは各法人の貸借対照表の総資産から総負債を差し引いた純資産額により，それぞれ年度末時点で評価したものである。

3. 価格は，単位未満を切り捨てており，割合は単位未満を四捨五入しているため，合計欄の数字と内訳の計とは一致しないことがある。

に基づき財政制度等審議会に付議のうえ，省庁横断的な入替調整を行うための庁舎等使用調整計画を策定している（庁舎法第４条）。

なお，平成18年４月の庁舎法等の改正では，庁舎等の床面積又は敷地に余裕が生じている場合には，行政上の用途又は目的を妨げない限度で，当該余裕部分を民間に貸し付けることも可能とするなど，既存庁舎等の効率的な使用を推進するための制度整備が図られている。

２．特定国有財産整備計画

特定国有財産整備計画は，庁舎等を集約立体化・移転再配置する場合又は地震防災機能を発揮するために必要な合同庁舎を整備する場合に，スクラップ・アンド・ビルドの考え方に基づき，財務大臣が定める国有財産の取得及び処分に関する計画である（庁舎法第５条）。

特定国有財産整備計画の策定に当たっては，財務大臣が各省各庁から提出された特定国有財産整備計画要求書について，その整備の必要性・緊要性，規模・立地条件，処分予定財産の適否等の審査を行うこととしている。

（注）特定国有財産整備計画に基づく事業の経理については，特定国有財産整備特別会計において経理を行っていたが，同会計は，特別会計改革の一環により，平成21年度末をもって廃止された。これに伴い，平成21年度末において未完了である事業の経理を行うため，当該事業が完了するまでの間の経過措置として，財政投融資特別会計に特定国有財産整備勘定が設けられている。なお，平成22年度以降の新規事業については，一般会計において経理を行っている。

第５　国家公務員宿舎の概況（統計23参照）

国家公務員宿舎は，「国家公務員等の職務の能率的な遂行を確保し，もって国等の事務及び事業の円滑な運営に資すること」を目的とした「国家公務員宿舎法」（昭和24年法律第117号）に基づき，設置されているものである。

国家公務員宿舎とは，職員及びその家族を居住させるために，国が設置する居住用の家屋及びこれに附帯する工作物その他の施設並びにこれらに供する土地をいい，研修所や講習所等に一時宿泊のために設けられている宿泊施設，公共事業関係の現場に設けられている仮設物的な合宿所，国会議員の議員宿舎，独立行政法人等の職員宿舎等は含まれない。

国家公務員宿舎は，財務大臣が定める宿舎設置計画に基づいて設置される。その方法としては，建設，購入，交換，寄付又は転用（例えば，庁舎を用途変更によって国家公務員宿舎とすること等をいう。）により行政財産として設置するものと，国以外の者の所有する財産を借り受けることにより設置するものがある。

国家公務員宿舎の設置は，原則として財務大臣が行うこととなっているが，省庁別宿舎（同一の各省各庁に所属する職員のみに貸与する目的で設置される国家公務員宿舎をいう。）で，一時に多数の宿舎を設置する必要がある場合その他の特別の事情がある場合で財務大臣が指定する場合等は，当該各省各庁の長が行うこととなっている。

また，国家公務員宿舎の維持及び管理は，合同宿舎（省庁別宿舎以外の国家公務員宿舎をいう。）については財務大臣が，省庁別宿舎については当該国家公務員宿舎の貸与を受けるべき職員の所属する各省各庁の長が行うこととなっている。

なお，令和５年９月１日現在における国家公務員宿舎の総戸数は約16万１千戸となっている。

第６　財務省所管一般会計所属普通財産の現状

１．現在額（統計25，26，27参照）

令和４年度末現在の財務省所管一般会計所属の普通財産（国有財産法第６条に規定する財務大臣の所管に係るもの。以下第６において同じ。）は，第22表のとおり72兆7,089億円であり，国有財産総額131兆8,347億円の55.2％を占める。

普通財産は，既に述べたように，行政財産以外の一切の国有財産をいい，行政財産に近い性格を有する財産（出資による権利，アメリカ合衆国の軍隊への提供地等）及びそれ以外の財産（未利用国有地等）に大別される。前者は，直ちに処分することができない財産であるが，後者は，その時々の社会的要請に即応し，効率的かつ適正に，管理又は処分を行うべき性質の財産である。

2．令和４年度中の増減（統計26，29参照）

令和４年度中の総増加額は３兆8,483億円，総減少額は9,851億円であり，差引き２兆8,632億円増加した。これを土地，建物，政府出資等の区分別にみると，第22表のとおりである。

また，価格改定の結果による増減を差し引いた増減額は第23表のとおりであり，令和４年度中の総増加額は7,137億円，総減少額は2,945億円であり，差引き4,192億円増加した。なお，価格改定による増減額は，第24表のとおりである。

普通財産の増減についても，国と国以外の者との間の異動である「対外的異動」及び国の内部における異動である「対内的異動」に分けることができる。例えば，「対外的異動」で普通財産が増加する場合として，相続税法の規定により金銭に代えて財産が物納されたとき，相続人不存在財産が民法の規定により国庫に帰属したとき，独立行政法人等に対して出資したことにより出資による権利又は出資証券等を取得したとき等が，また，減少する場合として，売払，譲与，現物出資（土地，建物，工作物等）が行われたとき等が，それぞれ挙げられる。他方，「対内的異動」により増加する場合として，各省各庁において行政財産として使用されていた財産が行政目的の用に供されなくなり，用途廃止されて普通財産となったものを財務省が引き受けたとき等が，また，減少する場合として，行政目的の用に供するため各省各庁へ所管換したとき等が，それぞれ挙げられる。令和４年度中の異動状況を整理すると，第25表のとおりである。

3．管理及び処分の状況

土地及び建物について，令和４年度中における処分等の実績及び年度末現在の管理状況をみると，次のとおりである。

(1) 処分等の実績

令和４年度中の処分等の実績の概要は，第26表のとおりである。

イ．売払（統計32参照）

売払は2,749件，204億円（台帳価格：以下第６の３において同じ。）で，これを区分別にみると，土地1,796千㎡，200億円，建物延べ18千㎡，３億円である。

次に，売払を相手方別にみると，公共団体236件，36億円，公益法人７件，0.9億円，公共団体及び公益法人以外の法人913件，109億円，その他1,593件，58億円である。

また，時価売払を契約方式別にみると，一般競争契約206件，46億円（うち価格公表135件，34億円），随意契約2,530件，145億円である。

なお，売払価格は，原則として時価額によるが，国有財産特別措置法その他の法律の規定に基づき，時価額か

第22表　財務省所管一般会計所属普通財産増減額及び現在額（令和５年３月31日現在）

（単位　億円，％）

区分	数量単位	増加額				減少額				現在額			
		数量	価格			数量	価格			数量	価格		
			金額	割合			金額	割合			金額	割合	
土地	千平方メートル	4,741	646	1.7	23.5	120,248	399	4.1	52.2	669,544	49,845	6.9	83.8
立木竹 樹木	千本	0	5	0.0	0.2	1	0	0.0	0.1	645	32	0.0	0.1
立木竹 立木	千立方メートル	0	3	0.0	0.1	3	0	0.0	0.0	513	17	0.0	0.0
立木竹 竹	千束	−	0	0.0	0.0	−	−	−	−	10	0	0.0	0.0
立木竹 計			8	0.0	0.3		0	0.0	0.1		50	0.0	0.1
建物	建千平方メートル	39				44				3,603			
	延べ千平方メートル	63	22	0.1	0.8	102	136	1.4	17.8	6,322	3,205	0.4	5.4
工作物			41	0.1	1.5		228	2.3	29.9		1,773	0.2	3.0
機械器具			−	−	−		−	−	−		0	0.0	0.0
船舶 汽船	隻	−				−				−			
	千トン	−	−	−	−	−	−	−	−	−	−	−	−
船舶 艦船	隻	−				−				−			
	千トン	−	−	−	−	−	−	−	−	−	−	−	−
船舶 雑船	隻	−	−	−	−	−	−	−	−	3	0	0.0	0.0
船舶 計	隻	−	−	−	−	−	−	−	−	3	0	0.0	0.0
地上権等	千平方メートル	−	−	−	−	−	−	−	−	1	0	0.0	0.0
政府出資等			35,729	92.8			9,086	92.2			667,603	91.8	
不動産の信託の受益権	件	−	2,034	5.3	73.9	−	−	−	−	2	4,612	0.6	7.8
合計			**38,483**	**100.0**			**9,851**	**100.0**			**727,089**	**100.0**	
政府出資等を除いたものの合計			2,753		100.0		764		100.0		59,486		100.0

（注）　数量及び金額は，単位未満を切り捨てており，割合は単位未満を四捨五入しているため，合計欄の数字と内訳の計とは一致しないことがある。

らその一定割合を減額して公共団体等に売り払うものがある。この減額売払したものを相手方の用途別にみると，社会福祉施設１件，６百万円，学校施設８件，４億円，住宅３件，0.2億円，その他１件，７億円である。

（参考） 大口売払財産（１件売払数量１千㎡以上で，かつ，売買契約金額が３億円以上のもの（財政投融資特別会計特定国有財産整備勘定所属財産を含む。））は，参考資料１のとおりである。

ロ．交換（統計33参照）

実績なし。

ハ．譲与（統計34参照）

譲与は181件，８億円である。

ニ．所管換（統計35参照）

所管換は14件，28億円で，有償所管換１件，１億円，無償所管換13件，27億円である。

(2) 管理の状況

令和４年度末現在における土地及び建物についての管理の状況は，次のとおりである。

イ．米軍へ提供中の財産

条約に基づきアメリカ合衆国の軍隊に提供中の財産は，土地69件，68,556千㎡，２兆858億円，建物５件，延べ5,517千㎡，3,103億円である。

ロ．他省庁に使用させている財産

各省各庁に対して，その事務又は事業の遂行上必要な場合に臨時に普通財産の使用を認めている財産は，土地25件，2,711千㎡，1,655億円，建物１件，延べ12千㎡，0.1億円である。

ハ．地方公共団体等への貸付財産（統計28，30，31参照）

地方公共団体等に対する普通財産の貸付けは，(イ)時価による貸付料での貸付け（時価貸付），(ロ)法律の規定に基づく無償での貸付け（無償貸付）及び(ハ)時価から減額した貸付料での貸付け（減額貸付）に区分される。

貸付中の財産は，土地26,041件，89,665千㎡，２兆858億円，建物588件，延べ118千㎡，10億円であり，このうち，貸付財産（土地）の内訳をみると，次のとおりである。

(イ) 時価貸付は，物納財産を物納以前から引き続き個人の住宅敷地等として使用している者に時価で貸し付けているもの等であり，21,256件，15,175千㎡，4,828億円である。

(ロ) 無償貸付は，国有財産法その他の法律の規定に従い，地方公共団体等に公園等として無償で貸し付けているものであり，4,223件，71,314千㎡，１兆4,578億円である。主なものは，公園等2,770件，59,327千㎡，１兆1,450億円，水道施設313件，3,174千㎡，510億円である。

(ハ) 減額貸付は，国有財産特別措置法その他の法律の規定に従い，地方公共団体等に対し，時価から一定の割合を減額した貸付料で貸し付けているものであり，562件，3,175千㎡，1,452億円である。

第23表 財務省所管一般会計所属普通財産増減額（令和４年度）
（価格改定による増減額を除いたもの）

（単位 億円，％）

区分	数量単位	増加額				減少額				差引	
		数量	価格			数量	価格			数量	価格
			金額	割合			金額	割合			金額
土地	千平方メートル	4,741	165	2.3	72.1	120,248	263	8.9	94.4	△115,507	△97
立木竹 樹木	千本	0	0	0.0	0.0	1	0	0.0	0.2	△1	0
立木竹 立木	千立方メートル	0	0	0.0	0.0	3	0	0.0	0.1	△2	△0
立木竹 竹	千束	－	－	－	－	－	－	－	－	－	－
立木竹 計			0	0.0	0.0		0	0.0	0.2		0
建物	建千平方メートル	39				44				△5	
	延べ千平方メートル	63	22	0.3	9.7	102	14	0.5	5.1	△38	8
工作物			41	0.6	18.1		0	0.0	0.3		40
機械器具			－	－	－		－	－	－		－
船舶 汽船	隻	－				－				－	
	千トン	－	－	－	－	－	－	－	－	－	－
船舶 艦船	隻	－				－				－	
	千トン	－	－	－	－	－	－	－	－	－	－
船舶 雑船	隻	－	－	－	－	－	－	－	－	－	－
船舶 計	隻	－	－	－	－	－	－	－	－	－	－
地上権等	千平方メートル	－	－	－	－	－	－	－	－	－	－
政府出資等			6,908	96.8			2,666	90.5			4,241
不動産の信託の受益権	件	－	－	－	－	－	－	－	－	－	－
合計			7,137	100.0			2,945	100.0			4,192
政府出資等を除いたものの合計			229		100.0		279		100.0		△49

（注） 数量及び金額は，単位未満を切り捨てており，割合は単位未満を四捨五入しているため，合計欄の数字と内訳の計とは一致しないことがある。

第24表　財務省所管一般会計所属普通財産増減額（令和４年度）（価格改定によるもの）

（単位　億円，％）

区分	増加額 価格 金額	増加額 価格 割合		減少額 価格 金額	減少額 価格 割合		差引 価格 金額
土地	480	1.5	19.0	135	2.0	28.0	344
立木竹 樹木	5	0.0	0.2	–	–	–	5
立木竹 立木	3	0.0	0.1	–	–	–	3
立木竹 竹	0	0.0	0.0	–	–	–	0
立木竹 計	8	0.0	0.3	–	–	–	8
建物	–	–	–	121	1.8	25.1	△121
工作物	–	–	–	227	3.3	46.9	△227
機械器具	–	–	–	–	–	–	–
船舶 汽船	–	–	–	–	–	–	–
船舶 艦船	–	–	–	–	–	–	–
船舶 雑船	–	–	–	–	–	–	–
船舶 計	–	–	–	–	–	–	–
地上権等	–	–	–	–	–	–	–
政府出資等	28,821	91.9		6,419	93.0		22,402
不動産の信託の受益権	2,034	6.5	80.6	–	–	–	2,034
合計	**31,345**	**100.0**		**6,905**	**100.0**		**24,440**
政府出資等を除いたものの合計	2,524		100.0	485		100.0	2,038

（注）　金額は，単位未満を切り捨てており，割合は単位未満を四捨五入しているため，合計欄の数字と内訳の計とは一致しないことがある。

第25表　財務省所管一般会計所属普通財産異動状況（令和４年度）

（単位　億円）

異動の内容	土地 数量	土地 価格	建物 数量	建物 価格	その他 価格	価格計	割合
（増加額）	千平方メートル		延べ千平方メートル				%
対外的異動	547	14	4	7	6,894（6,889）	6,916	18.0
歳出を伴うもの	0	0	0	–	3,844（3,840）	3,844	10.0
歳出を伴わないもの	547	14	4	7	3,049（3,049）	3,071	8.0
対内的異動	4,193	632	59	14	30,920（28,840）	31,567	82.0
調整上の増加	2,926	117	45	14	55（18）	188	0.5
整理上の増加	1,266	33	13	0	0（0）	33	0.1
価格改定上の増加	–	480	–	–	30,865（28,821）	31,345	81.5
合計	**4,741**	**646**	**63**	**22**	**37,815（35,729）**	**38,483**	**100.0**

異動の内容	土地 数量	土地 価格	建物 数量	建物 価格	その他 価格	価格計	割合	差引価格
（減少額）	千平方メートル		延べ千平方メートル				%	
対外的異動	2,456	228	80	7	2,319（2,318）	2,556	25.9	4,360
歳入を伴うもの	1,796	200	18	3	40（40）	244	2.5	3,599
歳入を伴わないもの	660	28	61	3	2,279（2,278）	2,311	23.5	760
対内的異動	117,792	170	21	128	6,995（6,767）	7,295	74.1	24,272
調整上の減少	117,571	31	8	6	348（347）	387	3.9	△198
整理上の減少	220	2	13	0	0（–）	2	0.0	30
価格改定上の減少	–	135	–	121	6,647（6,419）	6,905	70.1	24,440
合計	**120,248**	**399**	**102**	**136**	**9,315（9,086）**	**9,851**	**100.0**	**28,632**

（注）1．「その他」欄の（　）内書は政府出資等を示している。
　　　2．数量及び価格は，単位未満を切り捨てており，割合は単位未満を四捨五入しているため，合計欄の数字と内訳の計とは一致しないことがある。

第26表　財務省所管一般会計所属普通財産処分等実績（令和４年度）

（単位　億円）

区分	土地			建物			合計		
	件数	数量	台帳価格	件数	数量	台帳価格	件数	台帳価格	割合
		千平方メートル			延べ千平方メートル				%
売払	2,747	1,796	200	2	18	3	2,749	204	84.6
時価	2,734	1,777	188	2	18	3	2,736	192	79.6
減額	13	18	11	—	—	—	13	11	4.9
交換	—	—	—	—	—	—	—	—	—
譲与	181	544	8	—	—	—	181	8	3.5
所管換	14	442	22	—	8	6	14	28	12.0
有償	1	4	1	—	—	—	1	1	0.6
無償	13	438	20	—	8	6	13	27	11.4
合計	2,942	2,783	231	2	26	10	2,944	241	100.0

（注）数量及び価格は，単位未満を切り捨てており，割合は単位未満を四捨五入しているため，合計欄の数字と内訳の計とは一致しないことがある。

なお，貸付中の財産（土地）を相手方別にみると，公共団体4,825件，75,281千㎡，１兆4,944億円，公益法人315件，1,675千㎡，971億円，公共団体及び公益法人以外の法人1,863件，7,459千㎡，1,959億円，その他19,038件，5,248千㎡，2,982億円である。

二．未利用国有地

未利用国有地は，宅地又は宅地見込地で，現に未利用となっている土地（管理委託，一時貸付等暫定活用しているものを含む。）及び現状が農地，山林等の財産で，周辺の状況から判断して宅地開発が見込まれる土地（単独利用困難な土地及び特定国有財産整備計画に基づく処分すべき財産を除く。）であり，2,695件，9,208千㎡，5,283億円である。

最近５か年間の未利用国有地の推移は第27表のとおりである。

(3)　物納等有価証券の状況

政府出資等は政府出資及び物納等有価証券からなるが，物納等有価証券は租税物納及び国庫帰属により取得した有価証券である。

令和４年度中における物納等有価証券の異動状況及び年度末現在額は第28表のとおりであり，令和４年度末現在額は70億円である。

４．普通財産（土地）の推移（統計25参照）

普通財産（土地）の面積の推移については，引受や物納等の増加要因及び売払や所管換等の減少要因があり，近年は概ね横ばいで推移していたが，令和４年度末は前年度末に比べ減少した。

５．国有財産関係歳入（財務局分）の推移

（統計36，37参照）

令和４年度の国有財産関係歳入の財務局分収納額は，733億円である。

この大宗を占めるのは国有財産売払収入（東日本大震災復興国有財産売払収入及び特定国有財産売払収入を含む。）379億円及び国有財産貸付収入341億円となっている。

なお，国有財産売払収入のうち，土地の売払収入は343億円となっている。

第27表　未利用国有地の推移

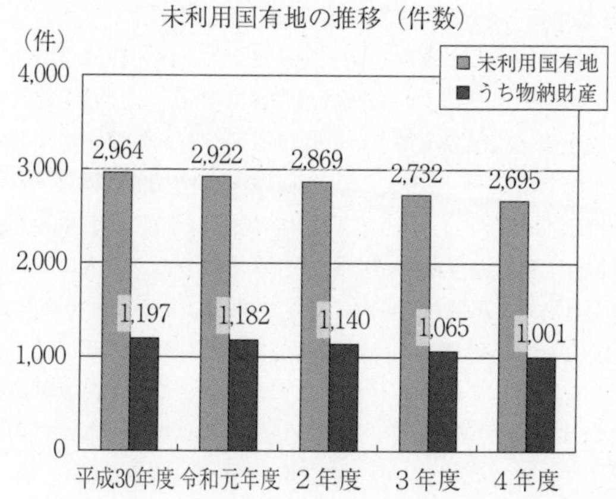

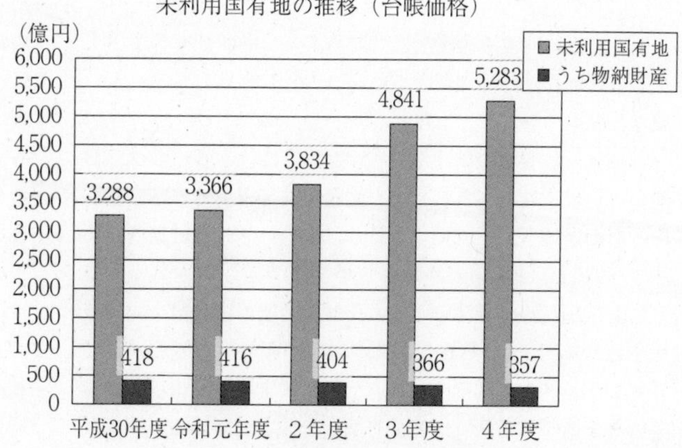

（注）計数は，単位未満を切り捨てている。

第28表　物納等有価証券の異動状況及び年度末現在額（令和５年３月31日現在）

（単位　銘柄，千株［株式］，千口［その他証券］，億円）

区　分	令和４年度中増		令和４年度中減		令和４年度末現在額		
	数量	台帳価格	数量	台帳価格	銘柄数	数量	台帳価格
株　　式	1,961	52	1,479	42	38	106,892	38
うち上場株式	1,961	50	1,455	41	14	591	11
その他証券	4,219,077	54	1,369,101	22	84	2,849,977	31
合　　計	4,221,039	105	1,370,580	65	122	2,956,869	70

(注) 1.　その他証券とは，社債，受益証券，地方債等である。
2.　本表には，所属替等の対内的異動を含む。
3.　数量及び価格は，単位未満を四捨五入しているため，合計欄の数字と内訳の計とは一致しないことがある。

第29表　国有財産売払収入の推移（財務局分）

（単位　億円）

区分	平成30年度	令和元年度	２年度	３年度	４年度
国有財産売払収入	570	602	484	529	379
土地売払代	470	308	392	441	343
一般競争入札	105	125	80	92	36
そ　の　他	365	182	313	349	307

(注) 1.「国有財産売払収入」は，普通財産統計36．国有財産関係（財務局分）歳入科目別・年度別収納状況の「国有財産売払収入」,「特定国有財産売払収入」及び「東日本大震災復興国有財産売払収入」を合算したものである。
2.「一般競争入札」とは，国があらかじめ定めた価格以上で，最も高い価格をつけた者を購入者とする売却方式をいう。
3.「その他」は，地方公共団体等に対する随意契約等による売却方式である。
4.　計数は，単位未満を四捨五入している。

第30表　国有財産売払収入の推移

（単位　億円）

年　度	一　般　会　計				特別会計	合　計
		土　地	証　券	その他		
平成25年度	1,359	1,315	17	27	1,955	3,314
26年度	1,361	1,208	129	25	2,946	4,308
27年度	1,263	1,147	91	24	14,689	15,952
28年度	1,704	1,670	15	19	3,833	5,537
29年度	934	897	22	15	14,454	15,388
30年度	603	498	94	10	248	850
令和元年度	667	418	222	27	3,155	3,822
２年度	526	475	42	8	199	725
３年度	546	451	85	10	12,083	12,629
４年度	404	358	24	13	3,661	4,065

(注)　計数は，単位未満を四捨五入しているため，合計欄の数字と内訳の計とは一致しないことがある。

最近５か年間の国有財産売払収入の推移は第29表のとおりである。

また，各省各庁所管の普通財産の売払収入を加えた国有財産売払収入の推移は第30表のとおりである。

第７　国有財産に関する審議会

国有財産に関する審議会は，財務本省に財政制度等審議会が，各財務局及び沖縄総合事務局に国有財産地方審議会が設置されている。

財政制度等審議会は，中央省庁等改革に伴う審議会等の整理合理化により廃止された国有財産中央審議会外３審議会の機能を引き継ぎ，平成13年１月６日に施行された財務省設置法（平成11年法律第95号）第６条に基づき設置された。さらに財政制度等審議会の下には，財政制度等審議会令（平成12年政令第275号）第６条に基づき，国有財産の管理及び処分に関する基本方針その他国有財産に関する重要事項の調査審議等を所掌する国有財産分科会が設置されている（開催状況は第31表のとおり）。

平成29年12月，財務大臣から財政制度等審議会に対し，「最近の国有財産行政を巡る状況を踏まえた，今後の国有財産の管理処分のあり方について」の諮問が行われた。

この諮問に関する調査審議事項について付託を受けた国有財産分科会は，専門的かつ技術的な観点から検討を行うためワーキングチームを設置し，最近の国有財産行政を巡る状況を踏まえ，国有財産に関する課題について幅広く審議を行うこととした。

具体的には，人口減少・少子高齢化などの社会経済環境の変化や国家公務員宿舎の削減計画の達成など，最近の国有財産行政を巡る状況等を踏まえた今後の国有財産の管理処分のあり方について，ワーキングチームにおいて専門的な検討・審議を重ねた上で，同分科会においても審議を行い，令和元年６月14日，答申「今後の国有財産の管理処分のあり方について－国有財産の最適利用に向けて－」の取りまとめが行われた。

国有財産地方審議会は，財務局長又は沖縄総合事務局長の諮問に応じ，国有財産の具体的な管理処分について調査審議し，これらの事項について財務局長等に意見を述べることができることとされており，令和４年度は12回開催されている（参考資料２参照）。

第31表　財政制度等審議会（国有財産分科会）の開催状況

区　分	開催年月日	議　題
財政制度等審議会第１回総会	平成13年１月19日	1. 会長の互選 2. 議事規則について 3. 運営方針について
財政制度等審議会第１回国有財産分科会	平成13年１月23日	1. 分科会長の互選 2. 審議会議事規則の報告等 3. 部会の設置 4. 審議会から分科会への付託等の報告 5. 分科会から部会への付託等 6. 議事の公開
財政制度等審議会国有財産分科会第１回株式部会	平成13年４月23日	1. 日本電信電話株式会社株式のこれまでの処分の経緯及び処分をめぐる諸事情 2. 今後の部会の進め方 3. 議事の公開
財政制度等審議会国有財産分科会第２回株式部会	平成13年５月23日	1. 日本電信電話株式会社からのヒアリング 2. 日本電信電話株式会社株式の処分に係る各証券会社からのヒアリング
財政制度等審議会国有財産分科会第３回株式部会	平成13年５月30日	日本電信電話株式会社株式の処分に係る各証券会社からのヒアリング
財政制度等審議会国有財産分科会第４回株式部会	平成13年６月15日	今後の日本電信電話株式会社株式の処分に当たっての部会意見整理
財政制度等審議会国有財産分科会第５回株式部会	平成13年６月27日	今後における日本電信電話株式会社株式の処分の在り方について
財政制度等審議会第２回国有財産分科会	平成13年６月27日	1. 今後における日本電信電話株式会社株式の処分の在り方について（答申） 2. 報告事項 　国有財産行政の現状について
財政制度等審議会第２回総会	平成13年８月30日	1. 分科会からの活動状況報告 2. フリーディスカッション
財政制度等審議会国有財産分科会第１回不動産部会	平成13年10月９日	報告事項 (1) 国有財産の使用状況実態調査等の調査結果について (2) PFI事業の取組状況について (3) 未利用国有地等の売却促進等に関する取組状況について
財政制度等審議会国有財産分科会第６回株式部会	平成14年４月22日	今後における日本たばこ産業株式会社株式の処分に当たっての主幹事証券会社の選定について（答申）
財政制度等審議会国有財産分科会第２回不動産部会	平成14年５月30日	報告事項 (1) 未利用国有地の売却促進に関する取組状況等について (2) PFI方式による公務員宿舎整備の取組状況について
財政制度等審議会国有財産分科会第３回不動産部会	平成14年10月15日	1. 報告事項 (1) 行政財産等の使用状況実態調査等に係るフォローアップ結果について (2) 分譲型土地信託の入札結果の概要等について (3) 都心大口案件等について 2. 最低売払価格を示した入札について
財政制度等審議会第３回総会	平成15年１月16日	1. 会長の互選 2. 議事規則について 3. 運営方針について
財政制度等審議会第３回国有財産分科会	平成15年２月19日	1. 分科会長の互選 2. 分科会長代理の指名 3. 部会の構成，部会長の指名等 4. 分科会の運営方針について 5. 報告事項 (1) 未利用国有地の売却について (2) 平成14年度における政府保有株式（JT及びNTT株式）の売却について (3) PFI方式による公務員宿舎の整備について 6. 大口返還財産の留保地に係る利用方針について
財政制度等審議会国有財産分科会第４回不動産部会	平成15年３月３日	大口返還財産の留保地に係る利用方針について (1) 留保地問題の経緯及び現状について (2) 関係地方公共団体に対するヒアリング結果等について
財政制度等審議会国有財産分科会第５回不動産部会	平成15年４月24日	大口返還財産の留保地に係る利用方針について (1) これまでの議論の整理 (2) 渉外知事会からの留保地の利用方針に関する要請
財政制度等審議会国有財産分科会第６回不動産部会	平成15年５月22日	大口返還財産の留保地に係る利用方針について (1) 関係地方公共団体への意見照会結果について (2) 大口返還財産の留保地の取扱いに関する答申案の骨子について
財政制度等審議会国有財産分科会第７回不動産部会	平成15年６月３日	1. 米軍基地跡地（大口返還財産留保地）の処分に関する要望について 2.「大口返還財産の留保地の今後の取扱いについて」報告書（案）
財政制度等審議会国有財産分科会第８回不動産部会	平成15年６月24日	大口返還財産の留保地の今後の取扱いについて
財政制度等審議会第４回国有財産分科会	平成15年６月24日	大口返還財産の留保地の今後の取扱いについて（答申）
財政制度等審議会国有財産分科会第７回株式部会	平成16年３月11日	報告事項 (1) 平成15年度売却実績（NTT，JT自己株式取得）について (2) 今後の自己株式取得における対応について (3) 最近の株式市場の動向について

区　　分	開催年月日	議　　題
財政制度等審議会第５回国有財産分科会	平成16年６月17日	報告事項 (1)　政府保有NTT・JT株式の処分について (2)「大口返還財産の留保地」答申のフォローアップについて (3)　未利用国有地の売却促進の実施状況について (4)　国家公務員宿舎使用料の改定について (5)　国立大学法人等及び独立行政法人国立病院機構の設立に伴う国有財産の承継について
財政制度等審議会第４回総会	平成17年１月17日	1.　会長の互選 2.　議事規則について 3.　運営方針について
財政制度等審議会第６回国有財産分科会	平成17年２月16日	1.　分科会長の互選 2.　分科会長代理の指名 3.「今後の国有財産の制度及び管理処分のあり方について（諮問）」の説明 4.　国有財産制度部会の設置 5.　各部会の構成，部会長の指名等 6.　分科会，部会の運営方針 7.　報告事項 政府保有NTT・JT株式の処分状況
財政制度等審議会国有財産分科会第１回国有財産制度部会	平成17年２月28日	1.　今後のスケジュール 2.　国有財産制度の現状
財政制度等審議会国有財産分科会第２回国有財産制度部会	平成17年３月23日	1.　行政財産の民間利用 2.　報告事項
財政制度等審議会国有財産分科会第３回国有財産制度部会	平成17年４月７日	未利用国有地等の売却促進
財政制度等審議会国有財産分科会第４回国有財産制度部会	平成17年５月10日	庁舎の効率的な使用と整備
財政制度等審議会国有財産分科会第５回国有財産制度部会	平成17年５月31日	1.　国有財産の監査及び情報提供等 2.　報告事項
財政制度等審議会国有財産分科会第６回国有財産制度部会	平成17年６月20日	1.　国家公務員宿舎制度 2.　物納制度 3.　諸外国における地方公共団体への無償譲渡・無償貸付 4.　国有財産情報公開システムへのアクセス状況
財政制度等審議会国有財産分科会第７回国有財産制度部会	平成17年７月26日	1.　未利用国有地等の売却促進 2.　国会議決の金額基準 3.　報告事項
財政制度等審議会国有財産分科会第８回国有財産制度部会	平成17年８月３日	行政財産の民間利用
財政制度等審議会国有財産分科会第９回国有財産制度部会	平成17年８月29日	1.　庁舎等の効率的な使用と整備 2.　国有財産行政における効率性の視点の明確化 借受庁舎等に対する総轄権行使の見直し 3.　報告事項
財政制度等審議会国有財産分科会第10回国有財産制度部会	平成17年９月13日	1.　情報提供の拡充 2.　政府出資の評価方法の見直し 3.　普通財産の管理処分に関する優遇措置の見直し 4.　国有財産貸付料等に係る口座振替制度の導入 5.　報告事項
財政制度等審議会国有財産分科会第11回国有財産制度部会	平成17年10月４日	1.　今後の国有財産の制度及び管理処分のあり方について－効率性重視に向けた改革－中間報告書（素案） 2.　最近の国有財産行政に関する報告事項
財政制度等審議会国有財産分科会第12回国有財産制度部会	平成17年10月25日	今後の国有財産の制度及び管理処分のあり方について－効率性重視に向けた改革－中間報告書（案）
財政制度等審議会第７回国有財産分科会	平成17年11月８日	1.　今後の国有財産の制度及び管理処分のあり方について－効率性重視に向けた改革－（中間答申） 2.　報告事項 政府保有NTT・JT株式の処分状況
財政制度等審議会国有財産分科会第13回国有財産制度部会	平成17年11月22日	1.　国有財産の監査 2.　コスト分析等定量的分析手法の導入 3.　行政財産の貸付等 4.　国家公務員宿舎行政 5.　最近の国有財産行政に関する報告
財政制度等審議会国有財産分科会第14回国有財産制度部会	平成17年12月13日	1.　国家公務員宿舎の効率的使用と運用の改善 2.　民間のオフィスの使用実態 3.　保有と賃借のコスト比較 4.　最近の国有財産行政に関する報告 5.　今後の国有財産の制度及び管理処分のあり方について－効率性重視に向けた改革－報告書（案）
財政制度等審議会国有財産分科会第15回国有財産制度部会	平成18年１月18日	1.　最近の国有財産行政に関する報告 2.　今後の国有財産の制度及び管理処分のあり方について－効率性重視に向けた改革－報告書（案） 3.　部会の調査審議事項の議決についての報告

区　分	開催年月日	議　題
財政制度等審議会第８回国有財産分科会	平成18年１月18日	1. 最近の国有財産行政に関する報告 2. 今後の国有財産の制度及び管理処分のあり方について－効率性重視に向けた改革－（答申） 3. 部会に付託された調査審議事項の議決について
財政制度等審議会第５回総会	平成18年２月７日	1. 会長互選 2. 各分科会の当面の課題等について
財政制度等審議会国有財産分科会第９回不動産部会	平成18年６月15日	1. 庁舎等の使用調整について 2. 特定国有財産整備計画について
財政制度等審議会第９回国有財産分科会	平成18年６月15日	1. 国有財産法等の改正について 2. 国家公務員宿舎の移転・跡地利用に関する有識者会議における検討結果について 3. 特定国有財産整備計画について
財政制度等審議会国有財産分科会第８回株式部会	平成18年11月24日	1. 諮問内容について 2. アルコール事業の民営化について 3. 日本アルコール産業株式会社の株式の処分について（答申）
財政制度等審議会国有財産分科会第10回不動産部会	平成18年12月12日	1. 庁舎等使用調整計画について 2. 最近の国有財産行政について
財政制度等審議会第６回総会	平成19年１月16日	1. 会長の互選 2. 議事規則について 3. 運営方針等について
財政制度等審議会第10回国有財産分科会	平成19年３月２日	1. 分科会長の互選 2. 分科会長代理の指名 3. 各部会の構成，部会長の指名等 4. 分科会，部会の運営方針 5. 事務局からの報告事項 (1) 資産債務改革の検討状況 (2) 答申に盛り込まれた事項の実施状況 (3) 不動産部会及び株式部会における審議状況 ・中央合同庁舎第４号館及び永田町合同庁舎に係る庁舎等使用調整計画等について ・日本アルコール産業株式会社の株式の処分について (4) 特別会計に関する法律案の提出について
財政制度等審議会国有財産分科会第11回不動産部会	平成19年６月19日	庁舎等の使用調整計画について
財政制度等審議会国有財産分科会第９回株式部会	平成19年10月16日	1. 今後の政府保有株式の売却見込み等 2. 日本郵政株式会社について 3. 日本アルコール産業株式会社の株式売却について
財政制度等審議会国有財産分科会第12回不動産部会	平成20年３月18日	庁舎等の使用調整計画について
財政制度等審議会国有財産分科会第13回不動産部会	平成20年６月26日	庁舎等の使用調整計画について
財政制度等審議会第11回国有財産分科会	平成20年６月26日	1. 大口返還財産の留保地等の利用計画 2. 各部会における審議状況 3. 国有財産行政における諸課題 4. 国有財産の有効活用に関する検討・フォローアップ有識者会議報告書について
財政制度等審議会第７回総会	平成21年１月15日	1. 会長の互選 2. 議事規則について 3. 運営方針等について
財政制度等審議会第12回国有財産分科会	平成21年２月25日	1. 分科会長の互選 2. 分科会長代理の指名 3. 各部会の構成，部会長の指名等 4. 分科会，部会の運営方針 5. 事務局からの報告事項 (1) 国有財産の売却促進のための各種方策等について (2) 国家公務員宿舎を活用した離職者への緊急的支援について
財政制度等審議会国有財産分科会第10回株式部会	平成21年２月25日	政府保有株式を取り巻く現状について
財政制度等審議会国有財産分科会第14回不動産部会	平成21年６月18日	庁舎等の使用調整計画について
財政制度等審議会国有財産分科会第15回不動産部会，第16回国有財産制度部会合同会議	平成21年６月18日	1. 庁舎・宿舎の移転・再配置計画の実行状況について 2. その他（霞が関低炭素社会について）
財政制度等審議会第８回総会	平成22年４月26日	会長の互選
財政制度等審議会第13回国有財産分科会，第16回不動産部会合同会議	平成22年６月25日	1. 庁舎等の使用調整計画について 2. 事務局からの説明 (1) 国有財産行政の現状について （新成長戦略における国有財産の有効活用について等） (2) 政府保有株式を取り巻く状況について

区　　分	開催年月日	議　　題
財政制度等審議会第14回国有財産分科会	平成22年12月9日	報告事項 国有財産行政の現状について (1) 平成21年度国有財産増減及び現在額 (2) 国有財産に係る監査 (3) 「新成長戦略における国有財産の有効活用について」のフォローアップ (4) 国有財産行政におけるPRE戦略
財政制度等審議会第9回総会	平成23年1月17日	1. 会長の互選 2. 議事規則について 3. 運営方針等について
財政制度等審議会第15回国有財産分科会	平成23年1月17日	1. 分科会長の選任 2. 分科会長代理の指名 3. 分科会の運営方針 4. 事務局からの説明事項 国有財産行政の現状について
財政制度等審議会第16回国有財産分科会	平成23年6月28日	1. 庁舎等使用調整計画について 2. 事務局からの説明 国有財産行政の現状について (1) 東日本大震災への対応 (2) 国有財産の有効活用等（PRE戦略）についてのフォローアップ
財政制度等審議会第17回国有財産分科会	平成24年1月27日	1. 庁舎等使用調整計画について 2. 事務局からの説明 (1) 国有財産監査の結果について (2) 国有財産行政の現状について
財政制度等審議会第18回国有財産分科会	平成24年5月18日	政府保有JT株式の処分について (1) 日本たばこ産業株式会社株式を取り巻く状況 (2) 過去のJT株式の処分に係る審議会付議状況 (3) JT株式（「2分の1以上」⇒「3分の1超」）の処分方針 (4) JT株式の第4次売出しに係る主幹事証券会社審査要領
財政制度等審議会第19回国有財産分科会	平成24年9月11日	1. 国家公務員宿舎に係るコスト比較手法の見直しについて 2. 庁舎等使用調整計画について 3. 事務局からの説明 (1) 国有財産行政の現状について (2) 売却手法の検証・改善等の検討状況について (3) 平成23年度国有財産監査の結果について
財政制度等審議会第10回総会	平成25年1月8日	1. 会長の互選 2. 議事規則について 3. 運営方針等について
財政制度等審議会第20回国有財産分科会	平成25年2月19日	1. 分科会長の選任 2. 分科会長代理の指名 3. 分科会の運営方針 4. 事務局からの説明 「国家公務員宿舎の削減計画」（平成23年12月1日公表）に基づくコスト比較等による個別検討結果及び宿舎使用料の見直しについて
財政制度等審議会第21回国有財産分科会	平成25年6月6日	1. 庁舎等使用調整計画について 2. 事務局からの説明 (1) 国有財産行政の現状について (2) 平成24年度国有財産監査の結果について
財政制度等審議会第22回国有財産分科会	平成26年2月4日	1. 分科会長代理の指名 2. 事務局からの説明 (1) 国家公務員宿舎削減計画のフォローアップについて (2) 国家公務員宿舎使用料の見直しについて (3) 最近の国有財産行政について
財政制度等審議会第23回国有財産分科会	平成26年4月14日	1. 今後の分科会の進め方 2. 事務局からの説明 (1) 日本郵政株式を取り巻く状況 (2) 政府保有株式の売却について (3) 主幹事証券会社の選定基準 3. 日本郵政株式会社からのヒアリング
財政制度等審議会第24回国有財産分科会	平成26年4月24日	1. 庁舎等使用調整計画について 2. 証券市場関係者からのヒアリング (1) 日本証券業協会 (2) 野村證券株式会社 (3) 株式会社東京証券取引所
財政制度等審議会第25回国有財産分科会	平成26年5月15日	日本郵政株式会社の株式の処分について（案）
財政制度等審議会第26回国有財産分科会	平成26年6月5日	1. 日本郵政株式会社の株式の処分について 2. 庁舎等使用調整計画について 3. 事務局からの説明 (1) 最近の国有財産行政について (2) 平成25年度国有財産監査の結果について
財政制度等審議会第27回国有財産分科会	平成26年8月4日～8月6日	日本郵政株式会社株式の新規公開に係る主幹事証券会社審査要領
財政制度等審議会第11回総会	平成27年1月23日	1. 会長の互選 2. 議事規則について 3. 運営方針等について

区　　分	開催年月日	議　　題
財政制度等審議会第28回国有財産分科会	平成27年2月12日	1. 分科会長の選任 2. 分科会長代理の指名 3. 分科会の運営方針 4. 輸出入・港湾関連情報処理センター株式会社の株式の処分について 5. 国家公務員宿舎削減計画のフォローアップについて 6. 国有財産行政の現状について
財政制度等審議会第29回国有財産分科会	平成27年6月15日	1. 千代田区大手町二丁目に所在する国有財産の管理処分について 2. 庁舎等使用調整計画について 3. 平成26年度国有財産監査の結果について 4. 日本郵政株式会社の株式の処分に係る検討経緯について
財政制度等審議会第30回国有財産分科会	平成27年11月24日	1. 介護施設整備に係る国有地活用について 2. 事務局からの説明 (1) 日本郵政株式会社の株式上場について (2) 輸出入・港湾関連情報処理センター株式会社の株式の処分について
財政制度等審議会第31回国有財産分科会	平成28年2月10日	1. 庁舎等使用調整計画について 2. 国家公務員宿舎削減計画のフォローアップについて 3. 事務局からの説明 (1) 平成28年4月以降の国家公務員宿舎使用料の引上げについて (2) 最近の国有財産行政について
財政制度等審議会第32回国有財産分科会	平成28年5月17日	1. 熊本地震への対応について 2. 一億総活躍社会の実現に向けた国有地の有効活用について 3. 平成27年度国有財産監査の結果について 4. 輸出入・港湾関連情報処理センター株式会社（NACCSセンター）株式の売却について 5. 株主総会への対応について
財政制度等審議会第33回国有財産分科会	平成29年1月16日	最近の国有財産行政について
財政制度等審議会第34回国有財産分科会	平成29年2月17日	1. 庁舎等使用調整計画等について 2. 国家公務員宿舎削減計画のフォローアップについて 3. 普通財産を巡る状況について
財政制度等審議会第35回国有財産分科会	平成29年3月24日 平成29年3月27日 ～3月29日	庁舎等使用調整計画について
財政制度等審議会第12回総会	平成29年4月7日	1. 会長の互選 2. 議事規則について 3. 運営方針等について
財政制度等審議会第36回国有財産分科会	平成29年5月26日	1. 分科会長の互選 2. 分科会長代理の指名 3. 分科会の運営方針 4. 平成28年度国有財産監査の結果 5.「国家公務員宿舎の削減計画」等の実施状況等について
財政制度等審議会第37回国有財産分科会	平成29年12月11日	1. 最近の国有財産行政を巡る状況を踏まえた，今後の国有財産の管理処分のあり方について（諮問） 2. 国有財産行政の最近のトピックス 3. 国家公務員宿舎使用料引上げの概要 4. 株主議決権行使について
財政制度等審議会国有財産分科会第1回ワーキングチーム	平成29年12月15日	1. ワーキングチームの運営方針 2. 普通財産の管理処分の適正性の向上
財政制度等審議会国有財産分科会第2回ワーキングチーム	平成30年1月10日	普通財産の管理処分の適正性の向上
財政制度等審議会第38回国有財産分科会	平成30年1月19日	1. 公共随契を中心とする国有財産の管理処分手続き等の具体的な見直しについて 2. 庁舎等使用調整計画について
財政制度等審議会第39回国有財産分科会	平成30年3月27日	庁舎等使用調整計画について
財政制度等審議会第40回国有財産分科会	平成30年4月12日	1. 森友学園への国有地売却に関する決裁文書について 2. 国有財産の管理処分手続き等の見直しに係る通達等の改正について
財政制度等審議会第41回国有財産分科会	平成30年7月4日	1. 森友学園への国有地売却に関する調査報告書等について 2. 処分価格等の明確化について 3. 平成29年度国有財産監査の結果について
財政制度等審議会第42回国有財産分科会	平成30年7月19日 ～7月20日	庁舎等使用調整計画について
財政制度等審議会第43回国有財産分科会	平成30年9月28日	今後の国有財産の管理処分のあり方について
財政制度等審議会国有財産分科会第3回ワーキングチーム	平成30年10月22日	普通財産に関する課題について（有効活用の更なる推進）
財政制度等審議会国有財産分科会第4回ワーキングチーム	平成30年11月28日	普通財産に関する課題について（引き取り手のない不動産への対応）
財政制度等審議会第44回国有財産分科会	平成30年12月21日	1. 会計検査院のその後の検査について 2. 普通財産に関する課題について
財政制度等審議会国有財産分科会第5回ワーキングチーム	平成31年1月24日	行政財産に関する課題について（国家公務員宿舎に関する今後の対応）

区　　分	開催年月日	議　　題
財政制度等審議会国有財産分科会第６回ワーキングチーム	平成31年２月22日	行政財産に関する課題について 1. 国家公務員宿舎に関する今後の対応 2. 庁舎需要等への対応 3. 行政財産の有効活用
財政制度等審議会第45回国有財産分科会	平成31年３月28日	1. 行政財産に関する課題について 2. 庁舎等使用調整計画について 3. 所有者不明土地問題の検討状況について
財政制度等審議会第13回総会	平成31年４月４日	1. 会長の互選 2. 議事規則について 3. 運営方針等について
財政制度等審議会第46回国有財産分科会	令和元年５月22日	1. 分科会長の互選について 2. 分科会長代理の指名 3. 分科会の運営方針について 4. 今後の国有財産の管理処分のあり方について 5. 平成30年度国有財産監査の結果について
財政制度等審議会第47回国有財産分科会	令和元年６月14日	1. 今後の国有財産の管理処分のあり方について－国有財産の最適利用に向けて－(答申) 2. 庁舎等使用調整計画について 3. 四谷再開発建物の権利床の入居官署について 4. 第三者チェックの実施状況について
財政制度等審議会第48回国有財産分科会	令和２年３月２日	1.「最適利用」答申等のフォローアップについて 2. 庁舎等使用調整計画について 3. 所有者不明土地等に関する検討状況について
財政制度等審議会第49回国有財産分科会	令和２年６月９日～６月12日	1.「最適利用」答申等のフォローアップについて 2. 介護施設整備に係る貸付料減額措置の延長について 3. 国有財産の貸付料等に係る債権の履行期限を延長する制度の創設等について 4. 令和元年度国有財産監査の結果について
財政制度等審議会第50回国有財産分科会	令和３年３月17日	1. 未利用国有地の管理処分の多様化について 2. 経済対策等における新たな国有財産の活用について 3. 行政財産に係る有識者勉強会の開催について
財政制度等審議会第14回総会	令和３年４月７日	1. 会長の互選 2. 議事規則について 3. 運営方針等について
財政制度等審議会第51回国有財産分科会	令和３年６月２日	1. 分科会長の互選について 2. 分科会長代理の指名 3. 分科会の運営方針について 4. 庁舎等使用調整計画について 5. 行政財産に係る取組みについて 6. 令和２年度国有財産監査の結果について 7. 第三者チェックの実施状況について
財政制度等審議会第52回国有財産分科会	令和３年12月８日	1. 東京地下鉄株式会社の株式の処分について 2. 虎ノ門再開発建物の権利床の入居官署及び庁舎等使用調整計画(中央官衙地区事案) 3. 行政財産の未来像研究会における議論の取りまとめ結果の報告 4. 千代田区大手町二丁目所在の信託中財産の処分について 5. 経済対策等における国有財産の活用について
財政制度等審議会第53回国有財産分科会	令和４年２月21日	1. 東京地下鉄株式会社の株式の処分について 2. 庁舎等使用調整計画について 3.「最適利用」答申及び行政財産の未来像研究会報告書を踏まえた対応について(行政財産)
財政制度等審議会第54回国有財産分科会	令和４年３月22日～３月28日	1. 東京地下鉄株式会社の株式の処分について 2. 東京地下鉄株式会社株式の新規公開に係る主幹事証券会社審査要領
財政制度等審議会第55回国有財産分科会	令和４年５月31日	1. 令和３年度国有財産監査の結果について 2. 第三者チェックの実施状況について
財政制度等審議会第56回国有財産分科会	令和５年２月22日	1. 庁舎等使用調整計画について 2.「政府保有株式に係る株主議決権行使等の方針」の見直しについて 3. 地域貢献等に向けた国有財産の有効活用について 4. 国家公務員宿舎の整備について 5. 留保財産の取組状況及び利活用促進について 6. 千代田区大手町二丁目所在の信託中財産の処分について
財政制度等審議会第15回総会	令和５年４月14日	1. 会長の互選 2. 議事規則について 3. 運営方針等について
財政制度等審議会第57回国有財産分科会	令和５年５月17日	1. 分科会長の互選について 2. 分科会長代理の指名 3. 分科会の運営方針について 4. 国有財産の現状について 5. 国家公務員宿舎の需給調整及び老朽化対策等について 6.「最適利用」答申のフォローアップ（不動産の寄附）
財政制度等審議会第58回国有財産分科会	令和５年６月13日	1. 庁舎等使用調整計画について 2. 国家公務員宿舎の需給調整及び老朽化対策等について 3. 重要土地等調査法の施行に伴う国有財産行政の対応について 4. 令和４年度国有財産監査の結果について 5. 令和４年度第三者チェックの実施状況について
財政制度等審議会第59回国有財産分科会	令和５年９月20日	株式会社商工組合中央金庫の株式の処分について

第８　国有財産の監査

１．監査の概要

財務大臣は，国有財産の適正な方法による管理及び処分を行うため，各省各庁の長が所管する国有財産について実地監査をすることができる（国有財産法第10条ほか）。

これは，国有財産の管理及び処分に関する事務を統一し，その適正化や効率化を図る等のために財務大臣が行う国有財産に係る総括事務の一つであり，能動的な事務である。

２．監査事務

⑴　平成23年度以降の監査について

国有財産については，売却等を通じて国の財政に貢献するとともに，地域や社会のニーズに対応した有効活用を促進することを目的として，平成23年度以降，国有財産の監査の充実・強化を図ることとし，従来の書面を中心とした監査から現地における深度ある監査へと運用を改めることとした。

⑵　令和５年度の監査方針

イ．令和５年度監査の基本方針

令和５年度においては，①庁舎等及び宿舎の公用財産等，②各省各庁所管の普通財産の監査の順に事務量を重点的に配分することとし，実効性の高い監査を実施する。

ロ．重点対象に係る監査の目的等

⑴　庁舎等及び宿舎の公用財産等

・一定の地域又は官署を特定した庁舎等の使用実態

Ａ　監査の目的

一定の地域又は官署を特定した庁舎等の使用実態を把握し，省庁横断的な使用調整等により有効活用を促進し，国有財産の最適利用を図る。

Ｂ　対象財産

同一地域内に所在する又は相互に業務関連性を有する機関が管理又は使用する庁舎等を複数選定。

・研修教育施設等の使用実態

Ａ　監査の目的

使用実態を把握し，省庁横断的な使用調整等により，国有財産の有効活用の促進を図る。

Ｂ　対象財産

研修教育施設，宿泊等施設，会議施設及び運動施設。

・庁舎等及び宿舎の保全状況

Ａ　監査の目的

社会資本ストックである既存の庁舎等及び宿舎については，維持管理状況を把握し，建物の長寿命化，効率的維持管理の促進を図る。

Ｂ　対象財産

一定の地域又は官署を特定した庁舎等の使用実態の監査の対象財産から選定。

⑵　各省各庁所管の普通財産

Ａ　監査の目的

未利用国有地等の有効活用を促進するため，処理の進捗状況を把握し，管理処分の適正化を図ることを目的とする。また，国有財産を総括する立場から，管理処分手法に関する知見等について各省各庁へ必要かつ適切な助言をしつつ，地域や社会のニーズの変化・多様化にも対応した有効活用の促進を図る。

Ｂ　対象財産

特別会計（財政投融資特別会計特定国有財産整備勘定を除く。）所属及び一般会計所属の普通財産のうち次の財産から，対象を選定。

ａ　特別会計の廃止に伴い一般会計化された旧特別会計所属普通財産で，財務局等に引き継ぐこととされた財産

ｂ　上記ａのほか，有効活用の促進の観点から監査の実施が有効であると認められる①未利用国有地に分類される財産，②未利用国有地以外に分類される財産（市街地に所在するもの）

⑶　令和４年度の監査結果等について

イ．国有財産監査の結果

令和４年度においては，新型コロナウイルス感染症の影響を受けつつも，全国で436件の監査を実施し，そのうち74件（17.0％）について問題点を指摘した。

主な内容は以下のとおり。

⑴　行政財産

監査の結果，庁舎等に確認された余剰スペースについて，非効率使用の改善を図るため，近隣庁舎の借受解消，用途廃止及び官署間での使用面積の調整を求めた。

⑵　普通財産

敷地の一部を国以外の者に使用させている財産について，貸付契約の適正化を求めた。

ロ．各省各庁所管普通財産（未利用国有地）の状況

各省各庁が所管する普通財産のうち未利用国有地について，令和４年度中の財産の発生状況及び処分等処理の進捗状況を把握し，各省各庁に対して処理の促進を要請するフォローアップを実施した。

（注１）「令和４年度国有財産監査の結果」については，第32表を参照。

（注２）「令和４年度各省各庁所管普通財産（未利用国有地）の状況」については，第33表を参照。

（注３）令和４年度の監査結果等については，財務省のホームページで公表している。

・　令和４年度国有財産監査の結果（アドレス：https://www.mof.go.jp/policy/national_property/summary/result/fy2022/index.html）

・　令和４年度各省各庁所管普通財産（未利用国有地）

第32表　令和４年度国有財産監査の結果（指摘内容別）

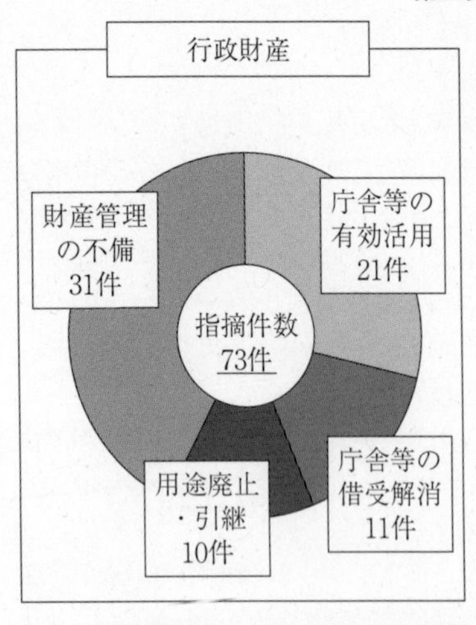

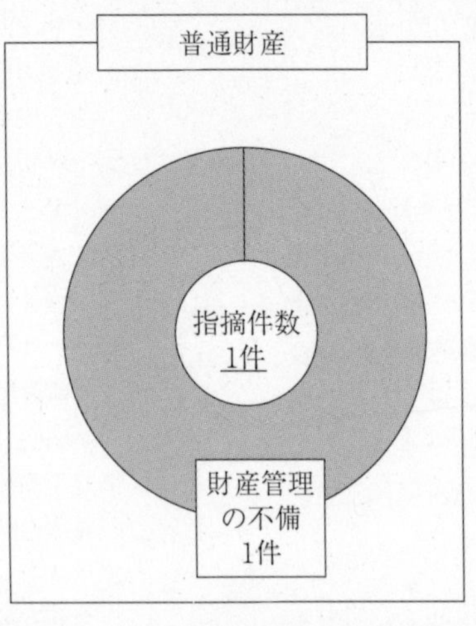

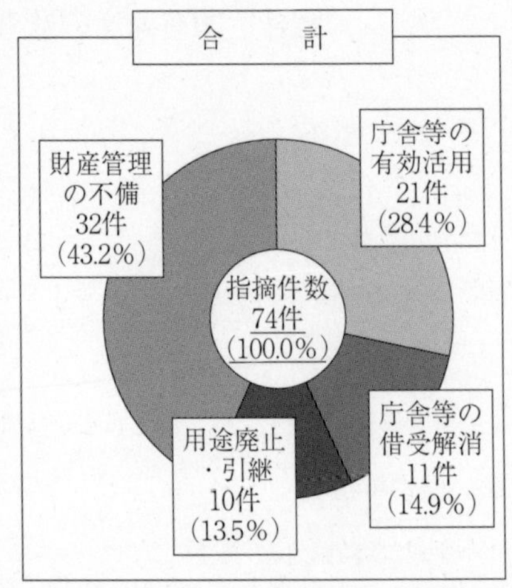

指摘内容	行政財産	普通財産	合　計	
	件数（件）	件数（件）	件数（件）	割合（%）
庁舎等の有効活用	21　(49)	0　(0)	21　(49)	28.4　(35.3)
庁舎等の借受解消	11　(9)	0　(0)	11　(9)	14.9　(6.5)
用途廃止・引継	10　(21)	0　(11)	10　(32)	13.5　(23.0)
財産管理の不備	31　(49)	1　(0)	32　(49)	43.2　(35.3)
合　計	73　(128)	1　(11)	74　(139)	100　(100.0)

（注）1. 各欄の（　）書きは，令和３年度監査結果の件数，割合である。
2. 割合は小数点第２位を四捨五入しているため，合計と一致しないことがある。

第33表　令和４年度各省各庁所管普通財産（未利用国有地）の状況

（単位　件，千㎡，億円）

区　分	前年度末の保有財産	年度内の変動状況			令和４年度末の保有財産
		新規発生	処分等（注１）	その他（注２）	
件　数	849	48	80	△2	815
面　積	3,744	216	127	△7	3,825
台帳価格	320	32	22	0	330

（注１）「処分等」とは，売却のほか，財務局等へ引継等の事由による減を示している。
（注２）「その他」とは，管理態様変更，口座分割・統合，国有財産台帳価格改定，実測等の事由によるものを計上している。
（注３）面積及び価格は，単位未満を切り捨てているため，計において一致しないことがある。

の状況（アドレス：https://www.mof.go.jp/policy/national_property/summary/property_audit/utilized_by_ministry/fy2022/index.html）

第９　国有財産に関する情報提供

財政のストックを国民に明らかにする観点から，土地をはじめとする国有財産について，法令に基づく各種報告のみならず出版物等を通じて情報提供を行っている。国有財産に関する情報については，積極的な情報の公開・発信とともに，情報提供の内容の充実や財務省ウェブサイト等の利便性向上に努めることとしている。

現在，国有財産に関して提供している情報は第34表のとおりである。

１．法令に基づく報告

毎年度，国有財産法第34条及び第37条に基づき，国有財産増減及び現在額総計算書並びに国有財産無償貸付状況総計算書を会計検査院の検査を経たうえで国会に報告している。

また，財政法第28条に基づき，予算の参考書類として，国有財産現在高及び国有財産見込現在高に関する調書を国会に提出し，さらに同法第46条に基づき，国有財産の現在高について国民への報告を行っている。

２．情報提供

(1) 財務省ホームページにおいて，国有財産に関する情報提供を行っており（アドレス：https://www.mof.go.jp/policy/national_property/），最新の国有財産行政を反

第34表　国有財産に関する情報提供の現状

(1)　公表・報告

区　　　　分（根拠法令）	公表方法等	主な情報内容	公表等(予定)
国有財産増減及び現在額総計算書，説明書（国有財産法第34条）	国会（報告），財務省ホームページ	区分（土地，建物等）毎の数量，価格	年1回　11月
国有財産無償貸付状況総計算書，説明書（国有財産法第37条）	国会（報告），財務省ホームページ	区分（土地，建物等）毎の数量，価格	年1回　11月
国有財産現在高及び国有財産見込現在高に関する調書（財政法第28条）	国会（提出）	区分（土地，建物等）毎の数量，価格	年1回　1月
国有財産の現在高（財政法第46条）	官報・財務省ホームページ	区分（土地，建物等）毎の数量，価格	年1回　4月

(2)　情報提供（PR）

①定期刊行物

区　　　　分	主な情報内容	公表等(予定)
財政金融統計月報「国有財産特集」	国有財産の概要，国有財産の現在額及び増減額，政府出資法人の状況，行政財産統計，普通財産統計	年1回　3月

②財務省ホームページ（「国有財産」のページ）

<table>
<tr><th colspan="2">区　　　　分</th><th>主な情報内容</th><th>公表等(予定)</th></tr>
<tr><td colspan="2">国有財産の概要</td><td>国有財産の現在額，国有財産監査の結果，普通財産（未利用国有地）の状況，国有財産の売却情報（各財務局等のホームページへリンク）</td><td>随時</td></tr>
<tr><td rowspan="2">国有財産の一覧</td><td>国有特許権等一件別情報</td><td>国に帰属している知的財産権（特許権，著作権，商標権，意匠権，実用新案権）の登録番号，名称，存続期間</td><td>年1回　11月</td></tr>
<tr><td>政府保有株式</td><td>政府保有株式の概要，政府保有株式の売出し</td><td>随時</td></tr>
<tr><td colspan="2">国有財産トピックス</td><td>国有財産に関するトピックス，各種報道発表資料</td><td>随時</td></tr>
<tr><td colspan="2">関連資料・データ</td><td>国有財産統計，国有財産に関する国会報告</td><td>随時</td></tr>
<tr><td colspan="2">国有財産関係法令・通達</td><td>国有財産に関する訓令，通達</td><td>随時</td></tr>
<tr><td colspan="2">審議会・研究会等</td><td>財政制度等審議会国有財産分科会等の答申・報告書等，報道発表，議事要旨</td><td>随時</td></tr>
<tr><td rowspan="3">出版物等</td><td>国有財産レポート</td><td>国有財産に関する制度や国有財産行政の取組状況等</td><td>年1回　8月</td></tr>
<tr><td>パンフレット「地域に貢献する国有財産行政」</td><td>地域に密着した国有財産の活用事例（各財務局等のホームページへリンク）</td><td>年1回　7月</td></tr>
<tr><td>財政金融統計月報「国有財産特集」</td><td>国有財産の概要，国有財産の現在額及び増減額，政府出資法人の状況，行政財産統計，普通財産統計（財務総合政策研究所のホームページへリンク）</td><td>年1回　5月</td></tr>
</table>

③国有財産情報公開システム

<table>
<tr><th colspan="2">区　　　　分</th><th>主な情報内容</th><th>公表等(予定)</th></tr>
<tr><td rowspan="3">国有財産を「買う」</td><td>国有財産の売却情報</td><td>全国の財務局等が一般競争入札を行っている物件，即購入が可能な物件の所在地，数量，法令上の制限，交通機関，最寄駅（各財務局等のホームページへリンク）</td><td>随時</td></tr>
<tr><td>その他の売却情報</td><td>地方公共団体所有の公有財産や各省庁所有の国有財産の売却情報（各財務局等のホームページへリンク）</td><td>随時</td></tr>
<tr><td>国有財産物件情報メールマガジン</td><td>全国の財務局等が行っている入札物件及びその開札結果，公用・公共用の取得等要望の受付に関する情報，一時貸付に関する情報，事業用定期借地に関する情報，その他国有財産に関するお知らせ</td><td>随時</td></tr>
<tr><td>国有財産を「調べる」</td><td>国有財産一件別情報</td><td>全国にある国有財産の一件別の所在地，数量，価格，用途地域や容積率等の法令上の制限及び地図情報</td><td>年1回　11月</td></tr>
<tr><td>国有財産を「借りる」</td><td>貸付可能物件情報</td><td>全国の財務局等における事業用定期借地による貸付や暫定活用（一時貸付）が可能な物件の所在地，数量（各財務局等のホームページへリンク）</td><td>随時</td></tr>
</table>

財務局等所在地，電話番号及びホームページアドレス

財務本省，財務局等名	郵便番号	所在地	電話番号(代表)	ホームページアドレス
財務本省	100-8940	東京都千代田区霞が関３－１－１	03-3581-4111	https://www.mof.go.jp/
北海道財務局	060-8579	北海道札幌市北区北８条西２ 札幌第１合同庁舎	011-709-2311	https://lfb.mof.go.jp/hokkaido/
東北財務局	980-8436	宮城県仙台市青葉区本町３－３－１ 仙台合同庁舎	022-263-1111	https://lfb.mof.go.jp/tohoku/
関東財務局	330-9716	埼玉県さいたま市中央区新都心１－１ さいたま新都心合同庁舎１号館	048-600-1111	https://lfb.mof.go.jp/kantou/
北陸財務局	921-8508	石川県金沢市新神田４－３－10 金沢新神田合同庁舎	076-292-7860	https://lfb.mof.go.jp/hokuriku/
東海財務局	460-8521	愛知県名古屋市中区三の丸３－３－１	052-951-1772	https://lfb.mof.go.jp/tokai/
近畿財務局	540-8550	大阪府大阪市中央区大手前４－１－76 大阪合同庁舎第４号館	06-6949-6390	https://lfb.mof.go.jp/kinki/
中国財務局	730-8520	広島県広島市中区上八丁堀６－30 広島合同庁舎第４号館	082-221-9221	https://lfb.mof.go.jp/chugoku/
四国財務局	760-8550	香川県高松市サンポート３－33 高松サンポート合同庁舎（南館）	087-811-7780	https://lfb.mof.go.jp/shikoku/
九州財務局	860-8585	熊本県熊本市西区春日２－10－１ 熊本地方合同庁舎	096-353-6351	https://lfb.mof.go.jp/kyusyu/
福岡財務支局	812-0013	福岡県福岡市博多区博多駅東２－11－１ 福岡合同庁舎	092-411-5095	https://lfb.mof.go.jp/fukuoka/
沖縄総合事務局財務部	900-0006	沖縄県那覇市おもろまち２－１－１ 那覇第２地方合同庁舎２号館	098-866-0091	https://www.ogb.go.jp/zaimu

財務局等を設置していない都府県には財務事務所を設置している。

映した「国有財産レポート」や国有財産の現在額等の各種統計資料，「国有財産に関する国会報告」，「国有財産関係法令・通達」などを掲載している。

また，「国有財産の売却情報」では，全国の財務局等のホームページへのリンクにより，国有財産の入札，処分結果等の情報提供を行っている。

(2) 国有財産情報公開システム（アドレス：https://www.kokuyuzaisan.mof.go.jp/info/）において国有財産に関する情報を，①「買う」，②「調べる」，③「借りる」に区分し，掲載している。

また，国有財産の売却等に関する情報をタイムリーに配信するために，「国有財産物件情報メールマガジン」の登録を受け付けている。

① 国有財産を「買う」

全国の財務局等における国有財産の売却情報等のリンク先を掲載している。

② 国有財産を「調べる」

全国にある国有財産について一件別に所在地，数量，価格のほか，用途地域や容積率等の法令上の制限，地図情報等を掲載している。

③ 国有財産を「借りる」

全国の財務局等における事業用定期借地による貸付や暫定活用（一時貸付）が可能な物件の情報のリンク先を掲載している。

第10　未利用国有地の有効活用と権利付財産の売却

1．未利用国有地及び権利付財産の引受・保有・売却状況

(1) 未利用国有地の保有状況

令和４年度末現在の未利用国有地は，2,695件，台帳価格5,283億円である。

なお，未利用国有地の処分等結果については財務省のホームページ（アドレス：https://www.mof.go.jp/policy/national_property/summary/property_audit/non_utilized_land/fy2022/index.html）等で公表している。

（注１） 未利用国有地の処分等結果については第35表を，令和４年度末現在の保有状況については第36表を参照。

（注２） 平成25年度からの物納不動産（土地）の引受状況の推移は第37表のとおりである。

(2) 未利用国有地及び権利付財産の売却状況

令和４年度までの未利用国有地の入札実施状況は第38表のとおりである。令和４年度においては，485件の一般競争入札を実施し，このうち202件が成約に至っている。

また，借地人等権利者がいる権利付財産の売却状況は第39表のとおりである。

第35表　未利用国有地の処分等結果

（単位　件，千㎡，億円）

状況 ＼ 区分	前年度末現在の保有財産			年度内の変動状況（注１）									令和４年度末時点の保有財産		
				新たに未利用国有地とした財産			処分等した財産			変更等による増減（注３）					
	件数	面積	台帳価格	件数	面積	台帳価格	件数	面積	台帳価格	件数	面積	台帳価格	件数	面積	台帳価格
地方公共団体等利用財産	253	2,629	3,421	50	313	66	29	64	46	56	1,428	394	330	4,307	3,835
処分対象財産（注２）	(1,004) 2,479	(3,240) 4,601	(1,078) 1,419	78	217	40	208	195	44	16	277	32	(1,006) 2,365	(3,425) 4,901	(1,120) 1,447
合計	2,732	7,231	4,841	128	531	107	237	259	91	72	1,705	426	2,695	9,208	5,283
うち売却した財産（注４）							231	224	66						

（注）1.　財務省が所管する一般会計所属普通財産のうち未利用国有地について，令和４年度の処理実績を取りまとめたものである。
2.　「処分対象財産」とは，一般競争入札等により処分する予定の財産である。
なお，上段（　）内書きは，境界等係争中の財産，接面道路が建築基準法の基準に満たない財産，土地区画整理事業の施行区域内に所在する財産など処分が困難な財産である。
3.　「変更等による増減」とは，区分の変更，実測，国有財産台帳価格改定などによる増減である。
4.　「うち売却した財産」の売却額は，99億円である。
5.　面積及び価格は，単位未満を切り捨てているため，合計欄の数字と内訳の計とは一致しないことがある。

第36表　未利用国有地の保有件数等の内訳

（単位　件，億円）

区　分		国利用		国利用以外										合　計		物納構成比	
						地方公共団体等利用		入札未実施		売残		処分困難					
		件数	台帳価格	件数	台帳価格	件数	台帳価格	件数	台帳価格	件数	台帳価格	件数	台帳価格	件数	台帳価格	件数	台帳価格
全国	全　体	67	766	2,628	4,515	263	3,068	429	173	764	102	1,172	1,172	2,695	5,283	／	／
	うち物納	8	4	993	353	38	8	149	37	282	47	524	260	1,001	357	37.1%	6.8%
	対合計比	2.5%	14.5%	97.5%	85.5%	9.8%	58.1%	15.9%	3.3%	28.3%	1.9%	43.5%	22.2%	100.0%	100.0%	／	／

（注）1.　各計数は，令和４年度末現在である。
2.　価格は単位未満を切り捨てており，割合は単位未満を四捨五入しているため，合計欄の数字と内訳の計とは一致しないことがある。

第37表　物納不動産（土地）の引受状況の推移

（単位　件，千㎡，億円）

年　度		平成25	26	27	28	29	30	令和元	2	3	4
未利用	件　数	77	103	45	66	33	14	32	21	15	8
	数　量	102	112	37	94	35	18	31	18	11	15
	台帳価格	29	38	18	26	9	7	11	4	3	5
権利付	件　数	170	59	35	65	81	30	68	21	49	30
	数　量	26	14	5	6	13	5	9	3	8	3
	台帳価格	22	9	6	5	12	5	11	4	10	5

（注）1.　権利付とは，借地契約・借家契約の対象となっているものである。
2.　件数は，財務局における管理上の件数である。
3.　数量及び価格は，単位未満を四捨五入している。

第37表　参　考

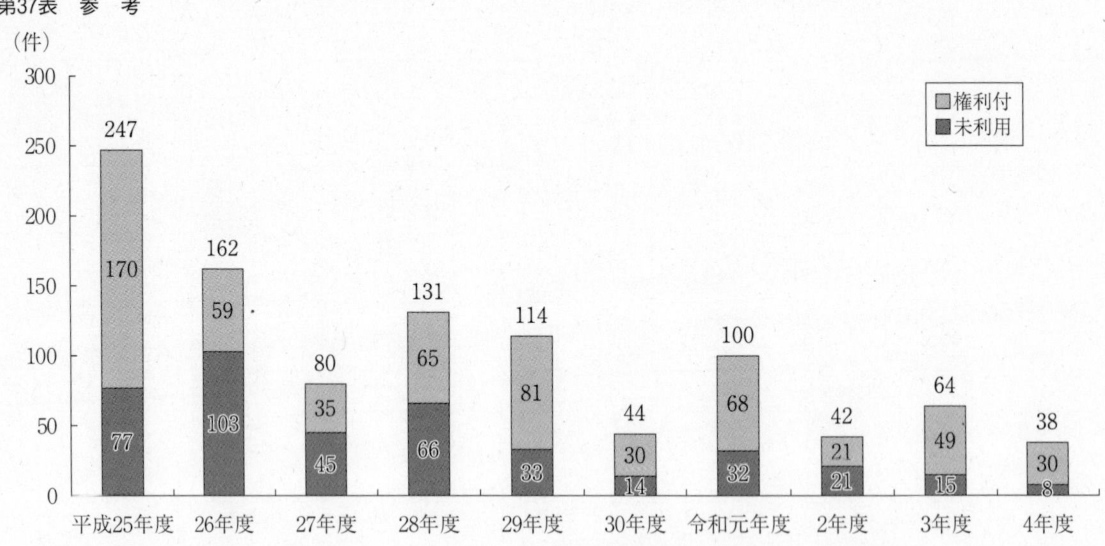

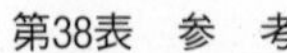

第38表　未利用国有地の入札実施状況（一般会計）

（単位　件，億円，％）

実施年度	一般競争入札			成約率
	実施件数	契約件数	契約金額	
平成25	(670) 1,501	(296) 652	(114) 777	43.4
26	(540) 1,265	(242) 542	(86) 829	42.8
27	(504) 1,322	(231) 633	(111) 557	47.9
28	(257) 1,341	(121) 817	(61) 1,311	60.9
29	(436) 1,238	(195) 576	(111) 325	46.5
30	(376) 1,065	(122) 356	(36) 113	33.4
令和元	(312) 857	(80) 222	(14) 126	25.9
2	(215) 741	(87) 299	(33) 108	40.4
3	(191) 574	(104) 276	(36) 96	48.1
4	(133) 485	(75) 202	(19) 41	41.6

（注）1. 各年度に一般競争入札を実施したもの（不落随契で売却したものを含む。）の契約状況であり，翌年度に契約したものも含まれる。
2. 金額は，単位未満を四捨五入している。
3. 上段（　）内書は物納財産である。
4. 未利用国有地以外の財産について入札を実施したものを含む。

第38表　参　考

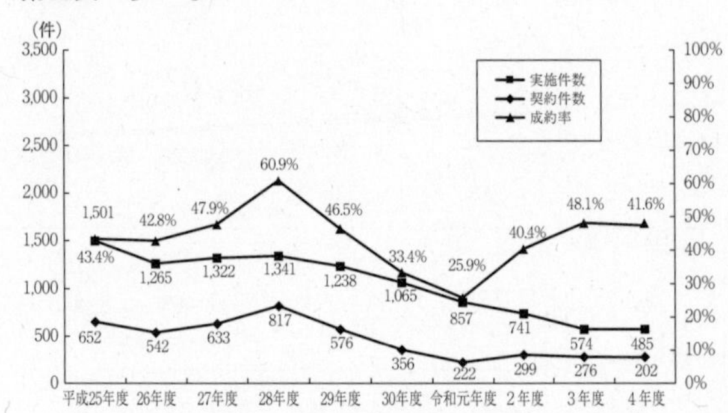

2．多様な管理処分手法の導入

未利用国有地については，売却等を通じて国の財政に貢献するとともに，地方公共団体等と連携を図り，地域や社会のニーズに対応した有効活用を図っていくこととし，個々の土地の特性に応じた多様な手段を選択できるよう管理処分手法の多様化を図っている。なお，これまでの取組みは第40表のとおりである。

(1)　未利用国有地の処分手法

イ．未利用国有地の一般競争入札に当たって，物納不動産（土地）については，税外収入確保の観点から，更なる売却促進を図ることを目的として，平成14年度に最低売却価格（予定価格）を公表した入札制度を導入した。

また，平成24年11月に東日本大震災の復興財源の確保及び行政改革を推進する観点から，物納不動産（土地）に限らず，すべての不動産について最低売却価格（予定価格）を公表する制度改正を行い，更なる売却促進を図ることとした。

なお，令和元年６月の財政制度等審議会国有財産分科

第39表　権利付財産の売却状況（土地）

（単位　件，億円）

年　度	全　　体		うち物納	
	件　数	金　額	件　数	金　額
平成25	1,013	174	802	140
26	853	183	661	116
27	786	116	611	99
28	658	109	511	84
29	628	143	492	87
30	620	90	491	72
令和元	551	86	436	72
2	398	62	298	56
3	540	122	442	116
4	595	129	471	94

（注）　金額は，単位未満を四捨五入している。

第39表　参　考

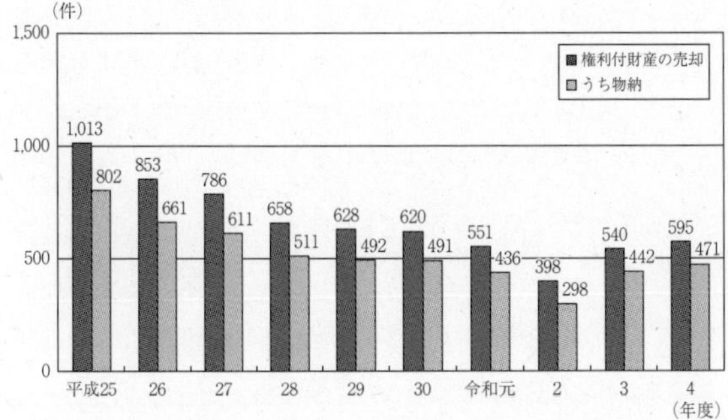

会の答申を受け，有用性が高く希少な国有地については，将来世代における行政需要に備えつつ地域のニーズに対応するため，国が所有権を留保し（留保財産），定期借地権による貸付を行うことで最適利用を図ることとしており，令和５年９月末時点において62件が留保財産に選定されている。

ロ．平成14年度には，現状では売却が難しい財産について，分筆，造成，ライフライン整備等の工事を行うことにより，付加価値を高めた上で売却する処分型信託の手法も導入した。その実績は第41表のとおりである。

ハ．なお，こうした取組みのほか，まちづくりに配慮した土地利用を行う観点から，平成13年度に地区計画活用型一般競争入札を初めて実施し，平成20年度に二段階一般競争入札を導入した。

（注１）　地区計画活用型一般競争入札とは，地方公共団体と協議し，国有地を含む一定の区域を対象に地方公共団体が地区計画等の都市計画決定を行った上で行う一般競争入札。

　従前より東京都中野区の警察大学校等跡地など，

第40表　これまでの管理処分手法の多様化等の取組み

実施年度	取　組　み　内　容
平成６年度	○価格公示売却制度の創設 対象：小規模な物納財産（土地300㎡，建物200㎡以下）
平成７年度	○レインズ登録による売却制度の導入 対象：一般競争入札で不落・不調物件等
平成11年度	○郵送による期間入札制度の導入
平成12年度	○SPC法に基づく証券化条件付入札の実施 対象：未利用地６物件，権利付財産８物件 ○媒介型入札の導入
平成13年度	○地区計画活用型一般競争入札を初めて実施
平成14年度	○処分型信託の導入 現状のままでは売却が難しい未利用国有地について，造成工事等により付加価値を高めて分譲を実現する信託 ○最低売却価格公表入札制度の導入 対象：1,000㎡以下の物納不動産 （注）この制度導入に伴い，価格公示売却制度は廃止
平成15年度	○最低売却価格公表入札制度に係る面積制限の撤廃
平成18年度	○売却を容易にするための交換制度の導入 対象：売却困難財産のうち立地条件が劣る不整形地等及び権利付財産のうち借地権の対象となっている土地 ○電子入札制度の導入…対象：期間入札
平成20年度	○二段階一般競争入札の導入 ○瑕疵等明示売却の導入 ○権利付財産の一般競争入札等の導入
平成21年度	○管理処分型信託（権利付財産）の実施
平成22年度	○定期借地権を利用した貸付の導入 ・社会福祉施設等の整備を目的とした地方公共団体向けの貸付（地方公共団体からの転貸を含む） ・社会福祉施設の整備を目的とした社会福祉法人への貸付 ○交換の運用拡大 相手方が地方公共団体の場合は国有財産の利用状況等から地方公共団体に処分が限定されるときは国に必要性がなくとも交換できるよう運用拡大を行った。
平成23年度	○定期借地権を利用した貸付の対象拡大 売却困難財産や売残財産を対象とした事業用定期借地制度の導入
平成24年度	○最低売却価格公表入札制度の改正 対象：物納不動産に限らず，すべての不動産について最低売却価格を公表
平成26年度	○「国有財産物件情報メールマガジン」配信サービスを開始 国有地の売却等に関する更新情報や国有地取得に関する架空話の注意喚起情報を配信
平成29年度	○公共随契を中心とする国有財産の管理処分手続き等の見直し すべての公共随契による処分等における契約金額の公表・見積り合せの実施，売払い前提貸付制度の廃止等
令和元年度	○国有財産の更なる有効活用 有用性が高く希少な国有地については，将来世代における行政需要に備えつつ地域のニーズに対応するため，国が所有権を留保し（留保財産），定期借地権による貸付を行うことで最適利用を図ることとした。 ○「全国版空き家・空き地バンク」への情報掲載を開始 民間の不動産情報サイトに，国有財産に係る入札情報及び先着順受付情報を掲載 ○宅地建物取引業者による媒介を活用した売却制度の導入
令和４年度	○土地政策推進連携協議会への参画 全国10地区に設置された土地政策推進連携協議会に各財務局等が参画し，地域の課題やニーズの情報収集に努めるとともに，同協議会の構成員（地方公共団体や関係士業団体など）に対して，国有財産の売却情報や暫定活用に関する情報を提供する取組を開始 ○管理委託制度の運用拡大 買受け及び借受けに係る要望のない売残り財産等について，地方公共団体等への管理委託が困難であると認められる場合に限り，隣接土地所有者等に対し管理委託を行うことができるよう運用を拡大

第41表　土地信託の実施件数

（単位　件，ha）

信託の種類	実施財務局	契約年度	件　数	面　積
処　分　型	関東財務局	14年度	309	45
		15年度	280	41
		16年度	308	41
		17年度	153	12
		18年度	46	11
	近畿財務局	16年度	72	16
管理処分型	関東財務局	21年度	240	14
		27年度	486	18
累　　計			1,894	197

（注）面積は，単位未満を四捨五入しているため，累計の数字と内訳の計とは一致しないことがある。

地方公共団体と協議を行い，地区計画を活用し一般競争入札を実施している。

（注２）二段階一般競争入札とは，土地の利用等に関する企画提案書の内容が一定の水準に達すると認められる参加者を選定した上で行う一般競争入札。

なお，広島県広島市の二葉の里地区においては，財務局主体で地方公共団体等との協議会を立ち上げ，資産価値の向上や地域経済の活性化等の効果を実現することを目的として開発条件等を策定し，二段階一般競争入札を実施している。

⑵　**権利付財産の処分手法**

権利付財産については，権利者に対する買受勧奨を行うことにより権利者への売却を行ってきたが，こうした取組みのほか，平成18年度には借地権と底地権の交換，平成20年度には第三者に対する権利者との同時売却といった新たな処分手法を採り入れた。

更に，平成21年度には，主に物納不動産で借地権の付着した財産について，信託受託者が財産管理業務とあわせて権利者に対する底地の売却を行う管理処分型信託を導入した。

⑶　**定期借地権を利用した貸付けの活用について**

定期借地権が設定されている財産が物納又は国庫帰属された場合においては法令等に基づき取扱いが定められていたところであるが，平成22年に未利用国有地の定期借地権を利用した貸付制度を導入し，保育・介護施設等の整備等をはじめとして，貸付対象施設等を拡大している。

イ．社会福祉分野における定期借地権を利用した貸付け

平成22年８月に，地域や社会のニーズに対応した国有財産の有効活用を推進する観点から，保育・介護など人々の安心につながる分野での未利用国有地の積極的活用を図るため，定期借地制度を利用した地方公共団体への貸付制度を導入した。

制度導入後，更なる有効活用を図るため，救急医療など地域医療のための施設整備や社会福祉法人に対する直接貸付などの拡大を行った。

また，留保財産に選定された財産については，公用・公共用優先の原則を基本としつつ，多様化した地域・社会のニーズに対応するため，用途を限定せず，保育・介護など以外の公的施設，公的施設と民間施設の複合施設や民間施設への貸付けを可能とした。

留保財産以外の財産については，保育・介護などの施設整備を一層促進するよう，当該施設を一定程度含む複合施設への貸付けを可能とした。

（注１）令和４年度末時点で，地方公共団体等との間で，144ヶ所の国有地を保育所等の社会福祉分野において定期借地制度を利用した貸付契約を締結している（第42表のうち（A）参照）。

（注２）定期借地権を利用した貸付け以外でも，社会福祉分野における国有地活用として，平成22年８月～令和４年度末までに，200ヶ所の国有地を社会福祉施設の整備を目的として国有地の売却契約を締結している。

（参考）介護施設整備に係る国有地活用

「介護離職ゼロ」の実現に向け，用地確保が困難な都市部等において，賃料減額といった国有地の更なる活用などにより，介護施設等整備を促進することとされた。（「一億総活躍社会の実現に向けて緊急に実施すべき対策」（平成27年11月26日））

これを受け，都市部等における介護施設整備の加速化に資するよう，以下のとおり，定期借地権による減額貸付（貸付始期から10年間，５割を限度）等を実施し，国有地の更なる活用を図ることとしている。

対象期間：平成28年１月１日から令和８年３月31日までの間に貸付相手方を決定した定期借地権による貸付契約

対象地域：東京都，神奈川県，埼玉県，千葉県，愛知県，大阪府，兵庫県及び福岡県

対象施設：特別養護老人ホーム等の施設及びこれに併設される通所施設等

ロ．社会福祉分野以外における定期借地権を利用した貸付け

税外収入の確保や管理コストの軽減の観点から，平成24年３月，売却困難財産や売残財産を対象とした事業用定期借地制度を利用した貸付けが行えるよう制度の整備を行った。

（注）令和４年度末時点で，社会福祉分野以外における国有地活用として，４ヶ所の国有地について，定期借地制度を利用した貸付契約を締結している（第42表のうち（B）参照）。

⑷　**その他**

令和３年６月には，一般競争入札にかけても売却に至らなかった財産等について，国有財産法等における優遇措置

第42表　定期借地権を利用した貸付件数

（単位　件）

年度末	社会福祉分野（A）					社会福祉分野以外（B）	合計
	保育関係	介護関係	障害者関係	医療関係	合計		
平成22	0	0	0	0	0	0	0
23	9	0	1	0	10	0	10
24	12	2	3	0	17	0	17
25	17	9	3	0	29	1	30
26	27	11	5	0	43	2	45
27	39	14	5	1	59	2	61
28	50	19	5	1	75	2	77
29	61	38	7	1	107	3	110
30	65	53	7	1	126	3	129
令和元	68	59	7	1	135	3	138
2	70	63	7	1	141	3	144
3	71	64	7	1	143	3	146
4	72	64	7	1	144	4	148

（注）　物納等で，国が定期借地契約の貸主の地位を継承したものを除く。

を是正（※）することなく，全て適用できるようにすることにより，管理コストを低減しつつ，地方公共団体等の公的利用を促し，地域貢献に寄与することが可能となるよう制度の整備を行った。

（※）　国有財産法等において，地方公共団体等に対して一定の公共施設の用途に供するため国有財産を処分する場合には，優遇措置（譲与，無償貸付等）を適用できる規定があるが，昭和47年以降，国の厳しい財政事情等を鑑み，一部分又は全部の面積について，優遇措置を適用しない取扱い（優遇措置の是正）を行っている。

第11　政府保有株式の売却状況

1．NTT株式

昭和60年４月，日本電信電話株式会社法（平成９年６月の法律改正により「日本電信電話株式会社等に関する法律」（昭和59年法律第85号）（以下「NTT法」という。））により，旧電電公社が民営化され日本電信電話株式会社（以下「NTT」という。）が発足し，同時に，同社の発行済株式総数1,560万株（資本金7,800億円，額面５万円）のすべてが政府の保有となった。

NTT株式については，NTT法上，政府に３分の１以上の保有義務が課せられており，全体の３分の１に当たる株式（520万株）については財政投融資特別会計投資勘定（※１）に帰属させ，残りの３分の２に当たる株式（1,040万株）については国債整理基金特別会計に帰属させることとし，売却収入を国債償還財源に充てることとした。

国債整理基金特別会計所属の株式については，昭和61年度，62年度に各195万株，63年度150万株，平成10年度，11年度，12年度に各100万株，14年度９万1,800株，15年度８万5,157株，16年度80万株，17年度112万3,043株を売却してきた結果，すべて売却が完了した。

財政投融資特別会計投資勘定所属の株式については，平成22年11月にNTTが自己株式消却を行い，政府保有義務分に5,751万3,644株の超過が生じたことから，政府は，平成23年７月にNTTによる自己株式取得に応じて売却した。その後同様に，政府保有義務分に超過が生じた場合は，売却を行っている。

平成23年11月のNTTによる自己株式消却に伴い政府保有義務分に4,182万655株の超過が生じたことから，政府は，平成24年２月にNTTによる自己株式取得に応じて売却した。

平成25年11月のNTTによる自己株式消却に伴い政府保有義務分に6,216万6,721株の超過が生じたことから，政府は，平成26年３月及び11月にNTTによる自己株式取得に応じて売却した。

平成27年11月のNTTによる自己株式消却に伴い政府保有義務分に5,900万43株の超過が生じたことから，政府は，平成28年６月にNTTによる自己株式取得に応じて売却した。

平成30年９月のNTTによる自己株式消却に伴い政府保有義務分に4,866万6,710株の超過が生じたことから，政府は，令和元年９月にNTTによる自己株式取得に応じて売却した。

令和３年11月のNTTによる自己株式消却に伴い政府保有義務分に9,292万5,448株の超過が生じたことから，政府は，令和４年９月にNTTによる自己株式取得に応じて売却した。

この結果，現在の株式数は291億8,344万株となっている（第43表参照）。

※１　NTT株式は産業投資特別会計に所属していたが，平成20年度に，特別会計に関する法律（平成19年法律第23号）により，産業投資特別会計は，財政投融資特別会計投資勘定となった。

※２　株式分割（平成７年11月に１株を1.02株，平成21年１

第43表　NTT株式の概況

会社設立時の発行済株式総数1,560万株（資本金7,800億円，額面５万円）

産業投資特別会計（1/3）　520万株
（日本電信電話株式会社等に関する法律第４条第１項　同法附則第３条第12項　産業投資特別会計法附則第17項（注１））

国債整理基金特別会計（2/3）　1,040万株
（日本電信電話株式会社等に関する法律第４条第１項　同法附則第３条第12項　国債整理基金特別会計法附則第16条及び第18条第１項（注１））

売却実施　昭和61年度　195万株　昭和62年度　195万株　昭和63年度　150万株

500万株　【市中保有】540万株

＊ 平成７年11月　株式分割を実施（１：1.02）

【産投特会保有】530万4,000株　【整理基金特会保有】510万株　【市中保有】550万8,000株

売却実施　平成10年度　100万株

410万株　650万8,000株

＊ 平成11年７月　自己株式を取得し，消却実施（４万8,898株：うち国債整理基金特別会計保有分４万8,000株）

【整理基金特会保有】405万2,000株　【市中保有】650万7,102株

売却実施　平成11年度　95万2,000株

310万株　745万9,102株

＊ 平成12年２月　自己株式を取得し，消却実施（２万8,512株：市中保有分のみ）

【整理基金特会保有】310万株　【市中保有】743万590株

売却実施　平成12年度　100万株

210万株　843万590株

＊ 平成12年11月　30万株の新株発行（公募増資）を実施

【整理基金特会保有】210万株　【市中保有】873万590株

＊ 平成14年10月　自己株式を取得（20万株：うち国債整理基金特別会計保有分９万1,800株）

【整理基金特会保有】200万8,200株　【市中保有（金庫株含む）】882万2,390株

＊ 平成15年３月　自己株式の消却実施（20万2,145株：うち端株買取分2,100株）

【整理基金特会保有】200万8,200株　【市中保有】862万245株

＊ 平成15年10月　自己株式を取得（７万2,381株）（政府は国債整理基金特別会計保有分８万5,157株を売却。）

【整理基金特会保有】192万3,043株　【市中保有（金庫株含む）】870万5,402株

＊ 平成16年３月　自己株式を取得及び消却実施（市中保有分のみ19万1,236株：うち端株買取分800株）

【整理基金特会保有】192万3,043株　【市中保有（金庫株含む）】851万4,166株

＊ 平成16年11月　自己株式を取得（85万145株：国債整理基金特別会計保有分80万株，市中保有分145株）

【整理基金特会保有】112万3,043株　【市中保有（金庫株含む）】931万4,166株

＊ 平成17年９月　自己株式を取得（111万6,743株）（政府は国債整理基金特別会計保有分112万3,043株を売却。）

【整理基金特会保有】０株　売却完了

財政投融資特別会計投資勘定　530万4,000株
（特別会計に関する法律附則第224条第４項，第225条第４項）

【市中保有（金庫株含む）】1,043万7,209株

＊ 平成21年１月　株式分割を実施（１：100）

【財投特会保有】５億3,040万株　【市中保有（金庫株含む）】10億4,372万900株

＊ 平成22年11月　自己株式の消却実施（１億2,546万1,833株）

【財投特会保有】５億3,040万株　【市中保有（金庫株含む）】９億1,825万9,067株

＊ 平成23年７月　自己株式を取得（5,751万3,600株）（政府は財政投融資特別会計保有分5,751万3,600株を売却。）

【財投特会保有】４億7,288万6,400株　【市中保有（金庫株含む）】９億7,577万2,667株

＊ 平成23年11月　自己株式の消却実施（１億2,546万1,832株）

【財投特会保有】４億7,288万6,400株　【市中保有（金庫株含む）】８億5,031万835株

＊ 平成24年２月　自己株式を取得（4,182万600株）（政府は財政投融資特別会計保有分4,182万600株を売却。）

【財投特会保有】４億3,106万5,800株　【市中保有（金庫株含む）】８億9,213万1,435株

＊ 平成25年11月　自己株式の消却実施（１億8,650万株）

【財投特会保有】４億3,106万5,800株　【市中保有（金庫株含む）】７億563万1,435株

＊ 平成26年３月　自己株式を取得（2,655万6,800株）（政府は財政投融資特別会計保有分2,601万株を売却。）

【財投特会保有】４億505万5,800株　【市中保有（金庫株含む）】７億3,164万1,435株

＊ 平成26年11月　自己株式を取得（3,916万8,100株）（政府は財政投融資特別会計保有分3,615万6,700株を売却。）

【財投特会保有】３億6,889万9,100株　【市中保有（金庫株含む）】７億6,779万8,135株

＊ 平成27年７月　株式分割を実施（１：２）

【財投特会保有】７億3,779万8,200株　【市中保有（金庫株含む）】15億3,559万6,270株

＊ 平成27年11月　自己株式の消却実施（１億7,700万株）

【財投特会保有】７億3,779万8,200株　【市中保有（金庫株含む）】13億5,859万6,270株

＊ 平成28年６月　自己株式を取得（5,903万8,100株）（政府は財政投融資特別会計保有分5,900万株を売却。）

【財投特会保有】６億7,879万8,200株　【市中保有（金庫株含む）】14億1,759万6,270株

＊ 平成30年９月　自己株式の消却実施（１億4,600万株）

【財投特会保有】６億7,879万8,200株　【市中保有（金庫株含む）】12億7,159万6,270株

＊ 令和元年９月　自己株式を取得（4,898万株）（政府は財政投融資特別会計保有分4,866万6,700株を売却。）

【財投特会保有】６億3,013万1,500株　【市中保有（金庫株含む）】13億2,026万2,970株

＊ 令和２年１月　株式分割を実施（１：２）

【財投特会保有】12億6,026万3,000株　【市中保有（金庫株含む）】26億4,052万5,940株

＊ 令和３年11月　自己株式の消却実施（２億7,877万6,284株）

【財投特会保有】12億6,026万3,000株　【市中保有（金庫株含む）】23億6,174万9,656株

＊ 令和４年９月　自己株式を取得（9,292万5,400株）（政府は財政投融資特別会計保有分9,292万5,400株を売却。）

【財投特会保有】11億6,733万7,600株　【市中保有（金庫株含む）】24億5,467万5,056株

＊ 令和５年７月　株式分割を実施（１：25）

【財投特会保有】291億8,344万株（33.3％（注２））　【市中保有（金庫株含む）】613億6,687万6,400株（67.8％）

（注１）特別会計に関する法律により，産業投資特別会計法，国債整理基金特別会計法は廃止。
（注２）NTT法上の政府保有義務割合。政府保有株の総発行済株式に占める割合は32.2％。
（注３）株式数は単位未満四捨五入により合計が一致しない場合がある。

月に１株を100株，平成27年７月に１株を２株，令和２年１月に１株を２株，令和５年７月に１株を25株）を実施している。

２．JT株式

昭和60年４月，日本たばこ産業株式会社法（昭和59年法律第69号）（以下「JT法」という。）により，旧日本専売公社が民営化され日本たばこ産業株式会社（以下「JT」という。）が発足し，同時に，同社の発行済株式総数200万株（資本金1,000億円，額面５万円）のすべてが政府の保有となった。

JT株式については，当初，JT法において，政府にJT設立時の株式総数の２分の１以上かつ発行済株式総数の３分の１超の保有義務が課せられていたため，JT設立時の株式総数の２分の１に当たる株式（100万株）については財政投融資特別会計投資勘定に帰属させ，残りの２分の１に当たる株式（100万株）については国債整理基金特別会計に帰属させることとし，売却収入を国債償還財源に充てることとした。

JT設立時の経過措置（JT法附則第18条）として，政府に当分の間発行済株式総数の３分の２以上の保有義務が課せられていたことから，国債整理基金特別会計所属の株式のうち，平成６年度39万4,276株，８年度27万2,390株を売却した（当該時点における売却可能株式総数の売却（発行済株式総数の３分の１）が完了）。その後，平成14年４月にJT法の一部改正により上記経過措置が廃止されたことに伴い，新たに33万3,334株が売却可能となり，平成15年度４万4,000株，16年度28万9,334株を売却した（当該時点における売却可能株式総数の売却（発行済株式総数の２分の１）が完了）。

平成23年12月，東日本大震災からの復興のための施策を実施するために必要な財源の確保に関する特別措置法（平成23年法律第117号）（JT法改正を含む。）の施行により，政府保有義務は発行済株式総数の３分の１超となるとともに，財政投融資特別会計投資勘定に所属している500万株（株式分割（平成18年４月に１株を５株）を実施）のうち，166万6,666株を国債整理基金特別会計に所属替し，売却収入を復興債償還財源に充てることとした。

国債整理基金特別会計所属の株式については，平成24年度に３億3,333万3,200株（株式分割（平成24年７月に１株を200株）を実施）を売却した（当該時点における売却可能株式総数の売却（発行済株式総数の３分の１超）が完了）。

なお，所属替後の株式分割実施（平成24年７月に１株を200株）により，財政投融資特別会計投資勘定の株式については６億6,666万6,800株となっている（第44表参照）。

３．日本郵政株式

平成18年１月，郵政民営化法（平成17年法律第97号）の規定により，日本郵政公社（以下「公社」という。）が日本郵政株式会社（以下「日本郵政」という。）を設立し，同時に日本郵政の発行済株式総数600万株（資本金3,000億円）のすべてが政府の保有となった。

第44表　JT株式の概況

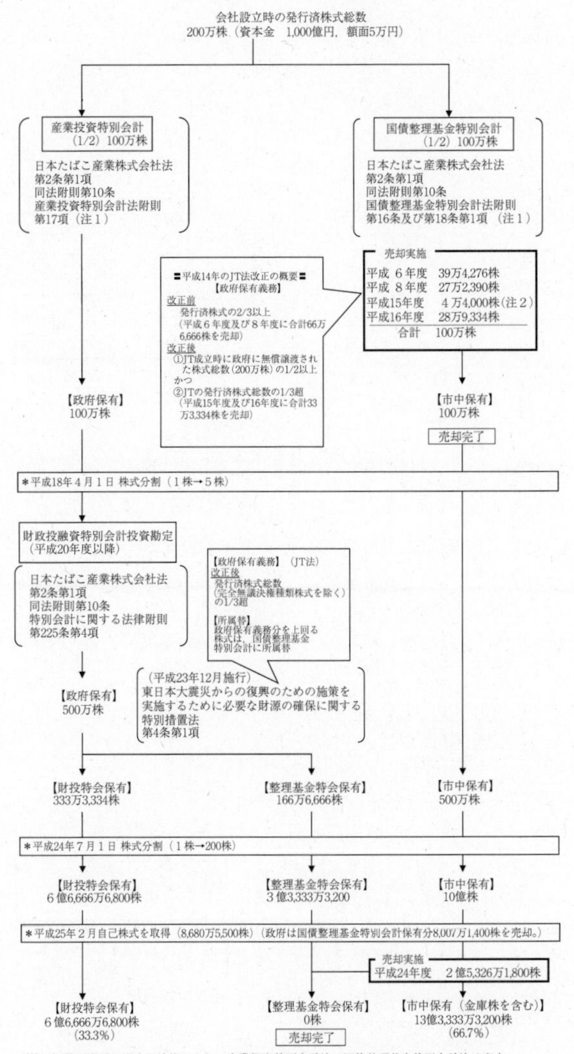

（注１）特別会計に関する法律により，産業投資特別会計法，国債整理基金特別会計法は廃止。
（注２）平成15年度の売却は，JTの自己株式取得に応じた売却である。

また，平成19年10月の公社解散時には，資産債務の承継の見返りとして交付された日本郵政株式１億4,400万株のすべてが政府の保有となった。

日本郵政株式については，郵政民営化法上，政府に３分の１超の保有義務が課せられており，日本郵政設立時に保有した株式及び平成19年10月に譲渡された株式の３分の１を合わせた全体の36％に当たる株式（5,400万株）については一般会計に帰属させることとした。また，残りの64％に当たる株式（9,600万株）については国債整理基金特別会計に帰属させることとし，売却収入を国債償還財源に充てることとした。

平成23年12月に施行された東日本大震災からの復興のための施策を実施するために必要な財源の確保に関する特別措置法において，租税収入以外の収入による償還費用の財源を確保するため，日本郵政株式については，できる限り早期に

第45表　日本郵政株式の概況

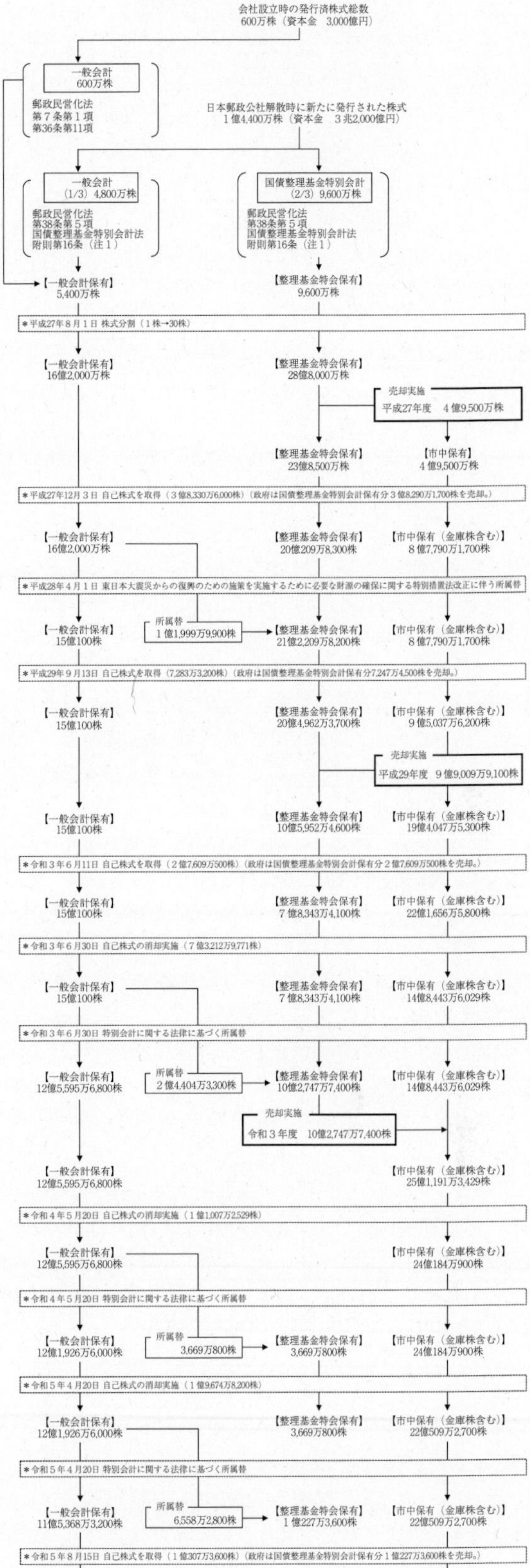

会社設立時の発行済株式総数
600万株（資本金　3,000億円）

一般会計
600万株
郵政民営化法
第７条第１項
第36条第11項

日本郵政公社解散時に新たに発行された株式
１億4,400万株（資本金　３兆2,000億円）

一般会計
（1/3）4,800万株
郵政民営化法
第38条第５項
国債整理基金特別会計法
附則第16条（注１）

国債整理基金特別会計
（2/3）9,600万株
郵政民営化法
第38条第５項
国債整理基金特別会計法
附則第16条（注１）

【一般会計保有】5,400万株　【整理基金特会保有】9,600万株

＊平成27年８月１日 株式分割（１株→30株）

【一般会計保有】16億2,000万株　【整理基金特会保有】28億8,000万株

売却実施　平成27年度　４億9,500万株

【整理基金特会保有】23億8,500万株　【市中保有】４億9,500万株

＊平成27年12月３日 自己株式を取得（３億8,330万6,000株）（政府は国債整理基金特別会計保有分３億8,290万1,700株を売却。）

【一般会計保有】16億2,000万株　【整理基金特会保有】20億209万8,300株　【市中保有（金庫株含む）】８億7,790万1,700株

＊平成28年４月１日 東日本大震災からの復興のための施策を実施するために必要な財源の確保に関する特別措置法改正に伴う所属替

【一般会計保有】15億100株　所属替　１億1,999万9,900株 →【整理基金特会保有】21億2,209万8,200株　【市中保有（金庫株含む）】８億7,790万1,700株

＊平成29年９月13日 自己株式を取得（7,283万3,200株）（政府は国債整理基金特別会計保有分7,247万4,500株を売却。）

【一般会計保有】15億100株　【整理基金特会保有】20億4,962万3,700株　【市中保有（金庫株含む）】９億5,037万6,200株

売却実施　平成29年度　９億9,009万9,100株

【一般会計保有】15億100株　【整理基金特会保有】10億5,952万4,600株　【市中保有（金庫株含む）】19億4,047万5,300株

＊令和３年６月11日 自己株式を取得（２億7,609万500株）（政府は国債整理基金特別会計保有分２億7,609万500株を売却。）

【一般会計保有】15億100株　【整理基金特会保有】７億8,343万4,100株　【市中保有（金庫株含む）】22億1,656万5,800株

＊令和３年６月30日 自己株式の消却実施（７億3,212万9,771株）

【一般会計保有】15億100株　【整理基金特会保有】７億8,343万4,100株　【市中保有（金庫株含む）】14億8,443万6,029株

＊令和３年６月30日 特別会計に関する法律に基づく所属替

【一般会計保有】12億5,595万6,800株　所属替　２億4,404万3,300株 →【整理基金特会保有】10億2,747万7,400株　【市中保有（金庫株含む）】14億8,443万6,029株

売却実施　令和３年度　10億2,747万7,400株

【一般会計保有】12億5,595万6,800株　【市中保有（金庫株含む）】25億1,191万3,429株

＊令和４年５月20日 自己株式の消却実施（１億1,007万2,529株）

【一般会計保有】12億5,595万6,800株　【市中保有（金庫株含む）】24億184万900株

＊令和４年５月20日 特別会計に関する法律に基づく所属替

【一般会計保有】12億1,926万6,000株　所属替　3,669万800株 →【整理基金特会保有】3,669万800株　【市中保有（金庫株含む）】24億184万900株

＊令和５年４月20日 自己株式の消却実施（１億9,674万8,200株）

【一般会計保有】12億1,926万6,000株　【整理基金特会保有】3,669万800株　【市中保有（金庫株含む）】22億509万2,700株

＊令和５年４月20日 特別会計に関する法律に基づく所属替

【一般会計保有】11億5,368万3,200株　所属替　6,558万2,800株 →【整理基金特会保有】１億227万3,600株　【市中保有（金庫株含む）】22億509万2,700株

＊令和５年８月15日 自己株式を取得（１億307万3,600株）（政府は国債整理基金特別会計保有分１億227万3,600株を売却。）

【一般会計保有】11億5,368万3,200株（33.3％）　【市中保有（金庫株含む）】23億736万6,300株（66.7％）

（注１）特別会計に関する法律により，国債整理基金特別会計法は廃止。

処分するものとされ，平成25年1月，復興推進会議において，日本郵政株式の売却収入4兆円程度を復興財源フレームに盛り込むことが決定されたことから，売却収入は復興債償還財源に充当されることとされた。

平成27年8月に株式分割（1株を30株）が実施され，一般会計所属の株式は16億2,000万株，国債整理基金特別会計に所属する株式は28億8,000万株となった。

同年11月，国債整理基金特別会計所属の株式について，4億9,500万株を売却，同年12月には日本郵政による自己株式取得に応じて3億8,290万1,700株を売却した。

平成28年4月，東日本大震災からの復興のための施策を実施するために必要な財源の確保に関する特別措置法の規定により，一般会計所属の株式について，日本郵政の株式の総数の3分の1を超えて保有するために必要な数を上回る数に相当する1億1,999万9,900株を，同会計から無償で国債整理基金特別会計に所属替を行った。

平成29年9月13日，国債整理基金特別会計所属の株式について，日本郵政による自己株式取得に応じて7,247万4,500株を売却し，同月29日，9億9,009万9,100株を売却した。

令和3年6月11日，国債整理基金特別会計所属の株式について，日本郵政による自己株式取得に応じて2億7,609万500株を売却し，同月30日，日本郵政が7億3,212万9,771株の自己株式消却を行い，一般会計所属の政府保有義務分に2億4,404万3,300株の超過が生じたことから，無償で国債整理基金特別会計に所属替を行った。

令和3年10月，国債整理基金特別会計所属の株式について，10億2,747万7,400株を売却した。

令和4年5月，日本郵政が1億1,007万2,529株の自己株式消却を行い，一般会計所属の政府保有義務分に3,669万800株の超過が生じたことから，無償で国債整理基金特別会計に所属替を行った。

令和5年4月，日本郵政が1億9,674万8,200株の自己株式消却を行い，一般会計所属の政府保有義務分に6,558万2,800株の超過が生じたことから，無償で国債整理基金特別会計に所属替を行った。

令和5年8月15日，国債整理基金特別会計所属の株式について，日本郵政による自己株式取得に応じて1億227万3,600株を売却した。

これにより，現在の株式数は一般会計所属の株式が11億5,368万3,200株となっている（第45表参照）。

4．日本アルコール産業株式

平成18年4月，日本アルコール産業株式会社法（平成17年法律第32号）（以下「J.alco法」という。）により，独立行政法人新エネルギー・産業技術総合開発機構のアルコール製造部門が民営化され日本アルコール産業株式会社（以下「J.alco」という。）が発足し，同時に，同社の発行済株式総数6万株（資本金30億円）のすべてが政府の保有となった。

J.alco株式については，J.alco法上，政府保有義務は課されていない。一方，国の行政組織等の減量，効率化等に関する基本的計画（平成11年4月閣議決定）において，政府は設立後2年以内に株式の売却を開始し，できる限り早期に完全売却を図ることとされている。これを踏まえ，財政制度等審議会国有財産分科会株式部会（平成18年11月）での審議・答申を受けて，平成20年3月，発行済株式総数の約3分の2に当たる株式（3万9,999株）を一般競争入札により売却した（第46表参照）。

第46表　日本アルコール産業株式の概況

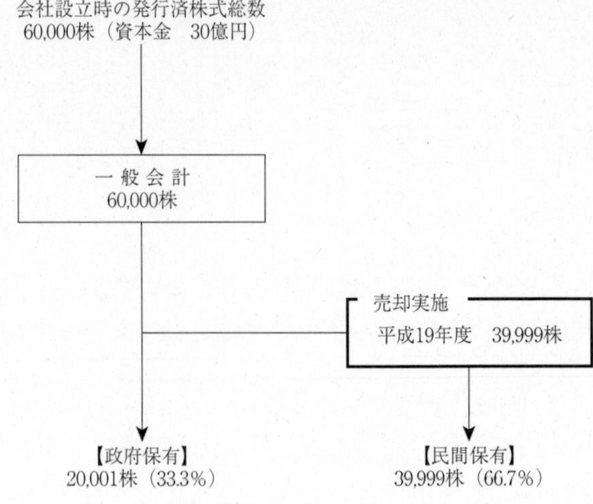

第47表　NACCSセンター株式の概況

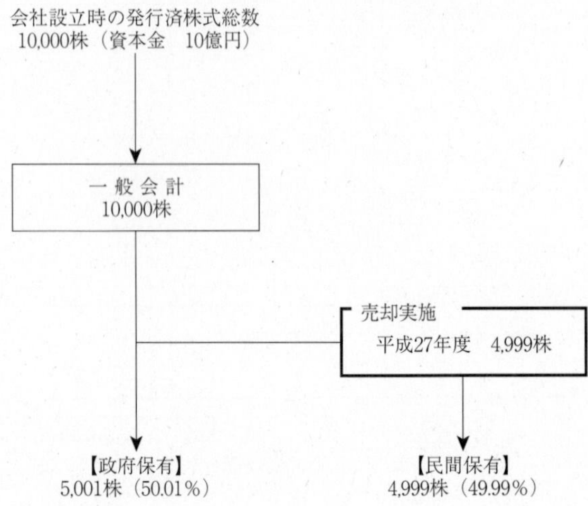

5．NACCSセンター株式

平成20年10月，電子情報処理組織による輸出入等関連業務の処理等に関する法律（昭和52年法律第54号）（以下「NACCS法」という。）により，独立行政法人通関情報処理センターが特殊会社化され輸出入・港湾関連情報処理センター株式会社（以下「NACCSセンター」という。）が発足し，同時に，同社の発行済株式総数1万株（資本金10億円）のすべてが政府の保有となった。

NACCSセンター株式については，NACCS法上，政府に総株主の議決権の過半数の保有義務が課せられている。政府保有義務分を除く株式については，NACCS法において，同法の施行後できる限り速やかに売却することとされている。これを踏まえ，財政制度等審議会国有財産分科会（平成27年２月）での審議・答申を受けて，平成28年３月，発行済株式総数のうち政府保有義務分を除く分に相当する株式（4,999株）を一般競争入札により売却した（第47表参照）。

1. 国有財産年度別・

区分	番号	土地		立木竹						建物			工作物	機械器具
				樹木		立木		竹						
		千平方メートル	価格	千本	価格	千立方メートル	価格	千束	価格	建千平方メートル	延べ千平方メートル	価格	価格	価格
平成15年度末	1	89,068,833	31,311,387	7,582	119,109	994,053	6,554,255	200	481	39,191	91,294	7,907,735	8,875,641	86
16………	2	87,721,749	23,856,192	6,851	111,493	994,557	6,518,911	192	492	27,820	60,641	5,607,786	7,466,905	65
17………	3	87,717,521	19,382,665	6,497	108,788	1,003,598	6,549,631	704	749	26,948	58,989	4,248,674	5,882,716	56
18………	4	87,702,559	19,332,934	6,646	108,830	1,008,381	6,582,880	709	753	26,970	59,299	4,410,819	6,129,123	56
19………	5	87,685,775	19,284,841	6,717	108,165	1,026,739	6,633,835	710	755	26,932	59,611	4,546,188	6,330,656	54
20………	6	87,668,078	19,162,159	6,611	107,219	1,045,222	6,687,000	706	754	26,485	58,218	4,519,404	6,470,774	54
21………	7	87,660,960	19,031,838	6,572	106,624	1,061,511	6,751,625	712	767	26,184	57,672	4,577,050	6,681,492	53
22………	8	87,664,426	17,964,917	6,580	104,637	1,073,827	6,801,868	712	730	26,043	57,640	3,633,577	5,177,326	9
23………	9	87,663,018	17,245,551	6,693	101,009	1,086,564	6,842,797	712	673	26,196	58,337	3,583,884	4,778,664	0
24………	10	87,656,588	16,824,312	6,638	98,605	1,100,804	6,883,637	711	633	26,215	58,330	3,522,143	4,916,316	0
25………	11	87,651,833	17,477,843	6,593	57,909	1,113,428	2,855,179	711	654	26,277	58,563	3,459,842	3,111,966	0
26………	12	87,651,371	17,722,278	6,651	64,199	1,131,350	2,604,601	720	767	26,254	58,523	3,405,465	2,977,804	0
27………	13	87,647,665	17,708,779	6,623	61,797	1,154,184	2,825,575	710	692	26,259	58,563	3,395,037	2,840,694	0
28………	14	87,650,572	17,969,316	6,612	65,247	1,167,999	2,878,186	711	699	26,082	57,898	3,398,088	2,733,661	0
29………	15	87,653,712	18,206,293	6,630	68,469	1,192,387	2,928,742	730	714	26,226	58,021	3,441,036	2,659,038	0
30………	16	87,659,098	18,735,499	6,664	72,006	1,208,896	3,048,463	733	747	26,301	58,239	3,421,248	2,563,219	0
令和元………	17	87,673,012	19,333,270	6,666	73,720	1,222,954	3,150,600	733	764	26,297	58,197	3,424,969	2,548,212	0
2………	18	87,680,952	19,902,235	6,657	71,201	1,233,418	3,192,149	733	749	26,603	58,602	3,417,249	2,588,409	0
3………	19	87,679,168	19,805,601	6,636	81,725	1,246,660	3,542,436	731	861	26,604	58,651	3,391,185	2,523,544	0
4………	20	87,563,617	19,981,624	6,608	97,406	1,267,584	3,857,758	731	1,042	26,604	58,796	3,390,408	2,519,726	0

(注)　計数は，単位未満を切り捨てているため，合計欄の数字と内訳の計とは一致しないことがある。

2. 国有財産区分別・分類

区分		数量単位	番号	行政財							
				公用財産		公共用財産		皇室用財産		森林経営用財産	
				数量	価格	数量	価格	数量	価格	数量	価格
土地		千平方メートル	1	1,202,363	12,378,571	136,945	680,460	19,055	712,417	85,307,077	1,051,947
立木竹	樹木	千本	2	3,106	67,822	2,222	13,698	95	1,198	–	–
	立木	千立方メートル	3	3,611	17,085	1,361	2,130	191	489	1,261,553	3,834,860
	竹	千束	4	693	685	1	32	5	28	20	107
	計		5		85,592		15,861		1,716		3,834,968
建物	建面積	千平方メートル	6	20,357		522		147		–	
	延べ面積	千平方メートル	7	48,064	2,848,347	621	57,846	219	12,720	–	–
工作物			8		2,098,619		63,531		12,001		55,115
機械器具			9		–		–		–		–
船舶	汽船	隻	10	999		–		–		–	
		千トン	11	272	286,727	–	–	–	–	–	–
	艦船	隻	12	321		–		–		–	
		千トン	13	557	1,318,700	–	–	–	–	–	–
	雑船	隻	14	915	2,119	55	5	24	2	–	–
	計	隻	15	2,235	1,607,547	55	5	24	2	–	–
航空機		機	16	1,563	1,041,032	–	–	–	–	–	–
地上権等		千平方メートル	17	3,227	3,236	0	30	1	16	–	–
特許権等		千件	18	1,906	1,150	–	–	–	–	–	–
政府出資等			19		–		–		–		–
不動産の信託の受益権		件	20	–	–	–	–	–	–	–	–
合計			21		20,064,099		817,736		738,875		4,942,031
割合			22		75.5		3.1		2.8		18.6
			23		15.2		0.6		0.6		3.7

(注) 1. 「区分別」とは，土地，建物等の別，「分類別」とは，行政財産，普通財産の別，「種類別」とは，行政財産の中の種類別をいう（以下同じ)。
2. 区分欄割合の上段は行政財産総額に占める種類別総額の割合，下段は国有財産総額に占める分類別及び種類別総額の割合である。
3. 数量及び価格は，単位未満を切り捨てており，割合は単位未満を四捨五入しているため，合計欄の数字と内訳の計とは一致しないことがある。

区分別現在額の推移

（単位　百万円）

船舶 汽船 隻	汽船 千トン	汽船 価格	艦船 隻	艦船 千トン	艦船 価格	雑船 隻	雑船 価格	航空機 機	航空機 価格	地上権等 千平方メートル	地上権等 価格	特許権等 千件	特許権等 価格	政府出資等 価格	不動産の信託の受益権 件	不動産の信託の受益権 価格	合計 価格	番号
1,208	202	204,032	326	450	1,735,444	2,414	6,553	1,921	2,375,153	45,188	2,021	1,084	6,857	43,094,107	325	28,654	**102,221,523**	1
1,110	190	207,975	334	466	1,897,682	881	5,584	1,869	2,621,544	4,900	1,208	1,092	5,305	46,894,238	375	24,449	**95,219,834**	2
1,095	186	132,734	333	460	1,303,476	874	3,734	1,864	1,558,783	2,970	1,003	1,102	2,885	45,996,066	10	29,494	**85,201,460**	3
1,089	187	161,372	326	465	1,464,898	901	3,955	1,836	1,754,650	2,920	973	1,111	2,897	66,781,412	12	21,257	**106,756,816**	4
1,077	198	205,584	326	469	1,617,928	932	3,990	1,817	1,932,101	2,920	974	1,164	2,935	64,483,957	10	15,703	**105,167,675**	5
1,054	198	246,575	331	482	1,797,470	922	4,078	1,790	2,265,910	3,099	1,018	1,197	2,920	61,083,960	196	19,735	**102,369,036**	6
1,018	196	280,303	334	478	1,915,951	920	3,624	1,784	2,463,778	3,235	1,067	1,297	2,993	65,533,301	193	24,370	**107,374,841**	7
1,002	195	184,197	330	483	1,255,078	924	2,486	1,770	997,336	2,828	899	1,417	2,802	65,046,160	4	21,917	**101,193,946**	8
982	194	169,731	335	487	1,222,793	935	2,362	1,743	727,619	2,827	856	1,489	2,561	68,163,998	1	11,814	**102,854,319**	9
973	193	176,208	332	488	1,225,899	969	2,012	1,733	662,999	2,826	831	1,536	1,954	70,914,731	2	24,507	**105,254,793**	10
974	203	193,442	330	487	1,208,526	977	1,882	1,727	617,135	2,826	811	1,618	2,227	75,802,384	2	23,338	**104,813,145**	11
1,000	218	212,170	327	506	1,240,062	985	2,031	1,715	621,751	2,826	884	1,658	2,114	80,760,915	1	15,003	**109,630,051**	12
989	221	216,798	331	499	1,154,572	991	2,115	1,702	599,099	2,862	873	1,698	1,975	76,094,835	3	195,352	**105,098,201**	13
983	226	234,292	327	509	1,194,741	993	2,433	1,689	715,630	3,227	1,194	1,739	1,703	76,610,702	3	202,093	**106,007,991**	14
968	227	232,625	327	521	1,247,232	1,001	2,462	1,659	714,501	1,932	2,191	1,760	1,883	77,118,217	3	200,776	**106,824,186**	15
973	228	226,617	326	525	1,236,219	1,003	2,224	1,631	946,131	2,497	2,914	1,802	1,809	78,077,905	3	258,940	**108,593,947**	16
1,007	247	282,268	324	532	1,245,735	1,003	2,276	1,601	1,009,615	2,667	2,476	1,847	1,489	78,528,294	3	267,600	**109,871,298**	17
1,009	261	294,136	329	547	1,292,456	998	2,235	1,566	1,057,296	3,070	2,881	1,879	1,416	85,181,205	2	256,180	**117,259,801**	18
1,006	271	297,951	330	548	1,255,993	1,001	2,183	1,568	1,141,126	3,129	2,973	1,893	1,301	94,243,963	2	257,719	**126,548,567**	19
1,004	273	286,727	337	567	1,318,728	1,001	2,128	1,570	1,041,104	3,230	3,290	1,906	1,197	98,872,432	2	461,201	**131,834,777**	20

別・種類別現在額（令和５年３月31日現在）

（単位　百万円，％）

産 小計 数量	小計 価格	小計 割合	普通財産 数量	普通財産 価格	普通財産 割合	合計 数量	合計 価格	合計 割合	番号
86,665,441	14,823,397	55.8	898,176	5,158,226	4.9	**87,563,617**	**19,981,624**	**15.2**	1
5,424	82,719	(0.3)	1,184	14,687	(0.0)	**6,608**	**97,406**	**(0.1)**	2
1,266,717	3,854,566	(14.5)	867	3,191	(0.0)	**1,267,584**	**3,857,758**	**(2.9)**	3
721	853	(0.0)	10	188	(0.0)	**731**	**1,042**	**(0.0)**	4
	3,938,140	14.8		18,066	0.0		**3,956,206**	**3.0**	5
21,027			5,577			**26,604**			6
48,905	2,918,914	11.0	9,891	471,494	0.4	**58,796**	**3,390,408**	**2.6**	7
	2,229,267	8.4		290,458	0.3		**2,519,726**	**1.9**	8
	–	–		0	0.0		**0**	**0.0**	9
999			5			**1,004**			10
272	286,727	(1.1)	0	0	(0.0)	**273**	**286,727**	**(0.2)**	11
321			16			**337**			12
557	1,318,700	(5.0)	9	28	(0.0)	**567**	**1,318,728**	**(1.0)**	13
994	2,128	(0.0)	7	0	(0.0)	**1,001**	**2,128**	**(0.0)**	14
2,314	1,607,556	6.1	28	28	0.0	**2,342**	**1,607,584**	**1.2**	15
1,563	1,041,032	3.9	7	72	0.0	**1,570**	**1,041,104**	**0.8**	16
3,229	3,284	0.0	1	5	0.0	**3,230**	**3,290**	**0.0**	17
1,906	1,150	0.0	0	47	0.0	**1,906**	**1,197**	**0.0**	18
	–	–		98,872,432	93.9		**98,872,432**	**75.0**	19
–	–	–	2	461,201	0.4	**2**	**461,201**	**0.3**	20
	26,562,743	**100.0**		**105,272,034**	**100.0**		**131,834,777**	**100.0**	21
	100.0								22
	20.1			79.9			**100.0**		23

3.　国有財産会計別・分類別・種類別現在額（令和５年３月31日現在）

（単位　百万円，％）

会計＼分類・種類	行政財産						普通財産		合計	
	公用財産	公共用財産	皇室用財産	森林経営用財産	計					
	価格	価格	価格	価格	価格	割合	価格	割合	価格	割合
一般会計	17,591,761	817,736	738,875	4,942,031	24,090,405	90.7	73,098,463	69.4	97,188,869	73.7
［特別会計内訳］										
国債整理基金特別会計	−	−	−	−	−	(−)	359,258	(0.3)	359,258	(0.3)
財政投融資特別会計	−	−	−	−	−	(−)	16,342,046	(15.5)	16,342,046	(12.4)
外国為替資金特別会計	−	−	−	−	−	(−)	5,703,252	(5.4)	5,703,252	(4.3)
エネルギー対策特別会計	378,056	−	−	−	378,056	(1.4)	1,952,263	(1.9)	2,330,319	(1.8)
労働保険特別会計	125,126	−	−	−	125,126	(0.5)	415,218	(0.4)	540,344	(0.4)
年金特別会計	4,996	−	−	−	4,996	(0.0)	5,828,425	(5.5)	5,833,422	(4.4)
食料安定供給特別会計	−	−	−	−	−	(−)	1,023	(0.0)	1,023	(0.0)
特許特別会計	91,359	−	−	−	91,359	(0.3)	1,005	(0.0)	92,365	(0.1)
自動車安全特別会計	1,872,757	−	−	−	1,872,757	(7.1)	811,800	(0.8)	2,684,558	(2.0)
東日本大震災復興特別会計	41	−	−	−	41	(0.0)	759,275	(0.7)	759,316	(0.6)
特別会計	2,472,338	−	−	−	2,472,338	9.3	32,173,570	30.6	34,645,908	26.3
合計	20,064,099	817,736	738,875	4,942,031	26,562,743	100.0	105,272,034	100.0	131,834,777	100.0

（注）価格は，単位未満を切り捨てており，割合は単位未満を四捨五入しているため，合計欄の数字と内訳の計とは一致しないことがある。

4. 国有地の会計別・分類別現在額（令和5年3月31日現在）

（単位　千㎡，百万円）

会計別＼分類別	行政財産		普通財産		合計	
	数量	価格	数量	価格	数量	価格
一般会計	86,590,868	13,511,693	896,253	5,099,208	87,487,122	18,610,902
［特別会計内訳］						
国債整理基金特別会計	–	–	–	–	–	–
財政投融資特別会計	–	–	456	33,576	456	33,576
外国為替資金特別会計	–	–	–	–	–	–
エネルギー対策特別会計	11,513	48,772	5	17	11,518	48,789
労働保険特別会計	1,001	59,669	156	2,713	1,157	62,383
年金特別会計	4	4,994	120	2,174	124	7,169
食料安定供給特別会計	–	–	21	741	21	741
特許特別会計	11	87,230	–	–	11	87,230
自動車安全特別会計	62,042	1,111,036	1,162	19,794	63,205	1,130,831
東日本大震災復興特別会計	–	–	–	–	–	–
特別会計	74,573	1,311,704	1,922	59,017	76,495	1,370,722
合計	86,665,441	14,823,397	898,176	5,158,226	87,563,617	19,981,624

（注）計数は，単位未満を切り捨てているため，合計欄の数字と内訳の計とは一致しないことがある。

5. 国有財産所管別・会計別・

(1) 一　般

所管	番号	行政財産 価格	行政財産 うち土地価格	行政財産 土地数量	普通 価格
衆議院	1	854,831	777,490	360	−
参議院	2	371,124	341,884	135	−
最高裁判所	3	656,873	468,852	2,160	−
会計検査院	4	2,198	1,551	46	−
内閣	5	40,149	32,279	325	−
内閣府	6	1,929,181	1,676,416	23,658	80
デジタル庁	7	1,135	−	−	−
総務省	8	164,367	136,101	305	54
法務省	9	1,420,166	899,514	38,120	9,869
外務省	10	460,066	280,232	1,077	2,853
財務省	11	1,916,215	1,373,069	8,857	72,708,984
文部科学省	12	342,726	304,464	5,032	2,213
厚生労働省	13	363,952	267,646	8,736	338
農林水産省	14	5,243,770	1,254,211	85,311,489	86,917
経済産業省	15	198,274	194,263	72	−
国土交通省	16	1,452,008	751,240	65,387	17,529
環境省	17	587,950	474,644	112,009	31,419
防衛省	18	8,085,412	4,277,832	1,013,093	238,203
合計	19	**24,090,405**	**13,511,693**	**86,590,868**	**73,098,463**
割合	20	24.8			75.2
	21	18.3			55.4

(2) 特　別

所管	番号	行政財産 価格	行政財産 うち土地価格	行政財産 土地数量	普通 価格
衆議院	1	−	−	−	−
参議院	2	−	−	−	−
最高裁判所	3	−	−	−	−
会計検査院	4	−	−	−	−
内閣	5	−	−	−	−
内閣府	6	41	−	−	9,338
デジタル庁	7	−	−	−	−
総務省	8	−	−	−	−
法務省	9	−	−	−	−
外務省	10	−	−	−	−
財務省	11	−	−	−	22,780,397
文部科学省	12	−	−	−	183,017
厚生労働省	13	130,123	64,663	1,005	6,248,344
農林水産省	14	−	−	−	41,906
経済産業省	15	469,298	135,971	11,523	2,094,209
国土交通省	16	1,872,757	1,111,036	62,042	811,800
環境省	17	117	32	1	4,555
防衛省	18	−	−	−	−
合計	19	**2,472,338**	**1,311,704**	**74,573**	**32,173,570**
割合	20	7.1			92.9
	21	1.9			24.4

(3) 総

所管	番号	行政財産 価格	行政財産 うち土地価格	行政財産 土地数量	普通 価格
衆議院	1	854,831	777,490	360	−
参議院	2	371,124	341,884	135	−
最高裁判所	3	656,873	468,852	2,160	−
会計検査院	4	2,198	1,551	46	−
内閣	5	40,149	32,279	325	−
内閣府	6	1,929,222	1,676,416	23,658	9,418
デジタル庁	7	1,135	−	−	−
総務省	8	164,367	136,101	305	54
法務省	9	1,420,166	899,514	38,120	9,869
外務省	10	460,066	280,232	1,077	2,853
財務省	11	1,916,215	1,373,069	8,857	95,489,382
文部科学省	12	342,726	304,464	5,032	185,230
厚生労働省	13	494,075	332,310	9,741	6,248,682
農林水産省	14	5,243,770	1,254,211	85,311,489	128,824
経済産業省	15	667,573	330,235	11,595	2,094,209
国土交通省	16	3,324,766	1,862,277	127,430	829,330
環境省	17	588,068	474,676	112,011	35,975
防衛省	18	8,085,412	4,277,832	1,013,093	238,203
合計	19	**26,562,743**	**14,823,397**	**86,665,441**	**105,272,034**
割合	20				
	21	20.1			79.9

(注) 1. 「価格」は，行政財産又は普通財産について，それぞれの総額を記載し，「うち土地価格」とは，行政財産又は普通財産のうち土地のみの価格を記載した。
2. 一般会計及び特別会計の表において，所管欄割合の上段は，各会計総額に占める所属会計の分類別総額の割合，下段は国有財産総額に占める所属会計の分類
3. 数量及び価格は，単位未満を切り捨てており，割合は単位未満を四捨五入しているため，合計欄の数字と内訳の計とは一致しないことがある。

分類別現在額（令和５年３月31日現在）

会　　　　計

（単位　千㎡，百万円，％）

財産		合計			価格の割合	番号
うち土地価格	土地数量	価格	うち土地価格	土地数量		
－	－	854,831	777,490	360	0.9	1
－	－	371,124	341,884	135	0.4	2
－	－	656,873	468,852	2,160	0.7	3
－	－	2,198	1,551	46	0.0	4
－	－	40,149	32,279	325	0.0	5
－	－	1,929,261	1,676,416	23,658	2.0	6
－	－	1,135	－	－	0.0	7
54	12	164,421	136,155	317	0.2	8
9,869	1	1,430,035	909,383	38,122	1.5	9
258	28	462,919	280,490	1,105	0.5	10
4,984,568	669,544	74,625,200	6,357,637	678,401	76.8	11
166	138	344,939	304,630	5,171	0.4	12
200	2	364,290	267,847	8,738	0.4	13
86,702	225,041	5,330,687	1,340,913	85,536,531	5.5	14
－	－	198,274	194,263	72	0.2	15
17,263	1,473	1,469,538	768,503	66,861	1.5	16
－	－	619,370	474,644	112,009	0.6	17
125	9	8,323,616	4,277,958	1,013,102	8.6	18
5,099,208	**896,253**	**97,188,869**	**18,610,902**	**87,487,122**	**100.0**	19
		100.0				20
		73.7				21

会　　　　計

財産		合計			価格の割合	番号
うち土地価格	土地数量	価格	うち土地価格	土地数量		
－	－	－	－	－	－	1
－	－	－	－	－	－	2
－	－	－	－	－	－	3
－	－	－	－	－	－	4
－	－	－	－	－	－	5
－	－	9,379	－	－	0.0	6
－	－	－	－	－	－	7
－	－	－	－	－	－	8
－	－	－	－	－	－	9
－	－	－	－	－	－	10
33,576	456	22,780,397	33,576	456	65.8	11
－	－	183,017	－	－	0.5	12
4,888	277	6,378,467	69,552	1,282	18.4	13
741	21	41,906	741	21	0.1	14
17	5	2,563,508	135,988	11,528	7.4	15
19,794	1,162	2,684,558	1,130,831	63,205	7.7	16
－	－	4,672	32	1	0.0	17
－	－	－	－	－	－	18
59,017	**1,922**	**34,645,908**	**1,370,722**	**76,495**	**100.0**	19
		100.0				20
		26.3				21

額

財産		合計			価格の割合	番号
うち土地価格	土地数量	価格	うち土地価格	土地数量		
－	－	854,831	777,490	360	0.6	1
－	－	371,124	341,884	135	0.3	2
－	－	656,873	468,852	2,160	0.5	3
－	－	2,198	1,551	46	0.0	4
－	－	40,149	32,279	325	0.0	5
－	－	1,938,641	1,676,416	23,658	1.5	6
－	－	1,135	－	－	0.0	7
54	12	164,421	136,155	317	0.1	8
9,869	1	1,430,035	909,383	38,122	1.1	9
258	28	462,919	280,490	1,105	0.4	10
5,018,144	670,001	97,405,598	6,391,213	678,858	73.9	11
166	138	527,957	304,630	5,171	0.4	12
5,089	279	6,742,757	337,399	10,021	5.1	13
87,444	225,063	5,372,594	1,341,655	85,536,552	4.1	14
17	5	2,761,782	330,252	11,600	2.1	15
37,057	2,636	4,154,096	1,899,335	130,066	3.2	16
－	－	624,043	474,676	112,011	0.5	17
125	9	8,323,616	4,277,958	1,013,102	6.3	18
5,158,226	**898,176**	**131,834,777**	**19,981,624**	**87,563,617**	**100.0**	19
						20
		100.0				21

別総額の割合である。

6. 国有財産年度別・会計別・

会計	番号	一般会計							特別		
分類		行政財産					普通財産	計	行政財産		
種類		公用	公共用	皇室用	森林経営用	計			公用	企業用	計
平成15年度末	1	23,133,374	757,737	477,779	−	24,368,891	34,266,903	**58,635,795**	17,581,167	8,552,144	26,133,312
16………	2	23,752,204	784,260	478,890	−	25,015,355	39,825,909	**64,841,265**	6,506,446	8,595,751	15,102,198
17………	3	18,470,187	669,861	478,552	−	19,618,601	35,665,884	**55,284,486**	4,368,086	8,633,841	13,001,928
18………	4	19,115,863	689,795	480,033	−	20,285,692	46,607,372	**66,893,065**	4,434,143	8,681,778	13,115,922
19………	5	19,708,880	708,350	482,270	−	20,899,501	40,138,157	**61,037,658**	4,474,274	8,745,579	13,219,854
20………	6	20,534,731	715,680	483,379	−	21,733,790	39,291,399	**61,025,189**	4,133,477	8,812,412	12,945,890
21………	7	21,091,264	733,337	485,067	−	22,309,669	42,222,902	**64,532,572**	4,053,465	8,900,309	12,953,775
22………	8	16,559,989	665,168	525,061	−	17,750,219	41,029,282	**58,779,501**	3,474,887	8,964,765	12,439,652
23………	9	15,691,723	648,038	514,122	−	16,853,884	42,519,795	**59,373,679**	3,085,688	9,022,927	12,108,615
24………	10	15,322,905	650,728	518,918	−	16,492,552	42,915,411	**59,407,964**	3,127,883	9,079,789	12,207,673
25………	11	15,204,956	659,721	531,289	3,988,818	20,384,786	44,653,143	**65,037,930**	3,015,060	−	3,015,060
26………	12	15,552,963	668,275	555,144	3,792,978	20,569,362	54,367,096	**74,936,458**	2,568,077	−	2,568,077
27………	13	15,352,826	699,516	582,143	3,991,991	20,626,477	52,399,267	**73,025,744**	2,458,612	−	2,458,612
28………	14	15,708,848	721,221	620,623	4,017,667	21,068,360	53,242,870	**74,311,230**	2,396,218	−	2,396,218
29………	15	16,027,384	743,707	647,660	4,049,922	21,468,675	55,580,304	**77,048,980**	2,296,673	−	2,296,673
30………	16	16,565,589	764,431	672,978	4,159,868	22,162,867	56,438,600	**78,601,467**	2,259,726	−	2,259,726
令和元………	17	17,076,930	789,354	697,820	4,253,086	22,817,191	56,805,539	**79,622,730**	2,448,592	−	2,448,592
2………	18	17,679,606	800,569	711,932	4,286,810	23,478,918	61,932,433	**85,411,351**	2,494,571	−	2,494,571
3………	19	17,487,488	805,576	715,344	4,626,483	23,634,893	70,238,030	**93,872,923**	2,461,831	−	2,461,831
4………	20	17,591,761	817,736	738,875	4,942,031	24,090,405	73,098,463	**97,188,869**	2,472,338	−	2,472,338

（注）計数は，単位未満を切り捨てているため，合計欄の数字と内訳の計とは一致しないことがある。

7. 国有財産年度別・所

所管	番号	衆議院	参議院	最高裁判所	会計検査院	内閣	内閣府	総務省	法務省
平成15年度末	1	661,900	269,826	828,664	26,339	59,492	15,647,280	244,202	1,782,344
16………	2	664,250	273,338	826,125	36,090	61,106	16,269,791	241,297	1,843,237
17………	3	616,327	251,948	622,790	30,937	46,908	11,828,007	183,800	1,485,176
18………	4	630,558	252,891	634,538	31,049	47,452	1,461,713	181,492	1,576,011
19………	5	633,527	253,832	644,489	7,313	48,056	1,479,428	181,324	1,599,034
20………	6	634,307	254,749	677,844	7,270	46,887	1,507,763	181,165	1,663,643
21………	7	630,312	254,746	686,429	7,337	48,015	1,533,327	181,001	1,703,913
22………	8	746,499	323,312	615,863	5,701	42,394	1,468,270	157,697	1,412,279
23………	9	685,313	301,310	585,061	5,326	39,164	1,424,511	152,478	1,383,938
24………	10	670,747	294,493	570,606	5,112	37,825	1,417,942	149,331	1,340,919
25………	11	661,850	290,250	580,353	5,020	36,436	1,454,414	149,342	1,333,258
26………	12	675,386	296,892	583,859	4,258	36,569	1,485,901	148,997	1,306,888
27………	13	698,157	302,461	574,086	2,344	36,786	1,557,999	149,562	1,291,729
28………	14	726,841	316,036	589,404	2,300	38,112	1,609,141	152,444	1,323,864
29………	15	758,487	331,004	601,920	2,323	39,273	1,668,526	155,654	1,338,253
30………	16	789,457	344,752	625,079	2,309	39,909	1,727,038	159,513	1,356,039
令和元………	17	851,530	368,592	642,420	2,277	41,586	1,721,705	163,782	1,386,354
2………	18	892,643	387,626	659,655	2,337	42,882	1,764,258	169,812	1,444,483

所管	番号	衆議院	参議院	最高裁判所	会計検査院	内閣	内閣府	デジタル庁	総務省	法務省
3………	19	862,503	375,519	656,878	2,233	41,226	1,890,395	925	165,946	1,420,475
4………	20	854,831	371,124	656,873	2,198	40,149	1,938,641	1,135	164,421	1,430,035

（注）計数は，単位未満を切り捨てているため，合計欄の数字と内訳の計とは一致しないことがある。

分類別・種類別現在額の推移

（単位　百万円）

会計		合計								番号
		行政財産								
普通財産	計	公用	公共用	皇室用	企業用	森林経営用	計	普通財産	計	
17,452,416	**43,585,728**	40,714,541	757,737	477,779	8,552,144	−	50,502,204	51,719,319	**102,221,523**	1
15,276,371	**30,378,569**	30,258,651	784,260	478,890	8,595,751	−	40,117,553	55,102,281	**95,219,834**	2
16,915,045	**29,916,973**	22,838,274	669,861	478,552	8,633,841	−	32,620,530	52,580,930	**85,201,460**	3
26,747,828	**39,863,750**	23,550,007	689,795	480,033	8,681,778	−	33,401,614	73,355,201	**106,756,816**	4
30,910,162	**44,130,016**	24,183,154	708,350	482,270	8,745,579	−	34,119,355	71,048,319	**105,167,675**	5
28,397,956	**41,343,847**	24,668,209	715,680	483,379	8,812,412	−	34,679,681	67,689,355	**102,369,036**	6
29,888,493	**42,842,268**	25,144,730	733,337	485,067	8,900,309	−	35,263,444	72,111,396	**107,374,841**	7
29,974,792	**42,414,444**	20,034,876	665,168	525,061	8,964,765	−	30,189,872	71,004,074	**101,193,946**	8
31,372,023	**43,480,639**	18,777,411	648,038	514,122	9,022,927	−	28,962,500	73,891,818	**102,854,319**	9
33,639,155	**45,846,829**	18,450,789	650,728	518,918	9,079,789	−	28,700,225	76,554,567	**105,254,793**	10
36,760,155	**39,775,215**	18,220,016	659,721	531,289	−	3,988,818	23,399,846	81,413,299	**104,813,145**	11
32,125,514	**34,693,592**	18,121,041	668,275	555,144	−	3,792,978	23,137,439	86,492,611	**109,630,051**	12
29,613,843	**32,072,456**	17,811,439	699,516	582,143	−	3,991,991	23,085,089	82,013,111	**105,098,201**	13
29,300,543	**31,696,761**	18,105,066	721,221	620,623	−	4,017,667	23,464,578	82,543,413	**106,007,991**	14
27,478,532	**29,775,206**	18,324,058	743,707	647,660	−	4,049,922	23,765,349	83,058,837	**106,824,186**	15
27,732,752	**29,992,479**	18,825,316	764,431	672,978	−	4,159,868	24,422,594	84,171,352	**108,593,947**	16
27,799,975	**30,248,567**	19,525,522	789,354	697,820	−	4,253,086	25,265,783	84,605,514	**109,871,298**	17
29,353,878	**31,848,449**	20,174,177	800,569	711,932	−	4,286,810	25,973,489	91,286,311	**117,259,801**	18
30,213,812	**32,675,644**	19,949,320	805,576	715,344	−	4,626,483	26,096,725	100,451,842	**126,548,567**	19
32,173,570	**34,645,908**	20,064,099	817,736	738,875	−	4,942,031	26,562,743	105,272,034	**131,834,777**	20

管別現在額の推移

（単位　百万円）

外務省	財務省	文部科学省	厚生労働省	農林水産省	経済産業省	国土交通省	環境省	合計	番号
312,332	46,202,153	10,039,919	6,716,046	8,999,498	1,267,436	8,858,647	305,438	**102,221,523**	1
320,679	50,161,515	222,771	4,728,870	9,041,733	1,279,303	8,940,042	309,680	**95,219,834**	2
320,587	44,371,779	173,238	6,909,755	9,018,431	1,217,539	7,838,908	285,320	**85,201,460**	3

外務省	財務省	文部科学省	厚生労働省	農林水産省	経済産業省	国土交通省	環境省	防衛省	合計	番号
329,349	63,198,996	177,701	6,539,506	9,061,631	2,447,950	9,056,124	290,178	10,839,668	**106,756,816**	4
331,114	60,442,214	650,363	6,028,943	9,116,534	2,663,858	9,543,994	295,470	11,248,172	**105,167,675**	5
333,255	57,307,525	630,045	5,290,428	9,171,783	2,312,136	10,167,652	297,659	11,884,917	**102,369,036**	6
336,094	61,772,456	608,707	4,685,648	9,258,287	2,397,575	10,639,338	305,318	12,326,331	**107,374,841**	7
367,087	60,680,867	613,583	3,824,138	9,261,326	2,108,192	10,878,381	308,265	8,380,083	**101,193,946**	8
370,776	63,740,489	573,543	3,333,105	9,305,406	2,033,246	10,860,998	303,756	7,755,892	**102,854,319**	9
365,387	65,550,109	563,203	3,367,083	9,367,199	2,539,222	11,086,557	311,035	7,618,014	**105,254,793**	10
365,010	69,654,750	548,193	3,487,747	4,337,597	2,549,961	11,534,451	321,344	7,503,164	**104,813,145**	11
372,385	81,936,127	546,297	3,705,034	4,211,473	2,573,935	3,923,207	332,448	7,490,386	**109,630,051**	12
382,341	77,286,403	540,473	3,834,591	4,404,338	2,416,591	3,933,736	366,298	7,320,298	**105,098,201**	13
395,170	77,445,980	543,664	4,150,026	4,412,416	2,450,034	3,964,972	418,801	7,468,777	**106,007,991**	14
417,201	77,786,650	503,549	4,502,544	4,448,112	2,214,237	3,908,973	464,642	7,682,827	**106,824,186**	15
428,426	78,655,584	507,555	4,977,926	4,556,086	2,096,777	3,940,004	530,196	7,857,289	**108,593,947**	16
446,806	78,696,171	520,146	5,440,085	4,663,278	2,132,836	4,290,041	546,021	7,957,658	**109,871,298**	17
462,632	84,569,506	532,712	6,074,919	4,696,831	2,423,751	4,365,384	626,599	8,143,762	**117,259,801**	18

外務省	財務省	文部科学省	厚生労働省	農林水産省	経済産業省	国土交通省	環境省	防衛省	合計	番号
460,909	92,909,045	531,158	6,447,095	5,047,343	2,685,882	4,173,117	620,660	8,257,251	**126,548,567**	19
462,919	97,405,598	527,957	6,742,757	5,372,594	2,761,782	4,154,096	624,043	8,323,616	**131,834,777**	20

8. 国有財産区分別・分類別・

区分	種類	番号	行政財産 一般会計	行政財産 特別会計	行政財産 計	公用財産 一般会計	公用財産 特別会計	公共用財産 一般会計
土地	千平方メートル	1	86,590,868	74,573	86,665,441	1,127,790	74,573	136,945
	価格	2	13,511,693	1,311,704	14,823,397	11,066,867	1,311,704	680,460
立木竹 樹木	千本	3	4,912	511	5,424	2,594	511	2,222
	価格	4	78,634	4,084	82,719	63,737	4,084	13,698
立木竹 立木	千立方メートル	5	1,266,713	4	1,266,717	3,606	4	1,361
	価格	6	3,852,895	1,671	3,854,566	15,413	1,671	2,130
立木竹 竹	千束	7	721	–	721	693	–	1
	価格	8	853	–	853	685	–	32
立木竹 計	価格	9	3,932,384	5,756	3,938,140	79,836	5,756	15,861
建物	建面積 千平方メートル	10	20,038	988	21,027	19,368	988	522
	延べ面積 千平方メートル	11	46,679	2,225	48,905	45,838	2,225	621
	価格	12	2,771,933	146,980	2,918,914	2,701,367	146,980	57,846
工作物	価格	13	1,231,679	997,588	2,229,267	1,101,031	997,588	63,531
機械器具	価格	14	–	–	–	–	–	–
船舶 汽船	隻	15	979	20	999	979	20	–
	千トン	16	270	2	272	270	2	–
	価格	17	282,160	4,567	286,727	282,160	4,567	–
船舶 艦船	隻	18	321	–	321	321	–	–
	千トン	19	557	–	557	557	–	–
	価格	20	1,318,700	–	1,318,700	1,318,700	–	–
船舶 雑船	隻	21	985	9	994	906	9	55
	価格	22	1,960	168	2,128	1,951	168	5
船舶 計	隻	23	2,285	29	2,314	2,206	29	55
	価格	24	1,602,820	4,735	1,607,556	1,602,811	4,735	5
航空機	機	25	1,557	6	1,563	1,557	6	–
	価格	26	1,035,542	5,489	1,041,032	1,035,542	5,489	–
地上権等	千平方メートル	27	3,018	210	3,229	3,016	210	0
	価格	28	3,205	79	3,284	3,157	79	30
特許権等	千件	29	1,906	0	1,906	1,906	0	–
	価格	30	1,145	4	1,150	1,145	4	–
政府出資等	価格	31	–	–	–	–	–	–
不動産の信託の受益権	件	32	–	–	–	–	–	–
	価格	33	–	–	–	–	–	–
合計	**価格**	34	**24,090,405**	**2,472,338**	**26,562,743**	**17,591,761**	**2,472,338**	**817,736**

（注）　計数は，単位未満を切り捨てているため，合計欄の数字と内訳の計とは一致しないことがある。

種類別・会計別現在額（令和5年3月31日現在）

（単位　百万円）

皇室用財産	森林経営用財産	普通財産			合計			番号
一般会計	一般会計	一般会計	特別会計	計	一般会計	特別会計	計	
19,055	85,307,077	896,253	1,922	898,176	87,487,122	76,495	87,563,617	1
712,417	1,051,947	5,099,208	59,017	5,158,226	18,610,902	1,370,722	19,981,624	2
95	−	1,146	37	1,184	6,059	549	6,608	3
1,198	−	14,369	317	14,687	93,004	4,402	97,406	4
191	1,261,553	867	0	867	1,267,580	4	1,267,584	5
489	3,834,860	3,191	0	3,191	3,856,086	1,671	3,857,758	6
5	20	10	−	10	731	−	731	7
28	107	188	−	188	1,042	−	1,042	8
1,716	3,834,968	17,749	317	18,066	3,950,133	6,073	3,956,206	9
147	−	5,525	51	5,577	25,564	1,040	26,604	10
219	−	9,757	134	9,891	56,436	2,359	58,796	11
12,720	−	469,622	1,871	471,494	3,241,556	148,852	3,390,408	12
12,001	55,115	290,192	266	290,458	1,521,871	997,854	2,519,726	13
−	−	0	−	0	0	−	0	14
−	−	5	−	5	984	20	1,004	15
−	−	0	−	0	270	2	273	16
−	−	0	−	0	282,160	4,567	286,727	17
−	−	16	−	16	337	−	337	18
−	−	9	−	9	567	−	567	19
−	−	28	−	28	1,318,728	−	1,318,728	20
24	−	7	−	7	992	9	1,001	21
2	−	0	−	0	1,960	168	2,128	22
24	−	28	−	28	2,313	29	2,342	23
2	−	28	−	28	1,602,849	4,735	1,607,584	24
−	−	7	−	7	1,564	6	1,570	25
−	−	72	−	72	1,035,614	5,489	1,041,104	26
1	−	1	−	1	3,019	210	3,230	27
16	−	5	−	5	3,210	79	3,290	28
−	−	0	0	0	1,906	0	1,906	29
−	−	46	0	47	1,192	4	1,197	30
−	−	66,760,336	32,112,096	98,872,432	66,760,336	32,112,096	98,872,432	31
−	−	2	−	2	2	−	2	32
−	−	461,201	−	461,201	461,201	−	461,201	33
738,875	4,942,031	73,098,463	32,173,570	105,272,034	97,188,869	34,645,908	131,834,777	34

9. 財産権種目別・

種類 / 種目	数量単位	番号	公用財産 数量	公用財産 価格	公共用財産 数量	公共用財産 価格	皇室用財産 数量	皇室用財産 価格
地上権	千平方メートル	1	2,694	2,565,379	0	30,994	0	2
地役権	〃	2	533	671,492	–	–	0	6
その他	〃	3	–	–	–	–	0	16,870
計	〃	4	3,227	3,236,871	0	30,994	1	16,879
特許権	件	5	469	4,539	–	–	–	–
著作権	〃	6	1,905,439	1,138,689	–	–	–	–
商標権	〃	7	434	6,994	–	–	–	–
実用新案権	〃	8	–	–	–	–	–	–
その他	〃	9	16	–	–	–	–	–
計	〃	10	1,906,358	1,150,223	–	–	–	–
合計		11		4,387,094		30,994		16,879

(注) 計数は，単位未満を切り捨てているため，合計欄の数字と内訳の計とは一致しないことがある。

10. 財産権会計別・所管別・

種目 / 省庁	番号	地上権 数量	地上権 価格	地役権 数量	地役権 価格	その他 数量	その他 価格	特許権 数量	特許権 価格
(一般会計)		千平方メートル		千平方メートル		千平方メートル		件	
衆議院	1	–	–	–	–	–	–	–	–
最高裁判所	2	–	–	–	–	–	–	–	–
会計検査院	3	–	–	–	–	–	–	–	–
内閣	4	–	–	–	–	–	–	–	–
内閣府	5	0	2	0	6	0	16,870	19	–
デジタル庁	6	–	–	–	–	–	–	–	–
総務省	7	–	–	–	–	–	–	22	–
法務省	8	0	6	–	–	–	–	–	–
外務省	9	–	–	–	–	–	–	–	–
財務省	10	0	389	0	10,423	–	–	1	–
文部科学省	11	–	–	–	–	–	–	–	–
厚生労働省	12	–	–	–	–	–	–	106	–
農林水産省	13	–	–	–	–	–	–	4	–
経済産業省	14	–	–	–	–	–	–	–	–
国土交通省	15	48	303,465	8	402	–	–	124	2,831
環境省	16	2,434	2,207,907	–	–	–	–	3	–
防衛省	17	4	5,858	520	665,577	–	–	232	–
計	18	2,490	2,517,629	529	676,410	0	16,870	511	2,831
(特別会計)									
厚生労働省	19	–	–	–	–	–	–	–	–
経済産業省	20	206	79,136	4	–	–	–	1	1,707
国土交通省	21	–	–	–	–	–	–	2	523
環境省	22	–	–	–	–	–	–	2	–
計	23	206	79,136	4	–	–	–	5	2,231
合計	24	2,697	2,596,765	533	676,410	0	16,870	516	5,062

(注) 計数は，単位未満を切り捨てているため，合計欄の数字と内訳の計とは一致しないことがある。

種　類　別　明　細（令和５年３月31日現在）

（単位　千円）

森林経営用財産		普通財産		合	計	番
数量	価格	数量	価格	数量	価格	号
－	－	0	389	2,697	2,596,765	1
－	－	0	4,911	533	676,410	2
－	－	－	－	0	16,870	3
－	－	1	5,300	3,230	3,290,046	4
－	－	47	523	516	5,062	5
－	－	21	46,840	1,905,460	1,185,530	6
－	－	46	0	480	6,994	7
－	－	3	－	3	－	8
－	－	1	－	17	－	9
－	－	118	47,364	1,906,476	1,197,587	10
	－		52,665		4,487,634	11

種　目　別　明　細（令和５年３月31日現在）

（単位　千円）

著作権		商標権		実用新案権		その他		合計	番
数量	価格	数量	価格	数量	価格	数量	価格	価格	号
件		件		件		件			
111	－	－	－	－	－	－	－	－	1
228	26,704	1	2,815	－	－	－	－	29,519	2
37	－	－	－	－	－	－	－	－	3
23	1,838	12	3	－	－	－	－	1,841	4
205	－	45	1,431	－	－	－	－	18,311	5
－	－	5	－	－	－	－	－	－	6
－	－	55	－	－	－	3	－	－	7
－	－	－	－	－	－	－	－	6	8
－	－	26	－	－	－	－	－	－	9
41	－	54	－	－	－	－	－	10,813	10
2,405	7,687	24	－	－	－	－	－	7,687	11
3	1,456	－	－	－	－	－	－	1,456	12
2	47,208	72	0	1	－	2	－	47,208	13
16	－	－	－	－	－	－	－	－	14
1,902,275	1,082,962	115	－	2	－	2	－	1,389,661	15
－	－	16	0	－	－	8	－	2,207,907	16
94	17,672	－	－	－	－	2	－	689,108	17
1,905,440	1,185,530	425	4,249	3	－	17	－	4,403,521	18
4	－	－	－	－	－	－	－	－	19
16	－	14	2,745	－	－	－	－	83,588	20
－	－	1	－	－	－	－	－	523	21
－	－	40	－	－	－	－	－	－	22
20	－	55	2,745	－	－	－	－	84,112	23
1,905,460	1,185,530	480	6,994	3	－	17	－	4,487,634	24

11. 国有財産無償貸付用途別・所管別・

用途	所管	会計	番号	土地 平方メートル	土地 価格	立木 樹木 本	立木 樹木 価格	立木 立木 立方メートル	立木 立木 価格
緑地	法務省	一般会計	1	35	5,439	–	–	–	–
	財務省	一般会計	2	5,922,699	9,399,532	29	302	11,215	63,041
	文部科学省	一般会計	3	5,321	73,427	–	–	–	–
	国土交通省	一般会計	4	4,206	44,995	–	–	–	–
	環境省	一般会計	5	4,347	266	–	–	–	–
	防衛省	一般会計	6	102,358	2,120,320	73	758	61	37
	国土交通省	特別会計	7	14,243	200,096	–	–	–	–
	計		8	**6,053,212**	**11,844,077**	**102**	**1,061**	**11,277**	**63,078**
公園	内閣府	一般会計	9	11,254	399,136	–	–	–	–
	法務省	一般会計	10	0	2	–	–	–	–
	財務省	一般会計	11	52,314,617	1,135,028,621	58,966	215,848	240,573	574,547
	文部科学省	一般会計	12	842,703	27,455,084	1,935	26,311	237	1,105
	農林水産省	一般会計	13	38,417	593,529	–	–	–	–
	国土交通省	一般会計	14	86,352	516,446	–	–	–	–
	環境省	一般会計	15	224,143	13,433,403	–	–	–	–
	防衛省	一般会計	16	1,190,085	25,661,267	8,226	58,745	401	12,035
	国土交通省	特別会計	17	112,477	3,443,349	–	–	–	–
	計		18	**54,820,052**	**1,206,530,841**	**69,127**	**300,904**	**241,213**	**587,688**
ため池	最高裁判所	一般会計	19	331	36,727	–	–	–	–
	内閣府	一般会計	20	469	50,539	–	–	–	–
	法務省	一般会計	21	384	48,759	–	–	–	–
	財務省	一般会計	22	851,120	729,646	–	–	–	–
	厚生労働省	一般会計	23	18	3,889	–	–	–	–
	農林水産省	一般会計	24	362	1,611	–	–	–	–
	経済産業省	一般会計	25	30	2,943	–	–	–	–
	国土交通省	一般会計	26	45	2,872	–	–	–	–
	環境省	一般会計	27	831	25,959	–	–	–	–
	防衛省	一般会計	28	607,288	877,439	–	–	6	3
	国土交通省	特別会計	29	986	17,687	–	–	–	–
	計		30	**1,461,868**	**1,798,076**	**–**	**–**	**6**	**3**
用排水路	最高裁判所	一般会計	31	64	2,430	–	–	–	–
	内閣府	一般会計	32	2,203	39,761	–	–	–	–
	総務省	一般会計	33	21	581	–	–	–	–
	法務省	一般会計	34	7,539	35,440	–	–	–	–
	財務省	一般会計	35	241,061	244,633	–	–	–	–
	文部科学省	一般会計	36	504	19,339	–	–	–	–
	農林水産省	一般会計	37	1,287	1,386	–	–	–	–
	国土交通省	一般会計	38	468	3,467	–	–	–	–
	環境省	一般会計	39	12,527	27,355	–	–	–	–
	防衛省	一般会計	40	288,549	1,948,756	–	–	–	–
	厚生労働省	特別会計	41	52	963	–	–	–	–
	農林水産省	特別会計	42	0	5	–	–	–	–
	国土交通省	特別会計	43	4,784	87,430	–	–	–	–
	計		44	**559,067**	**2,411,550**	**–**	**–**	**–**	**–**
火葬場	財務省	一般会計	45	87,432	1,989,136	–	–	–	–
	計		46	**87,432**	**1,989,136**	**–**	**–**	**–**	**–**
墓地	財務省	一般会計	47	560,327	3,057,790	1,026	1,358	193	415
	厚生労働省	一般会計	48	514	76	–	–	–	–
	農林水産省	一般会計	49	59	312	–	–	–	–
	国土交通省	一般会計	50	4,213	107,591	–	–	–	–
	計		51	**565,113**	**3,165,771**	**1,026**	**1,358**	**193**	**415**

会計別・区分別現在額（令和5年3月31日現在）

（単位　千円）

竹			建物			工作物	合計	番号
竹		計						
束	価格	価格	建平方メートル	延べ平方メートル	価格	価格	価格	
–	–	–	–	–	–	–	5, 439	1
–	–	63, 344	–	–	–	2	9, 462, 879	2
–	–	–	–	–	–	–	73, 427	3
–	–	–	–	–	–	–	44, 995	4
–	–	–	5	5	490	–	756	5
–	–	795	–	–	–	0	2, 121, 116	6
–	–	–	–	–	–	–	200, 096	7
–	–	64, 139	5	5	490	2	11, 908, 709	8
–	–	–	–	–	–	–	399, 136	9
–	–	–	–	–	–	–	2	10
112	397	790, 792	15, 160	22, 465	196, 744	72, 836	1, 136, 088, 994	11
–	–	27, 416	6, 728	13, 684	453	1, 406	27, 484, 361	12
–	–	–	–	–	–	–	593, 529	13
–	–	–	–	–	–	–	516, 446	14
–	–	–	823	1, 054	102, 773	119	13, 536, 296	15
–	–	70, 781	687	687	136, 348	427, 726	26, 296, 123	16
–	–	–	–	–	–	–	3, 443, 349	17
112	397	888, 990	23, 400	37, 892	436, 321	502, 088	1, 208, 358, 241	18
–	–	–	–	–	–	–	36, 727	19
–	–	–	–	–	–	–	50, 539	20
–	–	–	–	–	–	–	48, 759	21
–	–	–	–	–	–	0	729, 646	22
–	–	–	–	–	–	–	3, 889	23
–	–	–	–	–	–	–	1, 611	24
–	–	–	–	–	–	–	2, 943	25
–	–	–	–	–	–	–	2, 872	26
–	–	–	–	–	–	–	25, 959	27
–	–	3	–	–	–	–	877, 443	28
–	–	–	–	–	–	–	17, 687	29
–	–	3	–	–	–	0	1, 798, 080	30
–	–	–	–	–	–	–	2, 430	31
–	–	–	–	–	–	–	39, 761	32
–	–	–	–	–	–	–	581	33
–	–	–	–	–	–	–	35, 440	34
–	–	–	–	–	–	–	244, 633	35
–	–	–	–	–	–	–	19, 339	36
–	–	–	–	–	–	–	1, 386	37
–	–	–	–	–	–	885	4, 353	38
–	–	–	–	–	–	–	27, 355	39
–	–	–	–	–	–	9, 863	1, 958, 619	40
–	–	–	–	–	–	–	963	41
–	–	–	–	–	–	–	5	42
–	–	–	–	–	–	–	87, 430	43
–	–	–	–	–	–	10, 749	2, 422, 299	44
–	–	–	–	–	–	0	1, 989, 136	45
–	–	–	–	–	–	0	1, 989, 136	46
–	–	1, 773	354	354	0	4, 712	3, 064, 277	47
–	–	–	–	–	–	–	76	48
–	–	–	–	–	–	–	312	49
–	–	–	–	–	–	–	107, 591	50
–	–	1, 773	354	354	0	4, 712	3, 172, 258	51

11. 国有財産無償貸付用途別・所管別・

用途	所管	会計	番号	土地		立木			
						樹木		立木	
				平方メートル	価格	本	価格	立方メートル	価格
ごみ処理施設	財務省	一般会計	52	151,538	7,548,919	1	0	–	–
	防衛省	一般会計	53	38,003	1,548,328	–	–	4	4
	計		54	**189,541**	**9,097,247**	**1**	**0**	**4**	**4**
屎尿処理施設	財務省	一般会計	55	71,520	488,122	–	–	–	–
	農林水産省	一般会計	56	43	324	–	–	–	–
	国土交通省	一般会計	57	–	–	–	–	–	–
	防衛省	一般会計	58	6,284	123,842	–	–	6	3
	計		59	**77,848**	**612,288**	**–**	**–**	**6**	**3**
と畜場	財務省	一般会計	60	2,706	25,286	–	–	–	–
	計		61	**2,706**	**25,286**	**–**	**–**	**–**	**–**
信号機等の小規模施設	最高裁判所	一般会計	62	51	8,136	–	–	–	–
	内閣府	一般会計	63	117	8,208	–	–	–	–
	総務省	一般会計	64	–	–	–	–	–	–
	法務省	一般会計	65	132	26,310	–	–	–	–
	財務省	一般会計	66	3,105	301,694	–	–	–	–
	文部科学省	一般会計	67	139	22,357	–	–	–	–
	厚生労働省	一般会計	68	13	750	–	–	–	–
	農林水産省	一般会計	69	230	2,386	–	–	–	–
	経済産業省	一般会計	70	0	8	–	–	–	–
	国土交通省	一般会計	71	601	12,396	–	–	–	–
	環境省	一般会計	72	1,032	83,736	–	–	–	–
	防衛省	一般会計	73	1,636	78,808	–	–	–	–
	財務省	特別会計	74	0	51	–	–	–	–
	厚生労働省	特別会計	75	39	159	–	–	–	–
	経済産業省	特別会計	76	0	2,424	–	–	–	–
	国土交通省	特別会計	77	1,639	62,028	–	–	–	–
	計		78	**8,741**	**609,459**	**–**	**–**	**–**	**–**
災害の応急施設	法務省	一般会計	79	48	2,911	–	–	–	–
	財務省	一般会計	80	47,702	1,920,815	135	152	–	–
	文部科学省	一般会計	81	31	38	–	–	–	–
	農林水産省	一般会計	82	–	–	–	–	–	–
	国土交通省	一般会計	83	302	27,337	–	–	–	–
	環境省	一般会計	84	703	8,460	–	–	–	–
	防衛省	一般会計	85	30,509	201,844	–	–	–	–
	農林水産省	特別会計	86	991	74,023	–	–	–	–
	計		87	**80,289**	**2,235,431**	**135**	**152**	**–**	**–**
地震防災の応急施設	内閣府	一般会計	88	1,440	479,001	–	–	–	–
	財務省	一般会計	89	32	784	–	–	–	–
	国土交通省	一般会計	90	2,112	502,620	–	–	–	–
	環境省	一般会計	91	–	–	–	–	–	–
	防衛省	一般会計	92	37	1,852	–	–	–	–
	国土交通省	特別会計	93	50	1,642	–	–	–	–
	計		94	**3,671**	**985,902**	**–**	**–**	**–**	**–**
合計		**一般会計**	95	**63,774,279**	**1,237,415,205**	**70,391**	**303,477**	**252,700**	**651,193**
		特別会計	96	**135,265**	**3,889,864**	**–**	**–**	**–**	**–**
		計	97	**63,909,545**	**1,241,305,070**	**70,391**	**303,477**	**252,700**	**651,193**

（注）計数は，単位未満を切り捨てているため，合計欄の数字と内訳の計とは一致しないことがある。

会計別・区分別現在額（令和５年３月31日現在）（続）

（単位　千円）

竹			建物			工作物	合計	番号
竹		計						
束	価格	価格	建平方メートル	延べ平方メートル	価格	価格	価格	
–	–	0	–	–	–	–	7,548,919	52
–	–	4	–	–	–	0	1,548,332	53
–	–	4	–	–	–	0	9,097,252	54
–	–	–	–	–	–	0	488,122	55
–	–	–	–	–	–	–	324	56
–	–	–	–	–	–	0	0	57
–	–	3	–	–	–	–	123,846	58
–	–	3	–	–	–	0	612,292	59
–	–	–	–	–	–	–	25,286	60
–	–	–	–	–	–	–	25,286	61
–	–	–	0	0	0	0	8,136	62
–	–	–	61	61	2,416	23,673	34,299	63
–	–	–	0	0	0	–	0	64
–	–	–	0	0	25	86	26,422	65
–	–	–	97	97	3,914	18	305,627	66
–	–	–	3	3	0	–	22,357	67
–	–	–	–	2	51	–	802	68
–	–	–	5	21	111	0	2,497	69
–	–	–	–	–	–	–	8	70
–	–	–	226	240	11,933	8,946	33,276	71
–	–	–	66	81	2,805	–	86,542	72
–	–	–	538	538	40,577	177,100	296,486	73
–	–	–	–	–	–	–	51	74
–	–	–	–	0	36	0	195	75
–	–	–	–	–	–	–	2,424	76
–	–	–	0	1	67	0	62,095	77
–	–	–	1,001	1,049	61,941	209,825	881,226	78
–	–	–	–	4	0	–	2,911	79
–	–	152	3,279	7,955	260,701	3,788	2,185,458	80
–	–	–	1	1	158	–	197	81
–	–	–	4	4	151	–	151	82
–	–	–	1	1	0	–	27,337	83
–	–	–	–	–	–	–	8,460	84
–	–	–	62	62	532	173	202,550	85
–	–	–	312	546	5,555	37	79,617	86
–	–	152	3,661	8,576	267,100	4,000	2,506,684	87
–	–	–	–	–	–	–	479,001	88
–	–	–	0	0	1	–	785	89
–	–	–	0	0	112	–	502,733	90
–	–	–	0	0	62	–	62	91
–	–	–	19	19	1,269	–	3,122	92
–	–	–	0	1	39	–	1,681	93
–	–	–	22	23	1,485	–	987,387	94
112	397	955,068	28,132	47,352	761,640	731,341	1,239,863,255	95
–	–	–	313	550	5,698	37	3,895,600	96
112	397	955,068	28,445	47,902	767,338	731,379	1,243,758,855	97

12. 国有財産無償貸付

(1) 区分別・

(イ) 総

区分		数量単位	番号	3年度末現在 数量	3年度末現在 価格	4年度 増 数量	4年度 増 価格
土地		平方メートル	1	63,944,247	1,218,413,179	5,921,332	137,746,847
立木竹	樹木	本	2	70,414	251,191	4,982	77,458
	立木	立方メートル	3	252,708	538,207	1,411	116,266
	竹	束	4	112	328	−	68
	計		5		789,727		193,793
建物	建面積	平方メートル	6	29,118		10,559	
	延べ面積	平方メートル	7	48,689	870,659	28,137	716,311
工作物			8		818,984		253,561
合計		件	9	**4,895**	**1,220,892,550**	**974**	**138,910,513**

（注）1. 本表は，各省各庁が国有財産法第22条第1項の規定（第19条及び第26条において準用する場合を含む。）により無償貸付をした数額を計上したものである
2. 計数は，単位未満を切り捨てているため，合計欄の数字と内訳の計とは一致しないことがある（(2)及び(3)においても同じ。）。

(ロ) 一般

区分		数量単位	番号	3年度末現在 数量	3年度末現在 価格	4年度 増 数量	4年度 増 価格
土地		平方メートル	1	63,808,139	1,214,486,944	5,884,844	135,859,477
立木竹	樹木	本	2	70,414	251,191	4,982	77,458
	立木	立方メートル	3	252,708	538,207	1,411	116,266
	竹	束	4	112	328	−	68
	計		5		789,727		193,793
建物	建面積	平方メートル	6	28,805		10,246	
	延べ面積	平方メートル	7	48,139	864,710	27,589	710,498
工作物			8		818,945		253,522
合計		件	9	**4,770**	**1,216,960,327**	**958**	**137,017,291**

(ハ) 特別

区分		数量単位	番号	3年度末現在 数量	3年度末現在 価格	4年度 増 数量	4年度 増 価格
土地		平方メートル	1	136,108	3,926,235	36,488	1,887,370
立木竹	樹木	本	2	−	−	−	−
	立木	立方メートル	3	−	−	−	−
	竹	束	4	−	−	−	−
	計		5		−		−
建物	建面積	平方メートル	6	313		313	
	延べ面積	平方メートル	7	550	5,949	547	5,812
工作物			8		39		39
合計		件	9	**125**	**3,932,223**	**16**	**1,893,222**

増減及び年度末現在額

会計別

計

（単位　千円）

間増減				4年度末現在		番号
減		差引				
数量	価格	数量	価格	数量	価格	
5,956,035	114,854,957	△34,702	22,891,890	63,909,545	1,241,305,070	1
5,005	25,171	△23	52,286	70,391	303,477	2
1,420	3,280	△8	112,986	252,700	651,193	3
–	–	–	68	112	397	4
	28,452		165,341		955,068	5
11,232		△673		28,445		6
28,924	819,632	△786	△103,321	47,902	767,338	7
	341,166		△87,605		731,379	8
924	**116,044,208**	**50**	**22,866,305**	**4,945**	**1,243,758,855**	9

((2)及び(3)においても同じ。)。

会計

（単位　千円）

間増減				4年度末現在		番号
減		差引				
数量	価格	数量	価格	数量	価格	
5,918,703	112,931,216	△33,859	22,928,261	63,774,279	1,237,415,205	1
5,005	25,171	△23	52,286	70,391	303,477	2
1,420	3,280	△8	112,986	252,700	651,193	3
–	–	–	68	112	397	4
	28,452		165,341		955,068	5
10,919		△673		28,132		6
28,376	813,568	△786	△103,070	47,352	761,640	7
	341,125		△87,603		731,341	8
902	**114,114,363**	**56**	**22,902,928**	**4,826**	**1,239,863,255**	9

会計

（単位　千円）

間増減				4年度末現在		番号
減		差引				
数量	価格	数量	価格	数量	価格	
37,331	1,923,740	△842	△36,370	135,265	3,889,864	1
–	–	–	–	–	–	2
–	–	–	–	–	–	3
–	–	–	–	–	–	4
	–		–		–	5
313		△0		313		6
547	6,063	△0	△251	550	5,698	7
	40		△1		37	8
22	**1,929,845**	**△6**	**△36,623**	**119**	**3,895,600**	9

12. 国有財産無償貸付

(2) 用途別・会計別

(イ) 総計

（単位 千円）

用途	3年度末現在	4年度間増減			4年度末現在
		増	減	差引	
緑地	11,807,117	1,779,155	1,677,563	101,592	11,908,709
公園	1,184,818,570	125,505,753	101,966,082	23,539,671	1,208,358,241
ため池	1,784,008	73,949	59,877	14,072	1,798,080
用排水路	2,422,364	104,582	104,647	△64	2,422,299
火葬場	1,962,116	27,019	−	27,019	1,989,136
墓地	3,148,251	513,413	489,406	24,006	3,172,258
ごみ処理施設	8,984,914	177,861	65,524	112,337	9,097,252
屎尿処理施設	643,821	165,419	196,947	△31,528	612,292
と畜場	25,286	−	−	−	25,286
信号機等の小規模施設	854,032	123,909	96,715	27,193	881,226
災害の応急施設	3,460,345	10,433,614	11,387,275	△953,660	2,506,684
地震防災の応急施設	981,722	5,834	169	5,665	987,387
合計	1,220,892,550	138,910,513	116,044,208	22,866,305	1,243,758,855

(ロ) 一般会計

（単位 千円）

用途	3年度末現在	4年度間増減			4年度末現在
		増	減	差引	
緑地	11,610,656	1,775,507	1,677,550	97,957	11,708,613
公園	1,181,329,934	123,701,217	100,116,260	23,584,957	1,204,914,891
ため池	1,766,452	73,808	59,868	13,939	1,780,392
用排水路	2,335,255	102,109	103,463	△1,354	2,333,900
火葬場	1,962,116	27,019	−	27,019	1,989,136
墓地	3,148,251	513,413	489,406	24,006	3,172,258
ごみ処理施設	8,984,914	177,861	65,524	112,337	9,097,252
屎尿処理施設	643,821	165,419	196,947	△31,528	612,292
と畜場	25,286	−	−	−	25,286
信号機等の小規模施設	789,432	121,389	94,362	27,026	816,459
災害の応急施設	3,384,142	10,353,756	11,310,832	△957,075	2,427,067
地震防災の応急施設	980,063	5,789	146	5,643	985,706
合計	1,216,960,327	137,017,291	114,114,363	22,902,928	1,239,863,255

増減及び年度末現在額（続）

(ハ) 特別会計

（単位　千円）

用途	3年度末現在	4年度間増減			4年度末現在
		増	減	差引	
緑地	196,461	3,648	13	3,635	200,096
公園	3,488,636	1,804,535	1,849,821	△45,286	3,443,349
ため池	17,555	141	8	132	17,687
用排水路	87,109	2,473	1,183	1,290	88,399
火葬場	－	－	－	－	－
墓地	－	－	－	－	－
ごみ処理施設	－	－	－	－	－
屎尿処理施設	－	－	－	－	－
と畜場	－	－	－	－	－
信号機等の小規模施設	64,599	2,519	2,352	167	64,767
災害の応急施設	76,202	79,857	76,442	3,414	79,617
地震防災の応急施設	1,659	45	22	22	1,681
合計	3,932,223	1,893,222	1,929,845	△36,623	3,895,600

(3) 所管別

（単位　百万円）

所管	3年度末現在		4年度間増減						4年度末現在	
			増		減		差引			
	件数	価格	件数	価格	件数	価格	件数	価格	件数	価格
最高裁判所	89	118	7	88	10	159	△3	△71	86	47
内閣府	76	995	6	23	9	16	△3	7	73	1,002
総務省	2	0	－	－	－	0	－	△0	2	0
法務省	148	282	47	29	47	192	－	△163	148	118
財務省	3,160	1,140,404	734	133,414	690	111,685	44	21,729	3,204	1,162,133
文部科学省	51	26,738	10	884	8	23	2	860	53	27,599
厚生労働省	23	5	3	0	4	0	△1	0	22	5
農林水産省	87	686	18	81	12	88	6	△6	93	679
経済産業省	3	5	－	－	－	0	－	△0	3	5
国土交通省	362	4,888	76	2,198	79	2,034	△3	163	359	5,051
環境省	160	13,414	27	318	26	48	1	270	161	13,685
防衛省	734	33,351	46	1,869	39	1,793	7	75	741	33,427
合計	4,895	1,220,892	974	138,910	924	116,044	50	22,866	4,945	1,243,758

13. 政　府　出　資　法　人

法人名	政府出資現在額			資産	負債	純資産額	資本金
	一般会計	特別会計	合計	(A)	(B)	(A)－(B)	
1. 金融機関							
沖縄振興開発金融公庫	144,321	12,710	157,032	1,082,146	925,114	157,032	155,848
							(1,000,000口)
日本銀行	13,310	−	13,310	735,116,592	729,584,972	5,531,619	100
計 (2)	**157,631**	**12,710**	**170,342**	**736,198,738**	**730,510,087**	**5,688,651**	**155,948**
2. 事業団等							
日本私立学校振興・共済事業団	110,823	6,034	116,858	6,909,668	1,681,555	5,228,113	108,677
助成勘定	110,823	6,034	116,858	548,382	431,524	116,858	108,677
短期勘定	−	−	−	155,930	32,283	123,646	−
厚生年金勘定	−	−	−	4,549,563	947	4,548,616	−
退職等年金給付勘定	−	−	−	353,484	−	353,484	−
福祉勘定	−	−	−	1,384,159	1,308,441	75,718	−
共済業務勘定	−	−	−	14,479	4,689	9,789	−
日本中央競馬会	1,144,320	−	1,144,320	1,350,730	94,334	1,256,395	4,924
一般勘定	1,144,320	−	1,144,320	1,237,904	93,583	1,144,320	4,924
特別振興資金勘定	−	−	−	112,825	750	112,075	−
預金保険機構	21,790	9,338	31,129	8,309,948	6,659,830	1,650,117	31,475
一般勘定	150	−	150	5,269,884	5,269,429	455	455
危機対応勘定	−	−	−	367,215	59	367,155	−
金融再生勘定	−	−	−	938,166	691,126	247,040	−
金融機能早期健全化勘定	−	−	−	793,433	0	793,432	−
金融機能強化勘定	−	−	−	437,274	396,276	40,997	−
被害回復分配金支払勘定	−	−	−	193	272	△78	−
地域経済活性化支援勘定	2,964	−	2,964	12,625	9,661	2,964	3,000
東日本大震災事業者再生支援勘定	18,676	9,338	28,014	28,014	0	28,014	28,020
休眠預金等管理勘定	−	−	−	462,746	292,823	169,923	−
口座情報連絡等勘定	−	−	−	393	181	211	−
農水産業協同組合貯金保険機構	1,394	659	2,054	473,201	470,921	2,279	2,280
一般勘定	75	−	75	471,221	470,921	300	300
東日本大震災事業者再生支援勘定	1,319	659	1,979	1,979	−	1,979	1,980
危機対応勘定	−	−	−	−	−	−	−
日本司法支援センター	1,198	−	1,198	24,643	22,849	1,794	351
一般勘定	1,198	−	1,198	19,359	18,161	1,198	351
国選弁護人確保業務等勘定	−	−	−	5,284	4,688	596	−
全国健康保険協会	−	4,913,573	4,913,573	5,660,386	746,812	4,913,573	7,059

(注) 1. 政府出資現在額は，令和５年３月31日現在において，市場価格のある株式・出資証券（日本たばこ産業㈱，日本電信電話㈱，日本郵政㈱及び日本銀行）は市場価格により，また，市場価格のないものは，各法人及び各勘定の貸借対照表（※）の総資産額から総負債額を差し引いた純資産額により評価した国有財産台帳価格である。
(※) 貸借対照表は，法律の規定により勘定（以下「勘定」という。）が設けられている場合には，各法人においてその勘定ごとに作成されている。

2. 市場価格のないもののうち，勘定を有する法人の政府出資現在額（全体額）は，各勘定ごとに評価した同現在額の合計額である。ただし，以下の法人については，それぞれ次の理由により政府出資現在額と法人の純資産額とは必ずしも一致しない。
① 民間等から出資を受けている法人（又は勘定）については，法人（又は勘定）の純資産額に政府出資累計額を法人の出資金の合計額で除した割合を乗じて政府出資現在額を算定していることによる。
② 純資産額がマイナス又は０となっている法人（又は勘定）については，政府出資現在額を０円と評価していることによる。この場合には，政府出資現在額欄を「０」と表示している。
③ 政府が出資をしていない勘定については，政府出資現在額がないことによる。この場合には，政府出資現在額欄を「−」と表示している。

3. 資産，負債，純資産額，資本金，利益剰余金及びその他は，各法人及び各勘定の貸借対照表に基づき作成している。
なお，法人全体の貸借対照表が作成されていない法人については，勘定ごとの貸借対照表を合算し，法人全体の貸借対照表としている。

4. 政府出資累計額は，過去からの政府出資の累計額（国有財産台帳上の出資累計額）である。ただし，清算法人については，残余財産中間分配額控除後の額である。

5. 国際機関の資産，負債，純資産額及び資本金は，各機関の決算日における為替レートに基づき算出している。また，国際機関の政府出資累計額は，直近の基準外国為替相場に基づき算出した金額と決算日から令和５年３月31日までの間に出資した金額を出資時の為替レートに基づき算出した金額を合計している。

6. 各法人の決算日は，次の法人はそれぞれ以下のとおりであり，これ以外の法人は全て令和５年３月31日である。
○令和４年４月30日…国際通貨基金

一　覧（令和5年3月31日現在）

（単位　百万円，％）

政府出資累計額 一般会計	特別会計	合計	その他出資額	政府出資割合 合計	会計別内訳	利益剰余金	うち当期純利益	その他
143,233	（財） 12,614	155,848	－	100.00	（一） 91.90 （財） 8.09	1,183	△33	－
(550,000ロ)	－	(550,000ロ)	(450,000ロ)					
55	－	55	45	55.00		2,087,547	2,087,547	3,443,971
143,288	12,614	155,903	45					
103,065	（復） 5,612	108,677	－	100.00	（一） 94.83 （復） 5.16	5,108,641	209,457	10,794
103,065	（復） 5,612	108,677	－	100.00	（一） 94.83 （復） 5.16	2,764	256	5,415
－	－	－	－			123,646	6,657	－
－	－	－	－			4,548,616	150,618	－
－	－	－	－			353,484	49,423	－
－	－	－	－			73,742	3,280	1,975
－	－	－	－			6,386	△731	3,403
4,924	－	4,924	－	100.00		1,133,647	83,786	117,823
4,924	－	4,924	－	100.00		1,133,647	83,786	5,748
－	－	－	－			－	－	112,075
21,830	（復） 9,340	31,170	305	99.03	（一） 69.35 （復） 29.67	1,618,642	148,577	－
150	－	150	305	32.96		－	－	－
－	－	－	－			367,155	△271	－
－	－	－	－			247,040	91,072	－
－	－	－	－			793,432	216	－
－	－	－	－			40,997	2,982	－
－	－	－	－			△78	△55	－
3,000	－	3,000	－	100.00		△35	△5	－
18,680	（復） 9,340	28,020	－	100.00	（一） 66.66 （復） 33.33	△5	△0	－
－	－	－	－			169,923	54,422	－
－	－	－	－			211	216	－
1,395	（復） 660	2,055	225	90.13	（一） 61.18 （復） 28.94	△0	0	－
75	－	75	225	25.00		－	－	－
1,320	（復） 660	1,980	－	100.00	（一） 66.66 （復） 33.33	△0	0	－
－	－	－	－			－	－	－
351	－	351	－	100.00		890	280	552
351	－	351	－	100.00		294	294	552
－	－	－	－			596	△14	－
－	（年） 7,059	7,059	－	100.00		360,184	360,184	4,546,329

○令和4年6月30日…国際復興開発銀行，国際金融公社，国際開発協会及び多数国間投資保証機関
○令和4年12月31日…日本中央競馬会，日本たばこ産業㈱，アジア開発銀行，アフリカ開発基金，米州開発銀行，アフリカ開発銀行，米州投資公社及び欧州復興開発銀行
7. 会計の略号は，以下のとおりである。
(一)…一般会計（債）…国債整理基金特別会計（財）…財政投融資特別会計（外）…外国為替資金特別会計（エ）…エネルギー対策特別会計（年）…年金特別会計
(労)…労働保険特別会計（許）…特許特別会計（自）…自動車安全特別会計（復）…東日本大震災復興特別会計
8. 資本金の政府出資割合（小数点第2位未満切捨て）は，政府出資累計額を資本金で除して算出しており，会計別内訳（小数点第2位未満切捨て）は会計ごとの政府出資累計額を資本金で除して算出している。
なお，株式会社（(株)日本政策金融公庫の信用保険等業務勘定及び新関西国際空港（株）を除く）及び日本銀行の政府出資割合は，それぞれの株式，又は出資証券の数に基づき，また，国際機関の政府出資割合は，各機関の決算期末における為替レートに基づき算出した払込資本額に基づき算出したものである。
9. 日本私立学校振興・共済事業団，日本司法支援センター，日本年金機構，独立行政法人，国立大学法人，大学共同利用機関法人の「うち当期純利益」欄は，損益計算書上の「当期総利益又は当期総損失」である。
10. 日本銀行の「利益剰余金」欄は，貸借対照表上の「当期剰余金又は当期損失金」，「うち当期純利益」欄は，損益計算書上の「当期剰余金又は当期損失金」である。
11. 純資産額のその他は，法定準備金，特別準備金，資本剰余金（出資金のうち資本金に組入れなかった金額を除く。）等である。
12. 日本銀行の上段（　）は出資証券の口数，下段は貸借対照表上の資本金であり，株式会社の上段（　）は株式数，中段は出資金のうち資本金に組入れなかった金額，下段は貸借対照表上の資本金である。
13. 特殊会社のその他出資額，国際機関及び清算法人のその他出資額，利益剰余金欄及びその他は省略している。
14. 計数は，単位未満を切り捨てているため，合計欄の数字と内訳の計とは一致しないことがある。

13. 政府出資法人

法人名	政府出資現在額 一般会計	特別会計	合計	資産 (A)	負債 (B)	純資産額 (A)－(B)	資本金
健康保険勘定	－	4,849,371	4,849,371	5,592,235	742,864	4,849,371	6,594
船員保険勘定	－	64,201	64,201	68,150	3,948	64,201	465
日本年金機構	－	130,446	130,446	315,248	184,802	130,446	100,064
原子力損害賠償・廃炉等支援機構	－	7,000	7,000	4,854,532	4,840,532	14,000	14,000
一般勘定	－	7,000	7,000	4,216,622	4,202,622	14,000	14,000
廃炉等積立金勘定	－	－	－	637,909	637,909	－	－
外国人技能実習機構	543	－	543	4,882	4,339	543	193
計 (9)	1,280,071	5,067,051	6,347,123	27,903,242	14,705,978	13,197,263	269,024
3. 独立行政法人							
国立公文書館	4,090	－	4,090	5,775	1,685	4,090	7,179
北方領土問題対策協会	1,701	－	1,701	5,848	2,437	3,411	256
一般業務勘定	1,701	－	1,701	1,928	226	1,701	256
貸付業務勘定	－	－	－	3,920	2,210	1,709	－
日本医療研究開発機構	135,736	－	135,736	743,749	608,009	135,739	134,040
一般勘定	135,736	－	135,736	165,160	29,424	135,736	134,040
特定公募型研究開発業務勘定	－	－	－	578,588	578,585	2	－
国民生活センター	7,613	－	7,613	11,635	4,021	7,613	8,901
情報通信研究機構	91,332	1,390	92,722	289,694	191,164	98,530	145,554
一般勘定	91,332	－	91,332	195,432	104,100	91,332	81,299
基盤技術研究促進勘定	－	446	446	457	10	446	57,671
債務保証勘定	－	－	－	5,824	16	5,807	3,233
出資勘定	－	943	943	943	0	943	3,350
革新的情報通信技術研究開発推進基金勘定	－	－	－	21,081	21,081	－	－
一般型情報通信研究開発基金勘定	－	－	－	62,702	62,702	－	－
電波有効利用型情報通信研究開発基金勘定	－	－	－	3,502	3,502	－	－
郵便貯金簡易生命保険管理・郵便局ネットワーク支援機構	60,241	－	60,241	3,254,356	3,194,112	60,244	7,000
郵便貯金勘定	25,279	－	25,279	662,660	637,381	25,279	6,300
簡易生命保険勘定	34,962	－	34,962	2,591,640	2,556,678	34,962	700
郵便局ネットワーク支援勘定	－	－	－	54	52	2	－
国際協力機構	10,270,216	－	10,270,216	15,859,793	5,589,576	10,270,216	8,357,429
一般勘定	55,959	－	55,959	386,577	330,618	55,959	61,152
有償資金協力勘定	10,214,257	－	10,214,257	15,473,215	5,258,958	10,214,257	8,296,277
国際交流基金	75,186	－	75,186	84,400	9,213	75,186	77,729
酒類総合研究所	3,877	－	3,877	4,915	1,038	3,877	8,302
造幣局	82,905	－	82,905	100,917	18,011	82,905	52,956
国立印刷局	203,579	－	203,579	266,512	62,932	203,579	112,921
国立特別支援教育総合研究所	5,517	－	5,517	6,248	730	5,517	6,048
大学入試センター	14,551	－	14,551	16,577	2,025	14,551	11,591
国立青少年教育振興機構	82,337	－	82,337	92,084	9,746	82,337	113,514
国立女性教育会館	2,078	－	2,078	2,724	646	2,078	3,615
国立科学博物館	66,075	－	66,075	71,721	5,645	66,075	67,752
物質・材料研究機構	72,888	－	72,888	101,895	29,007	72,888	73,484
防災科学技術研究所	34,945	－	34,945	67,635	32,690	34,945	58,902
量子科学技術研究開発機構	87,576	－	87,576	224,953	137,376	87,576	87,076
国立美術館	205,828	－	205,828	214,384	8,556	205,828	81,019
国立文化財機構	220,201	－	220,201	230,063	9,861	220,201	104,713
教職員支援機構	4,560	－	4,560	5,516	955	4,560	3,891
科学技術振興機構	1,116,927	8,508	1,125,436	10,770,042	9,644,604	1,125,437	1,314,313

一　覧（令和５年３月31日現在）（続）

（単位　百万円，％）

政府出資累計額 一般会計	特別会計	合計	その他出資額	政府出資割合 合計	会計別内訳	利益剰余金	うち当期純利益	その他
–	(年) 6,594	6,594	–	100.00		356,873	356,873	4,485,904
–	(年) 465	465	–	100.00		3,310	3,310	60,425
–	(年) 100,064	100,064	–	100.00		50,055	33,383	△19,673
–	(エ) 7,000	7,000	7,000	50.00		–	238,637	–
–	(エ) 7,000	7,000	7,000	50.00		–	238,637	–
–	–	–	–			–	–	–
193	–	193	–	100.00		350	△37	–
131,759	**129,735**	**261,494**	**7,530**					
7,179	–	7,179	–	100.00		18	18	△3,108
256	–	256	–	100.00		2,208	314	946
256	–	256	–	100.00		1,502	314	△57
–	–	–	–			705	–	1,004
134,040	–	134,040	–	100.00		1,405	△1,635	293
134,040	–	134,040	–	100.00		1,405	△1,635	290
–	–	–	–			–	–	2
8,901	–	8,901	–	100.00		527	364	△1,815
81,299	(財) 61,021	142,321	3,233	97.77	(一) 55.85 (財) 41.92	△50,195	2,047	3,171
81,299	–	81,299	–	100.00		9,636	2,039	395
–	(財) 57,671	57,671	–	100.00		△57,224	8	–
–	–	–	3,233			187	–	2,386
–	(財) 3,350	3,350	–	100.00		△2,796	0	389
–	–	–	–			–	–	–
–	–	–	–			–	–	–
–	–	–	–			–	–	–
7,000	–	7,000	–	100.00		53,244	18,980	–
6,300	–	6,300	–	100.00		18,979	18,979	–
700	–	700	–	100.00		34,262	0	–
–	–	–	–			2	0	–
8,357,429	–	8,357,429	–	100.00		1,928,754	57,023	△15,967
61,152	–	61,152	–	100.00		19,062	2,675	△24,255
8,296,277	–	8,296,277	–	100.00		1,909,691	54,347	8,287
77,729	–	77,729	–	100.00		4,114	2,262	△6,656
8,302	–	8,302	–	100.00		29	8	△4,454
52,956	–	52,956	–	100.00		28,655	1,055	1,293
112,921	–	112,921	–	100.00		83,656	3,256	7,001
6,048	–	6,048	–	100.00		30	26	△560
11,591	–	11,591	–	100.00		3,694	673	△734
113,514	–	113,514	–	100.00		△971	△631	△30,206
3,615	–	3,615	–	100.00		171	119	△1,708
67,752	–	67,752	–	100.00		35	12	△1,711
73,484	–	73,484	–	100.00		8,511	1,919	△9,106
58,902	–	58,902	–	100.00		623	73	△24,581
87,076	–	87,076	–	100.00		3,119	2,070	△2,619
81,019	–	81,019	–	100.00		546	38	124,262
104,713	–	104,713	–	100.00		1,342	418	114,145
3,891	–	3,891	–	100.00		134	55	535
1,244,065	(財) 70,237	1,314,303	10	99.99	(一) 94.65 (財) 5.34	△5,243	78,840	△183,632

13. 政 府 出 資 法 人

法人名	政府出資現在額			資産	負債	純資産額	資本金
	一般会計	特別会計	合計	(A)	(B)	(A)－(B)	
一般勘定	61,377	－	61,377	86,149	24,772	61,377	114,364
文献情報提供勘定	2,253	8,508	10,762	10,861	98	10,763	88,849
助成勘定	1,053,296	－	1,053,296	9,965,437	8,912,140	1,053,296	1,111,100
革新的研究開発推進業務勘定	－	－	－	116,190	116,190	－	－
創発的研究推進業務勘定	－	－	－	143,532	143,532	－	－
寄託金運用勘定	－	－	－	－	－	－	－
経済安全保障重要技術育成業務勘定	－	－	－	249,780	249,780	－	－
大学発新産業創出業務勘定	－	－	－	98,766	98,766	－	－
先端国際共同研究推進業務勘定	－	－	－	50,600	50,600	－	－
革新的脱炭素化技術創出業務勘定	－	－	－	49,580	49,580	－	－
日本学術振興会	5,577	－	5,577	308,866	303,276	5,590	677
一般勘定	5,577	－	5,577	29,875	24,285	5,590	677
学術研究助成業務勘定	－	－	－	129,176	129,176	－	－
地域中核研究大学等強化促進業務勘定	－	－	－	149,836	149,836	－	－
理化学研究所	151,256	－	151,256	292,358	133,381	158,977	263,549
宇宙航空研究開発機構	118,924	－	118,924	777,968	659,042	118,925	544,249
日本スポーツ振興センター	268,974	－	268,974	485,849	187,212	298,637	257,354
投票勘定	－	－	－	77,312	62,013	15,299	－
災害共済給付勘定	－	－	－	17,636	6,020	11,616	－
免責特約勘定	－	－	－	3,005	258	2,746	－
一般勘定	205,590	－	205,590	225,604	20,013	205,590	224,643
特定業務勘定	63,384	－	63,384	173,994	110,610	63,384	32,711
日本芸術文化振興会	226,085	－	226,085	240,226	14,140	226,085	246,685
日本学生支援機構	30,652	－	30,652	9,689,984	9,659,332	30,652	100
一般勘定	30,652	－	30,652	9,689,511	9,658,858	30,652	100
学資支給業務勘定	－	－	－	473	473	－	－
海洋研究開発機構	34,749	－	34,749	87,304	52,553	34,751	78,111
国立高等専門学校機構	257,803	－	257,803	360,389	102,585	257,803	277,132
大学改革支援・学位授与機構	6,753	－	6,753	999,594	976,574	23,020	8,780
一般勘定	6,753	－	6,753	8,122	1,369	6,753	8,780
施設整備勘定	－	－	－	691,231	674,965	16,266	－
助成業務等勘定	－	－	－	300,242	300,242	－	－
日本原子力研究開発機構	186,628	176,982	363,610	833,241	425,860	407,381	819,955
一般勘定	186,628	－	186,628	264,076	77,159	186,917	281,071
電源利用勘定	－	176,982	176,982	531,002	348,657	182,345	538,884
埋設処分業務勘定	－	－	－	38,162	43	38,118	－
勤労者退職金共済機構	－	14,247	14,247	6,670,487	6,130,257	540,229	1
財形勘定	－	14,247	14,247	262,528	248,280	14,247	1
一般の中小企業退職金共済事業等勘定	－	－	－	5,322,171	4,873,613	448,557	－
建設業退職金共済事業等勘定	－	－	－	1,064,659	990,607	74,051	－
清酒製造業退職金共済事業等勘定	－	－	－	3,915	1,308	2,606	－
林業退職金共済事業等勘定	－	－	－	15,919	16,411	△492	－
雇用促進融資勘定	－	－	－	1,293	35	1,258	－
高齢・障害・求職者雇用支援機構	1,054	95,712	96,767	262,371	134,616	127,754	91,433
高齢・障害者雇用支援勘定	19	12,745	12,764	25,067	12,302	12,764	10,110
障害者職業能力開発勘定	516	－	516	1,067	551	516	30
障害者雇用納付金勘定	519	－	519	48,449	47,929	519	703

一　　覧（令和５年３月31日現在）（続）

（単位　百万円，％）

政府出資累計額			その他出資額	政府出資割合		利益剰余金	うち当期純利益	その他
一般会計	特別会計	合計		合計	会計別内訳			
114,364	–	114,364	–	100.00		4,896	4,336	△57,883
18,601	(財) 70,237	88,839	10	99.98	(一) 20.93 (財) 79.05	△78,227	265	141
1,111,100	–	1,111,100	–	100.00		68,087	74,238	△125,890
–	–	–	–			–	–	–
–	–	–	–			–	–	–
–	–	–	–			–	–	–
–	–	–	–			–	–	–
–	–	–	–			–	–	–
–	–	–	–			–	–	–
–	–	–	–			–	–	–
676	–	676	1	99.77		5,364	3,223	△451
676	–	676	1	99.77		5,364	3,223	△451
–	–	–	–			–	–	–
–	–	–	–			–	–	–
250,749	–	250,749	12,799	95.14		11,481	3,402	△116,053
544,243	–	544,243	6	99.99		△7,796	△41,982	△417,527
257,354	–	257,354	–	100.00		93,888	18,564	△52,606
–	–	–	–			15,299	2,572	–
–	–	–	–			11,616	3,587	–
–	–	–	–			2,746	282	–
224,643	–	224,643	–	100.00		8,617	4,050	△27,669
32,711	–	32,711	–	100.00		55,609	8,071	△24,937
246,685	–	246,685	–	100.00		4,211	3,879	△24,810
100	–	100	–	100.00		1,000	80	29,551
100	–	100	–	100.00		1,000	80	29,551
–	–	–	–			–	–	–
78,107	–	78,107	4	99.99		929	224	△44,290
277,132	–	277,132	–	100.00		6,691	5,986	△26,020
8,780	–	8,780	–	100.00		16,820	△27	△2,580
8,780	–	8,780	–	100.00		553	△27	△2,580
–	–	–	–			16,266	–	–
–	–	–	–			–	–	–
280,636	(エ) 523,035	803,671	16,284	98.01	(一) 34.22 (エ) 63.78	56,503	497	△469,077
280,636	–	280,636	435	99.84		8,933	1,023	△103,087
–	(エ) 523,035	523,035	15,848	97.05		9,451	△2,205	△365,989
–	–	–	–			38,118	1,680	–
–	(労) 1	1	–	100.00		540,234	△89,505	△6
–	(労) 1	1	–	100.00		14,245	174	–
–	–	–	–			448,562	△79,449	△4
–	–	–	–			74,052	△10,102	△1
–	–	–	–			2,607	△19	△0
–	–	–	–			△492	△181	△0
–	–	–	–			1,258	72	–
748	(労) 90,476	91,225	207	99.77	(一) 0.81 (労) 98.95	43,903	2,474	△7,582
15	(労) 10,095	10,110	–	100.00	(一) 0.15 (労) 99.84	3,938	1,110	△1,284
30	–	30	–	100.00		516	201	△30
703	–	703	–	100.00		2	–	△186

13. 政 府 出 資 法 人

法人名	政府出資現在額			資産	負債	純資産額	資本金
	一般会計	特別会計	合計	(A)	(B)	(A)－(B)	
職業能力開発勘定	－	82,966	82,966	154,914	71,733	83,181	80,589
認定特定求職者職業訓練勘定	－	－	－	6,113	3,972	2,140	－
宿舎等勘定	－	－	－	28,820	187	28,632	－
福祉医療機構	120,136	241,533	361,669	5,627,748	5,263,377	364,371	394,576
一般勘定	120,136	149	120,286	5,237,762	5,117,475	120,286	160,604
共済勘定	－	－	－	50,538	48,507	2,031	－
保険勘定	－	－	－	69,575	69,631	△56	－
承継債権管理回収勘定	－	240,523	240,523	241,554	1,030	240,523	233,135
年金担保債権管理回収勘定	－	－	－	13,590	12,863	727	－
労災年金担保債権管理回収勘定	－	859	859	887	27	859	836
一時金支払等勘定	－	－	－	8,316	8,316	－	－
補償金支払等勘定	－	－	－	5,523	5,523	－	－
国立重度知的障害者総合施設のぞみの園	11,793	－	11,793	14,574	2,780	11,793	15,189
労働政策研究・研修機構	130	5,599	5,729	7,212	1,482	5,729	5,959
一般勘定	130	－	130	444	314	130	156
労災勘定	－	1,712	1,712	1,759	46	1,712	1,603
雇用勘定	－	3,886	3,886	5,046	1,159	3,886	4,198
労働者健康安全機構	0	294,037	294,037	620,635	326,598	294,037	153,784
一般勘定	0	－	0	3	3	0	0
社会復帰促進等事業勘定	－	294,037	294,037	486,474	192,437	294,037	153,784
特定石綿被害建設業務労働者等給付金等支払業務勘定	－	－	－	134,157	134,157	－	－
国立病院機構	562,412	－	562,412	1,524,181	961,769	562,412	202,905
医薬品医療機器総合機構	27,151	－	27,151	100,546	49,610	50,935	1,179
副作用救済勘定	－	－	－	42,256	25,969	16,286	－
感染救済勘定	－	－	－	7,550	84	7,466	－
審査等勘定	27,151	－	27,151	47,790	20,639	27,151	1,179
特定救済勘定	－	－	－	2,670	2,670	－	－
受託・貸付勘定	－	－	－	128	114	14	－
受託給付勘定	－	－	－	156	139	16	－
医薬基盤・健康・栄養研究所	12,567	2,391	14,959	76,594	61,634	14,959	51,824
開発振興勘定	12,567	－	12,567	18,904	6,336	12,567	17,843
安定供給確保支援業務勘定	－	－	－	55,297	55,297	－	－
特例業務勘定	－	258	258	258	0	258	6,492
承継勘定	－	2,133	2,133	2,133	0	2,133	27,488
地域医療機能推進機構	－	541,108	541,108	678,325	137,216	541,108	85,491
年金積立金管理運用	－	100	100	200,134,204	114,742,830	85,391,374	100
厚生年金勘定	－	－	－	190,027,890	107,213,994	82,813,895	－
国民年金勘定	－	－	－	10,080,008	7,502,629	2,577,378	－
総合勘定	－	100	100	200,134,204	200,134,104	100	100
国立がん研究センター	95,426	－	95,426	166,428	71,001	95,426	91,249
国立循環器病研究センター	23,547	－	23,547	83,678	60,130	23,547	28,691
国立精神・神経医療研究センター	30,921	－	30,921	44,325	13,404	30,921	37,329
国立国際医療研究センター	64,805	－	64,805	104,672	39,867	64,805	67,888
国立成育医療研究センター	40,261	－	40,261	61,351	21,090	40,261	36,382
国立長寿医療研究センター	7,704	－	7,704	25,471	17,767	7,704	10,333
農林水産消費安全技術センター	6,280	－	6,280	12,471	6,191	6,280	10,110
家畜改良センター	35,357	－	35,357	45,964	10,607	35,357	48,157

一　　覧（令和５年３月31日現在）（続）

（単位　百万円，％）

政府出資累計額			その他出資額	政府出資割合		利益剰余金	うち当期純利益	その他
一般会計	特別会計	合計		合計	会計別内訳			
−	(労) 80,381	80,381	207	99.74		8,673	105	△6,081
−	−	−	−			2,140	1,056	−
−	−	−	−			28,632	−	−
160,404	(年・労・復) 234,171	394,576	−	100.00	(一) 40.65 (年) 59.08 (労) 0.21 (復) 0.05	△29,406	△20,619	△798
160,404	(復) 200	160,604	−	100.00	(一) 99.87 (復) 0.12	△39,542	△20,698	△775
−	−	−	−			2,031	1,964	−
−	−	−	−			△56	△9,489	−
−	(年) 233,135	233,135	−	100.00		7,388	7,388	−
−	−	−	−			750	211	△23
−	(労) 836	836	−	100.00		23	3	−
−	−	−	−			−	−	−
−	−	−	−			−	−	−
15,189	−	15,189	−	100.00		12	△156	△3,407
156	(労) 5,802	5,959	−	100.00	(一) 2.63 (労) 97.36	△1	△1	△228
156	−	156	−	100.00		△3	△3	△23
−	(労) 1,603	1,603	−	100.00		0	0	108
−	(労) 4,198	4,198	−	100.00		1	1	△313
0	(労) 153,784	153,784	−	100.00	(一) 0.00 (労) 99.99	80,670	6,800	59,581
0	−	0	−	100.00		−	−	△0
−	(労) 153,784	153,784	−	100.00		80,670	6,800	59,582
−	−	−	−			−	−	−
202,905	−	202,905	−	100.00		136,241	54,301	223,265
1,179	−	1,179	−	100.00		50,557	6,951	△801
−	−	−	−			16,286	1,497	−
−	−	−	−			7,466	126	−
1,179	−	1,179	−	100.00		26,773	5,327	△801
−	−	−	−			−	−	−
−	−	−	−			14	2	−
−	−	−	−			16	△2	−
17,843	(財) 33,980	51,824	−	100.00	(一) 34.43 (財) 65.56	△30,707	301	△6,157
17,843	−	17,843	−	100.00		1,158	296	△6,434
−	−	−	−			−	−	−
−	(財) 6,492	6,492	−	100.00		△6,510	0	276
−	(財) 27,488	27,488	−	100.00		△25,355	5	0
−	(年) 85,491	85,491	−	100.00		88,948	21,478	366,669
−	(年) 100	100	−	100.00		85,391,274	2,915,750	−
−	−	−	−			82,813,895	2,766,408	−
−	−	−	−			2,577,378	149,341	−
−	(年) 100	100	−	100.00		−	−	−
91,249	−	91,249	−	100.00		7,331	731	△3,154
28,691	−	28,691	−	100.00		△4,981	△1,595	△162
37,329	−	37,329	−	100.00		△1,635	120	△4,773
67,888	−	67,888	−	100.00		△1,943	2,146	△1,139
36,382	−	36,382	−	100.00		3,163	△55	715
10,333	−	10,333	−	100.00		△954	△485	△1,674
10,110	−	10,110	−	100.00		423	423	△4,253
48,157	−	48,157	−	100.00		292	129	△13,092

13. 政 府 出 資 法 人

法人名	政府出資現在額			資産	負債	純資産額	資本金
	一般会計	特別会計	合計	(A)	(B)	(A)－(B)	
農業・食品産業技術総合研究機構	269,322	5,369	274,691	353,619	75,466	278,153	338,195
農業技術研究業務勘定	255,766	−	255,766	319,008	63,241	255,766	313,071
基礎的研究業務勘定	486	−	486	6,410	5,923	486	1,406
民間研究特例業務勘定	−	5,369	5,369	8,690	10	8,680	8,821
農業機械化促進業務勘定	13,069	−	13,069	15,396	2,176	13,219	14,896
特定公募型研究開発業務勘定	−	−	−	4,232	4,232	−	−
国際農林水産業研究センター	6,621	−	6,621	9,536	2,915	6,621	8,470
森林研究・整備機構	1,098,222	−	1,098,222	1,246,861	121,516	1,125,345	842,660
研究・育種勘定	38,796	−	38,796	48,897	10,100	38,796	48,959
水源林勘定	1,056,773	−	1,056,773	1,155,127	98,353	1,056,773	792,395
森林保険勘定	−	−	−	32,404	5,281	27,123	−
特定地域整備等勘定	2,652	−	2,652	10,464	7,812	2,652	1,305
水産研究・教育機構	33,987	−	33,987	51,044	17,057	33,987	62,372
研究・教育勘定	32,670	−	32,670	47,713	15,042	32,670	61,091
海洋水産資源開発勘定	1,316	−	1,316	3,521	2,205	1,316	1,280
農畜産業振興機構	35,186	−	35,186	442,600	456,696	△14,096	30,554
畜産勘定	33,643	−	33,643	380,208	346,565	33,643	29,965
野菜勘定	1,188	−	1,188	47,503	46,315	1,188	260
砂糖勘定	−	−	−	3,447	59,179	△55,731	−
補給金等勘定	−	−	−	9,747	3,974	5,772	−
肉用子牛勘定	355	−	355	710	355	355	328
でん粉勘定	−	−	−	1,258	582	675	−
農林漁業信用基金	182,964	−	182,964	288,026	54,146	233,879	174,293
農業信用保険勘定	61,484	−	61,484	103,571	6,559	97,012	55,264
林業信用保証勘定	57,487	−	57,487	95,918	31,106	64,811	60,501
漁業信用保険勘定	59,112	−	59,112	75,021	12,830	62,191	49,106
農業保険関係勘定	1,901	−	1,901	3,858	54	3,803	3,600
漁業災害補償関係勘定	2,978	−	2,978	9,656	3,595	6,061	5,820
産業技術総合研究所	262,325	1,005	263,331	417,292	153,961	263,331	277,991
製品評価技術基盤機構	23,438	−	23,438	30,526	7,087	23,438	19,010
新エネルギー・産業技術総合開発機構	4,408	46,541	50,949	5,528,790	5,470,389	58,400	67,654
一般勘定	4,408	−	4,408	15,861	11,453	4,408	955
電源利用勘定	−	262	262	339	3	336	306
エネルギー需給勘定	−	42,438	42,438	98,467	48,652	49,815	455
基盤技術研究促進勘定	−	3,840	3,840	3,847	6	3,840	65,937
特定公募型研究開発業務勘定	−	−	−	3,575,076	3,575,076	−	−
特定半導体勘定	−	−	−	1,006,399	1,006,399	−	−
安定供給確保支援業務勘定	−	−	−	828,810	828,810	−	−
日本貿易振興機構	44,514	−	44,514	71,153	26,639	44,514	44,713
情報処理推進機構	11,877	3,734	15,611	26,098	10,739	15,358	19,995
一般勘定	11,877	−	11,877	20,927	9,050	11,877	13,710
試験勘定	−	−	−	1,505	1,758	△252	−
事業化勘定	−	1	1	1	−	1	267
地域事業出資業務勘定	−	3,733	3,733	3,733	−	3,733	6,018
エネルギー・金属鉱物資源機構	190,328	1,352,122	1,542,451	2,407,497	859,749	1,547,747	1,300,533
石油天然ガス等勘定	−	1,082,479	1,082,479	1,734,834	652,354	1,082,479	795,541

一　覧（令和５年３月31日現在）（続）

（単位　百万円，％）

政府出資累計額 一般会計	特別会計	合計	その他出資額	政府出資割合 合計	会計別内訳	利益剰余金	うち当期純利益	その他
329,205	(財) 5,456	334,661	3,534	98.95	(一) 97.34 (財) 1.61	3,212	474	△63,254
313,071	−	313,071	−	100.00		2,837	502	△60,143
1,406	−	1,406	−	100.00		481	22	△1,401
−	(財) 5,456	5,456	3,365	61.85		△140	△62	△0
14,727	−	14,727	169	98.86		33	13	△1,709
−	−	−	−			−	−	−
8,470	−	8,470	−	100.00		210	39	△2,058
842,660	−	842,660	−	100.00		32,126	1,703	250,558
48,959	−	48,959	−	100.00		232	77	△10,394
792,395	−	792,395	−	100.00		3,454	773	260,923
−	−	−	−			27,123	786	−
1,305	−	1,305	−	100.00		1,316	65	30
62,372	−	62,372	−	100.00		308	8	△28,693
61,091	−	61,091	−	100.00		284	5	△28,705
1,280	−	1,280	−	100.00		23	3	12
30,554	−	30,554	−	100.00		△47,098	△13,246	2,447
29,965	−	29,965	−	100.00		1,230	159	2,447
260	−	260	−	100.00		927	288	−
−	−	−	−			△55,731	△10,447	−
−	−	−	−			5,772	−	−
328	−	328	−	100.00		26	△3,359	−
−	−	−	−			675	111	−
140,024	−	140,024	34,268	80.33		47,745	2,876	11,841
35,026	−	35,026	20,238	63.37		30,245	1,779	11,501
53,663	−	53,663	6,837	88.69		4,322	203	△12
46,675	−	46,675	2,431	95.04		12,732	844	352
1,800	−	1,800	1,800	49.99		203	−	−
2,860	−	2,860	2,960	49.13		240	49	−
276,929	(許) 1,061	277,991	−	100.00	(一) 99.61 (許) 0.38	23,376	10,533	△38,036
19,010	−	19,010	−	100.00		384	333	4,043
955	(財・エ) 66,564	67,519	134	99.80	(一) 1.41 (財) 97.46 (エ) 0.92	△9,180	42,408	△73
955	−	955	−	100.00		3,468	2,854	△15
−	(エ) 239	239	67	78.02		45	0	△15
−	(エ) 388	388	67	85.19		49,402	39,536	△42
−	(財) 65,937	65,937	−	100.00		△62,096	17	△0
−	−	−	−			−	−	−
−	−	−	−			−	−	−
−	−	−	−			−	−	−
44,713	−	44,713	−	100.00		7,096	2,557	△7,296
13,710	(財・労) 6,285	19,995	−	100.00	(一) 68.56 (財) 16.38 (労) 15.04	1,576	674	△6,213
13,710	−	13,710	−	100.00		6,210	408	△8,043
−	−	−	−			△1,404	252	1,151
−	(財) 267	267	−	100.00		△265	0	−
−	(財・労) 6,018	6,018	−	100.00	(財) 50.00 (労) 50.00	△2,963	13	678
172,513	(財・エ・復) 1,128,020	1,300,533	−	100.00	(一) 13.26 (財) 22.76 (エ) 62.41 (復) 1.55	△422,014	△129,817	669,228
−	(エ・復) 795,541	795,541	−	100.00	(エ) 97.45 (復) 2.54	△320,249	△135,137	607,187

13. 政府出資法人

法人名	政府出資現在額 一般会計	特別会計	合計	資産 (A)	負債 (B)	純資産額 (A)－(B)	資本金
投融資等・金属鉱産物備蓄勘定	－	242,484	242,484	302,729	60,245	242,484	296,106
金属鉱業一般勘定	182,341	－	182,341	198,237	15,896	182,341	161,816
金属鉱業鉱害防止積立金勘定	－	－	－	1,620	1,610	9	－
金属鉱業鉱害防止事業基金勘定	－	－	－	5,299	12	5,286	－
安定供給確保支援業務勘定	－	－	－	129,399	129,399	－	－
石炭経過勘定	7,987	27,159	35,146	36,343	1,196	35,146	47,069
中小企業基盤整備機構	1,625,169	84,967	1,710,136	22,421,334	20,710,744	1,710,589	1,209,844
一般勘定	1,074,276	52,677	1,126,953	4,778,156	3,651,202	1,126,953	1,069,676
産業基盤整備勘定	25,013	－	25,013	25,291	277	25,013	23,693
施設整備等勘定	－	28,729	28,729	29,483	754	28,729	48,302
小規模企業共済勘定	478,270	－	478,270	15,024,534	14,546,263	478,270	15,518
中小企業倒産防止共済勘定	47,608	－	47,608	2,870,745	2,823,137	47,608	47,421
出資承継勘定	－	3,561	3,561	4,027	13	4,013	5,233
土木研究所	31,714	－	31,714	42,154	10,439	31,714	36,993
建築研究所	15,185	－	15,185	16,778	1,593	15,185	22,384
海上・港湾・航空技術研究所	44,174	536	44,711	52,460	7,748	44,711	52,376
海技教育機構	10,182	－	10,182	16,498	6,316	10,182	19,113
航空大学校	3,224	65	3,290	8,227	4,936	3,290	4,915
自動車技術総合機構	5,149	43,610	48,760	71,642	22,882	48,760	24,867
一般勘定	5,149	－	5,149	6,933	1,784	5,149	4,554
審査勘定	－	43,610	43,610	65,630	22,019	43,610	20,313
鉄道建設・運輸施設整備支援機構	278,693	633,911	912,605	14,423,562	12,449,203	1,974,358	115,337
建設勘定	97,691	630,019	727,710	8,595,022	7,867,312	727,710	51,675
海事勘定	39,520	3,892	43,413	215,976	172,563	43,413	63,567
地域公共交通等勘定	－	－	－	321,796	321,747	49	－
助成勘定	141,481	－	141,481	3,961,920	3,820,439	141,481	94
特例業務勘定	－	－	－	1,756,807	695,584	1,061,222	－
国際観光振興機構	7,165	－	7,165	20,411	12,525	7,885	958
一般勘定	7,165	－	7,165	18,058	10,893	7,165	958
交付金勘定	－	－	－	26	8	17	－
国際観光旅客税財源勘定	－	－	－	2,326	1,623	702	－
水資源機構	82,949	－	82,949	3,298,972	3,216,023	82,949	4,837
自動車事故対策機構	－	8,062	8,062	16,064	7,944	8,119	13,174
空港周辺整備機構	－	1,723	1,723	3,111	813	2,298	400
都市再生機構	1,265,654	78,536	1,344,190	11,846,794	10,500,036	1,346,757	1,075,768
都市再生勘定	1,186,869	78,536	1,265,405	11,380,267	10,112,294	1,267,972	988,078
宅地造成等経過勘定	78,784	－	78,784	466,526	387,742	78,784	87,690
奄美群島振興開発基金	1,546	5,538	7,084	13,548	2,102	11,446	17,773
日本高速道路保有・債務返済機構	10,775,230	－	10,775,230	42,006,767	27,206,478	14,800,289	5,651,681
高速道路勘定	10,743,028	－	10,743,028	41,825,701	27,057,615	14,768,086	5,619,004
鉄道勘定	32,202	－	32,202	181,258	149,055	32,202	32,676
住宅金融支援機構	1,630,102	173,840	1,803,943	26,980,257	24,396,896	2,583,360	690,575

一　覧（令和５年３月31日現在）（続）

（単位　百万円，％）

政府出資累計額			その他出資額	政府出資割合		利益剰余金	うち当期純利益	その他
一般会計	特別会計	合計		合計	会計別内訳			
−	(財) 296,106	296,106	−	100.00		△102,077	4,065	48,454
161,816	−	161,816	−	100.00		10,883	1,729	9,641
−	−	−	−			9	0	−
−	−	−	−			169	4	5,117
−	−	−	−			−	−	−
10,697	(エ) 36,372	47,069	−	100.00	(一) 22.72 (エ) 77.27	△10,750	△479	△1,172
1,106,309	(財・復) 102,945	1,209,254	590	99.95	(一) 91.44 (財) 4.37 (復) 4.13	510,793	8,962	△10,048
1,019,676	(復) 50,000	1,069,676	−	100.00	(一) 95.32 (復) 4.67	67,686	8,837	△10,408
23,693	−	23,693	−	100.00		374	13	946
−	(財) 48,302	48,302	−	100.00		△19,160	△1	△413
15,518	−	15,518	−	100.00		463,043	226	△290
47,421	−	47,421	−	100.00		287	△123	△100
−	(財) 4,642	4,642	590	88.71		△1,437	9	217
36,993	−	36,993	−	100.00		174	168	△5,452
22,384	−	22,384	−	100.00		14	14	△7,214
51,747	(自) 628	52,376	−	100.00	(一) 98.80 (自) 1.19	1,496	542	△9,161
19,113	−	19,113	−	100.00		868	131	△9,800
4,816	(自) 98	4,915	−	100.00	(一) 98.00 (自) 1.99	△503	△443	△1,121
4,554	(自) 20,313	24,867	−	100.00	(一) 18.31 (自) 81.68	19,181	11,159	4,711
4,554	−	4,554	−	100.00		845	225	△249
−	(自) 20,313	20,313	−	100.00		18,336	10,933	4,961
64,899	(財) 50,438	115,337	−	100.00	(一) 56.26 (財) 43.73	1,197,653	△31,958	661,368
6,937	(財) 44,738	51,675	−	100.00	(一) 13.42 (財) 86.57	14,404	85	661,630
57,867	(財) 5,700	63,567	−	100.00	(一) 91.03 (財) 8.96	△20,153	1,216	−
−	−	−	−			49	25	−
94	−	94	−	100.00		141,386	△1,905	−
−	−	−	−			1,061,222	△31,970	−
958	−	958	−	100.00		7,140	3,084	△212
958	−	958	−	100.00		6,419	2,619	△212
−	−	−	−			17	△0	−
−	−	−	−			702	465	−
4,837	−	4,837	−	100.00		80,190	3,854	△2,078
−	(自) 13,081	13,081	92	99.30		808	90	△5,862
−	(自) 300	300	100	75.00		1,898	66	−
1,012,568	(財) 61,200	1,073,768	2,000	99.81	(一) 94.12 (財) 5.68	152,845	8,250	118,143
924,878	(財) 61,200	986,078	2,000	99.79	(一) 93.60 (財) 6.19	180,894	△3,274	98,999
87,690	−	87,690	−	100.00		△28,049	11,524	19,143
2,401	(財) 8,600	11,001	6,772	61.89	(一) 13.51 (財) 48.38	△6,327	△123	−
4,120,215	−	4,120,215	1,531,465	72.90		8,309,206	533,857	839,401
4,087,538	−	4,087,538	1,531,465	72.74		8,299,964	531,955	849,117
32,676	−	32,676	−	100.00		9,241	1,902	△9,715
613,575	(財) 77,000	690,575	−	100.00	(一) 88.84 (財) 11.15	1,892,775	212,524	9

13. 政　府　出　資　法　人

法人名	政府出資現在額 一般会計	特別会計	合計	資産 (A)	負債 (B)	純資産額 (A)－(B)	資本金
証券化支援勘定	1,011,383	173,840	1,185,224	21,395,758	20,210,533	1,185,224	524,977
住宅融資保険勘定	159,717	－	159,717	191,445	31,728	159,717	113,786
財形住宅資金貸付勘定	－	－	－	149,879	123,608	26,271	－
住宅資金貸付等勘定	459,001	－	459,001	2,123,176	1,664,174	459,001	51,812
既往債権管理勘定	－	－	－	3,368,662	2,615,516	753,146	－
国立環境研究所	21,427	－	21,427	43,448	22,021	21,427	36,793
環境再生保全機構	73,017	－	73,017	316,631	243,123	73,507	15,954
公害健康被害補償予防業務勘定	45,835	－	45,835	59,796	13,961	45,835	6,071
石綿健康被害救済業務勘定	－	－	－	76,890	76,890	－	－
環境保全研究・技術開発勘定	－	－	－	946	456	490	－
基金勘定	14,765	－	14,765	166,463	151,697	14,765	9,401
承継勘定	12,416	－	12,416	12,534	118	12,416	481
駐留軍等労働者労務管理機構	935	－	935	2,771	1,835	935	848
計 (83)	33,211,650	3,821,180	37,032,831	395,242,961	266,210,275	129,032,686	26,848,426
4. 国立大学法人							
北海道大学	249,748	－	249,748	294,926	45,177	249,748	154,570
北海道教育大学	44,467	－	44,467	47,317	2,850	44,467	41,257
室蘭工業大学	14,620	－	14,620	16,195	1,575	14,620	13,343
北海道国立大学機構	24,659	－	24,659	29,828	5,169	24,659	13,054
旭川医科大学	12,330	－	12,330	29,378	17,048	12,330	965
弘前大学	57,196	－	57,196	91,423	34,227	57,196	25,532
岩手大学	56,015	－	56,015	60,487	4,471	56,015	54,266
東北大学	294,988	－	294,988	407,352	112,363	294,988	192,192
宮城教育大学	25,875	－	25,875	27,374	1,498	25,875	22,018
秋田大学	34,546	－	34,546	60,827	26,281	34,546	20,411
山形大学	86,447	－	86,447	120,149	33,702	86,447	52,827
福島大学	32,128	－	32,128	35,625	3,497	32,128	26,996
茨城大学	42,091	－	42,091	45,914	3,822	42,091	38,705
筑波大学	328,000	－	328,000	412,675	84,674	328,000	229,233
筑波技術大学	10,984	－	10,984	11,794	810	10,984	11,008
宇都宮大学	77,087	－	77,087	81,405	4,317	77,087	73,540
群馬大学	55,770	－	55,770	79,397	23,626	55,770	35,617
埼玉大学	70,943	－	70,943	75,471	4,527	70,943	66,656
千葉大学	181,301	－	181,301	267,163	85,861	181,301	150,621
東京大学	1,204,063	－	1,204,063	1,469,829	265,765	1,204,063	1,045,210
東京医科歯科大学	132,005	－	132,005	178,853	46,847	132,005	75,590
東京外国語大学	39,177	－	39,177	42,252	3,075	39,177	40,250
東京学芸大学	165,193	－	165,193	169,277	4,084	165,193	164,788
東京農工大学	93,299	－	93,299	101,643	8,343	93,299	84,658
東京芸術大学	64,918	－	64,918	70,969	6,050	64,918	56,136
東京工業大学	205,064	－	205,064	268,783	63,719	205,064	179,444
東京海洋大学	103,738	－	103,738	109,089	5,350	103,738	104,406
お茶の水女子大学	87,693	－	87,693	96,887	9,194	87,693	80,771
電気通信大学	38,060	－	38,060	45,686	7,626	38,060	37,968
一橋大学	166,011	－	166,011	175,870	9,858	166,011	157,756
横浜国立大学	100,136	－	100,136	111,204	11,068	100,136	97,453
新潟大学	90,258	－	90,258	124,553	34,294	90,258	65,260
長岡技術科学大学	14,958	－	14,958	18,998	4,039	14,958	14,207
上越教育大学	13,391	－	13,391	14,786	1,394	13,391	14,510
富山大学	54,760	－	54,760	85,931	31,170	54,760	39,953
金沢大学	90,989	－	90,989	130,215	39,226	90,989	56,323

一　覧（令和５年３月31日現在）（続）

（単位　百万円，％）

政府出資累計額			その他出資額	政府出資割合		利益剰余金	うち当期純利益	その他
一般会計	特別会計	合計		合計	会計別内訳			
447,977	（財）77,000	524,977	–	100.00	（一）85.33 （財）14.66	660,105	88,055	141
113,786	–	113,786	–	100.00		45,707	8,017	223
–	–	–	–			26,271	190	–
51,812	–	51,812	–	100.00		407,544	16,851	△354
–	–	–	–			753,146	99,409	–
36,793	–	36,793	–	100.00		581	506	△15,947
15,954	–	15,954	–	100.00		13,901	1,053	43,652
6,071	–	6,071	–	100.00		855	167	38,908
–	–	–	–			–	–	–
–	–	–	–			490	239	–
9,401	–	9,401	–	100.00		598	116	4,766
481	–	481	–	100.00		11,956	529	△22
848	–	848	–	100.00		166	166	△79
22,436,821	**2,800,097**	**25,236,919**	**1,611,507**					
154,570	–	154,570	–	100.00		83,151	41,515	12,027
41,257	–	41,257	–	100.00		6,099	5,384	△2,889
13,343	–	13,343	–	100.00		2,723	2,597	△1,445
13,054	–	13,054	–	100.00		7,840	6,501	3,764
965	–	965	–	100.00		10,602	4,642	762
25,532	–	25,532	–	100.00		24,483	9,026	7,180
54,266	–	54,266	–	100.00		7,467	5,992	△5,718
192,192	–	192,192	–	100.00		90,598	57,415	12,197
22,018	–	22,018	–	100.00		2,626	1,855	1,230
20,411	–	20,411	–	100.00		13,919	6,042	214
52,827	–	52,827	–	100.00		19,292	12,433	14,327
26,996	–	26,996	–	100.00		5,457	4,641	△325
38,705	–	38,705	–	100.00		6,985	6,331	△3,599
229,233	–	229,233	–	100.00		33,084	23,672	65,683
11,008	–	11,008	–	100.00		834	696	△858
73,540	–	73,540	–	100.00		5,697	5,435	△2,150
35,617	–	35,617	–	100.00		24,394	10,240	△4,241
66,656	–	66,656	–	100.00		7,629	6,904	△3,341
150,621	–	150,621	–	100.00		19,904	11,919	10,775
1,045,210	–	1,045,210	–	100.00		152,677	90,030	6,174
75,590	–	75,590	–	100.00		50,816	5,025	5,598
40,250	–	40,250	–	100.00		5,195	4,866	△6,267
164,788	–	164,788	–	100.00		7,005	6,189	△6,600
84,658	–	84,658	–	100.00		6,793	5,938	1,847
56,136	–	56,136	–	100.00		5,871	5,068	2,910
179,444	–	179,444	–	100.00		36,702	30,713	△11,082
104,406	–	104,406	–	100.00		3,190	2,197	△3,858
80,771	–	80,771	–	100.00		5,810	5,574	1,111
37,968	–	37,968	–	100.00		4,327	3,682	△4,235
157,756	–	157,756	–	100.00		18,490	16,506	△10,234
97,453	–	97,453	–	100.00		10,489	9,676	△7,807
65,260	–	65,260	–	100.00		25,943	13,567	△944
14,207	–	14,207	–	100.00		3,194	2,366	△2,443
14,510	–	14,510	–	100.00		2,451	2,149	△3,570
39,953	–	39,953	–	100.00		17,473	11,724	△2,667
56,323	–	56,323	–	100.00		25,679	15,035	8,986

13. 政府出資法人

法人名	政府出資現在額 一般会計	特別会計	合計	資産 (A)	負債 (B)	純資産額 (A)－(B)	資本金
福井大学	63,711	－	63,711	91,807	28,096	63,711	50,665
山梨大学	51,682	－	51,682	86,542	34,859	51,682	34,219
信州大学	71,708	－	71,708	109,604	37,896	71,708	46,964
静岡大学	61,796	－	61,796	69,513	7,716	61,796	48,991
浜松医科大学	23,993	－	23,993	53,158	29,165	23,993	5,261
東海国立大学機構	236,992	－	236,992	368,295	131,303	236,992	111,241
愛知教育大学	49,434	－	49,434	52,881	3,446	49,434	43,693
名古屋工業大学	32,771	－	32,771	47,898	15,127	32,771	28,576
豊橋技術科学大学	18,967	－	18,967	23,464	4,497	18,967	18,443
三重大学	41,357	－	41,357	75,601	34,243	41,357	17,420
滋賀大学	21,976	－	21,976	24,660	2,683	21,976	20,256
滋賀医科大学	27,233	－	27,233	51,974	24,741	27,233	14,099
京都大学	372,637	－	372,637	554,196	181,558	372,637	268,175
京都教育大学	36,882	－	36,882	38,407	1,525	36,882	35,509
京都工芸繊維大学	35,170	－	35,170	38,360	3,190	35,170	29,640
大阪大学	397,929	－	397,929	530,910	132,981	397,929	284,409
大阪教育大学	72,941	－	72,941	75,265	2,323	72,941	74,779
兵庫教育大学	13,198	－	13,198	14,460	1,261	13,198	12,418
神戸大学	162,850	－	162,850	208,077	45,226	162,850	121,751
奈良国立大学機構	45,926	－	45,926	48,397	2,471	45,926	43,259
和歌山大学	26,489	－	26,489	28,605	2,115	26,489	27,009
鳥取大学	70,909	－	70,909	90,092	19,182	70,909	35,145
島根大学	42,949	－	42,949	68,233	25,283	42,949	38,738
岡山大学	94,328	－	94,328	136,882	42,554	94,328	69,621
広島大学	175,296	－	175,296	220,942	45,646	175,296	147,209
山口大学	55,516	－	55,516	102,401	46,884	55,516	16,222
徳島大学	77,447	－	77,447	112,992	35,544	77,447	46,734
鳴門教育大学	14,404	－	14,404	15,563	1,159	14,404	13,182
香川大学	41,845	－	41,845	73,728	31,882	41,845	24,852
愛媛大学	64,803	－	64,803	90,438	25,634	64,803	35,964
高知大学	48,517	－	48,517	68,227	19,710	48,517	26,485
福岡教育大学	28,831	－	28,831	29,794	962	28,831	25,600
九州大学	309,330	－	309,330	440,151	130,821	309,330	146,151
九州工業大学	44,271	－	44,271	50,157	5,885	44,271	41,620
佐賀大学	83,400	－	83,400	107,962	24,561	83,400	47,339
長崎大学	88,956	－	88,956	141,392	52,435	88,956	56,186
熊本大学	92,904	－	92,904	129,737	36,833	92,904	66,912
大分大学	47,040	－	47,040	74,642	27,602	47,040	31,050
宮崎大学	54,736	－	54,736	77,364	22,628	54,736	41,286
鹿児島大学	97,787	－	97,787	147,418	49,631	97,787	70,643
鹿屋体育大学	6,621	－	6,621	7,743	1,121	6,621	6,317
琉球大学	57,080	－	57,080	100,379	43,299	57,080	14,872
政策研究大学院大学	25,052	－	25,052	26,620	1,568	25,052	17,506
総合研究大学院大学	4,129	－	4,129	4,388	258	4,129	4,143
北陸先端科学技術大学院大学	12,998	－	12,998	16,768	3,770	12,998	16,017
奈良先端科学技術大学院大学	23,113	－	23,113	26,761	3,647	23,113	18,624
計 (82)	7,890,851	－	7,890,851	10,362,412	2,471,560	7,890,851	5,932,729
5. 大学共同利用機関法人							
人間文化研究機構	79,788	－	79,788	83,212	3,424	79,788	32,502
自然科学研究機構	81,008	－	81,008	105,879	24,871	81,008	75,021
高エネルギー加速器研究機構	119,690	－	119,690	145,497	25,807	119,690	50,426
情報・システム研究機構	44,575	－	44,575	57,667	13,092	44,575	28,133
計 (4)	325,062	－	325,062	392,257	67,195	325,062	186,084

一　覧（令和５年３月31日現在）（続）

（単位　百万円，％）

政府出資累計額			その他出資額	政府出資割合		利益剰余金		その他
一般会計	特別会計	合計		合計	会計別内訳		うち当期純利益	
50,665	−	50,665	−	100.00		10,809	6,992	2,236
34,219	−	34,219	−	100.00		16,269	7,999	1,193
46,964	−	46,964	−	100.00		29,677	12,896	△4,934
48,991	−	48,991	−	100.00		10,586	9,150	2,218
5,261	−	5,261	−	100.00		9,625	1,612	9,106
111,241	−	111,241	−	100.00		93,698	50,714	32,051
43,693	−	43,693	−	100.00		4,665	4,270	1,075
28,576	−	28,576	−	100.00		6,687	6,152	△2,492
18,443	−	18,443	−	100.00		2,638	2,335	△2,114
17,420	−	17,420	−	100.00		15,361	9,282	8,576
20,256	−	20,256	−	100.00		3,486	3,213	△1,766
14,099	−	14,099	−	100.00		7,753	3,924	5,379
268,175	−	268,175	−	100.00		100,191	70,876	4,270
35,509	−	35,509	−	100.00		2,420	2,169	△1,047
29,640	−	29,640	−	100.00		6,706	5,141	△1,176
284,409	−	284,409	−	100.00		115,608	53,619	△2,088
74,779	−	74,779	−	100.00		6,324	5,600	△8,162
12,418	−	12,418	−	100.00		2,856	2,496	△2,076
121,751	−	121,751	−	100.00		41,385	33,764	△286
43,259	−	43,259	−	100.00		5,132	4,693	△2,466
27,009	−	27,009	−	100.00		4,750	4,439	△5,270
35,145	−	35,145	−	100.00		27,249	7,460	8,513
38,738	−	38,738	−	100.00		11,498	7,739	△7,287
69,621	−	69,621	−	100.00		22,911	12,197	1,794
147,209	−	147,209	−	100.00		36,000	26,636	△7,912
16,222	−	16,222	−	100.00		30,108	13,403	9,186
46,734	−	46,734	−	100.00		23,523	10,963	7,189
13,182	−	13,182	−	100.00		2,562	2,165	△1,341
24,852	−	24,852	−	100.00		12,692	7,466	4,300
35,964	−	35,964	−	100.00		23,222	12,819	5,616
26,485	−	26,485	−	100.00		13,119	6,176	8,912
25,600	−	25,600	−	100.00		2,554	2,386	676
146,151	−	146,151	−	100.00		60,961	44,429	102,217
41,620	−	41,620	−	100.00		6,699	6,611	△4,048
47,339	−	47,339	−	100.00		19,195	10,601	16,865
56,186	−	56,186	−	100.00		19,247	9,945	13,523
66,912	−	66,912	−	100.00		25,405	14,303	586
31,050	−	31,050	−	100.00		11,248	7,014	4,741
41,286	−	41,286	−	100.00		11,515	6,675	1,934
70,643	−	70,643	−	100.00		23,612	14,920	3,530
6,317	−	6,317	−	100.00		1,116	914	△813
14,872	−	14,872	−	100.00		21,091	7,574	21,116
17,506	−	17,506	−	100.00		2,052	1,357	5,492
4,143	−	4,143	−	100.00		909	741	△923
16,017	−	16,017	−	100.00		3,767	2,687	△6,786
18,624	−	18,624	−	100.00		4,402	3,494	86
5,932,729	−	**5,932,729**	−					
32,502	−	32,502	−	100.00		22,061	21,389	25,224
75,021	−	75,021	−	100.00		26,527	25,287	△20,540
50,426	−	50,426	−	100.00		15,898	13,467	53,365
28,133	−	28,133	−	100.00		6,879	6,063	9,561
186,084	−	**186,084**	−					

13. 政　府　出　資　法　人

法人名	政府出資現在額			資産	負債	純資産額	資本金
	一般会計	特別会計	合計	(A)	(B)	(A)－(B)	
6. 特殊会社							
日本電信電話株式会社	－	(1,167,337,600株) 4,624,991	(1,167,337,600株) 4,624,991	11,805,897	6,611,772	5,194,125	(3,622,012,656株) － 937,950
日本たばこ産業株式会社	－	(666,666,800株) 1,865,333	(666,666,800株) 1,865,333	2,363,266	994,623	1,368,643	(2,000,000,000株) － 100,000
日本郵政株式会社	(1,219,266,000株) 1,312,539	(36,690,800株) 39,497	(1,255,956,800株) 1,352,037	5,762,311	137,277	5,625,034	(3,657,797,700株) 1,853,662 3,500,000
中部国際空港株式会社	－	(669,320株) 29,567	(669,320株) 29,567	435,564	361,641	73,922	(1,673,360株) － 83,668
成田国際空港株式会社	(199,742株) 15,911	(2,194,994株) 174,850	(2,394,736株) 190,761	1,232,388	1,041,626	190,761	(2,394,736株) 62,263 119,736
東京地下鉄株式会社	－	(310,343,185株) 319,761	(310,343,185株) 319,761	1,984,503	1,385,872	598,631	(581,000,000株) 62,167 58,100
中間貯蔵・環境安全事業株式会社	(42,615株) 101,923	(5,024株) 4,540	(47,639株) 106,464	227,270	120,806	106,464	(47,639株) 9,700 38,239
中間貯蔵事業勘定	－	(5,024株) 4,540	(5,024株) 4,540	10,478	5,937	4,540	(5,024株) － 5,024
環境安全事業勘定	(42,615株) 101,923	－	(42,615株) 101,923	217,058	115,135	101,923	(42,615株) 9,700 33,215
東日本高速道路株式会社	(105,000,000株) 195,398	－	(105,000,000株) 195,398	1,698,174	1,502,776	195,398	(105,000,000株) 52,500 52,500
首都高速道路株式会社	(13,499,997株) 24,921	－	(13,499,997株) 24,921	346,127	296,284	49,843	(27,000,000株) 13,500 13,500
中日本高速道路株式会社	(130,000,000株) 223,306	－	(130,000,000株) 223,306	1,999,703	1,776,396	223,306	(130,000,000株) 65,000 65,000
西日本高速道路株式会社	(95,000,000株) 194,474	－	(95,000,000株) 194,474	2,009,789	1,815,314	194,474	(95,000,000株) 47,500 47,500
阪神高速道路株式会社	(9,999,996株) 20,827	－	(9,999,996株) 20,827	233,243	191,589	41,654	(20,000,000株) 10,000 10,000
本州四国連絡高速道路株式会社	(5,330,440株) 13,696	－	(5,330,440株) 13,696	81,084	60,528	20,555	(8,000,000株) 4,000 4,000
日本アルコール産業株式会社	(20,001株) 11,695	－	(20,001株) 11,695	46,333	11,249	35,084	(60,000株) 18,060 3,000
株式会社日本政策金融公庫	(20,063,461,107,741株) 13,977,375	(1,669,365,299,000株) 1,309,122	(21,732,826,406,741株) 15,286,497	36,730,743	21,444,245	15,286,497	(21,732,826,406,741株) 5,490,554 11,696,178

一　覧（令和５年３月31日現在）（続）

（単位　百万円，％）

政府出資累計額 一般会計	特別会計	合計	その他出資額	政府出資割合 合計	会計別内訳	利益剰余金	うち当期純利益	その他
	(1,167,337,600株)	(1,167,337,600株)	(2,454,675,056株)					
−	(財) 143,149	143,149	−	32.22		2,244,304	1,152,904	2,011,870
	(666,666,800株)	(666,666,800株)	(1,333,333,200株)					
−	(財) 33,333	33,333	−	33.33		1,010,794	283,460	257,849
(1,219,266,000株)	(36,690,800株)	(1,255,956,800株)	(2,401,840,900株)					
1,770,519	(債) 53,279	1,823,798	−	34.33		436,123	293,787	△164,750
	(669,320株)	(669,320株)	(1,004,040株)					
−	(自) 33,466	33,466	−	39.99		△9,745	△7,158	−
(199,742株)	(2,194,994株)	(2,394,736株)						
15,180	(自) 166,819	181,999	−	100.00	(一) 8.34 (自) 91.65	8,727	△52,682	34
	(310,343,185株)	(310,343,185株)	(270,656,815株)					
−	(債) 64,241	64,241	−	53.41		478,364	26,614	−
(42,615株)	(5,024株)	(47,639株)						
42,915	(復) 5,024	47,939	−	100.00	(一) 89.45 (復) 10.54	58,525	12,572	−
	(5,024株)	(5,024株)						
−	(復) 5,024	5,024	−	100.00		△483	△137	−
(42,615株)		(42,615株)						
42,915	−	42,915	−	100.00		59,008	12,709	−
(105,000,000株)		(105,000,000株)						
105,000	−	105,000	−	100.00		84,044	3,533	6,353
(13,499,997株)		(13,499,997株)	(13,500,003株)					
13,499	−	13,499	−	49.99		22,843	△2,226	−
(130,000,000株)		(130,000,000株)						
130,000	−	130,000	−	100.00		86,656	147	6,650
(95,000,000株)		(95,000,000株)						
95,000	−	95,000	−	100.00		91,332	△1,042	8,141
(9,999,996株)		(9,999,996株)	(10,000,004株)					
9,999	−	9,999	−	49.99		21,654	757	−
(5,330,440株)		(5,330,440株)	(2,669,560株)					
5,330	−	5,330	−	66.63		12,555	171	−
(20,001株)		(20,001株)	(39,999株)					
7,020	−	7,020	−	33.33		14,024	44	−
(20,063,461,107,741株)	(1,669,365,299,000株)	(21,732,826,406,741株)						
15,684,671	(財) (復) 1,502,062	17,186,733	0	100.00	(一) 92.31 (財) 3.46 (復) 4.21	△1,900,319	△268,708	84

13. 政 府 出 資 法 人

法人名	政府出資現在額			資産	負債	純資産額	資本金
	一般会計	特別会計	合計	(A)	(B)	(A)−(B)	
国民一般向け業務勘定	(5,767,537,000,000株) 4,964,698	(199,236,299,000株) 171,502	(5,966,773,299,000株) 5,136,201	12,576,912	7,440,710	5,136,201	(5,966,773,299,000株) 181,500 5,785,273
農林水産業者向け業務勘定	(296,518,700,000株) 298,245	(157,153,000,000株) 158,068	(453,671,700,000株) 456,313	3,727,719	3,271,405	456,313	(453,671,700,000株) − 453,671
中小企業者向け融資・証券化支援保証業務勘定	(3,246,277,000,000株) 2,691,000	(740,036,000,000株) 613,452	(3,986,313,000,000株) 3,304,452	8,272,985	4,968,532	3,304,452	(3,986,313,000,000株) − 3,986,313
中小企業者向け証券化支援買取業務勘定	−	(24,476,000,000株) 25,134	(24,476,000,000株) 25,134	50,676	25,541	25,134	(24,476,000,000株) − 24,476
信用保険等業務勘定	(9,475,747,407,741株) 5,028,166	(379,400,000,000株) 209,234	(9,855,147,407,741株) 5,237,400	7,030,342	1,792,941	5,237,400	(9,855,147,407,741株) 5,309,054 −
危機対応円滑化業務勘定	(1,276,974,000,000株) 994,982	(169,064,000,000株) 131,729	(1,446,038,000,000株) 1,126,712	4,977,341	3,850,628	1,126,712	(1,446,038,000,000株) − 1,446,038
特定事業等促進円滑化業務勘定	(407,000,000株) 282	−	(407,000,000株) 282	95,635	95,353	282	(407,000,000株) − 407
株式会社日本政策投資銀行	−	(43,632,360株) 3,886,598	(43,632,360株) 3,886,598	21,160,526	17,273,928	3,886,598	(43,632,360株) 2,050,277 1,000,424
輸出入・港湾関連情報処理センター株式会社	(5,001株) 3,808	−	(5,001株) 3,808	17,704	10,088	7,616	(10,000株) 4,102 1,000
株式会社商工組合中央金庫	−	(1,016,000,000株) 216,930	(1,016,000,000株) 216,930	12,980,499	11,983,333	997,165	(2,186,531,448株) − 218,653
株式会社産業革新投資機構	−	(6,817,174株) 488,543	(6,817,174株) 488,543	761,953	253,330	508,623	(7,097,374株) 190,504 190,504
株式会社国際協力銀行	(20,000,000,000株) 29,261	(1,938,800,000,000株) 2,908,536	(1,958,800,000,000株) 2,937,797	20,146,000	17,208,202	2,937,797	(1,958,800,000,000株) − 2,108,800
一般業務勘定	(20,000,000,000株) 29,261	(1,765,500,000,000株) 2,583,054	(1,785,500,000,000株) 2,612,316	19,814,638	17,202,322	2,612,316	(1,785,500,000,000株) − 1,785,500
特別業務勘定	−	(173,300,000,000株) 325,481	(173,300,000,000株) 325,481	331,398	5,917	325,481	(173,300,000,000株) − 323,300
新関西国際空港株式会社	−	(10,926,664株) 582,410	(10,926,664株) 582,410	1,649,971	1,067,561	582,410	(10,926,664株) 253,041 300,000
株式会社農林漁業成長産業化支援機構	−	(600,000株) 15,936	(600,000株) 15,936	17,225	279	16,946	(638,040株) 14,351 17,551

一　覧（令和５年３月31日現在）（続）

（単位　百万円，％）

政府出資累計額 一般会計		特別会計	合計	その他出資額	政府出資割合 合計	会計別内訳	利益剰余金	うち当期純利益	その他
(5,767,537,000,000株)		(199,236,299,000株)	(5,966,773,299,000株)						
5,767,537	(財) (復)	199,236	5,966,773	−	100.00	(一) 96.66 (財) 0.40 (復) 2.93	△830,571	△117,388	−
(296,518,700,000株)		(157,153,000,000株)	(453,671,700,000株)						
296,518	(財) (復)	157,153	453,671	−	100.00	(一) 65.35 (財) 26.03 (復) 8.60	2,642	−	−
(3,246,277,000,000株)		(740,036,000,000株)	(3,986,313,000,000株)						
3,246,277	(財) (復)	740,036	3,986,313	−	100.00	(一) 81.43 (財) 14.70 (復) 3.85	△681,860	△48,220	−
		(24,476,000,000株)	(24,476,000,000株)						
−	(財)	24,476	24,476	−	100.00		574	△11	84
(9,475,747,407,741株)		(379,400,000,000株)	(9,855,147,407,741株)						
5,096,957	(復)	212,096	5,309,054	−	100.00	(一) 96.00 (復) 3.99	△71,653	△71,653	−
(1,276,974,000,000株)		(169,064,000,000株)	(1,446,038,000,000株)						
1,276,974	(復)	169,064	1,446,038	−	100.00	(一) 88.30 (復) 11.69	△319,325	△31,410	−
(407,000,000株)			(407,000,000株)						
407		−	407	−	100.00		△124	△22	−
		(43,632,360株)	(43,632,360株)						
−	(財)	2,193,448	2,193,448	−	100.00		763,192	94,573	72,704
(5,001株)			(5,001株)	(4,999株)					
2,551		−	2,551	−	50.01		2,514	511	−
		(1,016,000,000株)	(1,016,000,000株)	(1,170,531,448株)					
−	(財)	101,600	101,600	−	46.46		233,123	22,998	545,388
		(6,817,174株)	(6,817,174株)	(280,200株)					
−	(財)	366,999	366,999	−	96.05		128,123	△8,403	△509
(20,000,000,000株)		(1,938,800,000,000株)	(1,958,800,000,000株)						
20,000	(財)	1,938,800	1,958,800	−	100.00	(一) 1.02 (財) 98.97	1,126,821	159,890	△297,823
(20,000,000,000株)		(1,765,500,000,000株)	(1,785,500,000,000株)						
20,000	(財)	1,765,500	1,785,500	−	100.00	(一) 1.12 (財) 98.87	1,125,842	158,926	△299,026
		(173,300,000,000株)	(173,300,000,000株)						
−	(財)	173,300	173,300	−	100.00		978	964	1,202
		(10,926,664株)	(10,926,664株)						
−	(財・ 自)	553,041	553,041	−	100.00	(財) 8.47 (自) 91.52	29,368	△5,773	−
		(600,000株)	(600,000株)	(38,040株)					
−	(財)	30,000	30,000	−	94.03		△15,099	△1,038	143

13. 政 府 出 資 法 人

法人名	政府出資現在額 一般会計	特別会計	合計	資産 (A)	負債 (B)	純資産額 (A)－(B)	資本金
株式会社民間資金等活用事業推進機構	－	(200,000株) 11,213	(200,000株) 11,213	110,839	88,413	22,426	(400,000株) 10,000 10,000
株式会社海外需要開拓支援機構	－	(2,312,000株) 85,433	(2,312,000株) 85,433	94,915	1,574	93,341	(2,526,000株) 63,150 63,150
阪神国際港湾株式会社	(10,000株) 2,598	－	(10,000株) 2,598	45,477	37,890	7,587	(29,200株) 730 730
株式会社海外交通・都市開発事業支援機構	－	(4,376,000株) 209,321	(4,376,000株) 209,321	223,198	8,189	215,008	(4,494,900株) 112,372 112,372
株式会社海外通信・放送・郵便事業支援機構	－	(1,698,440株) 81,911	(1,698,440株) 81,911	109,245	25,033	84,211	(1,746,140株) 43,653 43,653
横浜川崎国際港湾株式会社	(20,000株) 2,500	－	(20,000株) 2,500	18,727	13,727	5,000	(40,000株) 990 1,010
株式会社日本貿易保険	(15,000,000株) 794,854	－	(15,000,000株) 794,854	1,855,099	1,060,245	794,854	(15,000,000株) 625,553 169,352
株式会社脱炭素化支援機構	－	(204,000株) 10,097	(204,000株) 10,097	20,296	102	20,194	(408,000株) 10,200 10,200
計 (30)	**16,925,093**	**16,864,596**	**33,789,689**	**126,168,089**	**86,783,907**	**39,384,181**	**32,044,606**
7. 国際機関							
国際通貨基金	－	5,703,252	5,703,252	88,781,096	648,208	88,132,888	83,168,998
国際復興開発銀行	547,239	－	547,239	40,010,292	33,039,972	6,970,320	2,582,874
国際金融公社	342,174	－	342,174	12,475,260	8,341,830	4,133,430	2,740,392
国際開発協会	3,838,888	－	3,838,888	27,721,764	5,209,596	22,512,168	36,481,536
アジア開発銀行	1,240,938	－	1,240,938	42,726,726	34,757,268	7,969,458	1,042,994
アフリカ開発基金	345,646	－	345,646	3,808,235	288,116	3,520,118	5,872,318
米州開発銀行	278,494	－	278,494	21,759,822	16,192,491	5,567,331	1,742,538
アフリカ開発銀行	94,183	－	94,183	6,747,460	5,002,791	1,744,668	1,123,877
米州投資公社	15,587	－	15,587	1,381,979	946,217	435,761	356,283
多数国間投資保証機関	9,816	－	9,816	381,086	187,126	193,959	46,152
欧州復興開発銀行	240,861	－	240,861	10,385,625	7,581,905	2,803,720	901,530
計 (11)	**6,953,830**	**5,703,252**	**12,657,082**	**256,179,346**	**112,195,522**	**143,983,823**	**136,059,495**
8. 清算法人等							
(1) 清算法人							
日本製鐵株式会社	(9,094,240株) 0	－	(9,094,240株) 0	147	147	－	(16,000,000株) 800
帝国燃料興業株式会社	(2,600,000株) 0	－	(2,600,000株) 0	22	22	0	(5,000,000株) 248
小計 (2)	**0**	**－**	**0**	**170**	**169**	**0**	**1,048**
(2) 閉鎖機関							
南方開発金庫	3,850	－	3,850	24,352	20,501	3,850	100
外資金庫	5,319	－	5,319	72,131	66,811	5,319	50
小計 (2)	**9,169**	**－**	**9,169**	**96,483**	**87,313**	**9,169**	**150**
計 (4)	**9,169**	**－**	**9,169**	**96,653**	**87,483**	**9,170**	**1,198**
合計 (225)	**66,753,362**	**31,468,791**	**98,222,154**	**1,552,543,702**	**1,213,032,010**	**339,511,691**	**201,497,515**

一　覧（令和５年３月31日現在）（続）

（単位　百万円，％）

政府出資累計額 一般会計	特別会計	合計	その他出資額	政府出資割合 合計	会計別内訳	利益剰余金	うち当期純利益	その他
	(200,000株)	(200,000株)	(200,000株)					
－	(財) 10,000	10,000	－	50.00		2,426	894	－
	(2,312,000株)	(2,312,000株)	(214,000株)					
－	(財) 115,600	115,600	－	91.52		△35,584	△4,720	2,625
(10,000株)		(10,000株)	(19,200株)					
500	－	500	－	34.24		5,809	704	318
	(4,376,000株)	(4,376,000株)	(118,900株)					
－	(財) 218,800	218,800	－	97.35		△15,551	△1,092	5,814
	(1,698,440株)	(1,698,440株)	(47,700株)					
－	(財) 84,922	84,922	－	97.26		△12,700	△1,502	9,605
(20,000株)		(20,000株)	(20,000株)					
1,000	－	1,000	－	50.00		3,000	722	－
(15,000,000株)		(15,000,000株)						
794,905	－	794,905	－	100.00		△51	△19	－
	(204,000株)	(204,000株)	(204,000株)					
－	(財) 10,200	10,200	－	50.00		△205	△205	－
18,698,094	**7,624,786**	**26,322,880**	－					
－	(外) 5,382,029	5,382,029	－	6.47		－	－	－
220,739	－	220,739	－	8.54		－	－	－
226,855	－	226,855	－	8.27		－	－	－
6,221,015	－	6,221,015	－	17.05		－	－	－
162,082	－	162,082	－	15.54		－	－	－
576,612	－	576,612	－	9.81		－	－	－
92,418	－	92,418	－	5.30		－	－	－
63,913	－	63,913	－	5.68		－	－	－
9,508	－	9,508	－	2.66		－	－	－
2,323	－	2,323	－	5.03		－	－	－
77,318	－	77,318	－	8.57		－	－	－
7,652,788	**5,382,029**	**13,034,818**	－					
(9,094,240株)		(9,094,240株)	(6,905,760株)	56.83				
341	－	341	－			－	－	－
(2,600,000株)		(2,600,000株)	(2,400,000株)	52.00				
127	－	127	－			－	－	－
468	－	**468**	－					
100	－	100	－	100.00		－	－	－
50	－	50	－	100.00		－	－	－
150	－	**150**	－					
618	－	**618**	－					
55,182,184	**15,949,264**	**71,131,449**	－					

14. 政　府　出　資　法

法人名	種目	出資の根拠法	主たる事務所の所在地	主要事業	当初出資年度・出資会計名	主務大臣（担当部局）
1．金融機関						
(1) 公　庫						
沖縄振興開発金融公庫	出資による権利	沖縄振興開発金融公庫法（昭47. 5.13 法第31号）	沖縄県那覇市おもろまち一丁目2番26号	沖縄における産業開発促進等のため，日本政策金融公庫等の融資業務に相当する業務等を一元的に行う	昭和47年度 一 般 昭和53年度 産 投※ ※平成20年度より，産業投資特別会計は財政投融資特別会計へ統合されている。	内閣総理大臣（沖縄振興局調査金融担当参事官室） 財務大臣（大臣官房政策金融課）
(2) 銀　行						
日本銀行	出資証券	日本銀行法（平 9. 6.18 法第89号）	東京都中央区日本橋本石町2の1の1	銀行券の発行，通貨及び金融の調節，金融機関間の資金決済の円滑の確保を通じた信用秩序の維持等	昭和23年度 一 般	財務大臣（理財局総務課，国庫課，大臣官房信用機構課，国際局為替市場課） 金融庁長官（企画市場局総務課，監督局総務課）
2．事業団等						
日本私立学校振興・共済事業団	出資による権利	日本私立学校振興・共済事業団法（平 9. 5. 9 法第48号）	東京都千代田区富士見1の10の12	私立学校の施設の整備・経営に必要な資金の貸付け，補助金の交付等を行うことにより，私立学校教育の振興に資する	平成9年度 一 般 平成24年度 復 興	文部科学大臣（高等教育局私学部私学行政課，私学助成課）
日本中央競馬会	出資による権利	日本中央競馬会法（昭29. 7. 1 法第205号）	東京都港区西新橋一丁目1番1号	中央競馬の開催に係る業務及びその他競馬（馬術競技を含む）の健全な発展を図るために必要な業務等	昭和29年度 一 般	農林水産大臣（畜産局競馬監督課）
預金保険機構	出資による権利	預金保険法（昭46. 4. 1 法第34号）	東京都千代田区大手町一丁目9番2号	金融機関が預金等の払戻しを停止した場合に必要な保険金等の支払と預金等債権の買取りを行うほか，金融機関の破綻の処理に関し，破綻金融機関に係る合併等に対する適切な資金援助，金融整理管財人による管理，破綻金融機関の業務承継及び金融危機に対応するための措置等の制度の確立を主要業務とする	昭和46年度 一 般 平成21年度 財 投 平成30年度 復 興	金融庁長官（監督局総務課信用機構対応室） 財務大臣（大臣官房信用機構課）

（注）1．出資会計名の略号は次のとおり。
（国債）…国債整理基金特別会計，（外為）…外国為替資金特別会計，（産投）…産業投資特別会計，（電発）…電源開発促進対策特別会計，（石油）…石油及びエネルギー需給構造高度化対策特別会計，（厚生）…厚生保険特別会計，（船員）…船員保険特別会計，（国民）…国民年金特別会計，（労働）…労働保険特別会計，（土改）…国営土地改良事業特別会計，（特許）…特許特別会計，（自賠）…自動車損害賠償保障事業特別会計，（道路）…道路整備特別会計，（治水）…治水特別会計，（港湾）…港湾整備特別会計，（車検）…自動車検査登録特別会計，（空港）…空港整備特別会計，（年金）…年金特別会計，（エネ）…エネルギー対策特別会計，（財投）…財政投融資特別会計，（社資）…社会資本整備事業特別会計，（復興）…東日本大震災復興特別会計

2．独立行政法人は，平成27年4月1日付けで，中期目標管理法人，国立研究開発法人，行政執行法人に分類され，国立研究開発法人については，名称中に使用している「独立行政法人」を「国立研究開発法人」へ変更している。
なお，独立行政法人の分類略号は次のとおり。（中期）…中期目標管理法人，（行政）…行政執行法人

人　の　概　要（令和５年３月31日現在）

法　人　名	種目	出資の根拠法	主たる事務所の所在地	主　要　事　業	当初出資年度・出資会計名	主務大臣（担当部局）
農水産業協同組合貯金保険機構	出資による権利	農水産業協同組合貯金保険法（昭48. 7.16 法第53号）	東京都千代田区丸の内三丁目３番１号 新東京ビル９階	農漁協等が貯金等の払戻しを停止した場合に必要な保険金等の支払と貯金等債権の買取りを行うほか，農漁協等の破綻の処理に関し，破綻農漁協等に係る合併等に対する適切な資金援助，公的管理人による管理，破綻農漁協等の業務承継及び金融危機に対応するための措置等の制度の確立を主要業務とする	昭和48年度 一　般 平成30年度 復　興	農林水産大臣（経営局金融調整課） 金融庁長官（監督局総務課信用機構対応室） 財務大臣（大臣官房信用機構課機構業務室）
日本司法支援センター	出資による権利	総合法律支援法（平16. 6. 2 法第74号）	東京都中野区本町１－32－２　ハーモニータワー８F	１　情報提供業務 ２　民事法律扶助業務 ３　国選弁護等関連業務 ４　司法過疎対策業務 ５　犯罪被害者支援業務　等	平成18年度 一　般	法務大臣（大臣官房司法法制部司法法制課）
全国健康保険協会	出資による権利	健康保険法（大11. 4.22 法第70号） 船員保険法（昭14. 4. 6 法第73号）	東京都新宿区四谷一丁目６番１号 YOTSUYA TOWER ６階	中小企業等で働く従業員やその家族が加入している全国健康保険協会管掌健康保険及び船員やその家族が加入している船員保険の保険運営の企画，保険給付（被保険者証の交付，保険給付，任意継続被保険者業務等），保健事業など	平成20年度 年　金	厚生労働大臣（保険局保険課全国健康保険協会管理室）
日本年金機構	出資による権利	日本年金機構法（平19. 7. 6 法第109号）	東京都杉並区高井戸西３の５の24	国（厚生労働大臣）から委任・委託を受け，国民年金及び厚生年金保険に係る一連の運営業務（適用・徴収・記録管理・相談・裁定・給付）等を担う	平成21年度 年　金	厚生労働大臣（年金局事業企画課）
原子力損害賠償・廃炉等支援機構	出資による権利	原子力損害賠償・廃炉等支援機構法（平23. 8.10 法第94号）	東京都港区虎ノ門２－２－５ 共同通信会館５階（令和５年６月26日付けで東京都港区赤坂一丁目11番44号赤坂インターシティ11階へ移転）	１　負担金の収納業務 業務に要する費用として，原子力事業者から負担金の収納を行う ２　資金援助業務 原子力事業者が損害賠償を実施する上で援助を必要とするときは，資金援助（資金の交付，株式の引受け，融資，社債の購入等）を行う ３　相談業務その他の業務 ・損害賠償の円滑な実施を支援するため，被害者からの相談に応じ必要な情報の提供及び助言を行う ・平成二十三年原子力事故による被害に係る緊急措置に関する法律（平成23年法律第91号）に基づき国又は都道府県知事から委託を受けた場合に，仮払金の支払業務を行う ４　廃炉等を実施するために必要な研究及び開発 ５　廃炉等積立金管理業務 ６　廃炉等の適正かつ着実な実施の確保を図るための助言，指導及び勧告 ７　廃炉等に関する情報の提供 ８　上記１から７までに掲げる業務に附帯する業務	平成23年度 エ　ネ	内閣総理大臣（原子力損害賠償・廃炉等支援機構担当室） 文部科学大臣（研究開発局原子力損害賠償対策室） 経済産業大臣（資源エネルギー庁電力・ガス事業部政策課）

14. 政 府 出 資 法

法 人 名	種目	出資の根拠法	主たる事務所の所在地	主 要 事 業	当初出資年度・出資会計名	主務大臣（担当部局）
外国人技能実習機構	出資による権利	外国人の技能実習の適正な実施及び技能実習生の保護に関する法律（平28.11.28 法第89号）	東京都港区海岸３－９－15 LOOP-X３階	1 技能実習計画の認定 2 実習実施者・監理団体への報告要求，実地検査 3 実習実施者の届出の受理 4 監理団体の許可に関する調査 5 技能実習生に対する相談・援助 6 技能実習生に対する転籍の支援 7 技能実習に関する調査・研究 等	平成28年度 一 般	法 務 大 臣（出入国在留管理庁在留管理課） 厚 生 労 働 大 臣（人材開発統括官付海外人材育成担当参事官室）

３．独立行政法人

法 人 名	種目	出資の根拠法	主たる事務所の所在地	主 要 事 業	当初出資年度・出資会計名	主務大臣（担当部局）
独立行政法人国立公文書館（行政）	出資による権利	国立公文書館法（平11. 6.23 法第79号）	東京都千代田区北の丸公園３の２	国の機関及び独立行政法人等から歴史資料として重要な公文書等の移管を受け入れ，特定歴史公文書等として保存し，及び一般の利用に供すること等の事業を行う	平成13年度 一 般	内 閣 総 理 大 臣（大臣官房公文書管理課）
独立行政法人北方領土問題対策協会（中期）	出資による権利	独立行政法人北方領土問題対策協会法（平14.12. 6 法第132号）	東京都台東区北上野１丁目９番12号住友不動産上野ビル	北方領土問題その他北方地域に関する諸問題についての国民世論の啓発及び調査研究，北方地域に生活の本拠を有していた者に対する援護，北方地域旧漁業権者等その他の者に対する漁業その他の事業及び生活に必要な資金の融資等	平成15年度 一 般	内 閣 総 理 大 臣（北 方 対 策 本 部） 農 林 水 産 大 臣（水産庁漁政部水産経営課）
国立研究開発法人日本医療研究開発機構	出資による権利	国立研究開発法人日本医療研究開発機構法（平26. 5.30 法第49号）	東京都千代田区大手町１丁目７番１号	医療分野の研究開発及びその環境の整備，研究機関における医療分野の研究開発及びその環境の整備の助成等	平成28年度 一 般	内 閣 総 理 大 臣（日本医療研究開発機構担当室） 文 部 科 学 大 臣（研究振興局ライフサイエンス課） 厚 生 労 働 大 臣（大臣官房厚生科学課） 経 済 産 業 大 臣（商務情報政策局商務・サービスグループヘルスケア産業課）
独立行政法人国民生活センター（中期）	出資による権利	独立行政法人国民生活センター法（平14.12. 4 法第123号）	神奈川県相模原市中央区弥栄３の１の１	総合的見地から，国民生活に関する情報の提供及び調査研究に関する業務等並びに重要消費者紛争の解決手続	平成15年度 一 般	内 閣 総 理 大 臣（消費者庁地方協力課）
国立研究開発法人情報通信研究機構	出資による権利	国立研究開発法人情報通信研究機構法（平11.12.22 法第162号）	東京都小金井市貫井北町四丁目２番１号	情報の電磁的流通及び電波の利用に関する技術の研究及び開発，高度通信・放送研究開発を行う者に対する支援，通信・放送事業分野に属する事業の振興等	平成13年度 一 般 平成16年度 産 投※ ※平成20年度より，産業投資特別会計は財政投融資特別会計へ統合されている。	総 務 大 臣（国際戦略局技術政策課） 財 務 大 臣（大臣官房政策金融課）

人　の　概　要（令和５年３月31日現在）（続）

法　人　名	種目	出資の根拠法	主たる事務所の所在地	主　要　事　業	当初出資年度・出資会計名	主務大臣（担当部局）
独立行政法人郵便貯金簡易生命保険管理・郵便局ネットワーク支援機構（中期）	出資による権利	郵政民営化法（平17.10.21 法第97号）	東京都港区虎ノ門５－13－1 虎ノ門40MTビル３階	旧日本郵政公社から承継した郵便貯金及び簡易生命保険を適正かつ確実に管理し，これらに係る債務を確実に履行するとともに，郵便局ネットワークの維持の支援のための交付金を交付すること	平成19年度 一　般	総　務　大　臣（情報流通行政局郵政行政部企画課貯金保険室）
独立行政法人国際協力機構（中期）	出資による権利	独立行政法人国際協力機構法（平14.12.６ 法第136号）	東京都千代田区二番町５番地25	１　条約その他の国際約束に基づく技術協力の実施 ２　有償資金協力の実施 ３　無償資金協力の実施 ４　国民等の協力活動の促進・助長 ５　移住者に対する援助及び指導等 ６　開発途上地域等における大規模な災害に対する国際緊急援助等	平成15年度 一　般	外　務　大　臣（国際協力局政策課） 財　務　大　臣（大臣官房政策金融課，国際局開発政策課）
独立行政法人国際交流基金（中期）	出資による権利	独立行政法人国際交流基金法（平14.12.６ 法第137号）	東京都新宿区四谷１の６の４四谷クルーセ	１　国際文化交流の目的をもって行う人物の派遣及び招へい ２　海外における日本研究に対する援助及びあっせん並びに日本語の普及 ３　国際文化交流を目的とする催しの実施，援助及びあっせん並びにこれへの参加 ４　日本文化を海外に紹介するための資料その他国際文化交流に必要な資料の作成，収集，交換及び頒布 ５　国際文化交流を目的とする施設の整備に対する援助並びに国際文化交流のために用いられる物品の購入に関する援助及びこれらの物品の贈与（基金が寄附を受けた物品の贈与に限る。） ６　国際文化交流を行うために必要な調査及び研究 ７　上記業務に附帯する業務	平成15年度 一　般	外　務　大　臣（大臣官房広報文化外交戦略課）
独立行政法人酒類総合研究所（中期）	出資による権利	独立行政法人酒類総合研究所法（平11.12.22 法第164号）	広島県東広島市鏡山３の７の１	酒類に関する高度な分析及び鑑定を行い，並びに酒類及び酒類業に関する研究，調査及び情報提供等を行うことにより，酒税の適正かつ公平な賦課の実現に資するとともに，酒類業の健全な発達を図り，あわせて酒類に対する国民の認識を高めること	平成13年度 一　般	財　務　大　臣（国税庁課税部酒税課，鑑定企画官）
独立行政法人造幣局（行政）	出資による権利	独立行政法人造幣局法（平14.５.10 法第40号）	大阪府大阪市北区天満１の１の79	貨幣の製造等を行うとともに，貨幣に対する国民の信頼を維持するために必要な情報の提供を行うこと等により，通貨制度の安定に寄与すること，勲章，褒章，記章及び金属工芸品の製造等並びに貴金属の品位の証明等であって，公共上の見地から必要とされるものを行うこと	平成15年度 一　般	財　務　大　臣（財務省理財局国庫課）

14. 政　府　出　資　法

法人名	種目	出資の根拠法	主たる事務所の所在地	主要事業	当初出資年度・出資会計名	主務大臣（担当部局）
独立行政法人国立印刷局（行政）	出資による権利	独立行政法人国立印刷局法（平14. 5.10 法第41号）	東京都港区虎ノ門２の２の５	銀行券の製造を行うとともに，銀行券に対する国民の信頼を維持するために必要な情報の提供を行うこと等により，通貨制度の安定に寄与すること，官報の編集，印刷及び普及を行い，並びに法令全書，白書，調査統計資料その他の刊行物の編集，印刷，刊行及び普及を行うこと等により公共上の見地から行われることが適当な情報の提供を図るとともに，国債証券，印紙，郵便切手その他の公共上の見地から必要な証券及び印刷物の製造を行うこと等によりその確実な提供を図ること	平成15年度 一　般	財務大臣（財務省理財局国庫課）
独立行政法人国立特別支援教育総合研究所（中期）	出資による権利	独立行政法人国立特別支援教育総合研究所法（平11.12.22 法第165号）	神奈川県横須賀市野比５の１の１	特別支援教育に関する研究のうち主として実際的な研究を総合的に行うこと及び特別支援教育関係職員に対する専門的，技術的な研修を行うこと等により特別支援教育の振興を図る	平成13年度 一　般	文部科学大臣（初等中等教育局特別支援教育課）
独立行政法人大学入試センター（中期）	出資による権利	独立行政法人大学入試センター法（平11.12.22 法第166号）	東京都目黒区駒場２の19の23	大学入学共通テストに関し，問題の作成及び採点その他一括して処理することが適当な業務，並びに大学入試の改善に関する調査及び研究等を行う	平成13年度 一　般	文部科学大臣（高等教育局大学教育・入試課大学入試室）
独立行政法人国立青少年教育振興機構（中期）	出資による権利	独立行政法人国立青少年教育振興機構法（平11.12.22 法第167号）	東京都渋谷区代々木神園町３の１	青少年教育の振興及び健全な青少年の育成を図ることを目的に，青少年の団体宿泊訓練その他の青少年に対する研修，青少年教育指導者の養成及び資質向上，青少年教育に関する調査及び研究，関係機関・団体等との連携促進，青少年教育団体が行う活動に対する助成金の交付等を行う	平成13年度 一　般	文部科学大臣（総合教育政策局地域学習推進課青少年教育室）
独立行政法人国立女性教育会館（中期）	出資による権利	独立行政法人国立女性教育会館法（平11.12.22 法第168号）	埼玉県比企郡嵐山町大字菅谷728番地	女性教育指導者等に対する研修，女性教育に関する専門的な調査及び研究，女性教育に関する情報収集・提供等を行うことにより，女性教育の振興を図り，もって男女共同参画社会の形成を促進する	平成13年度 一　般	文部科学大臣（総合教育政策局男女共同参画共生社会学習・安全課）
独立行政法人国立科学博物館（中期）	出資による権利	独立行政法人国立科学博物館法（平11.12.22 法第172号）	東京都台東区上野公園７の20	博物館を設置して，自然史に関する科学その他の自然科学及びその応用に関する調査及び研究並びにこれらに関する資料の収集，保管（育成を含む。）及び公衆への供覧等を行うことにより，自然科学及び社会教育の振興を図る	平成13年度 一　般	文部科学大臣（文化庁企画調整課）
国立研究開発法人物質・材料研究機構	出資による権利	国立研究開発法人物質・材料研究機構法（平11.12.22 法第173号）	茨城県つくば市千現一丁目２番地１	物質・材料科学技術に関する基礎研究及び基盤的研究開発等の業務を総合的に行うことにより，物質・材料科学技術の水準の向上を図る	平成13年度 一　般	文部科学大臣（研究振興局参事官（ナノテクノロジー・物質・材料担当）付）

人　の　概　要（令和５年３月31日現在）（続）

法人名	種目	出資の根拠法	主たる事務所の所在地	主要事業	当初出資年度・出資会計名	主務大臣（担当部局）
国立研究開発法人防災科学技術研究所	出資による権利	国立研究開発法人防災科学技術研究所法（平11.12.22法第174号）	茨城県つくば市天王台三丁目１番地	防災科学技術に関する基礎研究及び基盤的研究開発等を総合的に行うことにより，防災科学技術の水準の向上を図る	平成13年度 一般	文部科学大臣（研究開発局地震・防災研究課防災科学技術推進室）
国立研究開発法人量子科学技術研究開発機構	出資による権利	国立研究開発法人量子科学技術研究開発機構法（平11.12.22法第176号）	千葉県千葉市稲毛区穴川４の９の１	量子科学技術に関する基礎研究及び量子に関する基盤的研究開発並びに放射線の人体への影響，放射線による人体の障害の予防，診断及び治療並びに放射線の医学的利用に関する研究開発等の業務を総合的に行うことにより，量子科学技術及び放射線に係る医学に関する科学技術の水準の向上を図る	平成13年度 一般	文部科学大臣（研究振興局基礎・基盤研究課量子研究推進室） 原子力規制委員会（長官官房放射線防護グループ放射線防護企画課）
独立行政法人国立美術館（中期）	出資による権利	独立行政法人国立美術館法（平11.12.22法第177号）	東京都千代田区北の丸公園３の１	美術館を設置して，美術（映画を含む。）に関する作品その他の資料を収集し，保管して公衆の観覧に供するとともに，これに関連する調査及び研究並びに教育及び普及の事業等を行うことにより，芸術その他の文化の振興を図る	平成13年度 一般	文部科学大臣（文化庁企画調整課）
独立行政法人国立文化財機構（中期）	出資による権利	独立行政法人国立文化財機構法（平11.12.22法第178号）	東京都台東区上野公園13の９	博物館を設置して有形文化財（文化財保護法（昭和二十五年法律第二一四号）第二条第一項第一号に規定する有形文化財をいう。以下同じ。）を収集し，保管して公衆の観覧に供するとともに，文化財（同項に規定する文化財をいう。以下に同じ。）に関する調査及び研究等を行うことにより，貴重な国民的財産である文化財の保存及び活用を図る	平成13年度 一般	文部科学大臣（文化庁企画調整課）
独立行政法人教職員支援機構（中期）	出資による権利	独立行政法人教職員支援機構法（平12. 5.26法第88号）	茨城県つくば市立原３	校長，教員その他の学校教育関係職員に対し，研修の実施，職務を行うに当たり必要な資質に関する調査研究及びその成果の普及その他の支援を行うことにより，これらの者の資質の向上を図る	平成13年度 一般	文部科学大臣（総合教育政策局教育人材政策課）
国立研究開発法人科学技術振興機構	出資証券	国立研究開発法人科学技術振興機構法（平14.12.13法第158号）	埼玉県川口市本町４の１の８	新技術の創出に資することとなる科学技術に関する基礎研究，基盤的研究開発，新技術の企業化開発等の業務，国立大学法人（国立大学法人法（平成15年法律第112号）第２条第１項に規定する国立大学法人をいう。第23条第１項第５号において同じ。）から寄託された資金の運用の業務，大学に対する研究環境の整備充実等に関する助成の業務及び我が国における科学技術情報に関する中枢的機関としての科学技術情報の流通に関する業務その他の科学技術の振興のための基盤の整備に関する業務を総合的に行うことにより，科学技術の振興を図る	平成15年度 一般 産投※ ※平成20年度より，産業投資特別会計は財政投融資特別会計へ統合されている。	文部科学大臣（科学技術・学術政策局人材政策課）

14. 政　府　出　資　法

法人名	種目	出資の根拠法	主たる事務所の所在地	主要事業	当初出資年度・出資会計名	主務大臣（担当部局）
独立行政法人日本学術振興会（中期）	出資による権利	独立行政法人日本学術振興会法（平14.12.13 法第159号）	東京都千代田区麹町五丁目3番地の1	学術研究の助成，研究者の養成のための資金の支給，学術に関する国際交流の促進，その他学術の振興に関する事業を行う	平成15年度 一般	文部科学大臣（研究振興局学術研究推進課）
国立研究開発法人理化学研究所	出資証券	国立研究開発法人理化学研究所法（平14.12.13 法第160号）	埼玉県和光市広沢2の1	科学技術に関する試験及び研究等の業務を総合的に行う	平成15年度 一般	文部科学大臣（研究振興局基礎・基盤研究課）
国立研究開発法人宇宙航空研究開発機構	出資証券	国立研究開発法人宇宙航空研究開発機構法（平14.12.13 法第161号）	東京都調布市深大寺東町7の44の1	大学との共同等による宇宙科学に関する学術研究，宇宙科学技術（宇宙に関する科学技術をいう。以下同じ。）に関する基礎研究及び宇宙に関する基盤的研究開発並びに人工衛星等の開発，打上げ，追跡及び運用並びにこれらに関連する業務を，宇宙基本法（平成二十年法律第四十三号）第二条の宇宙の平和的利用に関する基本理念にのっとり，総合的かつ計画的に行うとともに，航空科学技術に関する基礎研究及び航空に関する基盤的研究開発並びにこれらに関連する業務を総合的に行うことにより，大学等における学術研究の発展，宇宙科学技術及び航空科学技術の水準の向上並びに宇宙の開発及び利用の促進を図る	平成15年度 一般	文部科学大臣（研究開発局宇宙開発利用課） 総務大臣（国際戦略局宇宙通信政策課） 内閣総理大臣（内閣府宇宙開発戦略推進事務局） 経済産業大臣（製造産業局航空機武器宇宙産業課宇宙産業室）
独立行政法人日本スポーツ振興センター（中期）	出資による権利	独立行政法人日本スポーツ振興センター法（平14.12.13 法第162号）	東京都新宿区霞ヶ丘町4-1	スポーツの振興及び児童生徒等の健康の保持増進を図るため，スポーツ施設の適切かつ効率的な運営，スポーツの振興のために必要な援助，義務教育諸学校等の管理下における児童生徒等の災害に関する必要な給付その他スポーツ及び児童生徒等の健康の保持増進に関する調査研究並びに資料の収集及び提供等を行う	平成15年度 一般	文部科学大臣（スポーツ庁政策課）
独立行政法人日本芸術文化振興会（中期）	出資による権利	独立行政法人日本芸術文化振興会法（平14.12.13 法第163号）	東京都千代田区隼町4の1	芸術家及び芸術に関する団体が行う芸術の創造又は普及を図るための活動その他の文化の振興又は普及を図るための活動に対する援助を行う。我が国古来の伝統的な芸能の公開，伝承者の養成，調査研究等を行い，その保存及び振興を図る。我が国における現代の舞台芸術の公演，実演家等の研修，調査研究等を行い，その振興及び普及を図る	平成15年度 一般	文部科学大臣（文化庁企画調整課）
独立行政法人日本学生支援機構（中期）	出資による権利	独立行政法人日本学生支援機構法（平15. 6.18 法第94号）	神奈川県横浜市緑区長津田町4259	経済的理由により修学に困難がある優れた学生等に対しての奨学金の貸与・給付や留学生等に対する奨学金の給付及び学生生活支援に関する情報提供事業等	平成16年度 一般	文部科学大臣（高等教育局学生支援課）

人　の　概　要（令和５年３月31日現在）（続）

法　人　名	種目	出資の根拠法	主たる事務所の所在地	主　要　事　業	当初出資年度・出資会計名	主務大臣（担当部局）
国立研究開発法人海洋研究開発機構	出資による権利	国立研究開発法人海洋研究開発機構法（平15. 6.18 法第95号）	神奈川県横須賀市夏島町２の15	平和と福祉の理念に基づき，海洋に関する基盤的研究開発，海洋に関する学術研究に関する協力等の業務を総合的に行うことにより，海洋科学技術の水準の向上を図ると共に，学術の発展に資することを目的とする	平成16年度 一　般	文部科学大臣（研究開発局海洋地球課）
独立行政法人国立高等専門学校機構（中期）	出資による権利	独立行政法人国立高等専門学校機構法（平15. 7.16 法第113号）	東京都八王子市東浅川町701の２	国立高等専門学校を設置・運営して，学生への支援，機構以外の者との連携による教育研究活動，学生以外の者に対する学習機会の提供等の事業を行う	平成16年度 一　般	文部科学大臣（高等教育局専門教育課）
独立行政法人大学改革支援・学位授与機構（中期）	出資による権利	独立行政法人大学改革支援・学位授与機構法（平15. 7.16 法第114号）	東京都小平市学園西町１の29の１	大学等の教育研究活動等の状況についての評価，学位の授与，国立大学法人等の施設の整備等に必要な資金の貸付及び交付，学部等の設置その他の組織の変更に関する助成金の交付等	平成16年度 一　般	文部科学大臣（高等教育局大学教育・入試課）
国立研究開発法人日本原子力研究開発機構	出資証券	国立研究開発法人日本原子力研究開発機構法（平16.12. 3 法第155号）	茨城県那珂郡東海村大字舟石川765番地１	原子力に関する基礎的研究及び応用の研究並びに核燃料サイクルを確立するための高速増殖炉及びこれに必要な核燃料物質の開発並びに核燃料物質の再処理に関する技術及び高レベル放射性廃棄物の処分等に関する技術の開発を総合的，計画的かつ効率的に行うとともに，これらの成果の普及等を行い，もって人類社会の福祉及び国民生活の水準向上に資する原子力の研究，開発及び利用の促進に寄与する	平成17年度 一　般 電　発※ ※平成19年度より，電源開発促進対策特別会計と，石油及びエネルギー需給構造高度化対策特別会計はエネルギー対策特別会計へ統合されている。	文部科学大臣（研究開発局原子力課） 経済産業大臣（資源エネルギー庁電力・ガス事業部原子力政策課） 原子力規制委員会（原子力規制庁長官官房技術基盤グループ技術基盤課）
独立行政法人勤労者退職金共済機構（中期）	出資による権利	中小企業退職金共済法（昭34. 5. 9 法第160号）	東京都豊島区東池袋１－24－１	１　中小企業退職金共済事業（附帯する業務を含む） ２　勤労者財産形成持家融資業務（附帯する業務を含む）	平成23年度 労　働	厚生労働大臣（雇用環境・均等局勤労者生活課）
独立行政法人高齢・障害・求職者雇用支援機構（中期）	出資による権利	独立行政法人高齢・障害・求職者雇用支援機構法（平14.12.13 法第165号）	千葉県千葉市美浜区若葉３の１の２	高年齢者等を雇用する事業主等に対する給付金の支給，高年齢者等の雇用に関する技術的事項についての事業主等に対する相談その他の援助，障害者の職業生活における自立を促進するための施設の設置及び運営，障害者の雇用に伴う経済的負担の調整の実施その他高年齢者等及び障害者の雇用を支援するための業務並びに求職者その他の労働者の職業能力の開発及び向上を促進するための施設の設置及び運営の業務等を行うこと	平成15年度 一　般 労　働	厚生労働大臣（職業安定局雇用開発企画課）

14. 政 府 出 資 法

法人名	種目	出資の根拠法	主たる事務所の所在地	主要事業	当初出資年度・出資会計名	主務大臣（担当部局）
独立行政法人福祉医療機構（中期）	出資による権利	独立行政法人福祉医療機構法（平14.12.13 法第166号） 年金積立金管理運用独立行政法人法（平16. 6.11 法第105号）	東京都港区虎ノ門四丁目３番13号	社会福祉事業施設及び病院，診療所等の設置等に必要な資金の融通並びにこれらの施設に関する経営指導，社会福祉事業に関する必要な助成，社会福祉施設職員等退職手当共済制度の運営，心身障害者扶養保険事業等を行い，もって福祉の増進並びに医療の普及及び向上を図ることを目的とする	平成15年度 一 般 平成16年度 労 働 平成18年度 厚 生※ 船 員※ 国 民※ ※平成19年度より，厚生保険特別会計と国民年金特別会計は年金特別会計へ統合されている。また，平成22年1月より船員保険特別会計は廃止され，年金特別会計に帰属している。 平成24年度 復 興	厚生労働大臣（社会・援護局福祉基盤課，医政局医療経営支援課，社会・援護局障害保健福祉部企画課，年金局資金運用課，労働基準局労災保険業務課，健康局難病対策課） 内閣総理大臣（こども家庭庁成育局母子保健課）
独立行政法人国立重度知的障害者総合施設のぞみの園（中期）	出資による権利	独立行政法人国立重度知的障害者総合施設のぞみの園法（平14.12.13 法第167号）	群馬県高崎市寺尾町2120の２	重度の知的障害者に対する自立のための先導的・総合的な支援を提供する施設の設置・運営，知的障害者の支援に関する調査研究等	平成15年度 一 般	厚生労働大臣（社会・援護局障害保健福祉部企画課施設管理室）
独立行政法人労働政策研究・研修機構（中期）	出資による権利	独立行政法人労働政策研究・研修機構法（平14.12.13 法第169号）	東京都練馬区上石神井４の８の23	労働政策についての総合的な調査研究，厚生労働省の労働に関する事務を担当する職員等に対する研修等を行う	平成15年度 一 般 労 働	厚生労働大臣（政策統括官付政策統括室）
独立行政法人労働者健康安全機構（中期）	出資による権利	独立行政法人労働者健康安全機構法（平14.12.13 法第171号）	川崎市中原区木月住吉町１番１号	療養施設及び労働者の健康に関する業務を行う者に対して，研修，情報の提供，相談その他の援助を行うための施設の設置及び運営を行うことにより，労働者の業務上の負傷又は疾病に関する療養の向上及び労働者の健康の保持増進に関する措置の適切かつ有効な実施を図るとともに，事業場における災害の予防に係る事項，労働者の健康の保持増進に係る事項及び職業性疾病の病因，診断，予防に係る事項に関して，臨床で得られた知見を活用しつつ，総合的な調査及び研究並びにその成果の普及を行うことにより，職場における労働者の安全及び健康の確保を図るほか，未払賃金の立替払事業等を行い，特定石綿被害建設業務労働者等に対する給付金の支払等を行い，もって労働者の福祉の増進に寄与することを目的とする	平成16年度 労 働 平成28年度 一 般	厚生労働大臣（労働基準局安全衛生部計画課）

人　の　概　要（令和５年３月31日現在）（続）

法　人　名	種目	出資の根拠法	主たる事務所の所在地	主　要　事　業	当初出資年度・出資会計名	主務大臣（担当部局）
独立行政法人国立病院機構（中期）	出資による権利	独立行政法人国立病院機構法（平14.12.20 法第191号）	東京都目黒区東が丘２の５の21	医療の提供，医療に関する調査及び研究並びに技術者の研修等の業務を行うことにより，国民の健康に重大な影響のある疾病に関する医療その他の医療であって，国の医療政策として機構が担うべきものの向上を図り，もって公衆衛生の向上及び増進に寄与することを目的とする	平成16年度 一　般	厚生労働大臣（医政局医療経営支援課）
独立行政法人医薬品医療機器総合機構（中期）	出資による権利	独立行政法人医薬品医療機器総合機構法（平14.12.20 法第192号）	東京都千代田区霞が関３の３の２　新霞が関ビル	医薬品の副作用や生物由来製品を介した感染等による健康被害に対して，迅速な救済を図るとともに，医薬品や医療機器などの品質，有効性及び安全性について，治験前から承認までを一貫した体制で指導・審査し，市販後における安全性に関する情報の収集，分析，提供を行う	平成16年度 一　般	厚生労働大臣（医薬・生活衛生局総務課）
国立研究開発法人医薬基盤・健康・栄養研究所	出資による権利	国立研究開発法人医薬基盤・健康・栄養研究所法（平16. 6.23 法第135号）	大阪府茨木市彩都あさぎ７の６の８	医薬品技術及び医療機器等技術に関し，医薬品及び医療機器等並びに薬用植物その他の生物資源の開発に資することとなる共通的な研究，民間等において行われる研究及び開発の振興等の業務を行うことにより，医薬品技術及び医療機器等技術の向上のための基盤の整備を図るとともに，国民の健康の保持及び増進に関する調査及び研究並びに国民の栄養その他国民の食生活に関する調査及び研究等を行うことにより，公衆衛生の向上及び増進を図り，もって国民保健の向上に資することを目的とする	平成17年度 一　般 産　投※ ※平成20年度より，産業投資特別会計は財政投融資特別会計へ統合されている。	厚生労働大臣（大臣官房厚生科学課） 内閣総理大臣（消費者庁食品表示企画課）
独立行政法人地域医療機能推進機構（中期）	出資による権利	独立行政法人地域医療機能推進機構法（平17. 6.22 法第71号）	東京都港区高輪３－22－12	病院，介護老人保健施設等の運営等を行い，救急医療・災害時における医療・へき地医療・周産期医療・小児医療，リハビリテーションその他地域において必要とされる医療及び介護を提供する機能の確保を図り，もって公衆衛生の向上及び増進並びに住民福祉の増進に寄与することを目的とする	平成17年度 厚　生※ 国　民※ ※平成19年度より，厚生保険特別会計と国民年金特別会計は年金特別会計へ統合されている。	厚生労働大臣（医政局医療経営支援課）
年金積立金管理運用独立行政法人（中期）	出資による権利	年金積立金管理運用独立行政法人法（平16. 6.11 法第105号）	東京都港区虎ノ門一丁目23番１号	厚生労働大臣から寄託を受けた年金積立金の管理運用を行うとともに，その収益を国庫に納付することにより，厚生年金保険事業及び国民年金事業の運営の安定に資することを目的とする	平成18年度 厚　生※ 国　民※ ※平成19年度より，厚生保険特別会計と国民年金特別会計は年金特別会計へ統合されている。	厚生労働大臣（年金局資金運用課）

14. 政 府 出 資 法

法 人 名	種目	出資の根拠法	主たる事務所の所在地	主 要 事 業	当初出資年度・出資会計名	主務大臣（担当部局）
国立研究開発法人国立がん研究センター	出資による権利	高度専門医療に関する研究等を行う国立研究開発法人に関する法律（平20.12.19 法第93号）	東京都中央区築地５の１の１	がんその他の悪性新生物に係る医療に関し，調査，研究及び技術の開発並びにこれらの業務に密接に関連する医療の提供，技術者の研修等を行うことにより，国の医療政策として，がんその他の悪性新生物に関する高度かつ専門的な医療の向上を図り，もって公衆衛生の向上及び増進に寄与することを目的とする	平成22年度 一 般	厚生労働大臣（大臣官房厚生科学課国立高度専門医療研究センター支援室）
国立研究開発法人国立循環器病研究センター	出資による権利	高度専門医療に関する研究等を行う国立研究開発法人に関する法律（平20.12.19 法第93号）	大阪府吹田市岸部新町６の１	循環器病に係る医療に関し，調査，研究及び技術の開発並びにこれらの業務に密接に関連する医療の提供，技術者の研修等を行うことにより，国の医療政策として，循環器病に関する高度かつ専門的な医療の向上を図り，もって公衆衛生の向上及び増進に寄与することを目的とする	平成22年度 一 般	厚生労働大臣（大臣官房厚生科学課国立高度専門医療研究センター支援室）
国立研究開発法人国立精神・神経医療研究センター	出資による権利	高度専門医療に関する研究等を行う国立研究開発法人に関する法律（平20.12.19 法第93号）	東京都小平市小川東町４の１の１	精神疾患，神経疾患，筋疾患及び知的障害その他の発達の障害（以下「精神・神経疾患等」という。）に係る医療並びに精神保健に関し，調査，研究及び技術の開発並びにこれらの業務に密接に関連する医療の提供，技術者の研修等を行うことにより，国の医療政策として，精神・神経疾患等に関する高度かつ専門的な医療及び精神保健の向上を図り，もって公衆衛生の向上及び増進に寄与することを目的とする	平成22年度 一 般	厚生労働大臣（大臣官房厚生科学課国立高度専門医療研究センター支援室）
国立研究開発法人国立国際医療研究センター	出資による権利	高度専門医療に関する研究等を行う国立研究開発法人に関する法律（平20.12.19 法第93号）	東京都新宿区戸山１の21の１	感染症その他の疾患であって，その適切な医療の確保のために海外における症例の収集その他国際的な調査及び研究を特に必要とするもの（以下「感染症その他の疾患」という。）に係る医療並びに医療に係る国際協力に関し，調査，研究及び技術の開発並びにこれらの業務に密接に関連する医療の提供，技術者の研修等を行うことにより，国の医療政策として，感染症その他の疾患に関する高度かつ専門的な医療，医療に係る国際協力等の向上を図り，もって公衆衛生の向上及び増進に寄与することを目的とする	平成22年度 一 般	厚生労働大臣（大臣官房厚生科学課国立高度専門医療研究センター支援室）

人　の　概　要（令和５年３月31日現在）（続）

法人名	種目	出資の根拠法	主たる事務所の所在地	主要事業	当初出資年度・出資会計名	主務大臣（担当部局）
国立研究開発法人国立成育医療研究センター	出資による権利	高度専門医療に関する研究等を行う国立研究開発法人に関する法律（平20.12.19 法第93号）	東京都世田谷区大蔵２の10の１	母性及び父性並びに乳児及び幼児の難治疾患，生殖器疾患その他の疾患であって，児童が健やかに生まれ，かつ，成育するために特に治療を必要とするもの（以下「成育に係る疾患」という。）に係る医療に関し，調査，研究及び技術の開発並びにこれらの業務に密接に関連する医療の提供，技術者の研修等を行うことにより，国の医療政策として，成育に係る疾患に関する高度かつ専門的な医療の向上を図り，もって公衆衛生の向上及び増進に寄与することを目的とする	平成22年度 一般	厚生労働大臣（大臣官房厚生科学課国立高度専門医療研究センター支援室）
国立研究開発法人国立長寿医療研究センター	出資による権利	高度専門医療に関する研究等を行う国立研究開発法人に関する法律（平20.12.19 法第93号）	愛知県大府市森岡町７丁目430	加齢に伴って生ずる心身の変化及びそれに起因する疾患であって高齢者が自立した日常生活を営むために特に治療を必要とするもの（以下「加齢に伴う疾患」という。）に係る医療に関し，調査，研究及び技術の開発並びにこれらの業務に密接に関連する医療の提供，技術者の研修等を行うことにより，国の医療政策として，加齢に伴う疾患に関する高度かつ専門的な医療の向上を図り，もって公衆衛生の向上及び増進に寄与することを目的とする	平成22年度 一般	厚生労働大臣（大臣官房厚生科学課国立高度専門医療研究センター支援室）
独立行政法人農林水産消費安全技術センター（行政）	出資による権利	独立行政法人農林水産消費安全技術センター法（平11.12.22 法第183号）	埼玉県さいたま市中央区新都心２番地１さいたま新都心合同庁舎検査棟	・農林水産物，飲食料品及び油脂の品質及び表示に関する調査及び分析，日本農林規格が定められた農林物資及び食品表示基準が定められた食品の検査等 ・肥料及び土壌改良資材の検査並びに肥料の登録申請に対する調査等 ・飼料及び飼料添加物の検査並びに特定添加物（飼料添加物のうち抗生物質製剤）の検定等 ・農薬の登録審査及び農薬取締法の規定に基づく集取・立入検査等	平成13年度 一般	農林水産大臣（消費・安全局総務課）
独立行政法人家畜改良センター（中期）	出資による権利	独立行政法人家畜改良センター法（平11.12.22 法第185号）	福島県西白河郡西郷村大字小田倉字小田倉原１番地	家畜の改良・増殖と飼養管理の改善，飼料作物の種苗の生産・配布と検査，畜産技術の調査研究，畜産技術の講習・指導等	平成13年度 一般	農林水産大臣（畜産局畜産振興課）

14. 政 府 出 資 法

法 人 名	種目	出資の根拠法	主たる事務所の所在地	主 要 事 業	当初出資年度・出資会計名	主務大臣（担当部局）
国立研究開発法人農業・食品産業技術総合研究機構	出資による権利	国立研究開発法人農業・食品産業技術総合研究機構法（平11.12.22 法第192号）	茨城県つくば市観音台三丁目1番地1	農業等に関する技術の向上に寄与するため，農業及び食品産業に関する技術上の試験及び研究等を実施するとともに，生物系特定産業技術の高度化に資するため，生物系特定産業技術に関する基礎的な試験及び研究を行う。また，適正な農林水産植物の品種登録の実施を図るための栽培試験を行うとともに，優良な種苗の流通の確保を図るための農作物の種苗の検査並びにばれいしょ及びさとうきびの増殖に必要な種苗の生産及び配布を行う	平成13年度 一 般 産 投※ ※平成20年度より，産業投資特別会計は財政投融資特別会計へ統合されている。	農林水産大臣（農林水産技術会議事務局研究調整課） 財務大臣（理財局総務課たばこ塩事業室・国税庁酒税課）
国立研究開発法人国際農林水産業研究センター	出資による権利	国立研究開発法人国際農林水産業研究センター法（平11.12.22 法第197号）	茨城県つくば市大わし1番地1	熱帯又は亜熱帯に属する地域その他開発途上にある海外の地域における農林水産業に関する技術上の試験及び研究，調査，分析，鑑定並びに講習。また，同地域における農林水産業に関する内外の資料の収集，整理及び提供等を実施	平成13年度 一 般	農林水産大臣（農林水産技術会議事務局研究調整課）
国立研究開発法人森林研究・整備機構	出資による権利	国立研究開発法人森林研究・整備機構法（平11.12.22 法第198号）	茨城県つくば市松の里1番地	・森林及び林業に関する試験及び研究，調査，分析，鑑定並びに講習，林木の優良な種苗の生産及び配布等 ・水源を涵養するための森林の造成 ・森林保険	平成13年度 一 般	農林水産大臣（林野庁森林整備部研究指導課，整備課，計画課，農村振興局整備部農地資源課）
国立研究開発法人水産研究・教育機構	出資による権利	国立研究開発法人水産研究・教育機構法（平11.12.22 法第199号）	神奈川県横浜市神奈川区新浦島町一丁目1番地25 テクノウェイブ100 6階	水産に関する技術の向上に寄与するための試験及び研究等を行うとともに，さけ類及びます類のふ化及び放流を行うほか，水産業を担う人材の育成を図るための水産に関する学理及び技術の教授を行う。また，海洋水産資源の開発及び利用の合理化のための調査等を行う	平成13年度 一 般	農林水産大臣（水産庁増殖推進部研究指導課）
独立行政法人農畜産業振興機構（中期）	出資による権利	独立行政法人農畜産業振興機構法（平14.12. 4 法第126号）	東京都港区麻布台二丁目2番1号	農畜産業及び関連産業の健全な発展並びに国民消費生活の安定に寄与することを目的とした，畜産，野菜，砂糖及びでん粉に関する経営安定のための補給金等交付業務及び需給調整・価格安定業務並びに情報収集提供業務	平成15年度 一 般	農林水産大臣（畜産局総務課）
独立行政法人農林漁業信用基金（中期）	出資による権利	独立行政法人農林漁業信用基金法（平14.12. 4 法第128号）	東京都港区愛宕二丁目5番1号	農業信用基金協会・漁業信用基金協会が行う債務の保証についての保険，林業者等の債務の保証，林業経営の基盤強化に必要な長期・無利子の資金の融通，農業共済団体等・漁業共済団体への資金の貸付け等	平成15年度 一 般	農林水産大臣（経営局金融調整課） 財務大臣（大臣官房政策金融課）

人　の　概　要（令和５年３月31日現在）（続）

法　人　名	種目	出資の根拠法	主たる事務所の所在地	主　要　事　業	当初出資年度・出資会計名	主務大臣（担当部局）
国立研究開発法人産業技術総合研究所	出資による権利	国立研究開発法人産業技術総合研究所法（平11.12.22法第203号）	東京都千代田区霞が関１の３の１	産業技術の向上及びその成果の普及を図り，経済及び産業の発展並びに鉱物資源及びエネルギーの安定的かつ効率的な供給の確保に資することを目的とした鉱工業の科学技術に関する研究及び開発等の業務	平成13年度 一　般 特　許	経済産業大臣（産業技術環境局総務課産業技術法人室）
独立行政法人製品評価技術基盤機構（行政）	出資による権利	独立行政法人製品評価技術基盤機構法（平11.12.22法第204号）	東京都渋谷区西原２の49の10	工業製品等に関する技術上の評価等並びに工業製品等の品質に関する情報の収集，評価，整理及び提供等	平成13年度 一　般	経済産業大臣（産業技術環境局総務課産業技術法人室）
国立研究開発法人新エネルギー・産業技術総合開発機構	出資証券	国立研究開発法人新エネルギー・産業技術総合開発機構法（平14.12.11法第145号）	神奈川県川崎市幸区大宮町1310　ミューザ川崎セントラルタワー	非化石エネルギー，可燃性天然ガス及び石炭に関する技術並びにエネルギー使用合理化のための技術並びに鉱工業の技術に関し，民間の能力を活用して行う研究開発，民間において行われる研究開発の促進，これらの技術の利用促進等の業務	平成15年度 一　般 電　発※ 石　油※ 産　投※ ※平成19年度より，電源開発促進対策特別会計と，石油及びエネルギー需給構造高度化対策特別会計はエネルギー対策特別会計へ統合されている。 ※平成20年度より，産業投資特別会計は財政投融資特別会計へ統合されている。	経済産業大臣（産業技術環境局総務課産業技術法人室）
独立行政法人日本貿易振興機構（中期）	出資による権利	独立行政法人日本貿易振興機構法（平14.12.13法第172号）	東京都港区赤坂１の12の32	貿易の振興に関する事業の総合的かつ効率的実施並びにアジア地域等の経済及びこれに関連する諸事情について基礎的かつ総合的な調査研究等	平成15年度 一　般	経済産業大臣（通商政策局総務課）
独立行政法人情報処理推進機構（中期）	出資による権利	情報処理の促進に関する法律（昭45. 5.22法第90号）	東京都文京区本駒込２の28の８	プログラムの開発及び利用の促進，情報処理に関する安全性及び信頼性の確保，情報処理システムの高度利用の促進，情報処理サービス業等を営む者に対する助成並びに情報処理に関して必要な知識及び技能の向上に関する業務	昭和45年度 一　般 産　投※ 労　働 ※平成20年度より，産業投資特別会計は財政投融資特別会計へ統合されている。	経済産業大臣（商務情報政策局総務課）

14. 政　府　出　資　法

法　人　名	種目	出資の根拠法	主たる事務所の所在地	主　要　事　業	当初出資年度・出資会計名	主務大臣（担当部局）
独立行政法人エネルギー・金属鉱物資源機構（中期）	出資による権利	独立行政法人エネルギー・金属鉱物資源機構法（平14. 7.26 法第94号）	東京都港区虎ノ門２の10の１	石油及び可燃性天然ガスの探鉱等，石炭の探鉱，水素の製造等，地熱の探査並びに金属鉱物の探鉱等に必要な資金の供給並びに風力の利用に必要な風の状況の調査その他石油及び可燃性天然ガス資源，石炭資源，水素資源，地熱資源，風力資源並びに金属鉱物資源の開発を促進するために必要な業務並びに石油及び金属鉱産物の備蓄に必要な業務を行い，もって石油等，石炭，水素，地熱，風力及び金属鉱産物の安定的かつ低廉な供給に資するとともに，金属鉱業等による鉱害の防止に必要な資金の貸付けその他の業務を行い，もって国民の健康の保護及び生活環境の保全並びに金属鉱業等の健全な発展に寄与することを目的とする	平成15年度 一　般 産　投※ 石　油※ ※平成20年度より，産業投資特別会計は財政投融資特別会計へ統合されている。※平成19年度より，電源開発促進対策特別会計と，石油及びエネルギー需給構造高度化対策特別会計はエネルギー対策特別会計へ統合されている。 平成24年度 復　興	経済産業大臣（資源エネルギー庁資源・燃料部政策課）
独立行政法人中小企業基盤整備機構（中期）	出資による権利	独立行政法人中小企業基盤整備機構法（平14.12.11 法第147号）	東京都港区虎ノ門３の５の１ 虎ノ門37森ビル	中小企業者その他の事業者の事業活動に必要な助言，研修，資金の貸付け，出資，助成及び債務の保証，地域における施設の整備，共済制度の運営等	平成16年度 一　般 産　投※ ※平成20年度より，産業投資特別会計は財政投融資特別会計へ統合されている。 平成24年度 復　興	経済産業大臣（中小企業庁長官官房総務課，経済産業政策局産業資金課及び地域産業基盤整備課） 財務大臣（大臣官房政策金融課）

人　の　概　要（令和5年3月31日現在）（続）

法　人　名	種目	出資の根拠法	主たる事務所の所在地	主　要　事　業	当初出資年度・出資会計名	主務大臣（担当部局）
国立研究開発法人土木研究所	出資による権利	国立研究開発法人土木研究所法（平11.12.22 法第205号）	茨城県つくば市南原1の6	土木技術（建設技術及び北海道開発局の所掌事務に関連するその他の技術のうち土木に係るもの）に関する調査，試験，研究及び開発並びに指導及び成果の普及，委託に基づき実施する土木技術に関する調査，試験，研究，開発及び検定等	平成13年度 一　般 道　路※ 治　水※ 平成18年度 港　湾※ 土　改※ ※平成20年度より，道路整備特別会計，港湾整備特別会計は社会資本整備事業特別会計へ統合されている。また，平成26年度より，社会資本整備事業特別会計は一般会計及び自動車安全特別会計へ統合されている。 ※平成20年度より，国営土地改良事業特別会計，治水特別会計は一般会計へ統合されている。	国土交通大臣（大臣官房技術調査課） 農林水産大臣（農林水産技術会議事務局研究調整課）
国立研究開発法人建築研究所	出資による権利	国立研究開発法人建築研究所法（平11.12.22 法第206号）	茨城県つくば市立原1	建築・都市計画技術に関する調査，試験，研究，開発，指導及び成果の普及，委託に基づき行う建築物，その敷地及び建築資材についての特別な調査，試験，研究及び開発等，地震工学に関する研修生の研修等	平成13年度 一　般	国土交通大臣（大臣官房技術調査課）
国立研究開発法人海上・港湾・航空技術研究所	出資による権利	国立研究開発法人海上・港湾・航空技術研究所法（平11.12.22 法第208号）	東京都三鷹市新川6の38の1	船舶に係る技術並びに当該技術を活用した海洋の利用及び海洋汚染の防止に係る技術，港湾及び空港の整備等に関する技術並びに電子航法に関する調査，研究及び開発等を行う	平成13年度 一　般	国土交通大臣（総合政策局技術政策課）
独立行政法人海技教育機構（中期）	出資による権利	独立行政法人海技教育機構法（平11.12.22 法第214号）	神奈川県横浜市中区北仲通5の57　横浜第2合同庁舎20階	船員となろうとする者及び船員（船員であった者を含む。）に対し，船舶の運航に関する学術及び技能を教授し，並びに航海訓練を行うこと等	平成13年度 一　般	国土交通大臣（海事局海技課）

14. 政　府　出　資　法

法人名	種目	出資の根拠法	主たる事務所の所在地	主要事業	当初出資年度・出資会計名	主務大臣（担当部局）
独立行政法人航空大学校（中期）	出資による権利	独立行政法人航空大学校法（平11.12.22 法第215号）	宮崎県宮崎市大字赤江字飛江田652の２	航空機の操縦に関する学科及び技能を教授し，航空機の操縦に従事する者を養成する	平成13年度 一　般 空　港※ ※平成20年度より，空港整備特別会計，道路整備特別会計，治水特別会計，港湾整備特別会計及び都市開発資金融通特別会計は社会資本整備事業特別会計へ統合されている。また，平成26年度より，社会資本整備事業特別会計は一般会計及び自動車安全特別会計へ統合されている。	国土交通大臣（航空局安全部安全政策課）
独立行政法人自動車技術総合機構（中期）	出資による権利	独立行政法人自動車技術総合機構法（平11.12.22 法第218号）	東京都新宿区四谷本塩町４−41 住友生命四谷ビル４階	・自動車の検査に関する事務のうち，道路運送車両法に規定する保安基準の適合審査 ・運輸技術のうち陸上運送及び航空運送に関する安全の確保，環境の保全及び燃料資源の有効な利用の確保に係るものに関する試験，調査，研究及び開発，自動車及び自動車の装置の保安基準適合性の審査，リコールの技術的検証 ・自動車の登録に係る事実の確認をするために必要な調査	平成14年度 一　般 車　検※ ※平成20年度より，自動車検査登録特別会計と，自動車損害賠償保障事業特別会計は自動車安全特別会計に統合されている。	国土交通大臣（自動車局技術・環境政策課）
独立行政法人鉄道建設・運輸施設整備支援機構（中期）	出資による権利	独立行政法人鉄道建設・運輸施設整備支援機構法（平14.12.18 法第180号）	神奈川県横浜市中区本町六丁目50番地１	新幹線鉄道等の鉄道施設の建設，貸付け等，海外の高速鉄道に関する調査等，船舶の共有建造，持続的な地域旅客運送サービスの提供の確保を図る事業への出資等，複数の輸送モードの結節を行う機能等を有する一定規模の物流拠点施設の整備等に対する資金の貸付け，鉄道施設整備を行う鉄道事業者等に対する補助金等の交付，旧国鉄職員の年金等の給付に要する費用等の支払等	平成15年度 一　般 産　投※ ※平成20年度より，産業投資特別会計は財政投融資特別会計へ統合されている。	国土交通大臣（大臣官房参事官（地域調整），鉄道局鉄道事業課，国際課，都市鉄道政策課，海事局総務課，総合政策局地域交通課，物流政策課）
独立行政法人国際観光振興機構（中期）	出資による権利	独立行政法人国際観光振興機構法（平14.12.18 法第181号）	東京都新宿区四谷一丁目６番４号	海外における観光宣伝，外国人観光旅客に対する観光案内その他外国人観光旅客の来訪の促進に必要な業務等	平成15年度 一　般	国土交通大臣（観光庁国際観光課）

人　の　概　要（令和５年３月31日現在）（続）

法人名	種目	出資の根拠法	主たる事務所の所在地	主要事業	当初出資年度・出資会計名	主務大臣（担当部局）
独立行政法人水資源機構（中期）	出資による権利	独立行政法人水資源機構法（平14.12.18 法第182号）	埼玉県さいたま市中央区新都心11の２	水資源開発基本計画に基づく水資源の開発又は利用のための施設の改築等及び水資源開発施設等の管理等	平成15年度 一　般	国土交通大臣（水管理・国土保全局水資源部水資源政策課，河川環境課，治水課） 厚生労働大臣（医薬・生活衛生局水道課） 農林水産大臣（農村振興局整備部水資源課水資源機構業務班） 経済産業大臣（経済産業政策局地域経済産業グループ地域産業基盤整備課）
独立行政法人自動車事故対策機構（中期）	出資による権利	独立行政法人自動車事故対策機構法（平14.12.18 法第183号）	東京都墨田区錦糸３の２の１　アルカイースト19階	自動車事故の防止対策（運行管理者等の指導講習，運転者の適性診断，自動車の安全情報の提供等）並びに自動車事故による被害者の保護対策（交通遺児等に対する貸付け，介護料の支給，療護施設の設置及び運営等）	平成15年度 自　賠※ ※平成20年度より自動車検査登録特別会計と，自動車損害賠償保障事業特別会計は自動車安全特別会計に統合されている。	国土交通大臣（自動車局保障制度参事官室）
独立行政法人空港周辺整備機構（中期）	出資による権利	公共用飛行場周辺における航空機騒音による障害の防止等に関する法律（昭42. 8. 1 法第110号）	福岡県福岡市博多区博多駅東２丁目17番５号	周辺整備空港（福岡空港）の周辺地域における航空機騒音により生ずる障害の防止及び軽減を図るための事業	平成15年度 空　港※ ※平成20年度より，空港整備特別会計，道路整備特別会計，治水特別会計，港湾整備特別会計及び都市開発資金融通特別会計は社会資本整備事業特別会計へ統合されている。また，平成26年度より，社会資本整備事業特別会計は一般会計及び自動車安全特別会計へ統合されている。	国土交通大臣（航空局航空ネットワーク部航空戦略室）

14. 政　府　出　資　法

法　人　名	種目	出資の根拠法	主たる事務所の所在地	主　要　事　業	当初出資年度・出資会計名	主務大臣（担当部局）
独立行政法人都市再生機構（中期）	出資による権利	独立行政法人都市再生機構法（平15. 6.20法第100号）	神奈川県横浜市中区本町６の50の１	機能的な都市活動及び豊かな都市生活を営む基盤の整備が社会経済情勢の変化に対応して十分に行われていない大都市及び地域社会の中心となる都市における市街地の整備改善及び賃貸住宅の供給の支援に関する業務等	平成16年度 一　般 産　投※ ※平成20年度より，産業投資特別会計は財政投融資特別会計へ統合されている。	国土交通大臣（住宅局住宅企画官付，住宅局住宅総合整備課，都市局まちづくり推進課）
独立行政法人奄美群島振興開発基金（中期）	出資による権利	奄美群島振興開発特別措置法（昭29. 6.21法第189号）	鹿児島県奄美市名瀬港町１番５号	奄美群島の振興開発事業に必要な金融の円滑化を図るための信用保証業務及び小口の事業資金の貸付け等	昭和30年度 一　般 産　投※ ※平成20年度より，産業投資特別会計は財政投融資特別会計へ統合されている。	国土交通大臣（国土政策局特別地域振興官） 財　務　大　臣（大臣官房政策金融課）
独立行政法人日本高速道路保有・債務返済機構（中期）	出資による権利	独立行政法人日本高速道路保有・債務返済機構法（平16. 6. 9法第100号）	神奈川県横浜市西区高島１の１の２	高速道路に係る道路資産を保有し，これを会社に貸し付けること等	平成17年度 一　般 道　路※ ※平成20年度より，空港整備特別会計，道路整備特別会計，治水特別会計，港湾整備特別会計及び都市開発資金融通特別会計は社会資本整備事業特別会計へ統合されている。また，平成26年度より，社会資本整備事業特別会計は一般会計及び自動車安全特別会計へ統合されている。	国土交通大臣（道路局総務課高速道路経営管理室）
独立行政法人住宅金融支援機構（中期）	出資による権利	独立行政法人住宅金融支援機構法（平17. 7. 6法第82号）	東京都文京区後楽１の４の10	一般の金融機関による住宅の建設等に必要な資金の融通を支援するための貸付債権の譲受け等を行うほか，一般の金融機関による融通を補完するための災害復興建築物の建設等に必要な資金の貸付等	平成19年度 一　般 産　投※ ※平成20年度より，産業投資特別会計は財政投融資特別会計へ統合されている	国土交通大臣（住宅局住宅経済・法制課住宅金融室） 財　務　大　臣（大臣官房政策金融課）

人　の　概　要（令和５年３月31日現在）（続）

法　人　名	種目	出資の根拠法	主たる事務所の所在地	主　要　事　業	当初出資年度・出資会計名	主務大臣（担当部局）
国立研究開発法人国立環境研究所	出資による権利	国立研究開発法人国立環境研究所法（平11.12.22 法第216号）	茨城県つくば市小野川16の2	１．環境の状況の把握に関する研究，人の活動が環境に及ぼす影響に関する研究，人の活動による環境の変化が人の健康に及ぼす影響に関する研究，環境への負荷を低減するための方策に関する研究その他環境の保全に関する調査及び研究（水俣病に関する総合的な調査及び研究を除く。） ２．環境の保全に関する国内及び国外の情報（水俣病に関するものを除く。）の収集，整理及び提供 ３．気候変動適応法（平成30年法律第50号）第11条第１項に規定する業務　等	平成13年度 一　般	環　境　大　臣（大臣官房総合政策課）
独立行政法人環境再生保全機構（中期）	出資による権利	独立行政法人環境再生保全機構法（平15. 5.16 法第43号）	神奈川県川崎市幸区大宮町1310ミューザ川崎セントラルタワー８階	公害に係る健康被害の補償及び予防，民間団体が行う環境の保全に関する活動の支援，ポリ塩化ビフェニル廃棄物の処理の円滑な実施の支援，維持管理積立金の管理，石綿による健康被害の救済，研究機関の能力を活用して行う環境の保全に関する研究及び技術開発等	平成16年度 一　般	環　境　大　臣（大臣官房総合政策課） 農林水産大臣（大臣官房環境バイオマス政策課） 経済産業大臣（産業技術環境局環境政策課） 国土交通大臣（総合政策局環境政策課）
独立行政法人駐留軍等労働者労務管理機構（行政）	出資による権利	独立行政法人駐留軍等労働者労務管理機構法（平11.12.22 法第217号）	東京都港区三田3-13-12　三田ＭＴビル	駐留軍等労働者の雇入れ，提供，労務管理，給与，福利厚生等	平成14年度 一　般	防　衛　大　臣（地方協力局労務管理課）
４．国立大学法人						
国立大学法人北海道大学	出資による権利	国立大学法人法（平15. 7.16 法第112号）	北海道札幌市北区北８条西５	国立大学を設置・運営し，教育研究，学生相談，受託・共同研究，公開講座の開設及び研究成果の普及・活用促進等を行う	平成16年度 一　般	文部科学大臣（高等教育局国立大学法人支援課）
国立大学法人北海道教育大学	出資による権利	国立大学法人法（平15. 7.16 法第112号）	北海道札幌市北区あいの里５条３の１の３	国立大学を設置・運営し，教育研究，学生相談，受託・共同研究，公開講座の開設及び研究成果の普及・活用促進等を行う	平成16年度 一　般	文部科学大臣（高等教育局国立大学法人支援課）
国立大学法人室蘭工業大学	出資による権利	国立大学法人法（平15. 7.16 法第112号）	北海道室蘭市水元町27の１	国立大学を設置・運営し，教育研究，学生相談，受託・共同研究，公開講座の開設及び研究成果の普及・活用促進等を行う	平成16年度 一　般	文部科学大臣（高等教育局国立大学法人支援課）
国立大学法人北海道国立大学機構	出資による権利	国立大学法人法（平15. 7.16 法第112号）	北海道帯広市稲田町西２線11	国立大学を設置・運営し，教育研究，学生相談，受託・共同研究，公開講座の開設及び研究成果の普及・活用促進等を行う	平成16年度 一　般	文部科学大臣（高等教育局国立大学法人支援課）

14. 政　府　出　資　法

法　人　名	種目	出資の根拠法	主たる事務所の所在地	主　要　事　業	当初出資年度・出資会計名	主務大臣（担当部局）
国立大学法人旭川医科大学	出資による権利	国立大学法人法（平15. 7.16法第112号）	北海道旭川市緑が丘東２条１の１の１	国立大学を設置・運営し，教育研究，学生相談，受託・共同研究，公開講座の開設及び研究成果の普及・活用促進等を行う	平成16年度　一　般	文部科学大臣（高等教育局国立大学法人支援課）
国立大学法人弘前大学	出資による権利	国立大学法人法（平15. 7.16法第112号）	青森県弘前市文京町１	国立大学を設置・運営し，教育研究，学生相談，受託・共同研究，公開講座の開設及び研究成果の普及・活用促進等を行う	平成16年度　一　般	文部科学大臣（高等教育局国立大学法人支援課）
国立大学法人岩手大学	出資による権利	国立大学法人法（平15. 7.16法第112号）	岩手県盛岡市上田３の18の８	国立大学を設置・運営し，教育研究，学生相談，受託・共同研究，公開講座の開設及び研究成果の普及・活用促進等を行う	平成16年度　一　般	文部科学大臣（高等教育局国立大学法人支援課）
国立大学法人東北大学	出資による権利	国立大学法人法（平15. 7.16法第112号）	宮城県仙台市青葉区片平２の１の１	国立大学を設置・運営し，教育研究，学生相談，受託・共同研究，公開講座の開設及び研究成果の普及・活用促進等を行う	平成16年度　一　般	文部科学大臣（高等教育局国立大学法人支援課）
国立大学法人宮城教育大学	出資による権利	国立大学法人法（平15. 7.16法第112号）	宮城県仙台市青葉区荒巻字青葉149	国立大学を設置・運営し，教育研究，学生相談，受託・共同研究，公開講座の開設及び研究成果の普及・活用促進等を行う	平成16年度　一　般	文部科学大臣（高等教育局国立大学法人支援課）
国立大学法人秋田大学	出資による権利	国立大学法人法（平15. 7.16法第112号）	秋田県秋田市手形学園町１の１	国立大学を設置・運営し，教育研究，学生相談，受託・共同研究，公開講座の開設及び研究成果の普及・活用促進等を行う	平成16年度　一　般	文部科学大臣（高等教育局国立大学法人支援課）
国立大学法人山形大学	出資による権利	国立大学法人法（平15. 7.16法第112号）	山形県山形市小白川町１の４の12	国立大学を設置・運営し，教育研究，学生相談，受託・共同研究，公開講座の開設及び研究成果の普及・活用促進等を行う	平成16年度　一　般	文部科学大臣（高等教育局国立大学法人支援課）
国立大学法人福島大学	出資による権利	国立大学法人法（平15. 7.16法第112号）	福島県福島市金谷川１	国立大学を設置・運営し，教育研究，学生相談，受託・共同研究，公開講座の開設及び研究成果の普及・活用促進等を行う	平成16年度　一　般	文部科学大臣（高等教育局国立大学法人支援課）
国立大学法人茨城大学	出資による権利	国立大学法人法（平15. 7.16法第112号）	茨城県水戸市文京２の１の１	国立大学を設置・運営し，教育研究，学生相談，受託・共同研究，公開講座の開設及び研究成果の普及・活用促進等を行う	平成16年度　一　般	文部科学大臣（高等教育局国立大学法人支援課）
国立大学法人筑波大学	出資による権利	国立大学法人法（平15. 7.16法第112号）	茨城県つくば市天王台１の１の１	国立大学を設置・運営し，教育研究，学生相談，受託・共同研究，公開講座の開設及び研究成果の普及・活用促進等を行う	平成16年度　一　般	文部科学大臣（高等教育局国立大学法人支援課）
国立大学法人筑波技術大学	出資による権利	国立大学法人法（平15. 7.16法第112号）	茨城県つくば市天久保４の３の15	国立大学を設置・運営し，教育研究，学生相談，受託・共同研究，公開講座の開設及び研究成果の普及・活用促進等を行う	平成17年度　一　般	文部科学大臣（高等教育局国立大学法人支援課）
国立大学法人宇都宮大学	出資による権利	国立大学法人法（平15. 7.16法第112号）	栃木県宇都宮市峰町350	国立大学を設置・運営し，教育研究，学生相談，受託・共同研究，公開講座の開設及び研究成果の普及・活用促進等を行う	平成16年度　一　般	文部科学大臣（高等教育局国立大学法人支援課）

人　の　概　要（令和5年3月31日現在）（続）

法人名	種目	出資の根拠法	主たる事務所の所在地	主要事業	当初出資年度・出資会計名	主務大臣（担当部局）
国立大学法人群馬大学	出資による権利	国立大学法人法（平15．7.16法第112号）	群馬県前橋市荒牧町4の2	国立大学を設置・運営し，教育研究，学生相談，受託・共同研究，公開講座の開設及び研究成果の普及・活用促進等を行う	平成16年度　一般	文部科学大臣（高等教育局国立大学法人支援課）
国立大学法人埼玉大学	出資による権利	国立大学法人法（平15．7.16法第112号）	埼玉県さいたま市桜区下大久保255	国立大学を設置・運営し，教育研究，学生相談，受託・共同研究，公開講座の開設及び研究成果の普及・活用促進等を行う	平成16年度　一般	文部科学大臣（高等教育局国立大学法人支援課）
国立大学法人千葉大学	出資による権利	国立大学法人法（平15．7.16法第112号）	千葉県千葉市稲毛区弥生町1の33	国立大学を設置・運営し，教育研究，学生相談，受託・共同研究，公開講座の開設及び研究成果の普及・活用促進等を行う	平成16年度　一般	文部科学大臣（高等教育局国立大学法人支援課）
国立大学法人東京大学	出資による権利	国立大学法人法（平15．7.16法第112号）	東京都文京区本郷7の3の1	国立大学を設置・運営し，教育研究，学生相談，受託・共同研究，公開講座の開設及び研究成果の普及・活用促進等を行う	平成16年度　一般	文部科学大臣（高等教育局国立大学法人支援課）
国立大学法人東京医科歯科大学	出資による権利	国立大学法人法（平15．7.16法第112号）	東京都文京区湯島1の5の45	国立大学を設置・運営し，教育研究，学生相談，受託・共同研究，公開講座の開設及び研究成果の普及・活用促進等を行う	平成16年度　一般	文部科学大臣（高等教育局国立大学法人支援課）
国立大学法人東京外国語大学	出資による権利	国立大学法人法（平15．7.16法第112号）	東京都府中市朝日町3の11の1	国立大学を設置・運営し，教育研究，学生相談，受託・共同研究，公開講座の開設及び研究成果の普及・活用促進等を行う	平成16年度　一般	文部科学大臣（高等教育局国立大学法人支援課）
国立大学法人東京学芸大学	出資による権利	国立大学法人法（平15．7.16法第112号）	東京都小金井市貫井北町4の1の1	国立大学を設置・運営し，教育研究，学生相談，受託・共同研究，公開講座の開設及び研究成果の普及・活用促進等を行う	平成16年度　一般	文部科学大臣（高等教育局国立大学法人支援課）
国立大学法人東京農工大学	出資による権利	国立大学法人法（平15．7.16法第112号）	東京都府中市晴見町3の8の1	国立大学を設置・運営し，教育研究，学生相談，受託・共同研究，公開講座の開設及び研究成果の普及・活用促進等を行う	平成16年度　一般	文部科学大臣（高等教育局国立大学法人支援課）
国立大学法人東京芸術大学	出資による権利	国立大学法人法（平15．7.16法第112号）	東京都台東区上野公園12の8	国立大学を設置・運営し，教育研究，学生相談，受託・共同研究，公開講座の開設及び研究成果の普及・活用促進等を行う	平成16年度　一般	文部科学大臣（高等教育局国立大学法人支援課）
国立大学法人東京工業大学	出資による権利	国立大学法人法（平15．7.16法第112号）	東京都目黒区大岡山2の12の1	国立大学を設置・運営し，教育研究，学生相談，受託・共同研究，公開講座の開設及び研究成果の普及・活用促進等を行う	平成16年度　一般	文部科学大臣（高等教育局国立大学法人支援課）
国立大学法人東京海洋大学	出資による権利	国立大学法人法（平15．7.16法第112号）	東京都港区港南4の5の7	国立大学を設置・運営し，教育研究，学生相談，受託・共同研究，公開講座の開設及び研究成果の普及・活用促進等を行う	平成16年度　一般	文部科学大臣（高等教育局国立大学法人支援課）
国立大学法人お茶の水女子大学	出資による権利	国立大学法人法（平15．7.16法第112号）	東京都文京区大塚2の1の1	国立大学を設置・運営し，教育研究，学生相談，受託・共同研究，公開講座の開設及び研究成果の普及・活用促進等を行う	平成16年度　一般	文部科学大臣（高等教育局国立大学法人支援課）

14. 政　府　出　資　法

法人名	種目	出資の根拠法	主たる事務所の所在地	主要事業	当初出資年度・出資会計名	主務大臣（担当部局）
国立大学法人電気通信大学	出資による権利	国立大学法人法（平15. 7.16 法第112号）	東京都調布市調布ケ丘1の5の1	国立大学を設置・運営し，教育研究，学生相談，受託・共同研究，公開講座の開設及び研究成果の普及・活用促進等を行う	平成16年度 一般	文部科学大臣（高等教育局国立大学法人支援課）
国立大学法人一橋大学	出資による権利	国立大学法人法（平15. 7.16 法第112号）	東京都国立市中2の1	国立大学を設置・運営し，教育研究，学生相談，受託・共同研究，公開講座の開設及び研究成果の普及・活用促進等を行う	平成16年度 一般	文部科学大臣（高等教育局国立大学法人支援課）
国立大学法人横浜国立大学	出資による権利	国立大学法人法（平15. 7.16 法第112号）	神奈川県横浜市保土ヶ谷区常盤台79の1	国立大学を設置・運営し，教育研究，学生相談，受託・共同研究，公開講座の開設及び研究成果の普及・活用促進等を行う	平成16年度 一般	文部科学大臣（高等教育局国立大学法人支援課）
国立大学法人新潟大学	出資による権利	国立大学法人法（平15. 7.16 法第112号）	新潟県新潟市西区五十嵐2の町8050	国立大学を設置・運営し，教育研究，学生相談，受託・共同研究，公開講座の開設及び研究成果の普及・活用促進等を行う	平成16年度 一般	文部科学大臣（高等教育局国立大学法人支援課）
国立大学法人長岡技術科学大学	出資による権利	国立大学法人法（平15. 7.16 法第112号）	新潟県長岡市上富岡町1603の1	国立大学を設置・運営し，教育研究，学生相談，受託・共同研究，公開講座の開設及び研究成果の普及・活用促進等を行う	平成16年度 一般	文部科学大臣（高等教育局国立大学法人支援課）
国立大学法人上越教育大学	出資による権利	国立大学法人法（平15. 7.16 法第112号）	新潟県上越市山屋敷町1	国立大学を設置・運営し，教育研究，学生相談，受託・共同研究，公開講座の開設及び研究成果の普及・活用促進等を行う	平成16年度 一般	文部科学大臣（高等教育局国立大学法人支援課）
国立大学法人富山大学	出資による権利	国立大学法人法（平15. 7.16 法第112号）	富山県富山市五福3190	国立大学を設置・運営し，教育研究，学生相談，受託・共同研究，公開講座の開設及び研究成果の普及・活用促進等を行う	平成17年度 一般	文部科学大臣（高等教育局国立大学法人支援課）
国立大学法人金沢大学	出資による権利	国立大学法人法（平15. 7.16 法第112号）	石川県金沢市角間町	国立大学を設置・運営し，教育研究，学生相談，受託・共同研究，公開講座の開設及び研究成果の普及・活用促進等を行う	平成16年度 一般	文部科学大臣（高等教育局国立大学法人支援課）
国立大学法人福井大学	出資による権利	国立大学法人法（平15. 7.16 法第112号）	福井県福井市文京3の9の1	国立大学を設置・運営し，教育研究，学生相談，受託・共同研究，公開講座の開設及び研究成果の普及・活用促進等を行う	平成16年度 一般	文部科学大臣（高等教育局国立大学法人支援課）
国立大学法人山梨大学	出資による権利	国立大学法人法（平15. 7.16 法第112号）	山梨県甲府市武田4の4の37	国立大学を設置・運営し，教育研究，学生相談，受託・共同研究，公開講座の開設及び研究成果の普及・活用促進等を行う	平成16年度 一般	文部科学大臣（高等教育局国立大学法人支援課）
国立大学法人信州大学	出資による権利	国立大学法人法（平15. 7.16 法第112号）	長野県松本市旭3の1の1	国立大学を設置・運営し，教育研究，学生相談，受託・共同研究，公開講座の開設及び研究成果の普及・活用促進等を行う	平成16年度 一般	文部科学大臣（高等教育局国立大学法人支援課）
国立大学法人静岡大学	出資による権利	国立大学法人法（平15. 7.16 法第112号）	静岡県静岡市駿河区大谷836	国立大学を設置・運営し，教育研究，学生相談，受託・共同研究，公開講座の開設及び研究成果の普及・活用促進等を行う	平成16年度 一般	文部科学大臣（高等教育局国立大学法人支援課）

人　の　概　要（令和５年３月31日現在）（続）

法人名	種目	出資の根拠法	主たる事務所の所在地	主要事業	当初出資年度・出資会計名	主務大臣（担当部局）
国立大学法人浜松医科大学	出資による権利	国立大学法人法（平15. 7.16法第112号）	静岡県浜松市東区半田山１の20の１	国立大学を設置・運営し，教育研究，学生相談，受託・共同研究，公開講座の開設及び研究成果の普及・活用促進等を行う	平成16年度 一般	文部科学大臣（高等教育局国立大学法人支援課）
国立大学法人東海国立大学機構	出資による権利	国立大学法人法（平15. 7.16法第112号）	愛知県名古屋市千種区不老町	国立大学を設置・運営し，教育研究，学生相談，受託・共同研究，公開講座の開設及び研究成果の普及・活用促進等を行う	平成16年度 一般	文部科学大臣（高等教育局国立大学法人支援課）
国立大学法人愛知教育大学	出資による権利	国立大学法人法（平15. 7.16法第112号）	愛知県刈谷市井ヶ谷町広沢１	国立大学を設置・運営し，教育研究，学生相談，受託・共同研究，公開講座の開設及び研究成果の普及・活用促進等を行う	平成16年度 一般	文部科学大臣（高等教育局国立大学法人支援課）
国立大学法人名古屋工業大学	出資による権利	国立大学法人法（平15. 7.16法第112号）	愛知県名古屋市昭和区御器所町	国立大学を設置・運営し，教育研究，学生相談，受託・共同研究，公開講座の開設及び研究成果の普及・活用促進等を行う	平成16年度 一般	文部科学大臣（高等教育局国立大学法人支援課）
国立大学法人豊橋技術科学大学	出資による権利	国立大学法人法（平15. 7.16法第112号）	愛知県豊橋市天伯町雲雀ヶ丘１の１	国立大学を設置・運営し，教育研究，学生相談，受託・共同研究，公開講座の開設及び研究成果の普及・活用促進等を行う	平成16年度 一般	文部科学大臣（高等教育局国立大学法人支援課）
国立大学法人三重大学	出資による権利	国立大学法人法（平15. 7.16法第112号）	三重県津市栗真町屋町1577	国立大学を設置・運営し，教育研究，学生相談，受託・共同研究，公開講座の開設及び研究成果の普及・活用促進等を行う	平成16年度 一般	文部科学大臣（高等教育局国立大学法人支援課）
国立大学法人滋賀大学	出資による権利	国立大学法人法（平15. 7.16法第112号）	滋賀県彦根市馬場１の１の１	国立大学を設置・運営し，教育研究，学生相談，受託・共同研究，公開講座の開設及び研究成果の普及・活用促進等を行う	平成16年度 一般	文部科学大臣（高等教育局国立大学法人支援課）
国立大学法人滋賀医科大学	出資による権利	国立大学法人法（平15. 7.16法第112号）	滋賀県大津市瀬田月輪町	国立大学を設置・運営し，教育研究，学生相談，受託・共同研究，公開講座の開設及び研究成果の普及・活用促進等を行う	平成16年度 一般	文部科学大臣（高等教育局国立大学法人支援課）
国立大学法人京都大学	出資による権利	国立大学法人法（平15. 7.16法第112号）	京都府京都市左京区吉田本町	国立大学を設置・運営し，教育研究，学生相談，受託・共同研究，公開講座の開設及び研究成果の普及・活用促進等を行う	平成16年度 一般	文部科学大臣（高等教育局国立大学法人支援課）
国立大学法人京都教育大学	出資による権利	国立大学法人法（平15. 7.16法第112号）	京都府京都市伏見区深草藤森町１	国立大学を設置・運営し，教育研究，学生相談，受託・共同研究，公開講座の開設及び研究成果の普及・活用促進等を行う	平成16年度 一般	文部科学大臣（高等教育局国立大学法人支援課）
国立大学法人京都工芸繊維大学	出資による権利	国立大学法人法（平15. 7.16法第112号）	京都府京都市左京区松ヶ崎橋上町	国立大学を設置・運営し，教育研究，学生相談，受託・共同研究，公開講座の開設及び研究成果の普及・活用促進等を行う	平成16年度 一般	文部科学大臣（高等教育局国立大学法人支援課）
国立大学法人大阪大学	出資による権利	国立大学法人法（平15. 7.16法第112号）	大阪府吹田市山田丘１の１	国立大学を設置・運営し，教育研究，学生相談，受託・共同研究，公開講座の開設及び研究成果の普及・活用促進等を行う	平成16年度 一般	文部科学大臣（高等教育局国立大学法人支援課）

14. 政　府　出　資　法

法　人　名	種目	出資の根拠法	主たる事務所の所在地	主　要　事　業	当初出資年度・出資会計名	主務大臣（担当部局）
国立大学法人大阪教育大学	出資による権利	国立大学法人法（平15. 7.16法第112号）	大阪府柏原市旭ヶ丘4の698の1	国立大学を設置・運営し，教育研究，学生相談，受託・共同研究，公開講座の開設及び研究成果の普及・活用促進等を行う	平成16年度 一　般	文部科学大臣（高等教育局国立大学法人支援課）
国立大学法人兵庫教育大学	出資による権利	国立大学法人法（平15. 7.16法第112号）	兵庫県加東市下久米942の1	国立大学を設置・運営し，教育研究，学生相談，受託・共同研究，公開講座の開設及び研究成果の普及・活用促進等を行う	平成16年度 一　般	文部科学大臣（高等教育局国立大学法人支援課）
国立大学法人神戸大学	出資による権利	国立大学法人法（平15. 7.16法第112号）	兵庫県神戸市灘区六甲台町1の1	国立大学を設置・運営し，教育研究，学生相談，受託・共同研究，公開講座の開設及び研究成果の普及・活用促進等を行う	平成16年度 一　般	文部科学大臣（高等教育局国立大学法人支援課）
国立大学法人奈良国立大学機構	出資による権利	国立大学法人法（平15. 7.16法第112号）	奈良県奈良市北魚屋東町	国立大学を設置・運営し，教育研究，学生相談，受託・共同研究，公開講座の開設及び研究成果の普及・活用促進等を行う	平成16年度 一　般	文部科学大臣（高等教育局国立大学法人支援課）
国立大学法人和歌山大学	出資による権利	国立大学法人法（平15. 7.16法第112号）	和歌山県和歌山市栄谷930	国立大学を設置・運営し，教育研究，学生相談，受託・共同研究，公開講座の開設及び研究成果の普及・活用促進等を行う	平成16年度 一　般	文部科学大臣（高等教育局国立大学法人支援課）
国立大学法人鳥取大学	出資による権利	国立大学法人法（平15. 7.16法第112号）	鳥取県鳥取市湖山町南4の101	国立大学を設置・運営し，教育研究，学生相談，受託・共同研究，公開講座の開設及び研究成果の普及・活用促進等を行う	平成16年度 一　般	文部科学大臣（高等教育局国立大学法人支援課）
国立大学法人島根大学	出資による権利	国立大学法人法（平15. 7.16法第112号）	島根県松江市西川津町1060	国立大学を設置・運営し，教育研究，学生相談，受託・共同研究，公開講座の開設及び研究成果の普及・活用促進等を行う	平成16年度 一　般	文部科学大臣（高等教育局国立大学法人支援課）
国立大学法人岡山大学	出資による権利	国立大学法人法（平15. 7.16法第112号）	岡山県岡山市北区津島中1の1の1	国立大学を設置・運営し，教育研究，学生相談，受託・共同研究，公開講座の開設及び研究成果の普及・活用促進等を行う	平成16年度 一　般	文部科学大臣（高等教育局国立大学法人支援課）
国立大学法人広島大学	出資による権利	国立大学法人法（平15. 7.16法第112号）	広島県東広島市鏡山1の3の2	国立大学を設置・運営し，教育研究，学生相談，受託・共同研究，公開講座の開設及び研究成果の普及・活用促進等を行う	平成16年度 一　般	文部科学大臣（高等教育局国立大学法人支援課）
国立大学法人山口大学	出資による権利	国立大学法人法（平15. 7.16法第112号）	山口県山口市吉田1677の1	国立大学を設置・運営し，教育研究，学生相談，受託・共同研究，公開講座の開設及び研究成果の普及・活用促進等を行う	平成16年度 一　般	文部科学大臣（高等教育局国立大学法人支援課）
国立大学法人徳島大学	出資による権利	国立大学法人法（平15. 7.16法第112号）	徳島県徳島市新蔵町2の24	国立大学を設置・運営し，教育研究，学生相談，受託・共同研究，公開講座の開設及び研究成果の普及・活用促進等を行う	平成16年度 一　般	文部科学大臣（高等教育局国立大学法人支援課）
国立大学法人鳴門教育大学	出資による権利	国立大学法人法（平15. 7.16法第112号）	徳島県鳴門市鳴門町高島字中島748	国立大学を設置・運営し，教育研究，学生相談，受託・共同研究，公開講座の開設及び研究成果の普及・活用促進等を行う	平成16年度 一　般	文部科学大臣（高等教育局国立大学法人支援課）

人　の　概　要（令和５年３月31日現在）（続）

法　人　名	種目	出資の根拠法	主たる事務所の所在地	主　要　事　業	当初出資年度・出資会計名	主務大臣（担当部局）
国立大学法人香川大学	出資による権利	国立大学法人法（平15. 7.16法第112号）	香川県高松市幸町１の１	国立大学を設置・運営し，教育研究，学生相談，受託・共同研究，公開講座の開設及び研究成果の普及・活用促進等を行う	平成16年度一　般	文部科学大臣（高等教育局国立大学法人支援課）
国立大学法人愛媛大学	出資による権利	国立大学法人法（平15. 7.16法第112号）	愛媛県松山市道後樋又10の13	国立大学を設置・運営し，教育研究，学生相談，受託・共同研究，公開講座の開設及び研究成果の普及・活用促進等を行う	平成16年度一　般	文部科学大臣（高等教育局国立大学法人支援課）
国立大学法人高知大学	出資による権利	国立大学法人法（平15. 7.16法第112号）	高知県高知市曙町２の５の１	国立大学を設置・運営し，教育研究，学生相談，受託・共同研究，公開講座の開設及び研究成果の普及・活用促進等を行う	平成16年度一　般	文部科学大臣（高等教育局国立大学法人支援課）
国立大学法人福岡教育大学	出資による権利	国立大学法人法（平15. 7.16法第112号）	福岡県宗像市赤間文教町１の１	国立大学を設置・運営し，教育研究，学生相談，受託・共同研究，公開講座の開設及び研究成果の普及・活用促進等を行う	平成16年度一　般	文部科学大臣（高等教育局国立大学法人支援課）
国立大学法人九州大学	出資による権利	国立大学法人法（平15. 7.16法第112号）	福岡県福岡市西区元岡744	国立大学を設置・運営し，教育研究，学生相談，受託・共同研究，公開講座の開設及び研究成果の普及・活用促進等を行う	平成16年度一　般	文部科学大臣（高等教育局国立大学法人支援課）
国立大学法人九州工業大学	出資による権利	国立大学法人法（平15. 7.16法第112号）	福岡県北九州市戸畑区仙水町１の１	国立大学を設置・運営し，教育研究，学生相談，受託・共同研究，公開講座の開設及び研究成果の普及・活用促進等を行う	平成16年度一　般	文部科学大臣（高等教育局国立大学法人支援課）
国立大学法人佐賀大学	出資による権利	国立大学法人法（平15. 7.16法第112号）	佐賀県佐賀市本庄町１	国立大学を設置・運営し，教育研究，学生相談，受託・共同研究，公開講座の開設及び研究成果の普及・活用促進等を行う	平成16年度一　般	文部科学大臣（高等教育局国立大学法人支援課）
国立大学法人長崎大学	出資による権利	国立大学法人法（平15. 7.16法第112号）	長崎県長崎市文教町１の14	国立大学を設置・運営し，教育研究，学生相談，受託・共同研究，公開講座の開設及び研究成果の普及・活用促進等を行う	平成16年度一　般	文部科学大臣（高等教育局国立大学法人支援課）
国立大学法人熊本大学	出資による権利	国立大学法人法（平15. 7.16法第112号）	熊本県熊本市中央区黒髪２の39の１	国立大学を設置・運営し，教育研究，学生相談，受託・共同研究，公開講座の開設及び研究成果の普及・活用促進等を行う	平成16年度一　般	文部科学大臣（高等教育局国立大学法人支援課）
国立大学法人大分大学	出資による権利	国立大学法人法（平15. 7.16法第112号）	大分県大分市大字旦野原700	国立大学を設置・運営し，教育研究，学生相談，受託・共同研究，公開講座の開設及び研究成果の普及・活用促進等を行う	平成16年度一　般	文部科学大臣（高等教育局国立大学法人支援課）
国立大学法人宮崎大学	出資による権利	国立大学法人法（平15. 7.16法第112号）	宮崎県宮崎市学園木花台西１の１	国立大学を設置・運営し，教育研究，学生相談，受託・共同研究，公開講座の開設及び研究成果の普及・活用促進等を行う	平成16年度一　般	文部科学大臣（高等教育局国立大学法人支援課）
国立大学法人鹿児島大学	出資による権利	国立大学法人法（平15. 7.16法第112号）	鹿児島県鹿児島市郡元１の21の24	国立大学を設置・運営し，教育研究，学生相談，受託・共同研究，公開講座の開設及び研究成果の普及・活用促進等を行う	平成16年度一　般	文部科学大臣（高等教育局国立大学法人支援課）

14. 政 府 出 資 法

法 人 名	種目	出資の根拠法	主たる事務所の所在地	主 要 事 業	当初出資年度・出資会計名	主務大臣（担当部局）
国立大学法人鹿屋体育大学	出資による権利	国立大学法人法（平15. 7.16 法第112号）	鹿児島県鹿屋市白水町１	国立大学を設置・運営し，教育研究，学生相談，受託・共同研究，公開講座の開設及び研究成果の普及・活用促進等を行う	平成16年度 一 般	文部科学大臣（高等教育局国立大学法人支援課）
国立大学法人琉球大学	出資による権利	国立大学法人法（平15. 7.16 法第112号）	沖縄県中頭郡西原町字千原１	国立大学を設置・運営し，教育研究，学生相談，受託・共同研究，公開講座の開設及び研究成果の普及・活用促進等を行う	平成16年度 一 般	文部科学大臣（高等教育局国立大学法人支援課）
国立大学法人政策研究大学院大学	出資による権利	国立大学法人法（平15. 7.16 法第112号）	東京都港区六本木７の22の１	国立大学を設置・運営し，教育研究，学生相談，受託・共同研究，公開講座の開設及び研究成果の普及・活用促進等を行う	平成16年度 一 般	文部科学大臣（高等教育局国立大学法人支援課）
国立大学法人総合研究大学院大学	出資による権利	国立大学法人法（平15. 7.16 法第112号）	神奈川県三浦郡葉山町（湘南国際村）	国立大学を設置・運営し，教育研究，学生相談，受託・共同研究，公開講座の開設及び研究成果の普及・活用促進等を行う	平成16年度 一 般	文部科学大臣（高等教育局国立大学法人支援課）
国立大学法人北陸先端科学技術大学院大学	出資による権利	国立大学法人法（平15. 7.16 法第112号）	石川県能美市旭台１の１	国立大学を設置・運営し，教育研究，学生相談，受託・共同研究，公開講座の開設及び研究成果の普及・活用促進等を行う	平成16年度 一 般	文部科学大臣（高等教育局国立大学法人支援課）
国立大学法人奈良先端科学技術大学院大学	出資による権利	国立大学法人法（平15. 7.16 法第112号）	奈良県生駒市高山町8916の５	国立大学を設置・運営し，教育研究，学生相談，受託・共同研究，公開講座の開設及び研究成果の普及・活用促進等を行う	平成16年度 一 般	文部科学大臣（高等教育局国立大学法人支援課）

5．大学共同利用機関法人

法 人 名	種目	出資の根拠法	主たる事務所の所在地	主 要 事 業	当初出資年度・出資会計名	主務大臣（担当部局）
大学共同利用機関法人人間文化研究機構	出資による権利	国立大学法人法（平15. 7.16 法第112号）	東京都立川市緑町10番３	大学共同利用機関を設置・運営し，施設及び設備等を大学教員等の利用に供すること，大学院等の教育への協力，研究成果の普及・活用促進等を行う	平成16年度 一 般	文部科学大臣（研究振興局大学研究基盤整備課）
大学共同利用機関法人自然科学研究機構	出資による権利	国立大学法人法（平15. 7.16 法第112号）	東京都三鷹市大沢２の21の１	大学共同利用機関を設置・運営し，施設及び設備等を大学教員等の利用に供すること，大学院等の教育への協力，研究成果の普及・活用促進等を行う	平成16年度 一 般	文部科学大臣（研究振興局大学研究基盤整備課）
大学共同利用機関法人高エネルギー加速器研究機構	出資による権利	国立大学法人法（平15. 7.16 法第112号）	茨城県つくば市大穂１番地１	大学共同利用機関を設置・運営し，施設及び設備等を大学教員等の利用に供すること，大学院等の教育への協力，研究成果の普及・活用促進等を行う	平成16年度 一 般	文部科学大臣（研究振興局大学研究基盤整備課）
大学共同利用機関法人情報・システム研究機構	出資による権利	国立大学法人法（平15. 7.16 法第112号）	東京都立川市緑町10番３号	大学共同利用機関を設置・運営し，施設及び設備等を大学教員等の利用に供すること，大学院等の教育への協力，研究成果の普及・活用促進等を行う	平成16年度 一 般	文部科学大臣（研究振興局大学研究基盤整備課）

人　の　概　要（令和５年３月31日現在）（続）

法　人　名	種目	出資の根拠法	主たる事務所の所在地	主　要　事　業	当初出資年度・出資会計名	主務大臣（担当部局）
６．特殊会社						
日本電信電話株式会社	株　式	日本電信電話株式会社等に関する法律（昭59.12.25 法第85号）	東京都千代田区大手町一丁目５番１号大手町ファーストスクエアイーストタワー	地域会社が発行する株式の引受け，保有，当該株式の株主としての権利の行使，地域会社に対する必要な助言，あっせんその他の援助及び基盤的研究開発	昭和60年度 産　投※ ※平成20年度より，産業投資特別会計は財政投融資特別会計へ統合されている。	総務大臣（総合通信基盤局電気通信事業部事業政策課）
日本たばこ産業株式会社	株　式	日本たばこ産業株式会社法（昭59. 8.10 法第69号）	東京都港区虎ノ門４の１の１	製造たばこの製造，販売及び輸入の事業等	昭和60年度 産　投※ ※平成20年度より，産業投資特別会計は財政投融資特別会計へ統合されている。	財務大臣（理財局総務課たばこ塩事業室）
日本郵政株式会社	株　式	郵政民営化法（平17.10.21 法第97号）	東京都千代田区大手町二丁目３番１号	日本郵便株式会社が発行する株式の引受け及び保有，同社の経営の基本方針の策定及びその実施の確保，同社の株主としての権利の行使等	平成17年度 一　般	総務大臣（情報流通行政局郵政行政部企画課）
中部国際空港株式会社	株　式	中部国際空港の設置及び管理に関する法律（平10. 3.31 法第36号）	愛知県常滑市セントレア１の１	中部国際空港の設置及び管理等	平成10年度 空　港※ ※平成20年度より，空港整備特別会計，道路整備特別会計，治水特別会計，港湾整備特別会計及び都市開発資金融通特別会計は社会資本整備事業特別会計へ統合されている。また，平成26年度より，社会資本整備事業特別会計は一般会計及び自動車安全特別会計へ統合されている。	国土交通大臣（航空局航空ネットワーク部近畿圏・中部圏空港課）

14. 政　府　出　資　法

法　人　名	種目	出資の根拠法	主たる事務所の所在地	主　要　事　業	当初出資年度・出資会計名	主務大臣（担当部局）
成田国際空港株式会社	株　式	成田国際空港株式会社法（平15. 7.18 法第124号）	千葉県成田市古込字古込１の１	成田国際空港の設置及び管理等	平成16年度 一　般 空　港※ ※平成20年度より，空港整備特別会計，道路整備特別会計，治水特別会計，港湾整備特別会計及び都市開発資金融通特別会計は社会資本整備事業特別会計へ統合されている。また，平成26年度より，社会資本整備事業特別会計は一般会計及び自動車安全特別会計へ統合されている。	国土交通大臣（航空局航空ネットワーク部首都圏空港課）
東京地下鉄株式会社	株　式	東京地下鉄株式会社法（平14.12.18 法第188号）	東京都台東区東上野三丁目19番６号	東京都の特別区の存する区域及びその付近の主として地下における鉄道事業等	平成16年度 国　債	国土交通大臣（鉄道局都市鉄道政策課）
中間貯蔵・環境安全事業株式会社	株　式	中間貯蔵・環境安全事業株式会社法（平15. 5.16 法第44号）	東京都港区芝１の７の17 住友不動産芝ビル３号館４階	中間貯蔵に係る事業（除去土壌等の保管又は処分，収集及び運搬，それらの事業に関する情報及び技術的知識の提供並びに調査研究及び技術開発），ポリ塩化ビフェニル廃棄物の処理に係る事業，環境の保全に関する情報又は技術的知識を提供する事業等	平成16年度 一　般 平成26年度 復　興	環境大臣（大臣官房総合政策課）

人　の　概　要（令和５年３月31日現在）（続）

法人名	種目	出資の根拠法	主たる事務所の所在地	主要事業	当初出資年度・出資会計名	主務大臣（担当部局）
東日本高速道路株式会社	株式	高速道路株式会社法（平16．6．9法第99号）	東京都千代田区霞が関３の３の２	道路整備特別措置法に基づき行う高速道路の新設又は改築等	平成17年度　一般　道路※　※平成20年度より，空港整備特別会計，道路整備特別会計，治水特別会計，港湾整備特別会計及び都市開発資金融通特別会計は社会資本整備事業特別会計へ統合されている。また，平成26年度より，社会資本整備事業特別会計は一般会計及び自動車安全特別会計へ統合されている。	国土交通大臣（道路局総務課高速道路経営管理室）
首都高速道路株式会社	株式	高速道路株式会社法（平16．6．9法第99号）	東京都千代田区霞が関１の４の１	道路整備特別措置法に基づき行う高速道路の新設又は改築等	平成17年度　道　路※　※平成20年度より，空港整備特別会計，道路整備特別会計，治水特別会計，港湾整備特別会計及び都市開発資金融通特別会計は社会資本整備事業特別会計へ統合されている。また，平成26年度より，社会資本整備事業特別会計は一般会計及び自動車安全特別会計へ統合されている。	国土交通大臣（道路局総務課高速道路経営管理室）

14. 政　府　出　資　法

法　人　名	種目	出資の根拠法	主たる事務所の所在地	主　要　事　業	当初出資年度・出資会計名	主務大臣（担当部局）
中日本高速道路株式会社	株　式	高速道路株式会社法（平16. 6. 9法第99号）	愛知県名古屋市中区錦２の18の19	道路整備特別措置法に基づき行う高速道路の新設又は改築等	平成17年度 一　般 道　路※ ※平成20年度より，空港整備特別会計，道路整備特別会計，治水特別会計，港湾整備特別会計及び都市開発資金融通特別会計は社会資本整備事業特別会計へ統合されている。また，平成26年度より，社会資本整備事業特別会計は一般会計及び自動車安全特別会計へ統合されている。	国土交通大臣（道路局総務課高速道路経営管理室）
西日本高速道路株式会社	株　式	高速道路株式会社法（平16. 6. 9法第99号）	大阪府大阪市北区堂島１の６の20	道路整備特別措置法に基づき行う高速道路の新設又は改築等	平成17年度 一　般 道　路※ ※平成20年度より，空港整備特別会計，道路整備特別会計，治水特別会計，港湾整備特別会計及び都市開発資金融通特別会計は社会資本整備事業特別会計へ統合されている。また，平成26年度より，社会資本整備事業特別会計は一般会計及び自動車安全特別会計へ統合されている。	国土交通大臣（道路局総務課高速道路経営管理室）

人の概要（令和５年３月31日現在）（続）

法人名	種目	出資の根拠法	主たる事務所の所在地	主要事業	当初出資年度・出資会計名	主務大臣（担当部局）
阪神高速道路株式会社	株式	高速道路株式会社法（平16. 6. 9 法第99号）	大阪府大阪市北区中之島３の２の４	道路整備特別措置法に基づき行う高速道路の新設又は改築等	平成17年度 道路※ ※平成20年度より，空港整備特別会計，道路整備特別会計，治水特別会計，港湾整備特別会計及び都市開発資金融通特別会計は社会資本整備事業特別会計へ統合されている。また，平成26年度より，社会資本整備事業特別会計は一般会計及び自動車安全特別会計へ統合されている。	国土交通大臣（道路局総務課高速道路経営管理室）
本州四国連絡高速道路株式会社	株式	高速道路株式会社法（平16. 6. 9 法第99号）	兵庫県神戸市中央区小野柄通４の１の22	道路整備特別措置法に基づき行う高速道路の新設又は改築等	平成17年度 道路※ ※平成20年度より，空港整備特別会計，道路整備特別会計，治水特別会計，港湾整備特別会計及び都市開発資金融通特別会計は社会資本整備事業特別会計へ統合されている。また，平成26年度より，社会資本整備事業特別会計は一般会計及び自動車安全特別会計へ統合されている。	国土交通大臣（道路局総務課高速道路経営管理室）
日本アルコール産業株式会社	株式	日本アルコール産業株式会社法（平17. 4.20 法第32号）	東京都中央区日本橋小舟町６－６　小倉ビル６階	アルコールの製造及び販売の事業等	平成18年度 一般	経済産業大臣（製造産業局素材産業課アルコール室）

14. 政　府　出　資　法

法　人　名	種目	出資の根拠法	主たる事務所の所在地	主　要　事　業	当初出資年度・出資会計名	主務大臣（担当部局）
株式会社日本政策金融公庫	株　式	株式会社日本政策金融公庫法（平19. 5.25 法第57号）	東京都千代田区大手町一丁目９番４号	一般の金融機関が行う金融を補完することを旨としつつ，国民一般，中小企業者及び農林水産業者の資金調達を支援するための金融の機能を担うとともに，内外の金融秩序の混乱又は大規模な災害，テロリズム若しくは感染症等による被害に対処するために必要な金融を行うほか，当該必要な金融が銀行その他の金融機関により迅速かつ円滑に行われることを可能とし，もって国民生活の向上に寄与すること	平成20年度 一　般 財　投 産　投※ ※平成20年度より，産業投資特別会計は財政投融資特別会計へ統合されている。 平成24年度 復　興	財　務　大　臣 （大臣官房政策金融課） 厚生労働大臣 （医薬・生活衛生局生活衛生課（令和５年９月１日付けで健康・生活衛生局生活衛生課へ変更）） 農林水産大臣 （経営局金融調整課） 経済産業大臣 （中小企業庁事業環境部金融課，経済産業政策局産業資金課，経済産業政策局産業創造課，商務情報政策局情報産業課） 国土交通大臣 （海事局外航課，海事局船舶産業課） 内閣総理大臣 （政策統括官（経済安全保障担当））
株式会社日本政策投資銀行	株　式	株式会社日本政策投資銀行法（平19. 6.13 法第85号）	東京都千代田区大手町１の９の６	長期の事業資金に係る投融資等	平成20年度 財　投	財　務　大　臣 （大臣官房政策金融課）
輸出入・港湾関連情報処理センター株式会社	株　式	電子情報処理組織による輸出入等関連業務の処理等に関する法律（昭52. 5.31 法第54号）	東京都港区浜松町１丁目３番１号浜離宮ザ タワー事務所棟６階	輸出入等関連業務を迅速かつ的確に処理するため，これに必要な「輸出入・港湾関連情報処理システム」の運営に関する業務等	平成20年度 一　般	財　務　大　臣 （関税局総務課事務管理室）
株式会社商工組合中央金庫	株　式	株式会社商工組合中央金庫法（平19. 6. 1 法第74号）	東京都中央区八重洲２の10の17	中小企業等協同組合，中小規模の事業者を構成員とする団体並びにその構成員等を対象とする金融業務	平成20年度 産　投※ ※平成20年度より，産業投資特別会計は財政投融資特別会計へ統合されている。	経済産業大臣 （中小企業庁事業環境部金融課） 財　務　大　臣 （大臣官房政策金融課） 金融庁長官 （監督局銀行第二課協同組織金融室）

人　の　概　要（令和５年３月31日現在）（続）

法人名	種目	出資の根拠法	主たる事務所の所在地	主要事業	当初出資年度・出資会計名	主務大臣（担当部局）
株式会社産業革新投資機構	株式	産業競争力強化法（平25.12.11 法第98号）	東京都港区虎ノ門一丁目３番１号	オープンイノベーションを推進するため，特定投資事業者及び特定事業活動に対し投資をはじめとする資金供給その他の支援等を行う	平成21年度 財投	経済産業大臣（経済産業政策局産業資金課）
株式会社国際協力銀行	株式	株式会社国際協力銀行法（平23. 5. 2 法第39号）	東京都千代田区大手町一丁目４番１号	一般の金融機関が行う金融を補完することを旨としつつ，我が国にとって重要な資源の海外における開発及び取得を促進し，我が国の産業の国際競争力の維持及び向上を図り，並びに地球温暖化の防止等の地球環境の保全を目的とする海外における事業を促進するための金融の機能を担うとともに，国際金融秩序の混乱の防止又はその被害への対処に必要な金融を行い，もって我が国及び国際経済社会の健全な発展に寄与すること	平成24年度 一般 財投	財務大臣（大臣官房政策金融課，国際局開発政策課）
新関西国際空港株式会社	株式	関西国際空港及び大阪国際空港の一体的かつ効率的な設置及び管理に関する法律（平23. 5.25 法第54号）	大阪府泉南郡田尻町泉州空港中１番地	関西国際空港と大阪国際空港の設置及び管理等	平成24年度 財投 社資※ ※平成26年度より，社会資本整備事業特別会計は一般会計及び自動車安全特別会計へ統合されている。	国土交通大臣（航空局航空ネットワーク部近畿圏・中部圏空港課）
株式会社農林漁業成長産業化支援機構	株式	株式会社農林漁業成長産業化支援機構法（平24. 9. 5 法第83号）	東京都千代田区神田駿河台三丁目２番地１　新御茶ノ水アーバントリニティビル２階	我が国農林漁業が農林漁業者の所得を確保し，農山漁村において雇用機会を創出することができる成長産業となるようにするため，農林漁業者が主体となって新たな事業分野を開拓する事業活動等に対する資金供給等	平成24年度 財投	農林水産大臣（大臣官房新事業・食品産業部新事業・食品産業政策課）
株式会社民間資金等活用事業推進機構	株式	民間資金等の活用による公共施設等の整備等の促進に関する法律（平11. 7.30 法第117号）	東京都千代田区大手町一丁目６番１号	特定選定事業（民間の資金，経営能力及び技術的能力を活用することにより効率的かつ効果的に実施される公共施設等の整備等に関する事業であって，利用料金を徴収する公共施設等の整備等を行い，利用料金を自らの収入として収受するものをいう。）又は特定選定事業を支援する事業を実施する者に対し，金融機関が行う金融及び民間の投資を補完するための資金の供給を行うこと等	平成25年度 財投	内閣総理大臣（民間資金等活用事業推進室）
株式会社海外需要開拓支援機構	株式	株式会社海外需要開拓支援機構法（平25. 6.19 法第51号）	東京都港区六本木六丁目10番１号　六本木ヒルズ森タワー17F	「日本の魅力」を産業化し，海外需要を獲得するため，リスクマネーの供給を中核とした支援を行い，将来的には民間部門だけで継続的に事業展開できるような基盤を整備すること等	平成25年度 財投	経済産業大臣（商務・サービスグループクールジャパン政策課）

14. 政　府　出　資　法

法　人　名	種目	出資の根拠法	主たる事務所の所在地	主　要　事　業	当初出資年度・出資会計名	主務大臣（担当部局）
阪神国際港湾株式会社	株　式	港湾法（昭25. 5.31 法第218号）	兵庫県神戸市中央区御幸通8丁目1番6号　神戸国際会館20Ｆ	外貿埠頭並びにフェリー埠頭等の建設，賃貸及び管理運営等	平成26年度 一　般	国土交通大臣（港湾局港湾経済課）
株式会社海外交通・都市開発事業支援機構	株　式	株式会社海外交通・都市開発事業支援機構法（平26. 4.18 法第24号）	東京都千代田区丸の内２丁目２番３号丸の内仲通りビル９Ｆ	我が国に蓄積された知識，技術及び経験を活用して海外において交通事業若しくは都市開発事業又はこれらの事業を支援する事業を行う者等に対する資金の供給，専門家の派遣その他の支援等	平成26年度 財　投	国土交通大臣（総合政策局国際政策課・海外プロジェクト推進課）
株式会社海外通信・放送・郵便事業支援機構	株　式	株式会社海外通信・放送・郵便事業支援機構法（平27. 6. 5 法第35号）	東京都千代田区内幸町１丁目２番１号日土地内幸町ビル10F	我が国の事業者に蓄積された知識，技術及び経験を活用して海外において通信・放送・郵便事業を行う者等に対する資金供給その他の支援等	平成27年度 財　投	総務大臣（国際戦略局国際戦略課）
横浜川崎国際港湾株式会社	株　式	港湾法（昭25. 5.31 法第218号）	神奈川県横浜市西区みなとみらい二丁目３番１号　クイーンズタワーＡ棟14Ｆ	コンテナターミナル施設及び関連施設の建設，賃貸，管理及び運営等	平成27年度 一　般	国土交通大臣（港湾局港湾経済課）
株式会社日本貿易保険	株　式	貿易保険法（昭25. 3.31 法第67号）	東京都千代田区西神田３の８の１	対外取引において生ずる民間の保険では通常担いきれないリスク（戦争，為替取引の制限等）をカバーする保険事業	平成29年度 一　般	経済産業大臣（貿易経済協力局通商金融課）
株式会社脱炭素化支援機構	株　式	地球温暖化対策の推進に関する法律（平10.10. 9 法第117号）	東京都港区虎ノ門1-21-19東急虎ノ門ビル7F	温室効果ガスの排出の量の削減等を行う事業活動（他の者の温室効果ガスの排出の量の削減等に寄与する事業活動を含む。）及び当該事業活動を支援する事業活動を行う者に対し，資金供給その他の支援を行う	令和４年度 財　投	環境大臣（大臣官房地域脱炭素政策調整担当参事官室）

7. 国際機関

法　人　名	種目	出資の根拠法	主たる事務所の所在地	主　要　事　業	当初出資年度・出資会計名	主務大臣（担当部局）
国際通貨基金	出資による権利	国際通貨基金及び国際復興開発銀行への加盟に伴う措置に関する法律（昭27. 6.14 法第191号）	ワシントン	国際通貨問題に関する協議及び協力のための機関として通貨に関する国際協力を促進すること等	昭和27年度 外　為	財務大臣（国際局国際機構課）
国際復興開発銀行	株　式	国際通貨基金及び国際復興開発銀行への加盟に伴う措置に関する法律（昭27. 6.14 法第191号）	ワシントン	開発途上国に対する融資等	昭和27年度 一　般	財務大臣（国際局開発機関課）

人　の　概　要（令和５年３月31日現在）（続）

法人名	種目	出資の根拠法	主たる事務所の所在地	主要事業	当初出資年度・出資会計名	主務大臣（担当部局）
国際金融公社	株式	国際金融公社への加盟に伴う措置に関する法律（昭31. 7. 2 法第167号）	ワシントン	開発途上国の民間部門等に対する投資及び融資等	昭和31年度 一般	財務大臣（国際局開発機関課）
国際開発協会	出資による権利	国際開発協会への加盟に伴う措置に関する法律（昭35.12.22 法第153号）	ワシントン	所得水準の特に低い開発途上国等に対する長期・低利子の融資等	昭和35年度 一般	財務大臣（国際局開発機関課）
アジア開発銀行	株式	アジア開発銀行への加盟に伴う措置に関する法律（昭41. 8.24 法第138号）	マニラ	アジア・太平洋地域における開発途上国に対する融資等	昭和41年度 一般	財務大臣（国際局開発機関課）
アフリカ開発基金	出資による権利	アフリカ開発基金への参加に伴う措置に関する法律（昭48. 6.26 法第38号）	アビジャン	アフリカ地域における所得水準の特に低い開発途上国等に対する長期・無利子の融資等	昭和48年度 一般	財務大臣（国際局開発機関課）
米州開発銀行	株式	米州開発銀行への加盟に伴う措置に関する法律（昭51. 5.29 法第40号）	ワシントン	中南米地域における開発途上国に対する融資等	昭和51年度 一般	財務大臣（国際局開発機関課）
アフリカ開発銀行	株式	アフリカ開発銀行への加盟に伴う措置に関する法律（昭56. 5.15 法第41号）	アビジャン	アフリカ地域における開発途上国に対する融資等	昭和57年度 一般	財務大臣（国際局開発機関課）
米州投資公社	株式	米州投資公社への加盟に伴う措置に関する法律（昭60. 6.14 法第64号）	ワシントン	中南米地域における開発途上国の民間部門に対する投資及び融資等	昭和60年度 一般	財務大臣（国際局開発機関課）
多数国間投資保証機関	株式	多数国間投資保証機関への加盟に伴う措置に関する法律（昭62. 5.29 法第36号）	ワシントン	開発途上国向け民間海外直接投資に係る非商業的危険に対する保証等	昭和63年度 一般	財務大臣（国際局開発機関課）
欧州復興開発銀行	株式	欧州復興開発銀行への加盟に伴う措置に関する法律（平 3. 3.30 法第22号）	ロンドン	中東欧・中央アジア・地中海南東岸地域における開発途上国の民間部門等に対する投資及び融資等	平成３年度 一般	財務大臣（国際局開発機関課）

15. 国有財産事由別・

(1) 増

増加の事由	番号	土地 千平方メートル	土地 価格	立木竹 価格	建物 延べ千平方メートル	建物 価格	工作物 価格	機械器具 価格
Ⅰ 対外的異動	1	2,541	9,028	56,300	542	159,873	291,818	−
1. 歳出を伴うもの	2	1,872	6,049	56,300	507	158,701	291,611	−
(1) 購入	3	1,725	3,320	138	92	20,738	10,436	−
(2) 売払取消・その他	4	0	0	165	−	−	−	−
売払解除	5	0	0	−	−	−	−	−
分収育林契約解除	6	−	−	165	−	−	−	−
(3) 埋立・その他	7	146	2,728	55,996	413	118,164	196,299	−
埋立	8	146	2,640	−	−	−	−	−
地均	9	−	88	−	−	−	−	−
新植	10	−	−	7,203	−	−	−	−
補植手入	11	−	−	48,792	−	−	−	−
新築	12	−	−	−	403	113,338	−	−
増築	13	−	−	−	9	3,119	−	−
移築	14	−	−	−	−	90	−	−
移転	15	−	−	−	−	−	5	−
従物新設	16	−	−	−	−	854	−	−
従物増設	17	−	−	−	−	754	−	−
従物移設	18	−	−	−	−	4	−	−
従物改設	19	−	−	−	−	2	−	−
新設	20	−	−	−	−	−	164,245	−
増設	21	−	−	−	−	−	25,124	−
移設	22	−	−	−	−	−	9	−
改設	23	−	−	−	−	−	198	−
新造	24	−	−	−	−	−	−	−
改造	25	−	−	−	−	−	−	−
属具取付	26	−	−	−	−	−	−	−
林道改良	27	−	−	−	−	−	6,715	−
設定	28	−	−	−	−	−	−	−
登録	29	−	−	−	−	−	−	−
創作	30	−	−	−	−	−	−	−
(4) 修繕・その他	31	−	−	−	1	19,797	84,875	−
修繕	32	−	−	−	−	3,319	6,484	−
模様替	33	−	−	−	1	16,478	78,391	−
(5) 出資（現金）	34	−	−	−	−	−	−	−

区分別増減状況（令和４年度）

加

（単位　百万円）

船舶		航空機		地上権等		特許権等		政府出資等	不動産の信託の受益権		合計	番号
隻	価格	機	価格	千平方メートル	価格	千件	価格	価格	件	価格	価格	
50	276,056	32	259,230	103	299	15	21	990,789	―	―	2,043,419	1
50	276,056	32	259,230	103	299	15	21	685,818	―	―	1,734,088	2
23	715	12	111,402	―	―	―	―	―	―	―	146,752	3
―	―	―	―	―	―	―	―	―	―	―	165	4
―	―	―	―	―	―	―	―	―	―	―	0	5
―	―	―	―	―	―	―	―	―	―	―	165	6
27	275,154	20	147,828	103	299	15	21	―	―	―	796,492	7
―	―	―	―	―	―	―	―	―	―	―	2,640	8
―	―	―	―	―	―	―	―	―	―	―	88	9
―	―	―	―	―	―	―	―	―	―	―	7,203	10
―	―	―	―	―	―	―	―	―	―	―	48,792	11
―	―	―	―	―	―	―	―	―	―	―	113,338	12
―	―	―	―	―	―	―	―	―	―	―	3,119	13
―	―	―	―	―	―	―	―	―	―	―	90	14
―	―	―	―	―	―	―	―	―	―	―	5	15
―	―	―	―	―	―	―	―	―	―	―	854	16
―	―	―	―	―	―	―	―	―	―	―	754	17
―	―	―	―	―	―	―	―	―	―	―	4	18
―	―	―	―	―	―	―	―	―	―	―	2	19
―	―	―	―	―	―	―	―	―	―	―	164,245	20
―	―	―	―	―	―	―	―	―	―	―	25,124	21
―	―	―	―	―	―	―	―	―	―	―	9	22
―	―	―	―	―	―	―	―	―	―	―	198	23
27	238,573	20	118,277	―	―	―	―	―	―	―	356,851	24
―	28	―	―	―	―	―	―	―	―	―	28	25
―	36,552	―	29,550	―	―	―	―	―	―	―	66,103	26
―	―	―	―	―	―	―	―	―	―	―	6,715	27
―	―	―	―	103	299	―	―	―	―	―	299	28
―	―	―	―	―	―	0	1	―	―	―	1	29
―	―	―	―	―	―	15	19	―	―	―	19	30
―	186	―	―	―	―	―	―	―	―	―	104,859	31
―	148	―	―	―	―	―	―	―	―	―	9,952	32
―	37	―	―	―	―	―	―	―	―	―	94,907	33
―	―	―	―	―	―	―	―	685,818	―	―	685,818	34

15. 国有財産事由別・

(1) 増

増加の事由	番号	土地 千平方メートル	土地 価格	立木竹 価格	建物 延べ千平方メートル	建物 価格	工作物 価格	機械器具 価格
2. 歳出を伴わないもの	35	669	2,978	0	35	1,172	207	—
(1) 寄附	36	32	231	0	—	—	—	—
(2) 帰属	37	582	1,472	—	33	78	1	—
(3) 租税物納	38	18	1,068	—	—	—	—	—
(4) 現物賠償	39	—	—	—	0	324	184	—
(5) 代物弁済	40	—	123	—	0	729	17	—
(6) 譲与取消	41	34	0	—	—	—	—	—
(7) 譲与解除	42	0	0	—	—	—	—	—
(8) 交換	43	1	83	—	—	40	4	—
(9) 出資（現物）	44	—	—	—	—	—	—	—
Ⅱ 対内的異動	45	6,228	321,192	339,967	500	44,855	31,912	—
1. 調整上の増加	46	4,521	49,009	159	459	40,690	25,343	—
(1) 所管換	47	535	3,506	40	115	25,928	17,797	—
(2) 所属替	48	346	8,356	20	44	2,063	369	—
(3) 引受・その他	49	2,433	12,050	6	45	1,684	3,738	—
引受	50	1,366	11,126	6	44	1,448	3,724	—
公共物より編入	51	1,066	923	0	0	235	13	—
(4) 整理替・その他	52	1,205	25,095	91	254	11,013	3,438	—
整理替	53	778	24,122	77	242	10,254	3,079	—
種別替	54	0	0	—	—	—	0	—
行政財産より組替	55	182	716	14	5	207	135	—
用途変更	56	22	225	—	5	498	65	—
種目変更	57	221	30	0	1	52	157	—
2. 整理上の増加	58	1,707	30,626	86,865	40	4,165	6,568	—
(1) 登録修正	59	1,707	30,626	86,865	40	4,165	6,568	—
誤謬訂正	60	49	26,132	3	27	943	267	—
新規登載	61	1,199	3,074	31	0	1	526	—
報告洩	62	307	557	0	12	3,200	5,765	—
端数合算	63	0	—	—	0	—	—	—
実測	64	151	861	—	0	18	10	—
実査	65	—	—	86,830	—	—	—	—
3. 価格改定上の増加	66	—	241,557	252,941	—	—	—	—
(1) 価格改定	67	—	241,557	252,941	—	—	—	—
合計	68	8,770	330,221	396,268	1,042	204,729	323,730	—

（注） 計数は，単位未満を切り捨てているため，合計欄の数字と内訳の計とは一致しないことがある（(2)においても同じ。）。

区分別増減状況（令和4年度）（続）

加（続）

（単位　百万円）

船舶		航空機		地上権等		特許権等		政府出資等	不動産の信託の受益権		合計	番号
隻	価格	機	価格	千平方メートル	価格	千件	価格	価格	件	価格	価格	
–	–	–	–	–	–	–	–	304, 971	–	–	309, 330	35
–	–	–	–	–	–	–	–	–	–	–	232	36
–	–	–	–	–	–	–	–	–	–	–	1, 551	37
–	–	–	–	–	–	–	–	8, 484	–	–	9, 552	38
–	–	–	–	–	–	–	–	–	–	–	508	39
–	–	–	–	–	–	–	–	–	–	–	870	40
–	–	–	–	–	–	–	–	–	–	–	0	41
–	–	–	–	–	–	–	–	–	–	–	0	42
–	–	–	–	–	–	–	–	–	–	–	127	43
–	–	–	–	–	–	–	–	296, 487	–	–	296, 487	44
135	39, 988	12	13, 028	1	21	0	8	5, 266, 263	–	203, 482	6, 260, 721	45
135	39, 988	12	13, 028	1	1	–	–	34, 790	–	–	203, 011	46
1	1	–	–	–	–	–	–	–	–	–	47, 275	47
41	28, 774	1	11, 157	–	–	–	–	34, 790	–	–	85, 532	48
–	–	–	–	–	–	–	–	–	–	–	17, 479	49
–	–	–	–	–	–	–	–	–	–	–	16, 305	50
–	–	–	–	–	–	–	–	–	–	–	1, 173	51
93	11, 212	11	1, 870	1	1	–	–	–	–	–	52, 723	52
61	10, 941	1	1, 870	–	–	–	–	–	–	–	50, 346	53
–	–	–	–	–	–	–	–	–	–	–	0	54
32	271	10	0	1	1	–	–	–	–	–	1, 346	55
–	–	–	–	–	–	–	–	–	–	–	789	56
–	–	–	–	–	–	–	–	–	–	–	240	57
–	–	–	–	–	–	0	–	1	–	–	128, 227	58
–	–	–	–	–	–	0	–	1	–	–	128, 227	59
–	–	–	–	–	–	–	–	–	–	–	27, 346	60
–	–	–	–	–	–	0	–	1	–	–	3, 636	61
–	–	–	–	–	–	0	–	–	–	–	9, 524	62
–	–	–	–	–	–	–	–	–	–	–	–	63
–	–	–	–	–	–	–	–	–	–	–	890	64
–	–	–	–	–	–	–	–	–	–	–	86, 830	65
–	–	–	–	–	20	–	8	5, 231, 471	–	203, 482	5, 929, 482	66
–	–	–	–	–	20	–	8	5, 231, 471	–	203, 482	5, 929, 482	67
185	316, 044	44	272, 259	105	321	15	29	6, 257, 052	–	203, 482	8, 304, 140	68

15. 国有財産事由別・

(2) 減

減少の事由	番号	土地		立木竹	建物		工作物	機械器具
		千平方メートル	価格	価格	延べ千平方メートル	価格	価格	価格
Ⅰ 対外的異動	1	**3,051**	**30,283**	**22,068**	**383**	**7,010**	**4,640**	**—**
1. 歳入を伴うもの	2	**2,126**	**26,879**	**140**	**42**	**766**	**66**	**—**
(1) 売払	3	2,126	26,879	6	42	766	66	—
(2) 出資金回収・その他	4	—	—	133	—	—	—	—
出資金回収(現金)	5	—	—	—	—	—	—	—
造林契約解除	6	—	—	133	—	—	—	—
2. 歳入を伴わないもの	7	**925**	**3,404**	**21,927**	**341**	**6,244**	**4,573**	**—**
(1) 譲与	8	693	1,252	—	—	—	3	—
(2) 交換・その他	9	72	229	6	1	33	2	—
交換	10	7	176	6	1	33	2	—
土地改良法による引渡	11	64	8	—	—	—	—	—
土地区画整理法による引渡	12	0	1	—	—	—	—	—
都市再開発法による引渡	13	0	43	—	—	—	—	—
(3) 取こわし・その他	14	158	1,922	21,921	340	6,211	4,567	—
取こわし	15	—	—	—	339	4,169	2,914	—
消滅	16	0	0	—	—	—	—	—
租税物納取消・撤回	17	1	197	—	—	—	—	—
喪失	18	155	1,724	5	0	11	0	—
(うち取得時効によるもの)	19	149	1,678	—	—	—	—	—
伐採	20	—	—	21,916	—	—	—	—
模様替	21	—	—	—	0	1,962	1,635	—
移転	22	—	—	—	—	—	5	—
従物移設	23	—	—	—	—	4	—	—
従物改設	24	—	—	—	—	0	—	—
従物取こわし	25	—	—	—	—	63	—	—
移設	26	—	—	—	—	—	4	—
改設	27	—	—	—	—	—	7	—
改造	28	—	—	—	—	—	—	—
属具取こわし	29	—	—	—	—	—	—	—
出資金回収(現物)	30	—	—	—	—	—	—	—
資本金減少	31	—	—	—	—	—	—	—
(4) 出資(現物)	32	—	—	—	—	—	—	—
Ⅱ 対内的異動	33	**121,270**	**123,914**	**43,016**	**514**	**198,495**	**322,908**	**—**
1. 調整上の減少	34	**120,808**	**49,061**	**200**	**465**	**40,559**	**25,235**	**—**
(1) 所管換	35	535	3,451	40	115	25,929	17,799	—
(2) 所属替	36	346	8,369	21	44	2,064	369	—
(3) 引継・その他	37	118,720	12,143	46	44	1,454	3,726	—
引継	38	1,366	11,126	6	44	1,448	3,724	—
公共物へ編入	39	117,353	1,017	39	0	6	1	—
(4) 整理替・その他	40	1,205	25,095	91	260	11,111	3,340	—
整理替	41	778	24,122	77	242	10,254	3,079	—
種別替	42	0	0	—	—	—	0	—
用途廃止	43	182	716	14	5	207	135	—
用途変更	44	22	225	—	5	498	65	—
種目変更	45	221	30	—	7	150	59	—
2. 整理上の減少	46	**461**	**1,246**	**64**	**48**	**2,114**	**3,479**	**—**
(1) 登録修正	47	461	1,246	64	48	2,114	3,479	—
誤謬訂正	48	41	287	8	32	1,699	1,294	—
報告洩	49	181	549	41	15	398	2,174	—
実測	50	238	408	—	0	16	10	—
実査	51	—	—	14	—	—	—	—
3. 価格改定上の減少	52	**—**	**73,606**	**42,752**	**—**	**155,820**	**294,192**	**—**
(1) 価格改定	53	—	73,606	42,752	—	155,820	294,192	—
合計	54	**124,321**	**154,198**	**65,085**	**897**	**205,505**	**327,548**	**—**

(注)　計数は，単位未満を切り捨てているため，合計欄の数字と内訳の計とは一致しないことがある。

区 分 別 増 減 状 況（令和4年度）（続）

少

（単位　百万円）

船舶		航空機		地上権等		特許権等		政府出資等	不動産の信託の受益権		合計	番号
隻	価格	機	価格	千平方メートル	価格	千件	価格	価格	件	価格	価格	
45	3,770	30	855	2	1	1	0	690,797	—	—	759,429	1
24	73	5	0	—	—	—	—	410,326	—	—	438,252	2
24	73	5	0	—	—	—	—	332,981	—	—	360,773	3
—	—	—	—	—	—	—	—	77,344	—	—	77,478	4
—	—	—	—	—	—	—	—	77,344	—	—	77,344	5
—	—	—	—	—	—	—	—	—	—	—	133	6
21	3,697	25	855	2	1	1	0	280,471	—	—	321,177	7
—	—	—	—	—	—	—	—	—	—	—	1,256	8
—	—	—	—	—	—	—	—	—	—	—	271	9
—	—	—	—	—	—	—	—	—	—	—	218	10
—	—	—	—	—	—	—	—	—	—	—	8	11
—	—	—	—	—	—	—	—	—	—	—	1	12
—	—	—	—	—	—	—	—	—	—	—	43	13
21	3,697	25	855	2	1	1	0	254,543	—	—	293,721	14
21	8	25	745	—	—	—	—	—	—	—	7,838	15
—	—	—	—	2	1	1	0	—	—	—	1	16
—	—	—	—	—	—	—	—	—	—	—	197	17
—	—	—	—	—	—	—	—	—	—	—	1,741	18
—	—	—	—	—	—	—	—	—	—	—	1,678	19
—	—	—	—	—	—	—	—	—	—	—	21,916	20
—	1	—	—	—	—	—	—	—	—	—	3,599	21
—	—	—	—	—	—	—	—	—	—	—	5	22
—	—	—	—	—	—	—	—	—	—	—	4	23
—	—	—	—	—	—	—	—	—	—	—	0	24
—	—	—	—	—	—	—	—	—	—	—	63	25
—	—	—	—	—	—	—	—	—	—	—	4	26
—	—	—	—	—	—	—	—	—	—	—	7	27
—	0	—	—	—	—	—	—	—	—	—	0	28
—	3,687	—	110	—	—	—	—	—	—	—	3,798	29
—	—	—	—	—	—	—	—	1	—	—	1	30
—	—	—	—	—	—	—	—	254,541	—	—	254,541	31
—	—	—	—	—	—	—	—	25,927	—	—	25,927	32
135	260,817	12	371,425	1	3	0	134	937,786	—	—	2,258,501	33
135	39,988	12	13,028	1	1	—	—	34,790	—	—	202,865	34
1	1	—	—	—	—	—	—	—	—	—	47,222	35
41	28,774	1	11,157	—	—	—	—	34,790	—	—	85,547	36
—	—	—	—	—	—	—	—	—	—	—	17,371	37
—	—	—	—	—	—	—	—	—	—	—	16,305	38
—	—	—	—	—	—	—	—	—	—	—	1,065	39
93	11,212	11	1,870	1	1	—	—	—	—	—	52,723	40
61	10,941	1	1,870	—	—	—	—	—	—	—	50,346	41
—	—	—	—	—	—	—	—	—	—	—	0	42
32	271	10	0	1	1	—	—	—	—	—	1,346	43
—	—	—	—	—	—	—	—	—	—	—	789	44
—	—	—	—	—	—	—	—	—	—	—	240	45
—	13	—	—	—	—	0	—	—	—	—	6,919	46
—	13	—	—	—	—	0	—	—	—	—	6,919	47
—	13	—	—	—	—	0	—	—	—	—	3,304	48
—	—	—	—	—	—	0	—	—	—	—	3,163	49
—	—	—	—	—	—	—	—	—	—	—	436	50
—	—	—	—	—	—	—	—	—	—	—	14	51
—	220,815	—	358,396	—	2	—	134	902,996	—	—	2,048,717	52
—	220,815	—	358,396	—	2	—	134	902,996	—	—	2,048,717	53
180	264,588	42	372,281	3	4	1	134	1,628,584	—	—	3,017,931	54

16. 国有財産主要事由別・

区分	省庁名	土地 千平方メートル	土地 価格	立木竹 価格	建物 延べ千平方メートル	建物 価格	工作物 価格	船舶 隻	船舶 価格	航空機 機	航空機 価格	その他 価格	合計 価格
購入	最高裁判所	0	34	–	–	–	–	–	–	–	–	–	34
	法務省	–	–	–	0	15	5	–	–	–	–	–	21
	財務省	–	–	22	48	12,756	8,783	–	–	–	–	–	21,562
	文部科学省	8	333	–	–	–	–	–	–	–	–	–	333
	厚生労働省	2	105	–	–	–	26	–	–	–	–	–	131
	農林水産省	9	0	4	1	14	–	–	–	–	–	–	20
	経済産業省	–	–	–	–	–	31	–	–	–	–	–	31
	国土交通省	28	511	–	2	164	1	20	408	2	16,136	–	17,222
	環境省	273	193	40	2	327	1,007	–	–	–	–	–	1,569
	防衛省	1,402	2,142	70	37	7,458	581	3	307	10	95,265	–	105,825
	計	**1,725**	**3,320**	**138**	**92**	**20,738**	**10,436**	**23**	**715**	**12**	**111,402**	**–**	**146,752**
新植(立木竹)・新築(建物)・新設(工作物)・新造(船舶・航空機)	衆議院	–	–	2	0	20	149	–	–	–	–	–	172
	最高裁判所	–	–	7	23	6,301	4,101	–	–	–	–	–	10,410
	内閣府	–	–	25	21	8,625	9,172	–		7	11,087	–	28,911
	デジタル庁	–	–	–	0	32	282	–	–	–	–	–	315
	総務省	–	–	–	–	–	89	–	–	–	–	–	89
	法務省	–	–	19	68	18,575	15,073	–	–	–	–	–	33,668
	外務省	–	–	1	2	1,007	1,248	–	–	–	–	–	2,257
	財務省	–	–	11	63	13,615	12,517	1	493	–	–	–	26,637
	厚生労働省	–	–	1	3	865	2,002	–	–	–	–	–	2,869
	農林水産省	–	–	7,066	2	804	3,012	1	7,105	–	–	–	17,989
	経済産業省	–	–	–	–	–	55	–	–	–	–	–	55
	国土交通省	–	–	23	37	5,474	21,679	13	18,262	–	–	–	45,440
	環境省	–	–	3	1	771	3,211	–	–	–	–	–	3,986
	防衛省	–	–	40	180	57,244	91,649	12	212,712	13	107,190	–	468,837
	計	**–**	**–**	**7,203**	**403**	**113,338**	**164,245**	**27**	**238,573**	**20**	**118,277**	**–**	**641,640**
所管換(増)	衆議院	–	–	0	3	1,127	696	–	–	–	–	–	1,824
	最高裁判所	0	1	–	–	–	–	–	–	–	–	–	1
	内閣	–	–	–	–	–	52	–	–	–	–	–	52
	内閣府	0	17	–	–	–	–	–	–	–	–	–	17
	総務省	0	0	–	–	–	–	–	–	–	–	–	0
	法務省	–	–	–	–	–	16	–	–	–	–	–	16
	財務省	106	2,946	33	63	15,600	9,964	–	–	–	–	–	28,544
	文部科学省	16	226	0	–	–	–	–	–	–	–	–	226
	厚生労働省	4	216	–	0	3	2	–	–	–	–	–	223
	農林水産省	–	–	–	0	3	0	–	–	–	–	–	4
	国土交通省	0	0	6	48	9,181	7,063	1	1	–	–	–	16,253
	環境省	378	0	–	0	12	1	–	–	–	–	–	13
	防衛省	28	96	–	–	–	0	–	–	–	–	–	96
	計	**535**	**3,506**	**40**	**115**	**25,928**	**17,797**	**1**	**1**	**–**	**–**	**–**	**47,275**
所管換(減)	内閣府	3	270	0	3	1,127	713	–	–	–	–	–	2,111
	法務省	–	–	–	0	6	0	–	–	–	–	–	7
	財務省	442	2,212	39	112	24,572	17,026	–	–	–	–	–	43,850
	厚生労働省	1	153	–	–	103	1	–	–	–	–	–	258
	農林水産省	77	49	–	0	0	0	1	1	–	–	–	50
	経済産業省	–	–	–	–	–	0	–	–	–	–	–	0
	国土交通省	8	45	–	0	97	58	–	–	–	–	–	200
	防衛省	2	721	–	–	22	0	–	–	–	–	–	743
	計	**535**	**3,451**	**40**	**115**	**25,929**	**17,799**	**1**	**1**	**–**	**–**	**–**	**47,222**
出資(増)	財務省	–	–	–	–	–	–	–	–	–	–	936,492	936,492
	厚生労働省	–	–	–	–	–	–	–	–	–	–	7	7
	経済産業省	–	–	–	–	–	–	–	–	–	–	45,806	45,806
	計	**–**	**–**	**–**	**–**	**–**	**–**	**–**	**–**	**–**	**–**	**982,305**	**982,305**
出資(減)	財務省	–	–	–	–	–	–	–	–	–	–	25,927	25,927
	計	**–**	**–**	**–**	**–**	**–**	**–**	**–**	**–**	**–**	**–**	**25,927**	**25,927**
売払	内閣府	–	–	–	–	–	–	–	–	3	0	–	0
	外務省	3	15	–	0	32	10	–	–	–	–	–	58
	財務省	1,822	23,871	3	31	517	20	1	0	–	–	332,981	357,393
	厚生労働省	53	1,267	0	9	191	7	–	–	–	–	–	1,466
	農林水産省	221	1,082	3	0	8	0	1	0	–	–	–	1,094
	国土交通省	24	642	–	0	16	28	18	7	2	0	–	695
	防衛省	–	–	–	–	–	–	4	65	–	–	–	65
	計	**2,126**	**26,879**	**6**	**42**	**766**	**66**	**24**	**73**	**5**	**0**	**332,981**	**360,773**

(注)　計数は，単位未満を切り捨てているため，合計欄の数字と内訳の計とは一致しないことがある。

所管別・区分別増減状況（令和4年度）

（単位　百万円）

区分	省庁名	土地 千平方メートル	土地 価格	立木竹 価格	建物 延べ千平方メートル	建物 価格	工作物 価格	船舶 隻	船舶 価格	航空機 機	航空機 価格	その他 価格	合計 価格
物納租税	財務省	18	1,068	–	–	–	–	–	–	–	–	8,484	9,552
	計	**18**	**1,068**	**–**	**–**	**–**	**–**	**–**	**–**	**–**	**–**	**8,484**	**9,552**
引継	最高裁判所	5	2,053	3	0	20	4	–	–	–	–	–	2,081
	内閣府	11	355	–	–	–	–	–	–	–	–	–	355
	法務省	146	929	0	1	50	7	–	–	–	–	–	988
	財務省	3	616	–	3	0	2	–	–	–	–	–	618
	文部科学省	16	393	–	0	2	0	–	–	–	–	–	395
	厚生労働省	7	683	–	–	–	0	–	–	–	–	–	683
	農林水産省	872	423	0	1	9	0	–	–	–	–	–	433
	経済産業省	15	610	–	–	–	0	–	–	–	–	–	610
	国土交通省	20	500	0	1	56	11	–	–	–	–	–	568
	防衛省	268	4,560	2	36	1,308	3,697	–	–	–	–	–	9,569
	計	**1,366**	**11,126**	**6**	**44**	**1,448**	**3,724**	**–**	**–**	**–**	**–**	**–**	**16,305**
用途廃止	内閣府	–	–	–	–	–	–	1	0	8	0	–	0
	外務省	6	27	10	0	73	66	–	–	–	–	–	178
	財務省	–	–	–	–	–	–	1	0	–	–	–	0
	厚生労働省	8	265	0	2	72	7	–	–	–	–	–	345
	農林水産省	127	5	3	0	0	0	1	0	–	–	–	8
	国土交通省	40	418	–	1	61	60	19	8	2	0	–	549
	環境省	–	–	–	–	–	–	–	–	–	–	1	1
	防衛省	–	–	–	–	–	–	10	262	–	–	–	262
	計	**182**	**716**	**14**	**5**	**207**	**135**	**32**	**271**	**10**	**0**	**1**	**1,346**
価格改定（増）	衆議院	–	628	105	–	–	–	–	–	–	–	–	733
	参議院	–	45	141	–	–	–	–	–	–	–	–	186
	最高裁判所	–	4,467	231	–	–	–	–	–	–	–	0	4,699
	会計検査院	–	27	7	–	–	–	–	–	–	–	–	35
	内閣	–	–	16	–	–	–	–	–	–	–	–	16
	内閣府	–	20,040	886	–	–	–	–	–	–	–	–	20,927
	総務省	–	300	25	–	–	–	–	–	–	–	–	325
	法務省	–	11,525	662	–	–	–	–	–	–	–	0	12,188
	外務省	–	165	7	–	–	–	–	–	–	–	–	172
	財務省	–	70,745	1,638	–	–	–	–	–	–	–	4,859,845	4,932,229
	文部科学省	–	1,348	32	–	–	–	–	–	–	–	5	1,386
	厚生労働省	–	2,796	215	–	–	–	–	–	–	–	384,790	387,802
	農林水産省	–	7,345	239,225	–	–	–	–	–	–	–	0	246,571
	経済産業省	–	148	312	–	–	–	–	–	–	–	181,614	182,075
	国土交通省	–	53,173	3,135	–	–	–	–	–	–	–	8,704	65,013
	環境省	–	8,984	2,146	–	–	–	–	–	–	–	20	11,152
	防衛省	–	59,815	4,150	–	–	–	–	–	–	–	0	63,965
	計	**–**	**241,557**	**252,941**	**–**	**–**	**–**	**–**	**–**	**–**	**–**	**5,434,983**	**5,929,482**
価格改定（減）	衆議院	–	6,994	–	–	2,227	2,175	–	–	–	–	–	11,397
	参議院	–	3,045	–	–	748	895	–	–	–	–	–	4,689
	最高裁判所	–	2,169	–	–	7,779	7,227	–	–	–	–	1	17,177
	会計検査院	–	10	–	–	39	24	–	–	–	–	–	73
	内閣	–	396	–	–	226	541	–	–	–	–	2	1,166
	内閣府	–	5,070	–	–	7,844	8,629	–	231	–	7,859	0	29,634
	デジタル庁	–	–	–	–	20	85	–	–	–	–	–	105
	総務省	–	11	–	–	1,232	992	–	–	–	508	–	2,744
	法務省	–	6,463	–	–	17,258	18,009	–	5	–	–	–	41,737
	外務省	–	96	–	–	253	421	–	–	–	–	–	771
	財務省	–	15,901	–	–	36,809	35,314	–	742	–	–	710,755	799,522
	文部科学省	–	160	–	–	1,268	541	–	1	–	–	3,221	5,192
	厚生労働省	–	1,058	–	–	5,666	5,150	–	7	–	–	6,521	18,403
	農林水産省	–	1,879	42,752	–	1,985	13,366	–	2,929	–	–	29	62,942
	経済産業省	–	3,058	–	–	1,884	26,446	–	590	–	–	125,542	157,522
	国土交通省	–	6,776	–	–	15,119	84,074	–	34,363	–	21,269	56,921	218,525
	環境省	–	104	–	–	4,380	8,142	–	1	–	–	137	12,765
	防衛省	–	20,408	–	–	51,077	82,156	–	181,942	–	328,758	0	664,343
	計	**–**	**73,606**	**42,752**	**–**	**155,820**	**294,192**	**–**	**220,815**	**–**	**358,396**	**903,133**	**2,048,717**

17. 総　括　事　務（協議及び通知）

（所　管　別・事

区分	番号	所管換	行政財産の取得 購入	寄附	交換	新築	増築	埋立	種別替	所属替	用途変更	移築
衆議院	1	4	–	–	–	–	–	–	–	–	–	–
参議院	2	–	–	–	–	–	–	–	–	–	–	–
最高裁判所	3	–	–	–	–	–	–	–	–	1	–	–
会計検査院	4	–	–	–	–	–	–	–	–	–	–	–
内閣	5	1	–	–	–	–	–	–	–	–	–	–
内閣府	6	–	–	–	–	3	–	–	–	–	–	–
デジタル庁	7	–	–	–	–	–	–	–	–	–	–	–
総務省	8	–	–	–	–	–	–	–	–	–	–	–
法務省	9	–	–	–	–	8	–	–	–	3	1	–
外務省	10	–	–	–	–	–	–	–	–	–	–	–
財務省	11	6	1	–	1	1	–	–	–	–	–	–
文部科学省	12	1	7	–	–	–	–	–	–	–	–	–
厚生労働省	13	1	2	–	–	1	–	–	–	4	–	–
農林水産省	14	6	–	–	–	–	–	–	–	–	–	–
経済産業省	15	–	–	–	–	–	–	–	–	–	–	–
国土交通省	16	72	2	–	–	8	–	–	1	–	1	–
環境省	17	1	1	–	–	–	–	–	–	–	–	–
防衛省	18	3	193	–	–	27	–	–	–	–	–	–
合計	19	95	206	–	1	48	–	–	1	8	2	–

（注）各省各庁の長が国有財産の所管換，取得等をしようとするときは，国有財産法（以下「法」という。）第12条，第14条等に基づき，原則として財務大臣に協議又は通知をすることとされている。

(1) 所管換…法第12条に基づく所管換の協議を受けたもの
(2) 行政財産の取得…法第14条第１号に基づく行政財産の取得の協議を受けたもの
(3) 種別替…法第14条第２号及び第３号に基づく種別替（普通財産を行政財産とすること又は行政財産の種類を変更すること）の協議を受けたもの
(4) 所属替…法第14条第４号に基づく所属替（同一所管内で，一の部局等の所属に属する国有財産を他の部局等の所属に移すこと）の協議を受けたもの
(5) 用途変更…法第14条第４号に基づく用途変更の協議を受けたもの
(6) 移築及び改築…法第14条第５号に基づく移築又は改築の協議を受けたもの
(7) 使用承認…法第14条第６号に基づく使用承認（行政財産を他の各省各庁の長に使用させること）の協議を受けたもの

18. 行政財産所管別・会計別・種類別現在額（令和５年３月31日現在）

（単位　百万円）

所管別	一般会計 公用財産	公共用財産	皇室用財産	森林経営用財産	計	特別会計 公用財産	計	合計 公用財産	公共用財産	皇室用財産	森林経営用財産	計
衆議院	854,831	–	–	–	854,831	–	–	854,831	–	–	–	854,831
参議院	371,124	–	–	–	371,124	–	–	371,124	–	–	–	371,124
最高裁判所	656,873	–	–	–	656,873	–	–	656,873	–	–	–	656,873
会計検査院	2,198	–	–	–	2,198	–	–	2,198	–	–	–	2,198
内閣	40,149	–	–	–	40,149	–	–	40,149	–	–	–	40,149
内閣府	1,190,305	–	738,875	–	1,929,181	41	41	1,190,346	–	738,875	–	1,929,222
デジタル庁	1,135	–	–	–	1,135	–	–	1,135	–	–	–	1,135
総務省	164,321	45	–	–	164,367	–	–	164,321	45	–	–	164,367
法務省	1,420,166	–	–	–	1,420,166	–	–	1,420,166	–	–	–	1,420,166
外務省	460,066	–	–	–	460,066	–	–	460,066	–	–	–	460,066
財務省	1,916,215	–	–	–	1,916,215	–	–	1,916,215	–	–	–	1,916,215
文部科学省	342,726	–	–	–	342,726	–	–	342,726	–	–	–	342,726
厚生労働省	363,952	–	–	–	363,952	130,123	130,123	494,075	–	–	–	494,075
農林水産省	301,738	–	–	4,942,031	5,243,770	–	–	301,738	–	–	4,942,031	5,243,770
経済産業省	198,274	–	–	–	198,274	469,298	469,298	667,573	–	–	–	667,573
国土交通省	1,076,712	375,295	–	–	1,452,008	1,872,757	1,872,757	2,949,470	375,295	–	–	3,324,766
環境省	145,555	442,394	–	–	587,950	117	117	145,673	442,394	–	–	588,068
防衛省	8,085,412	–	–	–	8,085,412	–	–	8,085,412	–	–	–	8,085,412
合計	17,591,761	817,736	738,875	4,942,031	24,090,405	2,472,338	2,472,338	20,064,099	817,736	738,875	4,942,031	26,562,743

（注）計数は，単位未満を切り捨てているため，合計欄の数字と内訳の計とは一致しないことがある。

処　理　状　況（令和４年度）

由　別　件　数）

（単位　件）

改　築	使用承認	使用収益等	貸付等	売　払	管理委託	その他	普通財産の引継	引継不適当財産		合　計	番号
								用途廃止	取　得		
–	2	3	–	–	–	–	–	1	–	10	1
–	–	–	–	–	–	–	–	–	–	–	2
–	1	3	–	–	–	–	5	15	–	25	3
–	–	–	–	–	–	–	–	–	–	–	4
–	–	–	–	–	–	–	–	–	–	1	5
–	–	7	–	–	–	–	2	9	–	21	6
–	–	–	–	–	–	–	–	–	–	–	7
–	–	7	–	–	–	–	–	1	–	8	8
–	2	14	–	–	–	–	16	22	2	68	9
–	–	2	–	–	–	–	–	2	–	4	10
–	4	58	–	–	–	–	4	6	–	81	11
–	1	2	–	–	–	–	5	–	–	16	12
–	3	5	–	4	–	–	3	8	–	31	13
–	–	7	–	–	–	–	161	91	1	266	14
–	–	3	–	–	–	–	1	–	–	4	15
–	3	104	2	3	–	76	78	312	35	697	16
–	6	100	–	–	–	–	–	30	8	146	17
–	4	115	–	–	–	–	21	40	2	405	18
–	26	430	2	7	–	76	296	537	48	1,783	19

(8)　使用収益等…法第14条第７号に基づく使用収益（国以外の者に行政財産を使用又は収益させること）等の協議を受けたもの
(9)　貸付等…法第14条第８号に基づく特別会計所属普通財産の貸付等の協議を受けたもの
(10)　売払…法第14条第８号に基づく特別会計所属普通財産の売払の協議を受けたもの
(11)　管理委託…法第14条第８号に基づく特別会計所属普通財産の管理委託の協議を受けたもの
(12)　その他…道路法第94条第２項及び河川法第93条第１項に基づく協議（用途廃止された公共用財産が国有財産として存置する必要があるかどうかの協議）等を受けたもの
(13)　普通財産の引継…国有財産法施行令（以下「令」という。）第３条に基づく引継の通知を受けたもの
(14)　引継不適当財産の用途廃止…令第５条第２項に基づく引継不適当財産の用途廃止の通知を受けたもの
(15)　引継不適当財産の取得…令第５条第３項に基づく引継不適当財産の取得の通知を受けたもの

19.　行政財産所管別現在額の推移

（単位　百万円）

所管別	平成26年度末	27	28	29	30	令和元	2	3	4
衆議院	675,386	698,157	726,841	758,487	789,457	851,530	892,643	862,503	854,831
参議院	296,892	302,461	316,036	331,004	344,752	368,592	387,626	375,519	371,124
最高裁判所	582,198	572,553	587,992	600,609	625,079	642,420	659,655	656,878	656,873
会計検査院	4,258	2,344	2,300	2,323	2,309	2,277	2,337	2,233	2,198
内閣	36,569	36,786	38,112	39,273	39,909	41,586	42,882	41,226	40,149
内閣府	1,485,888	1,521,155	1,570,151	1,624,323	1,666,524	1,712,357	1,754,766	1,880,939	1,929,222
デジタル庁	–	–	–	–	–	–	–	925	1,135
総務省	148,962	149,526	152,406	155,578	159,471	163,734	169,761	165,893	164,367
法務省	1,299,725	1,284,253	1,315,840	1,329,743	1,347,158	1,376,830	1,434,284	1,410,527	1,420,166
外務省	370,245	378,922	391,808	414,204	425,758	444,166	459,992	458,177	460,066
財務省	1,924,109	1,868,641	1,875,992	1,907,063	1,945,730	1,993,821	2,079,265	1,892,761	1,916,215
文部科学省	262,223	271,731	284,285	295,558	304,589	327,799	343,899	342,619	342,726
厚生労働省	516,221	471,660	471,259	496,996	498,365	502,479	507,622	498,770	494,075
農林水産省	4,071,422	4,257,293	4,279,443	4,313,213	4,425,194	4,532,343	4,566,505	4,917,797	5,243,770
経済産業省	881,084	838,764	805,687	777,115	752,654	737,935	720,446	692,944	667,573
国土交通省	3,081,049	3,067,255	3,061,938	2,991,556	2,996,841	3,338,480	3,438,501	3,298,172	3,324,766
環境省	329,482	361,998	395,077	419,698	481,267	498,582	585,299	581,846	588,068
防衛省	7,171,717	7,001,582	7,189,403	7,308,597	7,617,529	7,730,843	7,927,999	8,016,986	8,085,412
合計	23,137,439	23,085,089	23,464,578	23,765,349	24,422,594	25,265,783	25,973,489	26,096,725	26,562,743

（注）　計数は，単位未満を切り捨てているため，合計欄の数字と内訳の計とは一致しないことがある。

20. 行政財産所管別・組織別・会計別・

所管及び組織	会計	財産の種類	番号	土地		立木竹	建物		工作物
				千平方メートル	価格	価格	延べ千平方メートル	価格	価格
衆議院	一般	公用	1	**360**	**777,490**	**609**	**621**	**63,117**	**13,614**
参議院	一般	公用	2	**135**	**341,884**	**816**	**221**	**22,751**	**5,671**
最高裁判所		行政	3	**2,160**	**468,852**	**1,344**	**2,022**	**151,513**	**35,134**
最高裁判所	一般	公用	4	186	140,334	339	203	18,835	4,050
高等裁判所	一般	公用	5	181	163,412	253	432	30,087	7,542
地方裁判所	一般	公用	6	1,711	120,492	618	1,244	93,865	21,586
家庭裁判所	一般	公用	7	81	44,613	133	141	8,724	1,954
会計検査院	一般	公用	8	**46**	**1,551**	**45**	**12**	**462**	**138**
内閣		行政	9	**325**	**32,279**	**94**	**59**	**4,799**	**2,974**
内閣官房	一般	公用	10	281	5,429	69	29	4,086	2,831
内閣法制局	一般	公用	11	−	−	−	−	−	−
人事院	一般	公用	12	43	26,849	24	30	712	142
内閣府		行政	13	**23,658**	**1,676,416**	**5,133**	**2,516**	**164,773**	**64,849**
内閣府本府	一般	公用	14	262	483,975	2,366	620	36,179	6,971
宮内庁	一般	公用	15	29	15,278	9	10	603	137
警察庁	一般	公用	16	4,311	464,745	1,040	1,665	115,229	45,738
金融庁	一般	公用	17	−	−	−	−	−	−
宮内庁	一般	皇室用	18	19,055	712,417	1,716	219	12,720	12,001
東日本大震災復興	特別	公用	19	−	−	−	0	41	−
デジタル庁	一般	公用	20	**−**	**−**	**−**	**1**	**436**	**698**
総務省		行政	21	**305**	**136,101**	**146**	**288**	**22,713**	**4,548**
総務省本省	一般	公用	22	112	121,075	133	211	18,719	3,295
消防庁	一般	公用	23	62	9,056	7	36	2,979	388
総合通信局	一般	公用	24	130	5,969	5	40	1,014	818
総務省本省	一般	公共用	25	−	−	−	−	−	45
法務省		行政	26	**38,120**	**899,514**	**3,838**	**6,338**	**405,917**	**110,874**
法務本省	一般	公用	27	68	290,572	77	216	9,310	2,172
法務局	一般	公用	28	692	81,331	458	834	43,775	5,812
検察庁	一般	公用	29	740	97,389	409	846	61,896	14,447
矯正官署	一般	公用	30	36,420	412,377	2,739	4,271	271,659	85,873
更生保護官署	一般	公用	31	9	879	3	4	237	34
入国者収容所・出入国在留管理庁	一般	公用	32	187	16,804	151	163	19,030	2,520
公安調査庁	一般	公用	33	1	160	−	0	7	13
外務省		行政	34	**1,077**	**280,232**	**700**	**610**	**103,983**	**75,150**
外務本省	一般	公用	35	69	250,776	44	107	3,039	2,536
在外公館	一般	公用	36	1,007	29,455	656	503	100,944	72,613
財務省		行政	37	**8,857**	**1,373,069**	**4,456**	**9,026**	**454,352**	**79,738**
財務本省	一般	公用	38	136	290,766	157	183	14,258	4,133
財務局	一般	公用	39	468	160,068	452	1,083	91,212	16,448
税関	一般	公用	40	449	56,038	271	845	67,715	23,771
国税庁	一般	公用	41	1,814	248,316	741	1,816	96,230	22,445
共用会議所	一般	公用	42	20	32,289	57	17	1,343	153
合同宿舎	一般	公用	43	5,968	585,588	2,774	5,079	183,591	12,786
文部科学省		行政	44	**5,032**	**304,464**	**181**	**269**	**33,842**	**4,223**
文部科学本省	一般	公用	45	53	211,167	57	212	26,947	2,004
文部科学省施設等機関	一般	公用	46	3	1,946	13	7	254	14
文化庁	一般	公用	47	4,976	91,350	110	49	6,641	2,204

種類別・区分別現在額（令和５年３月31日現在）

（単位　百万円）

船舶		航空機		地上権等		特許権等		合計	番号
隻	価格	機	価格	千平方メートル	価格	件	価格	価格	
—	—	—	—	—	—	111	—	854,831	1
—	—	—	—	—	—	—	—	371,124	2
—	—	—	—	—	—	229	29	656,873	3
—	—	—	—	—	—	229	29	163,589	4
—	—	—	—	—	—	—	—	201,295	5
—	—	—	—	—	—	—	—	236,562	6
—	—	—	—	—	—	—	—	55,426	7
—	—	—	—	—	—	37	—	2,198	8
—	—	—	—	—	—	35	1	40,149	9
—	—	—	—	—	—	13	0	12,417	10
—	—	—	—	—	—	2	—	—	11
—	—	—	—	—	—	20	1	27,731	12
162	1,281	82	16,750	1	16	269	1	1,929,222	13
—	—	—	—	—	—	44	1	529,494	14
—	—	—	—	—	—	201	—	16,027	15
138	1,278	82	16,750	—	—	22	—	644,783	16
—	—	—	—	—	—	2	—	—	17
24	2	—	—	1	16	—	—	738,875	18
—	—	—	—	—	—	—	—	41	19
—	—	—	—	—	—	5	—	1,135	20
—	—	5	857	—	—	80	—	164,367	21
—	—	—	—	—	—	58	—	143,224	22
—	—	5	857	—	—	22	—	13,289	23
—	—	—	—	—	—	—	—	7,807	24
—	—	—	—	—	—	—	—	45	25
1	22	—	—	0	0	—	—	1,420,166	26
—	—	—	—	—	—	—	—	302,131	27
—	—	—	—	—	—	—	—	131,377	28
—	—	—	—	—	—	—	—	174,142	29
1	22	—	—	0	0	—	—	772,671	30
—	—	—	—	—	—	—	—	1,154	31
—	—	—	—	—	—	—	—	38,507	32
—	—	—	—	—	—	—	—	181	33
—	—	—	—	—	—	26	—	460,066	34
—	—	—	—	—	—	26	—	256,396	35
—	—	—	—	—	—	—	—	203,669	36
35	4,594	—	—	0	5	96	—	1,916,215	37
—	—	—	—	—	—	76	—	309,317	38
—	—	—	—	—	—	—	—	268,181	39
35	4,594	—	—	—	—	—	—	152,392	40
—	—	—	—	—	—	20	—	367,733	41
—	—	—	—	—	—	—	—	33,843	42
—	—	—	—	0	5	—	—	784,747	43
10	6	—	—	—	—	2,421	7	342,726	44
10	6	—	—	—	—	2,405	7	240,191	45
—	—	—	—	—	—	—	—	2,229	46
—	—	—	—	—	—	16	—	100,306	47

20. 行政財産所管別・組織別・会計別・

所管及び組織	会計	財産の種類	番号	土地		立木竹	建物		工作物
				千平方メートル	価格	価格	延べ千平方メートル	価格	価格
厚生労働省		行政	48	**9,741**	**332,310**	**1,241**	**2,146**	**128,142**	**32,358**
厚生労働本省	一般	公用	49	466	124,769	175	270	16,400	1,749
厚生労働省試験研究機関	一般	公用	50	125	24,066	66	125	15,690	7,683
国立ハンセン病療養所	一般	公用	51	7,435	48,743	138	464	26,125	9,756
検疫所	一般	公用	52	57	5,193	5	23	988	322
更生援護機関	一般	公用	53	377	34,630	84	177	8,788	1,473
地方厚生局	一般	公用	54	2	112	0	2	65	70
都道府県労働局	一般	公用	55	269	26,367	69	159	5,761	863
中央労働委員会	一般	公用	56	1	3,762	−	9	0	2
労働保険	特別	公用	57	1,001	59,669	700	913	54,321	10,434
年金	特別	公用	58	4	4,994	−	−	−	2
農林水産省		行政	59	**85,311,489**	**1,254,211**	**3,876,069**	**1,033**	**28,268**	**61,994**
農林水産本省	一般	公用	60	940	137,911	88	187	3,748	1,362
農林水産省地方官署	一般	公用	61	208	18,211	50	174	6,575	1,162
農林水産省検査指導機関	一般	公用	62	295	11,659	26	81	4,599	1,407
農林水産研修所	一般	公用	63	420	856	1	18	775	808
林野庁	一般	公用	64	1,777	31,584	40,931	525	11,234	1,950
水産庁	一般	公用	65	549	937	0	9	386	106
北海道開発局	一般	公用	66	219	1,102	1	36	947	80
林野庁	一般	森林経営用	67	85,307,077	1,051,947	3,834,968	−	−	55,115
経済産業省		行政	68	**11,595**	**330,235**	**1,799**	**378**	**19,008**	**311,711**
経済産業本省	一般	公用	69	66	192,365	25	133	3,130	838
経済産業局	一般	公用	70	6	1,898	0	10	0	16
特許	特別	公用	71	11	87,230	65	85	3,566	492
エネルギー対策	特別	公用	72	11,511	48,740	1,707	149	12,311	310,363
国土交通省		行政	73	**127,430**	**1,862,277**	**17,784**	**4,955**	**293,156**	**841,084**
国土交通本省	一般	公用	74	58	92,984	54	86	899	483
国土交通省施設等機関	一般	公用	75	1,030	23,897	185	143	5,170	2,928
特別の機関	一般	公用	76	303	7,233	50	55	3,910	1,450
国土交通省地方官署	一般	公用	77	16,769	224,604	769	2,364	111,188	57,979
航空官署	一般	公用	78	37	583	−	−	−	0
気象庁	一般	公用	79	1,444	84,995	175	202	16,600	16,206
海上保安庁	一般	公用	80	8,180	39,258	141	552	36,098	43,923
国土交通省地方官署	一般	公共用	81	37,563	277,684	13,126	477	42,632	41,817
自動車安全	特別	公用	82	62,042	1,111,036	3,281	1,073	76,654	676,293
環境省		行政	83	**112,011**	**474,676**	**2,947**	**316**	**35,944**	**72,283**
環境本省	一般	公用	84	12,612	71,659	206	161	20,037	50,381
原子力規制委員会	一般	公用	85	14	209	5	7	609	233
環境本省	一般	公共用	86	99,382	402,775	2,735	143	15,213	21,667
エネルギー対策	特別	公用	87	1	32	−	3	83	1
防衛省	一般	公用	88	**1,013,093**	**4,277,832**	**20,929**	**18,085**	**985,730**	**512,220**
総計			89	**86,665,441**	**14,823,397**	**3,938,140**	**48,905**	**2,918,914**	**2,229,267**

（注）　計数は，単位未満を切り捨てているため，合計欄の数字と内訳の計とは一致しないことがある。

種類別・区分別現在額（令和５年３月31日現在）（続）

（単位　百万円）

船舶		航空機		地上権等		特許権等		合計	番号
隻	価格	機	価格	千平方メートル	価格	件	価格	価格	
2	21	—	—	—	—	113	1	494,075	48
—	—	—	—	—	—	3	1	143,096	49
—	—	—	—	—	—	106	—	47,507	50
2	21	—	—	—	—	—	—	84,785	51
—	—	—	—	—	—	—	—	6,510	52
—	—	—	—	—	—	—	—	44,976	53
—	—	—	—	—	—	—	—	248	54
—	—	—	—	—	—	—	—	33,061	55
—	—	—	—	—	—	—	—	3,765	56
—	—	—	—	—	—	4	—	125,126	57
—	—	—	—	—	—	—	—	4,996	58
19	23,226	—	—	—	—	62	0	5,243,770	59
—	—	—	—	—	—	57	—	143,110	60
—	—	—	—	—	—	—	—	26,000	61
—	—	—	—	—	—	2	—	17,692	62
—	—	—	—	—	—	—	—	2,442	63
—	—	—	—	—	—	1	0	85,701	64
16	23,013	—	—	—	—	2	—	24,445	65
3	212	—	—	—	—	—	—	2,345	66
—	—	—	—	—	—	—	—	4,942,031	67
29	4,735	—	—	210	79	27	4	667,573	68
—	—	—	—	—	—	—	—	196,359	69
—	—	—	—	—	—	—	—	1,914	70
—	—	—	—	—	—	27	4	91,359	71
29	4,735	—	—	210	79	—	—	377,939	72
1,570	254,621	107	54,452	57	303	1,902,450	1,085	3,324,766	73
—	—	4	0	—	—	33	—	94,422	74
—	—	—	—	—	—	37	0	32,183	75
2	0	1	47	1	0	1,900,209	398	13,090	76
532	10,405	5	4,137	1	268	52	—	409,352	77
—	—	—	—	—	—	—	—	583	78
2	33	—	—	44	1	2	—	118,013	79
986	244,178	91	44,778	9	2	2,115	686	409,067	80
48	2	—	—	0	30	—	—	375,295	81
—	—	6	5,489	—	—	2	—	1,872,757	82
8	8	—	—	2,434	2,207	69	0	588,068	83
1	4	—	—	2,434	2,207	27	0	144,497	84
—	—	—	—	—	—	—	—	1,058	85
7	3	—	—	—	—	—	—	442,394	86
—	—	—	—	—	—	42	—	117	87
478	1,319,038	1,369	968,971	524	671	328	17	8,085,412	88
2,314	1,607,556	1,563	1,041,032	3,229	3,284	1,906,358	1,150	26,562,743	89

21. 公共用財

省庁名	口座名	番号	土地 数量	土地 価格	立木竹 樹木	立木竹 立木	立木竹 竹	立木竹 価格	建物 数量	建物 価格	工作物 価格	その他 数量	その他 価格	合計 価格	所在地
			千平方メートル		千本	千立方メートル	千束		延べ千平方メートル			隻，千平方メートル			
環境省	皇居外苑	1	965	179,481	2	0	–	167	4	352	1,910	(雑船) 4	0	181,911	東京都千代田区
環境省	新宿御苑	2	583	99,949	23	1	0	112	14	2,504	773	– –	–	103,339	東京都新宿区
環境省	京都御苑	3	651	75,824	3	3	–	36	4	673	657	(雑船) 2	2	77,194	京都府京都市上京区
環境省	北の丸公園	4	193	31,899	132	–	–	644	1	36	105	(雑船) 1	0	32,685	東京都千代田区
環境省	千鳥ケ淵戦没者墓苑	5	15	2,343	1	–	–	23	1	10	39	– –	–	2,416	東京都千代田区
国土交通省	国営滝野すずらん丘陵公園	6	3,816	762	–	26	–	155	21	1,763	1,846	– –	–	4,528	北海道札幌市南区
環境省	釧路湿原国立公園広里地区	7	2,569	136	–	–	–	–	0	0	2	– –	–	139	北海道釧路市
環境省	釧路湿原野生生物保護センター	8	21	55	0	–	–	13	2	119	88	– –	–	276	北海道釧路市
環境省	北斗地区	9	172	38	–	–	–	–	–	–	–	– –	–	38	北海道釧路市
環境省	タンチョウ釧路空港	10	–	–	–	–	–	–	–	–	0	– –	–	0	北海道釧路市
環境省	阿寒摩周国立公園阿寒湖畔集団施設地区	11	70	129	0	1	–	11	1	89	124	– –	–	355	北海道釧路市
環境省	釧路フィッシャーマンズワーフMOO	12	–	–	–	–	–	–	–	–	1	– –	–	1	北海道釧路市
環境省	支笏洞爺国立公園苫小牧地域	13	–	–	–	–	–	–	–	–	0	– –	–	0	北海道苫小牧市
環境省	ウトナイ湖野生鳥獣保護センター	14	20	158	0	–	–	0	1	0	67	– –	–	226	北海道苫小牧市
環境省	国指定宮島沼鳥獣保護区	15	–	–	–	–	–	–	–	–	0	– –	–	0	北海道美唄市
環境省	風蓮湖一級鳥類観測ステーション	16	–	–	–	–	–	–	0	0	0	– –	–	0	北海道根室市
環境省	支笏洞爺国立公園モラップ地区	17	68	22	0	0	–	2	0	140	86	– –	–	251	北海道千歳市
環境省	支笏洞爺国立公園支笏湖集団施設地区	18	286	580	1	1	–	7	1	19	617	– –	–	1,225	北海道千歳市
環境省	支笏洞爺国立公園千歳地域	19	–	–	–	–	–	–	–	–	0	– –	–	0	北海道千歳市
環境省	支笏洞爺国立公園登別園地	20	1	0	0	–	–	0	0	4	13	– –	–	17	北海道登別市
環境省	支笏洞爺国立公園登別地域	21	–	–	–	–	–	–	–	–	3	– –	–	3	北海道登別市
環境省	支笏洞爺国立公園壮瞥地域	22	–	–	–	–	–	–	–	–	0	– –	–	0	北海道有珠郡壮瞥町
環境省	利尻礼文サロベツ国立公園姫沼園地	23	–	–	–	–	–	–	0	7	103	– –	–	111	北海道利尻郡利尻富士町
環境省	支笏洞爺国立公園羊蹄山避難小屋	24	–	–	–	–	–	–	0	50	4	– –	–	54	北海道虻田郡ニセコ町
環境省	支笏洞爺国立公園真狩野営場	25	60	19	0	–	–	0	0	8	14	– –	–	43	北海道虻田郡真狩村
環境省	支笏洞爺国立公園羊蹄山地域	26	–	–	–	–	–	–	–	–	7	– –	–	7	北海道虻田郡真狩村
環境省	大雪山国立公園勇駒別園地	27	–	–	–	–	–	–	–	–	17	– –	–	17	北海道上川郡東川町
環境省	大雪山国立公園勇駒別博物展示施設	28	–	–	–	–	–	–	0	344	126	– –	–	470	北海道上川郡東川町
環境省	大雪山国立公園中岳裾合平線歩道	29	–	–	–	–	–	–	–	–	7	– –	–	7	北海道上川郡東川町
環境省	大雪山国立公園天人峡園地	30	–	–	–	–	–	–	–	–	67	– –	–	67	北海道上川郡東川町
環境省	大雪山国立公園	31	–	–	–	–	–	–	–	–	20	– –	–	20	北海道上川郡上川町
環境省	大雪山国立公園エントランス標識	32	–	–	–	–	–	–	–	–	0	– –	–	0	北海道上川郡上川町
環境省	大雪山国立公園ヤンベタップ五色岳線歩道	33	–	–	–	–	–	–	–	–	18	– –	–	18	北海道上川郡上川町
環境省	大雪山国立公園沼の平姿見の池（歩道）地区	34	–	–	–	–	–	–	–	–	0	– –	–	0	北海道上川郡上川町
環境省	大雪山国立公園層雲峡集団施設地区	35	281	166	0	0	–	7	3	105	189	– –	–	468	北海道上川郡上川町
環境省	大雪山国立公園愛山渓北鎮岳線歩道	36	–	–	–	–	–	–	–	–	9	– –	–	9	北海道上川郡上川町

産　　明　　細（令和５年３月31日現在）

（単位　百万円）

省庁名	口座名	番号	土地		立木竹				建物		工作物	その他			合計	所在地
			数量	価格	樹木	立木	竹	価格	数量	価格	価格	数量		価格	価格	
			千平方メートル		千本	千立方メートル	千束		延べ千平方メートル			隻，千平方メートル				
環境省	大雪山国立公園白雲岳	37	－	－	－	－	－	－	0	148	0	－	－	－	148	北海道上川郡上川町
環境省	白金野鳥の森	38	－	－	－	－	－	－	0	0	0	－	－	－	0	北海道上川郡美瑛町
環境省	十勝川源流部地区	39	－	－	－	－	－	－	－	－	0	－	－	－	0	北海道上川郡新得町
環境省	国指定天売島鳥獣保護区	40	0	0	－	－	－	－	0	2	0	－	－	－	2	北海道苫前郡羽幌町
環境省	北海道海鳥センター	41	－	－	－	－	－	－	0	0	5	－	－	－	5	北海道苫前郡羽幌町
環境省	利尻礼文サロベツ国立公園パンケ沼畔地区	42	4,564	0	－	－	－	－	0	0	80	－	－	－	81	北海道天塩郡幌延町
環境省	利尻礼文サロベツ国立公園パンケ沼畔地区２	43	－	－	－	－	－	－	－	－	0	－	－	－	0	北海道天塩郡幌延町
環境省	利尻礼文サロベツ国立公園長沼地区	44	242	0	－	－	－	－	0	3	55	－	－	－	58	北海道天塩郡幌延町
環境省	利尻礼文サロベツ国立公園幌延地域	45	－	－	－	－	－	－	－	－	2	－	－	－	2	北海道天塩郡幌延町
環境省	浜頓別クッチャロ湖水鳥観察館	46	－	－	0	－	－	0	0	0	0	－	－	－	0	北海道枝幸郡浜頓別町
環境省	浜頓別一級鳥類観測ステーション	47	－	－	－	－	－	－	0	0	0	－	－	－	0	北海道枝幸郡浜頓別町
環境省	利尻礼文サロベツ国立公園上サロベツ地区	48	9,122	31	28	－	－	18	1	58	222	－	－	－	331	北海道天塩郡豊富町
環境省	レブンアツモリソウ保護増殖事業地	49	17	0	－	－	－	－	－	－	－	－	－	－	0	北海道礼文郡礼文町
環境省	利尻礼文サロベツ国立公園礼文地区	50	－	－	－	－	－	－	－	－	2	－	－	－	2	北海道礼文郡礼文町
環境省	利尻礼文サロベツ国立公園礼文地区（礼文島縦断線歩道）	51	－	－	－	－	－	－	－	－	57	－	－	－	57	北海道礼文郡礼文町
環境省	利尻礼文サロベツ国立公園利尻地区	52	－	－	－	－	－	－	0	1	4	－	－	－	6	北海道利尻郡利尻富士町
環境省	利尻礼文サロベツ国立公園利尻地区（鴛泊登山線歩道）	53	－	－	－	－	－	－	－	－	24	－	－	－	24	北海道利尻郡利尻富士町
環境省	利尻礼文サロベツ国立公園利尻地区（沓形登山歩道）	54	－	－	－	－	－	－	－	－	13	－	－	－	13	北海道利尻郡利尻町
環境省	知床国立公園斜里地区	55	5	1	0	－	－	0	0	56	15	－	－	－	73	北海道斜里郡斜里町
環境省	知床国立公園知床五湖園地	56	1,695	271	－	41	－	163	0	36	177	－	－	－	649	北海道斜里郡斜里町
環境省	知床国立公園知床岬	57	－	－	－	－	－	－	－	－	12	－	－	－	12	北海道斜里郡斜里町
環境省	阿寒摩周国立公園裏摩周園地	58	－	－	－	－	－	－	－	－	21	－	－	－	21	北海道斜里郡清里町
環境省	遠軽地区	59	－	－	－	－	－	－	－	－	0	－	－	－	0	北海道紋別郡遠軽町
環境省	支笏洞爺国立公園北海道自然歩道（火山回道）	60	－	－	0	－	－	0	－	－	3	－	－	－	3	北海道有珠郡壮瞥町
国土交通省	国立民族共生公園	61	91	863	0	0	－	8	5	2,566	1,802	－	－	－	5,240	北海道白老郡白老町
環境省	支笏洞爺国立公園財田集団施設地区	62	43	70	0	－	－	14	1	9	102	－	－	－	196	北海道虻田郡洞爺湖町
環境省	支笏洞爺国立公園洞爺湖集団施設地区	63	17	210	0	－	－	3	1	18	47	－	－	－	279	北海道虻田郡洞爺湖町
環境省	支笏洞爺国立公園洞爺湖八景	64	－	－	－	－	－	－	－	－	0	－	－	－	0	北海道虻田郡洞爺湖町
環境省	支笏洞爺国立公園有珠山西山地区	65	181	3	－	0	－	0	－	－	2	－	－	－	7	北海道虻田郡洞爺湖町
環境省	支笏洞爺国立公園洞爺湖地域エントランス標識	66	－	－	－	－	－	－	－	－	6	－	－	－	6	北海道虻田郡洞爺湖町
環境省	支笏洞爺国立公園登別地区	67	－	－	－	－	－	－	－	－	3	－	－	－	3	北海道虻田郡京極町

21. 公　共　用　財

省庁名	口座名	番号	土地		立木竹				建物		工作物	その他			合計	所在地
			数量	価格	樹木	立木	竹	価格	数量	価格	価格	数量		価格	価格	
			千平方メートル		千本	千立方メートル	千束		延べ千平方メートル			隻	千平方メートル			
環境省	大雪山国立公園糠平集団施設地区	68	4	8	0	—	—	0	0	89	42	—	—	—	140	北海道河東郡上士幌町
環境省	大雪山国立公園十勝三股地区	69	479	17	0	2	—	2	—	—	0	—	—	—	20	北海道河東郡上士幌町
環境省	大雪山国立公園松仙園線道路	70	—	—	—	—	—	—	—	—	28	—	—	—	28	北海道上川郡上川町
環境省	大雪山国立公園美瑛富士避難小屋	71	—	—	—	—	—	—	—	—	4	—	—	—	4	北海道上川郡美瑛町
環境省	大雪山国立公園トムラウシ線歩道	72	—	—	—	—	—	—	—	—	3	—	—	—	3	北海道上川郡新得町
環境省	釧路湿原国立公園トリトウシ地区	73	633	35	—	—	—	—	—	—	—	—	—	—	35	北海道釧路郡釧路町
環境省	釧路湿原国立公園釧路地区	74	6	0	—	—	—	—	—	—	—	—	—	—	0	北海道釧路郡釧路町
環境省	釧路湿原国立公園達古武地区	75	4,501	55	161	—	—	72	—	—	10	—	—	—	139	北海道釧路郡釧路町
環境省	厚岸水鳥観察館	76	—	—	—	—	—	—	0	0	1	—	—	—	1	北海道厚岸郡厚岸町
環境省	釧路湿原国立公園シラルトロ園地	77	—	—	—	—	—	—	0	1	0	—	—	—	1	北海道川上郡標茶町
環境省	釧路湿原国立公園塘路地区	78	—	—	—	—	—	—	0	5	11	—	—	—	16	北海道川上郡標茶町
環境省	摩周西別岳	79	—	—	—	—	—	—	—	—	14	—	—	—	14	北海道川上郡標茶町
環境省	阿寒摩周国立公園川湯集団施設地区	80	131	20	0	0	—	2	0	137	125	—	—	—	285	北海道川上郡弟子屈町
環境省	阿寒摩周国立公園和琴集団施設地区	81	511	24	0	8	—	16	0	98	102	—	—	—	241	北海道川上郡弟子屈町
環境省	釧路湿原国立公園温根内地区	82	25	0	—	—	—	—	0	189	185	—	—	—	375	北海道阿寒郡鶴居村
環境省	釧路湿原国立公園宮島岬地区	83	1,127	19	20	—	—	0	—	—	0	—	—	—	19	北海道阿寒郡鶴居村
環境省	釧路湿原国立公園幌呂地区	84	377	0	—	—	—	—	—	—	—	—	—	—	0	北海道阿寒郡鶴居村
環境省	知床国立公園北浜地区	85	21	4	—	—	—	—	0	19	38	—	—	—	61	北海道目梨郡羅臼町
環境省	知床国立公園羅臼温泉集団施設地区	86	30	107	1	—	—	5	1	74	41	—	—	—	228	北海道目梨郡羅臼町
環境省	知床国立公園羅臼湖地区	87	—	—	—	—	—	—	—	—	42	—	—	—	42	北海道目梨郡羅臼町
環境省	国指定濤沸湖鳥獣保護区　濤沸湖水鳥・湿地センター	88	—	—	—	—	—	—	0	37	24	—	—	—	62	北海道網走市
環境省	中標津空港	89	—	—	—	—	—	—	—	—	0	—	—	—	0	北海道標津郡中標津町
環境省	十和田八幡平国立公園酸ヶ湯集団施設地区	90	293	2	2	0	—	3	0	28	65	—	—	—	100	青森県青森市
環境省	十和田八幡平国立公園休屋集団施設地区	91	299	644	0	1	—	11	1	199	167	—	—	—	1,022	青森県十和田市
環境省	十和田八幡平国立公園焼山地区	92	8	45	—	0	—	0	0	1	108	—	—	—	156	青森県十和田市
環境省	十和田八幡平国立公園南八甲田縦走線道路（歩道）	93	—	—	—	—	—	—	—	—	4	—	—	—	4	青森県十和田市
環境省	蔦野鳥の森	94	—	—	—	—	—	—	—	—	0	—	—	—	0	青森県十和田市
環境省	自籠岩線道路（歩道）	95	—	—	—	—	—	—	—	—	0	—	—	—	0	青森県十和田市
環境省	国指定仏沼鳥獣保護区標識	96	—	—	—	—	—	—	—	—	0	—	—	—	0	青森県三沢市
環境省	三陸復興国立公園種差海岸集団施設地区	97	8	65	—	—	—	—	0	71	64	—	—	—	202	青森県八戸市
環境省	東北太平洋岸自然歩道（みちのく潮風トレイル）青森	98	—	—	—	—	—	—	—	—	7	—	—	—	7	青森県八戸市
環境省	ヘソイシ（三陸復興国立公園）	99	0	0	—	—	—	—	—	—	—	—	—	—	0	青森県八戸市
環境省	オオシマ（三陸復興国立公園）	100	0	0	—	—	—	—	—	—	—	—	—	—	0	青森県八戸市

産　　明　　細（令和５年３月31日現在）（続）

（単位　百万円）

省庁名	口座名	番号	土地 数量	土地 価格	立木竹 樹木	立木竹 立木	立木竹 竹	立木竹 価格	建物 数量	建物 価格	工作物 価格	その他 数量	その他 価格	合計 価格	所在地
			千平方メートル		千本	千立方メートル	千束		延べ千平方メートル			隻，千平方メートル			
環境省	ギダイシ（三陸復興国立公園）	101	0	0	－	－	－	－	－	－	－	－　－	－	0	青森県八戸市
環境省	白神山地自然環境保全地域（青森）	102	－	－	－	－	－	－	－	－	0	－　－	－	0	青森県西津軽郡鰺ケ沢町
環境省	白神山地世界遺産センター（西目屋館）	103	－	－	0	－	－	0	0	36	2	－　－	－	39	青森県中津軽郡西目屋村
環境省	三陸復興国立公園小舟渡園地	104	－	－	－	－	－	－	0	9	12	－　－	－	22	青森県三戸郡階上町
環境省	三陸復興国立公園階上岳山頂園地	105	－	－	－	－	－	－	0	9	8	－　－	－	17	青森県三戸郡階上町
環境省	三陸復興国立公園宮古姉ヶ崎集団施設地区	106	0	2	1	－	－	13	0	48	75	－　－	－	139	岩手県宮古市
環境省	三陸復興国立公園浄土ヶ浜集団施設地区	107	108	79	10	0	－	37	1	304	252	－　－	－	673	岩手県宮古市
環境省	三陸復興国立公園碁石海岸集団施設地区	108	0	1	－	－	－	－	0	78	70	－　－	－	151	岩手県大船渡市
国土交通省	高田松原津波復興祈念公園	109	－	－	8	－	－	43	2	1,037	1,116	－　－	－	2,198	岩手県陸前高田市
環境省	十和田八幡平国立公園八幡平頂上	110	－	－	－	－	－	－	－	－	1	－　－	－	1	岩手県八幡平市
環境省	東北太平洋岸自然歩道（みちのく潮風トレイル）岩手	111	－	－	－	－	－	－	－	－	265	－　－	－	265	岩手県久慈市
環境省	黒島（三陸復興国立公園）	112	0	0	－	－	－	－	－	－	－	－　－	－	0	岩手県久慈市
環境省	平島（三陸復興国立公園）	113	0	0	－	－	－	－	－	－	－	－　－	－	0	岩手県久慈市
環境省	トド岩（三陸復興国立公園）	114	0	0	－	－	－	－	－	－	－	－　－	－	0	岩手県久慈市
環境省	北侍浜園地	115	－	－	－	－	－	－	0	18	2	－　－	－	20	岩手県久慈市
環境省	三陸復興国立公園船越園地	116	－	－	0	－	－	0	0	20	16	－　－	－	38	岩手県下閉伊郡山田町
環境省	オランダ島園地	117	－	－	－	－	－	－	0	23	9	－　－	－	32	岩手県下閉伊郡山田町
環境省	三陸復興国立公園普代浜園地	118	－	－	0	－	－	0	0	25	14	－　－	－	40	岩手県下閉伊郡普代村
環境省	三陸復興国立公園北山崎園地	119	23	11	0	1	－	7	－	－	14	－　－	－	32	岩手県下閉伊郡田野畑村
環境省	三陸復興国立公園明戸浜園地	120	－	－	0	－	－	0	－	－	20	－　－	－	20	岩手県下閉伊郡田野畑村
環境省	十和田八幡平国立公園滝ノ上地区	121	－	－	－	－	－	－	－	－	16	－　－	－	16	岩手県岩手郡雫石町
環境省	十和田八幡平国立公園網張集団施設地区	122	49	32	0	0	－	1	1	30	231	－　－	－	295	岩手県岩手郡雫石町
環境省	三陸復興国立公園月浜園地	123	21	51	0	－	－	0	1	187	197	－　－	－	435	宮城県石巻市
環境省	鮎川浜集団施設地区	124	0	1	－	－	－	－	1	190	160	－　－	－	352	宮城県石巻市
国土交通省	石巻南浜津波復興祈念公園	125	－	－	13	－	－	40	1	656	756	－　－	－	1,453	宮城県石巻市
環境省	三陸復興国立公園気仙沼大島集団施設地区	126	17	17	0	－	－	7	1	118	77	－　－	－	221	宮城県気仙沼市
環境省	東北太平洋岸自然歩道（みちのく潮風トレイル名取トレイルセンター）	127	21	230	0	－	－	1	1	276	126	－　－	－	635	宮城県名取市
環境省	東北太平洋岸自然歩道（みちのく潮風トレイル）宮城	128	－	－	－	－	－	－	－	－	124	－　－	－	124	宮城県名取市
国土交通省	国営みちのく杜の湖畔公園	129	2,334	4,484	482	－	0	1,553	19	810	1,178	－　－	－	8,027	宮城県柴田郡川崎町
環境省	三陸復興国立公園戸倉園地	130	4	19	－	－	－	－	1	240	49	－　－	－	308	宮城県本吉郡南三陸町
環境省	十和田八幡平国立公園後生掛集団施設地区	131	209	40	－	1	－	0	1	61	363	－　－	－	466	秋田県鹿角市
環境省	国指定森吉山鳥獣保護センター	132	176	7	15	－	－	13	0	26	5	－　－	－	53	秋田県北秋田市

21. 公　共　用　財

省庁名	口座名	番号	土地 数量	土地 価格	立木竹 樹木	立木竹 立木	立木竹 竹	立木竹 価格	建物 数量	建物 価格	工作物 価格	その他 数量	その他 価格	合計 価格	所在地
			千平方メートル		千本	千立方メートル	千束		延べ千平方メートル			隻，千平方メートル			
環境省	国指定森吉山鳥獣保護区案内標識	133	－	－	－	－	－	－	－	－	0	－　－	－	0	秋田県北秋田市
環境省	十和田八幡平国立公園乳頭温泉郷集団施設地区	134	－	－	－	－	－	－	1	6	28	－　－	－	34	秋田県仙北市
環境省	十和田八幡平国立公園見返峠駐車場	135	－	－	－	－	－	－	－	－	82	－　－	－	82	秋田県仙北市
環境省	十和田八幡平国立公園休屋園地	136	7	31	0	0	－	1	－	－	0	－　－	－	33	秋田県鹿角郡小坂町
環境省	十和田八幡平国立公園生出集団施設地区	137	159	70	0	2	－	1	0	48	31	－　－	－	152	秋田県鹿角郡小坂町
環境省	白神山地自然環境保全地域（秋田）	138	－	－	－	－	－	－	－	－	0	－　－	－	0	秋田県山本郡藤里町
環境省	白神山地世界遺産センター（藤里館）	139	－	－	－	－	－	－	0	113	3	－　－	－	116	秋田県山本郡藤里町
環境省	磐梯朝日国立公園羽黒集団施設地区	140	198	29	8	－	－	55	1	20	75	－　－	－	180	山形県鶴岡市
環境省	磐梯朝日国立公園以東岳	141	－	－	－	－	－	－	0	44	4	－　－	－	49	山形県鶴岡市
環境省	猛禽類保護センター	142	－	－	－	－	－	－	0	7	22	－　－	－	29	山形県酒田市
環境省	磐梯朝日国立公園浄土平集団施設地区	143	373	25	－	0	－	0	0	15	22	－　－	－	63	福島県福島市
環境省	磐梯朝日国立公園吾妻管理計画区	144	－	－	－	－	－	－	－	－	3	－　－	－	3	福島県福島市
環境省	吾妻小富士線道路（歩道）	145	－	－	－	－	－	－	－	－	53	－　－	－	53	福島県福島市
環境省	東北自然歩道線道路（歩道）（福島県）	146	－	－	－	－	－	－	－	－	19	－　－	－	19	福島県福島市
環境省	東北太平洋岸自然歩道（みちのく潮風トレイル）福島	147	－	－	－	－	－	－	－	－	22	－　－	－	22	福島県相馬市
環境省	尾瀬国立公園尾瀬ヶ原地区	148	36	0	－	0	－	0	0	140	38	－　－	－	179	福島県南会津郡檜枝岐村
環境省	尾瀬国立公園尾瀬沼集団施設地区	149	58	4	2	0	－	1	1	826	253	－　－	－	1,085	福島県南会津郡檜枝岐村
環境省	尾瀬国立公園会津駒ヶ岳登山線歩道	150	－	－	－	－	－	－	－	－	16	－　－	－	16	福島県南会津郡檜枝岐村
環境省	尾瀬国立公園赤法華鳩待峠線歩道（福島）	151	－	－	－	－	－	－	－	－	74	－　－	－	74	福島県南会津郡檜枝岐村
環境省	尾瀬国立公園道路（歩道）事業	152	－	－	－	－	－	－	－	－	116	－　－	－	116	福島県南会津郡檜枝岐村
環境省	磐梯朝日国立公園裏磐梯集団施設地区	153	11	7	1	－	－	7	1	19	52	－　－	－	87	福島県耶麻郡北塩原村
環境省	磐梯朝日国立公園裏磐梯地区	154	2,292	205	1	31	－	95	0	8	7	－　－	－	316	福島県耶麻郡北塩原村
環境省	磐梯朝日国立公園雄国沼園地	155	－	－	－	－	－	－	0	18	169	－　－	－	187	福島県耶麻郡北塩原村
国土交通省	福島県復興祈念公園	156	－	－	－	－	－	－	－	－	846	－　－	－	846	福島県双葉郡浪江町
国土交通省	国営常陸海浜公園	157	3,500	481	127	5	0	371	83	1,102	2,116	－　－	－	4,072	茨城県ひたちなか市
環境省	日光国立公園光徳集団施設地区	158	185	6	－	1	－	1	0	0	20	－　－	－	28	栃木県日光市
環境省	日光国立公園戦場ヶ原地区	159	－	－	－	－	－	－	0	16	381	－　－	－	397	栃木県日光市
環境省	日光国立公園湯元集団施設地区	160	187	795	1	0	－	10	0	49	97	－　－	－	952	栃木県日光市
環境省	日光国立公園那須高原集団施設地区	161	5,651	346	0	14	－	10	2	247	237	－　－	－	842	栃木県那須郡那須町
環境省	日光国立公園那須地区	162	2	19	0	0	－	0	－	－	0	－　－	－	19	栃木県那須郡那須町
環境省	日光国立公園那須平成の森フィールドセンター	163	－	－	－	－	－	－	0	197	61	－　－	－	259	栃木県那須郡那須町
環境省	日光国立公園那須地域山岳歩道	164	－	－	－	－	－	－	－	－	34	－　－	－	34	栃木県那須郡那須町

産　明　細（令和５年３月31日現在）（続）

（単位　百万円）

省庁名	口座名	番号	土地		立木竹				建物		工作物	その他		合計	所在地
			数量	価格	樹木	立木	竹	価格	数量	価格	価格	数量	価格	価格	
			千平方メートル		千本	千立方メートル	千束		延べ千平方メートル			隻，千平方メートル			
環境省	日光国立公園（那須甲子地域）峰の茶屋登山口園地	165	–	–	–	–	–	–	0	37	22	– –	–	59	栃木県那須郡那須町
環境省	上信越高原国立公園万座集団施設地区	166	405	3	0	1	–	0	0	124	84	– –	–	212	群馬県吾妻郡嬬恋村
環境省	上信越高原国立公園四万温泉集団施設地区	167	–	–	–	–	–	–	–	–	17	– –	–	17	群馬県吾妻郡中之条町
環境省	上信越高原国立公園草津・白根・横手地区	168	–	–	–	–	–	–	–	–	5	– –	–	5	群馬県吾妻郡草津町
環境省	上信越高原国立公園浅間地区	169	–	–	–	–	–	–	–	–	13	– –	–	13	群馬県吾妻郡嬬恋村
環境省	上信越高原国立公園黒斑山地区	170	0	0	–	–	–	–	0	13	19	– –	–	33	群馬県吾妻郡嬬恋村
環境省	上信越高原国立公園鹿沢集団施設地区	171	191	16	0	0	–	7	1	2	127	– –	–	154	群馬県吾妻郡嬬恋村
環境省	上信越高原国立公園谷川岳集団施設地区	172	74	3	4	0	–	1	0	201	187	– –	–	393	群馬県利根郡みなかみ町
環境省	尾瀬国立公園赤法華鳩待峠線歩道（群馬）	173	–	–	–	–	–	–	–	–	162	– –	–	162	群馬県利根郡片品村
環境省	秩父多摩甲斐国立公園三峰秩父湖集団施設地区	174	–	–	–	–	–	–	–	–	0	– –	–	0	埼玉県秩父市
国土交通省	国営武蔵丘陵森林公園	175	3,045	1,357	11	40	–	121	10	146	590	– –	–	2,215	埼玉県比企郡滑川町
総務省	千鳥ヶ淵戦後強制抑留・引揚死没者慰霊碑	176	–	–	–	–	–	–	–	–	45	– –	–	45	東京都千代田区
環境省	戦後強制抑留及び引揚死没者慰霊碑苑地	177	0	26	–	–	–	–	–	–	2	– –	–	29	東京都千代田区
国土交通省	国営東京臨海広域防災公園	178	64	66,445	0	–	–	34	4	1,008	240	(地上権) 0	30	67,761	東京都江東区
国土交通省	国営昭和記念公園	179	1,733	81,899	23	–	–	336	28	2,178	1,034	– –	–	85,449	東京都立川市
環境省	秩父多摩甲斐国立公園奥多摩地区	180	–	–	–	–	–	–	0	2	0	– –	–	2	東京都西多摩郡奥多摩町
環境省	平根（富士箱根伊豆国立公園）	181	1	0	–	–	–	–	–	–	–	– –	–	0	東京都新島村
環境省	東ボト（富士箱根伊豆国立公園）	182	0	0	–	–	–	–	–	–	–	– –	–	0	東京都新島村
環境省	富士箱根伊豆国立公園神津島地区	183	–	–	–	–	–	–	–	–	16	– –	–	16	東京都神津島村
環境省	孫平根（富士箱根伊豆国立公園）	184	0	0	–	–	–	–	–	–	–	– –	–	0	東京都神津島村
環境省	ヒラ根（富士箱根伊豆国立公園）	185	9	0	–	–	–	–	–	–	–	– –	–	0	東京都神津島村
環境省	カド根（富士箱根伊豆国立公園）	186	0	0	–	–	–	–	–	–	–	– –	–	0	東京都神津島村
環境省	大野原島（三本嶽）（富士箱根伊豆国立公園）	187	2	0	–	–	–	–	–	–	–	– –	–	0	東京都三宅島三宅村
環境省	小川尻の根（富士箱根伊豆国立公園）	188	0	0	–	–	–	–	–	–	–	– –	–	0	東京都御蔵島村
環境省	水かぶり根（富士箱根伊豆国立公園）	189	0	0	–	–	–	–	–	–	–	– –	–	0	東京都御蔵島村
環境省	横塚根（富士箱根伊豆国立公園）	190	0	0	–	–	–	–	–	–	–	– –	–	0	東京都御蔵島村
環境省	立根（富士箱根伊豆国立公園）	191	0	0	–	–	–	–	–	–	–	– –	–	0	東京都八丈島八丈町
環境省	沖の根（富士箱根伊豆国立公園）	192	0	0	–	–	–	–	–	–	–	– –	–	0	東京都八丈島八丈町
環境省	中根南西小島（富士箱根伊豆国立公園）	193	0	0	–	–	–	–	–	–	–	– –	–	0	東京都八丈島八丈町
環境省	三十根北小島（富士箱根伊豆国立公園）	194	2	0	–	–	–	–	–	–	–	– –	–	0	東京都八丈島八丈町

21. 公　共　用　財

省庁名	口座名	番号	土地 数量	土地 価格	立木竹 樹木	立木竹 立木	立木竹 竹	立木竹 価格	建物 数量	建物 価格	工作物 価格	その他 数量		その他 価格	合計 価格	所在地
			千平方メートル		千本	千立方メートル	千束		延べ千平方メートル			隻	千平方メートル			
環境省	小笠原国立公園小笠原母島地区	195	13	19	–	0	–	2	–	–	–	–	–	–	21	東京都小笠原村
環境省	小笠原国立公園小笠原兄島地区	196	–	–	–	–	–	–	–	–	22	–	–	–	22	東京都小笠原村
国土交通省	明治記念大磯邸園	197	35	4, 036	4	–	–	482	8	485	261	–	–	–	5, 266	神奈川県中郡大磯町
環境省	富士箱根伊豆国立公園元箱根地区	198	7	121	–	–	–	–	–	–	–	–	–	–	121	神奈川県足柄下郡箱根町
環境省	富士箱根伊豆国立公園湖尻集団施設地区	199	5	30	0	–	–	0	0	38	91	–	–	–	160	神奈川県足柄下郡箱根町
環境省	富士箱根伊豆国立公園畑引山集団施設地区	200	35	6	0	0	–	1	–	–	0	–	–	–	8	神奈川県足柄下郡箱根町
環境省	富士箱根伊豆国立公園箱根地域	201	–	–	–	–	–	–	–	–	11	–	–	–	11	神奈川県足柄下郡箱根町
環境省	富士箱根伊豆国立公園箱根地域道路（歩道）事業	202	–	–	–	–	–	–	–	–	4	–	–	–	4	神奈川県足柄下郡箱根町
環境省	福島潟一級鳥類観測ステーション	203	–	–	–	–	–	–	0	24	8	–	–	–	33	新潟県新潟市北区
環境省	佐潟水鳥・湿地センター	204	–	–	–	–	–	–	0	0	23	–	–	–	23	新潟県新潟市西区
環境省	国指定佐潟鳥獣保護区	205	–	–	–	–	–	–	0	1	0	–	–	–	1	新潟県新潟市西区
国土交通省	越後丘陵　健康ゾーン　フォリーの丘区	206	–	–	–	–	–	–	0	35	96	–	–	–	132	新潟県長岡市
国土交通省	越後丘陵　健康ゾーン　ふれあいの森区	207	–	–	–	–	–	–	0	33	60	–	–	–	93	新潟県長岡市
国土交通省	越後丘陵　健康ゾーン　越の街区	208	–	–	–	–	–	–	2	195	142	–	–	–	337	新潟県長岡市
国土交通省	越後丘陵　健康ゾーン　越の池区	209	–	–	–	–	–	–	0	36	567	–	–	–	603	新潟県長岡市
国土交通省	越後丘陵　健康ゾーン　管理施設区	210	–	–	–	–	–	–	2	190	37	–	–	–	227	新潟県長岡市
国土交通省	越後丘陵　健康ゾーン　健康の森区	211	–	–	–	–	–	–	0	7	146	–	–	–	153	新潟県長岡市
国土交通省	越後丘陵　健康ゾーン　駐車場区	212	–	–	–	–	–	–	–	–	245	–	–	–	245	新潟県長岡市
国土交通省	越後丘陵　健康ゾーン　展望台区	213	–	–	–	–	–	–	0	157	11	–	–	–	168	新潟県長岡市
国土交通省	越後丘陵　健康ゾーン　入口広場区	214	–	–	0	–	–	1	3	766	208	–	–	–	975	新潟県長岡市
国土交通省	越後丘陵　健康ゾーン　緑の千畳敷区	215	–	–	–	–	–	–	0	0	587	–	–	–	587	新潟県長岡市
国土交通省	越後丘陵　文化ゾーン	216	–	–	–	–	–	–	0	122	487	–	–	–	609	新潟県長岡市
国土交通省	越後丘陵　野生ゾーン	217	–	–	–	–	–	–	2	331	408	–	–	–	739	新潟県長岡市
国土交通省	国営越後丘陵公園	218	3, 983	10, 385	93	3	–	584	–	–	875	–	–	–	11, 845	新潟県長岡市
環境省	妙高戸隠連山国立公園五最杉集団施設地区	219	58	22	0	–	–	2	0	0	87	–	–	–	112	新潟県妙高市
環境省	妙高戸隠連山国立公園笹ヶ峰集団施設地区	220	–	–	0	–	–	0	1	23	151	–	–	–	174	新潟県妙高市
環境省	妙高戸隠連山国立公園関山地区	221	–	–	–	–	–	–	–	–	0	–	–	–	0	新潟県妙高市
環境省	妙高戸隠連山国立公園杉野沢地区	222	–	–	–	–	–	–	–	–	0	–	–	–	0	新潟県妙高市
環境省	妙高戸隠連山国立公園赤倉地区	223	–	–	–	–	–	–	–	–	0	–	–	–	0	新潟県妙高市
環境省	妙高戸隠連山国立公園池の平地区	224	–	–	–	–	–	–	0	9	3	–	–	–	13	新潟県妙高市
環境省	妙高戸隠連山国立公園いもり池集団施設地区	225	–	–	–	–	–	–	0	355	366	–	–	–	722	新潟県妙高市
環境省	（新）佐渡トキ保護センター	226	–	–	0	–	–	1	1	53	40	–	–	–	94	新潟県佐渡市

産　明　細（令和5年3月31日現在）（続）

（単位　百万円）

省庁名	口座名	番号	土地 数量	土地 価格	立木竹 樹木	立木竹 立木	立木竹 竹	立木竹 価格	建物 数量	建物 価格	工作物 価格	その他 数量	その他 数量	その他 価格	合計 価格	所在地
			千平方メートル		千本	千立方メートル	千束		延べ千平方メートル			隻	千平方メートル			
環境省	中部山岳国立公園後立山地区（糸魚川市）	227	−	−	−	−	−	−	−	−	77	−	−	−	77	新潟県糸魚川市
環境省	朝日連峰地域	228	−	−	−	−	−	−	−	−	3	−	−	−	3	新潟県村上市
環境省	上信越高原国立公園苗場地区	229	−	−	−	−	−	−	−	−	123	−	−	−	123	新潟県南魚沼郡湯沢町
環境省	磐梯朝日国立公園鷹ノ巣集団施設地区	230	85	7	0	0	−	3	0	5	32	−	−	−	49	新潟県岩船郡関川村
環境省	中部山岳国立公園立山地区	231	−	−	−	−	−	−	−	−	269	−	−	−	269	富山県富山市
環境省	婦中一級鳥類観測ステーション	232	−	−	−	−	−	−	0	0	0	−	−	−	0	富山県富山市
環境省	中部山岳国立公園欅平地区	233	−	−	−	−	−	−	0	180	64	−	−	−	244	富山県黒部市
環境省	白山国立公園（桂大笠山ブナオ峠歩道）	234	−	−	−	−	−	−	0	7	−	−	−	−	7	富山県南砺市
環境省	中部山岳国立公園室堂集団施設地区	235	571	6	−	0	−	0	0	182	137	−	−	−	326	富山県中新川郡立山町
環境省	中部山岳国立公園大日岳地区	236	−	−	−	−	−	−	−	−	30	−	−	−	30	富山県中新川郡立山町
環境省	白山国立公園中部地区（尾添）	237	−	−	−	−	−	−	−	−	4	−	−	−	4	石川県白山市
環境省	白山国立公園岩屋渓谷地区	238	698	26	−	14	−	42	−	−	7	−	−	−	77	石川県白山市
環境省	白山国立公園根倉谷地区	239	59	5	−	2	−	1	−	−	6	−	−	−	12	石川県白山市
環境省	白山国立公園市ノ瀬集団施設地区	240	0	2	−	−	−	−	0	155	62	−	−	−	219	石川県白山市
環境省	白山国立公園中宮温泉集団施設地区	241	−	−	0	−	−	0	0	0	19	−	−	−	19	石川県白山市
環境省	白山国立公園中部地区（白峰）	242	−	−	−	−	−	−	0	45	166	−	−	−	211	石川県白山市
環境省	白山国立公園白山室堂地区	243	−	−	−	−	−	−	−	−	38	−	−	−	38	石川県白山市
環境省	国指定七ツ島鳥獣保護区	244	−	−	−	−	−	−	−	−	0	−	−	−	0	石川県輪島市
環境省	白山国立公園中部地区（小池）	245	−	−	−	−	−	−	−	−	12	−	−	−	12	福井県大野市
環境省	白山国立公園（小原三ノ峰線歩道）	246	−	−	−	−	−	−	−	−	12	−	−	−	12	福井県大野市
環境省	織田山一級鳥類観測ステーション	247	−	−	−	−	−	−	0	0	0	−	−	−	0	福井県丹生郡越前町
環境省	秩父多摩甲斐国立公園甲斐地区	248	−	−	−	−	−	−	−	−	24	−	−	−	24	山梨県甲府市
環境省	富士箱根伊豆国立公園富士山（山梨）地区	249	−	−	−	−	−	−	0	38	112	−	−	−	151	山梨県富士吉田市
環境省	富士箱根伊豆国立公園船津地区	250	3	9	−	−	−	−	−	−	−	−	−	−	9	山梨県南都留郡富士河口湖町
環境省	南アルプス国立公園野呂川広河原集団施設地区	251	−	−	0	−	−	0	0	100	13	−	−	−	113	山梨県南アルプス市
環境省	南アルプス地区生態系維持回復事業	252	−	−	−	−	−	−	−	−	2	−	−	−	2	山梨県南アルプス市
環境省	南アルプス国立公園道路（歩道）事業	253	−	−	−	−	−	−	0	20	3	−	−	−	23	山梨県南アルプス市
環境省	妙高戸隠連山国立公園戸隠地区	254	−	−	−	−	−	−	−	−	2	−	−	−	2	長野県長野市
環境省	中部山岳国立公園上高地集団施設地区	255	651	577	0	5	−	3	2	75	503	−	−	−	1,160	長野県松本市
環境省	中部山岳国立公園乗鞍高原集団施設地区	256	−	−	0	−	−	0	0	1	75	−	−	−	77	長野県松本市
環境省	中部山岳国立公園徳沢地区	257	154	4	−	1	−	0	0	0	3	−	−	−	8	長野県松本市
環境省	中部山岳国立公園涸沢地区	258	−	−	−	−	−	−	0	0	5	−	−	−	5	長野県松本市

21. 公　共　用　財

省庁名	口座名	番号	土地 数量	土地 価格	立木竹 樹木	立木竹 立木	立木竹 竹	立木竹 価格	建物 数量	建物 価格	工作物 価格	その他 数量		その他 価格	合計 価格	所在地
			千平方メートル		千本	千立方メートル	千束		延べ千平方メートル			隻, 千平方メートル				
環境省	中部山岳国立公園沢渡地区	259	13	25	1	−	−	24	1	116	64	−	−	−	230	長野県松本市
環境省	上信越高原国立公園菅平地区	260	−	−	−	−	−	−	−	−	21	−	−	−	21	長野県上田市
環境省	国指定浅間鳥獣保護区	261	−	−	−	−	−	−	−	−	0	−	−	−	0	長野県小諸市
国土交通省	国営アルプスあづみの公園	262	3,264	12,409	16	54	−	327	14	1,911	1,368	−	−	−	16,016	長野県大町市
環境省	秩父多摩甲斐国立公園長野地区	263	−	−	−	−	−	−	0	0	4	−	−	−	4	長野県南佐久郡川上村
環境省	軽井沢野鳥の森	264	−	−	−	−	−	−	0	0	2	−	−	−	2	長野県北佐久郡軽井沢町
環境省	上信越高原国立公園志賀高原集団施設地区	265	−	−	0	−	−	0	0	12	28	−	−	−	40	長野県下高井郡山ノ内町
環境省	中部山岳国立公園白馬地区	266	−	−	−	−	−	−	−	−	47	−	−	−	47	長野県北安曇郡白馬村
環境省	妙高戸隠連山国立公園小谷地区	267	−	−	−	−	−	−	−	−	1	−	−	−	1	長野県北安曇郡小谷村
環境省	上信越高原国立公園苗場山地区(栄村)	268	−	−	−	−	−	−	−	−	113	−	−	−	113	長野県下水内郡栄村
環境省	中部山岳国立公園平湯集団施設地区	269	28	36	0	0	−	0	0	3	2	−	−	−	43	岐阜県高山市
環境省	中部山岳国立公園乗鞍鶴ヶ池集団施設地区	270	−	−	−	−	−	−	−	−	99	−	−	−	99	岐阜県高山市
国土交通省	河川環境楽園	271	49	1,694	10	−	−	592	1	92	375	(雑船)	2	0	2,754	岐阜県各務原市
国土交通省	木曽三川公園各務原地区	272	−	−	−	−	−	−	−	−	11	−	−	−	11	岐阜県各務原市
国土交通省	木曽三川公園笠田広場	273	−	−	0	−	−	5	0	12	11	−	−	−	29	岐阜県各務原市
環境省	白山国立公園中部地区(石徹白)	274	−	−	−	−	−	−	−	−	0	−	−	−	0	岐阜県郡上市
国土交通省	国営木曽三川公園アクアワールド水郷	275	78	947	0	−	−	3	3	193	336	(雑船)	8	0	1,481	岐阜県海津市
国土交通省	長良川サービスセンター	276	1	15	−	−	−	5	0	433	473	(雑船)	35	1	929	岐阜県海津市
国土交通省	木曽三川公園中央水郷地区	277	99	1,134	2	−	−	131	5	241	184	(雑船)	2	0	1,693	岐阜県海津市
国土交通省	木曽三川大江緑道地区	278	98	855	−	−	−	−	−	−	−	−	−	−	855	岐阜県海津市
国土交通省	木曽三川公園万寿新田広場	279	−	−	−	−	−	−	−	−	6	−	−	−	6	岐阜県海津市
環境省	白山国立公園白川地区	280	−	−	−	−	−	−	−	−	0	−	−	−	0	岐阜県大野郡白川村
国土交通省	木曽三川公園羽島地区	281	27	162	0	−	−	0	−	−	53	−	−	−	217	岐阜県羽島市
環境省	富士箱根伊豆国立公園田貫湖集団施設地区	282	46	68	0	0	−	16	3	119	82	−	−	−	287	静岡県富士宮市
環境省	富士箱根伊豆国立公園富士山(静岡)地区	283	−	−	−	−	−	−	0	17	22	−	−	−	39	静岡県富士宮市
環境省	富士箱根伊豆国立公園富士山頂地区	284	8	0	−	−	−	−	0	4	50	−	−	−	55	静岡県御殿場市
環境省	カメ根(富士箱根伊豆国立公園)	285	0	0	−	−	−	−	−	−	−	−	−	−	0	静岡県下田市
環境省	富士箱根伊豆国立公園伊豆半島地区	286	−	−	−	−	−	−	−	−	1	−	−	−	1	静岡県伊豆市
環境省	富士箱根伊豆国立公園湊集団施設地区	287	18	78	0	0	−	3	0	7	5	−	−	−	94	静岡県賀茂郡南伊豆町
環境省	富士箱根伊豆国立公園金時山園地	288	−	−	−	−	−	−	0	13	10	−	−	−	23	静岡県駿東郡小山町
環境省	富士箱根伊豆国立公園(富士山地域)須走新五合目園地	289	−	−	−	−	−	−	0	104	41	−	−	−	145	静岡県駿東郡小山町
国土交通省	木曽三川公園光明寺広場	290	134	2,084	5	−	−	249	4	313	313	−	−	−	2,961	愛知県一宮市

産　　明　　細（令和５年３月31日現在）（続）

（単位　百万円）

省庁名	口座名	番号	土地 数量	土地 価格	立木竹 樹木	立木竹 立木	立木竹 竹	立木竹 価格	建物 数量	建物 価格	工作物 価格	その他 数量		その他 価格	合計 価格	所在地
			千平方メートル		千本	千立方メートル	千束		延べ千平方メートル			隻	千平方メートル			
国土交通省	木曽三川公園江南地区	291	92	1,734	11	—	—	77	3	543	680	—	—	—	3,036	愛知県江南市
国土交通省	木曽三川公園祖父江ワイルドネイチャー	292	19	47	1	—	—	2	0	42	107	—	—	—	200	愛知県稲沢市
国土交通省	木曽三川公園船頭平高水敷	293	—	—	0	—	—	4	—	—	5	—	—	—	9	愛知県愛西市
国土交通省	木曽三川公園東海広場	294	—	—	8	—	—	30	—	—	46	—	—	—	76	愛知県愛西市
環境省	伊勢志摩国立公園二見浦地区	295	—	—	—	—	—	—	—	—	0	—	—	—	0	三重県伊勢市
環境省	伊勢志摩国立公園伊勢神宮内宮地区	296	—	—	—	—	—	—	—	—	0	—	—	—	0	三重県伊勢市
国土交通省	木曽三川公園カルチャービレッヂ	297	139	2,190	1	—	—	54	7	804	124	—	—	—	3,174	三重県桑名市
国土交通省	木曽三川公園七里の渡し地区	298	13	803	0	—	—	11	0	51	156	—	—	—	1,022	三重県桑名市
環境省	伊勢志摩国立公園青峰山地区	299	—	—	—	—	—	—	—	—	5	—	—	—	5	三重県鳥羽市
環境省	伊勢志摩国立公園神島地区	300	—	—	—	—	—	—	—	—	5	—	—	—	5	三重県鳥羽市
環境省	伊勢志摩国立公園浦村地区	301	—	—	—	—	—	—	—	—	1	—	—	—	1	三重県鳥羽市
環境省	伊勢志摩国立公園鳥羽地区	302	—	—	—	—	—	—	—	—	8	—	—	—	8	三重県鳥羽市
環境省	伊勢志摩国立公園横山集団施設地区	303	131	98	0	38	—	27	0	71	395	—	—	—	593	三重県志摩市
環境省	伊勢志摩国立公園広の浜地区	304	—	—	—	—	—	—	—	—	0	—	—	—	0	三重県志摩市
環境省	伊勢志摩国立公園川向井地区	305	0	8	—	—	—	—	0	12	4	—	—	—	24	三重県志摩市
環境省	伊勢志摩国立公園三ヶ所地区	306	—	—	—	—	—	—	—	—	1	—	—	—	1	三重県志摩市
環境省	伊勢志摩国立公園鵜方地区	307	—	—	—	—	—	—	—	—	1	—	—	—	1	三重県志摩市
環境省	伊勢志摩国立公園登茂山地区	308	—	—	—	—	—	—	—	—	1	—	—	—	1	三重県志摩市
環境省	伊勢志摩国立公園志摩地区	309	—	—	—	—	—	—	—	—	7	—	—	—	7	三重県志摩市
環境省	伊勢志摩国立公園古和浦地区	310	—	—	—	—	—	—	—	—	0	—	—	—	0	三重県度会郡南伊勢町
環境省	吉野熊野国立公園熊野地区	311	—	—	—	—	—	—	0	47	42	—	—	—	89	三重県南牟婁郡紀宝町
環境省	吉野熊野国立公園大杉谷地区	312	—	—	—	—	—	—	—	—	19	—	—	—	19	三重県多気郡大台町
環境省	琵琶湖水鳥・湿地センター	313	—	—	—	—	—	—	0	27	8	—	—	—	36	滋賀県長浜市
国土交通省	淀川河川公園背割堤地区	314	—	—	0	0	—	1	0	335	157	—	—	—	494	京都府八幡市
環境省	山陰海岸国立公園京丹後地区	315	—	—	0	—	—	2	—	—	19	—	—	—	21	京都府京丹後市
環境省	ヒデリ岩（山陰海岸国立公園）	316	0	0	—	—	—	—	—	—	—	—	—	—	0	京都府京丹後市
国土交通省	淀川河川公園大山崎地区	317	—	—	—	—	—	—	—	—	36	—	—	—	36	京都府乙訓郡大山崎町
国土交通省	淀川河川公園毛馬地区	318	—	—	—	—	—	—	—	—	19	—	—	—	19	大阪府大阪市都島区
国土交通省	淀川河川公園赤川地区	319	—	—	0	—	—	0	—	—	39	—	—	—	39	大阪府大阪市都島区
国土交通省	淀川河川公園海老江地区	320	—	—	0	—	—	0	—	—	11	—	—	—	12	大阪府大阪市福島区
国土交通省	淀川河川公園太子橋地区	321	—	—	—	0	—	0	0	5	25	—	—	—	30	大阪府大阪市旭区
国土交通省	淀川河川公園城北地区	322	—	—	—	—	—	—	—	—	0	—	—	—	0	大阪府大阪市旭区
国土交通省	淀川河川公園十三野草地区	323	—	—	—	—	—	—	—	—	0	—	—	—	0	大阪府大阪市淀川区
国土交通省	淀川河川公園豊里地区	324	—	—	—	—	—	—	0	5	9	—	—	—	14	大阪府大阪市淀川区
国土交通省	淀川河川公園西中島地区	325	—	—	0	—	—	0	0	5	32	—	—	—	38	大阪府大阪市淀川区

21. 公　共　用　財

省庁名	口座名	番号	土地 数量	土地 価格	立木竹 樹木	立木竹 立木	立木竹 竹	立木竹 価格	建物 数量	建物 価格	工作物 価格	その他 数量	その他 価格	合計 価格	所在地
			千平方メートル		千本	千立方メートル	千束		延べ千平方メートル			隻, 千平方メートル			
国土交通省	淀川河川公園大淀野草地区	326	–	–	–	–	–	–	–	–	0	– –	–	0	大阪府大阪市北区
国土交通省	淀川河川公園長柄河畔地区	327	–	–	–	–	–	–	–	–	8	– –	–	8	大阪府大阪市北区
国土交通省	淀川河川公園長柄地区	328	–	–	–	–	–	–	0	0	9	– –	–	10	大阪府大阪市北区
国土交通省	淀川河川公園三島江地区	329	–	–	–	–	–	–	–	–	27	– –	–	27	大阪府高槻市
国土交通省	淀川河川公園三島江野草地区	330	–	–	–	–	–	–	–	–	17	– –	–	17	大阪府高槻市
国土交通省	淀川河川公園大塚地区	331	–	–	–	0	–	0	–	–	74	– –	–	74	大阪府高槻市
国土交通省	淀川河川公園八雲サービスセンター	332	1	62	0	–	–	2	0	0	0	– –	–	64	大阪府守口市
国土交通省	淀川河川公園八雲地区	333	–	–	–	0	–	2	–	–	24	– –	–	26	大阪府守口市
国土交通省	淀川河川公園外島地区	334	–	–	–	–	–	–	–	–	15	– –	–	15	大阪府守口市
国土交通省	淀川河川公園佐太西地区	335	–	–	–	–	–	–	–	–	15	– –	–	15	大阪府守口市
国土交通省	淀川河川公園守口地区	336	15	1, 342	0	–	–	3	0	23	19	– –	–	1, 387	大阪府守口市
国土交通省	淀川河川公園大日地区	337	–	–	–	–	–	–	–	–	5	– –	–	5	大阪府守口市
国土交通省	淀川河川公園庭窪河畔地区	338	–	–	–	–	–	–	–	–	0	– –	–	0	大阪府守口市
国土交通省	淀川河川公園八雲野草地区	339	–	–	–	–	–	–	–	–	0	– –	–	0	大阪府守口市
国土交通省	淀川河川公園出口地区	340	–	–	–	–	–	–	–	–	12	– –	–	12	大阪府枚方市
国土交通省	淀川河川公園松ケ鼻地区	341	–	–	–	–	–	–	–	–	2	– –	–	2	大阪府枚方市
国土交通省	淀川河川公園伊加賀野草地区	342	–	–	–	–	–	–	–	–	0	– –	–	0	大阪府枚方市
国土交通省	淀川河川公園三矢地区	343	–	–	–	–	–	–	–	–	2	– –	–	2	大阪府枚方市
国土交通省	淀川河川公園出口野草地区	344	–	–	–	–	–	–	–	–	1	– –	–	1	大阪府枚方市
国土交通省	淀川河川公園枚方地区	345	–	–	–	13	–	7	0	4	161	– –	–	173	大阪府枚方市
国土交通省	淀川河川公園太間サービスセンター	346	0	49	0	–	–	0	0	0	1	– –	–	51	大阪府寝屋川市
国土交通省	淀川河川公園木屋元町地区	347	–	–	–	–	–	–	–	–	18	– –	–	18	大阪府寝屋川市
国土交通省	淀川河川公園仁和寺野草地区	348	–	–	0	–	–	0	0	0	8	– –	–	9	大阪府寝屋川市
国土交通省	淀川河川公園太間地区	349	–	–	0	–	–	2	–	–	14	– –	–	17	大阪府寝屋川市
国土交通省	淀川河川公園点野野草地区	350	–	–	–	–	–	–	–	–	0	– –	–	0	大阪府寝屋川市
国土交通省	淀川河川公園鳥飼上地区	351	–	–	–	0	–	0	–	–	30	– –	–	30	大阪府摂津市
国土交通省	淀川河川公園一津屋地区	352	–	–	–	–	–	–	–	–	19	– –	–	19	大阪府摂津市
国土交通省	淀川河川公園鳥飼サービスセンター	353	1	160	0	0	–	6	0	45	13	– –	–	226	大阪府摂津市
国土交通省	淀川河川公園鳥飼下地区	354	–	–	0	–	–	0	–	–	101	– –	–	101	大阪府摂津市
国土交通省	淀川河川公園鳥飼西地区	355	–	–	–	–	–	–	–	–	3	– –	–	3	大阪府摂津市
国土交通省	淀川河川公園鳥飼野草地区	356	–	–	–	–	–	–	–	–	0	– –	–	0	大阪府摂津市
国土交通省	淀川河川公園和道地区	357	–	–	–	–	–	–	–	–	0	– –	–	0	大阪府摂津市
国土交通省	淀川河川公園島本地区	358	–	–	–	–	–	–	–	–	6	– –	–	6	大阪府三島郡島本町
国土交通省	国営明石海峡公園（神戸地区）	359	2, 338	10, 308	0	0	–	45	3	262	1, 301	– –	–	11, 918	兵庫県神戸市北区

産　　明　　細（令和５年３月31日現在）（続）

（単位　百万円）

省庁名	口座名	番号	土地		立木竹				建物		工作物	その他			合計	所在地
			数量	価格	樹木	立木	竹	価格	数量	価格	価格	数量		価格	価格	
			千平方メートル		千本	千立方メートル	千束		延べ千平方メートル			隻	千平方メートル			
環境省	瀬戸内海国立公園六甲地区	360	—	—	—	—	—	—	—	—	6	—	—	—	6	兵庫県芦屋市
環境省	瀬戸内海国立公園由良集団施設地区	361	227	91	0	2	—	2	0	2	17	—	—	—	114	兵庫県洲本市
環境省	瀬戸内海国立公園由良集団施設地区(生石地区)	362	30	831	0	0	—	0	0	26	15	—	—	—	874	兵庫県洲本市
環境省	山陰海岸国立公園竹野集団施設地区	363	1	5	1	—	—	8	1	90	86	—	—	—	191	兵庫県豊岡市
環境省	山陰海岸国立公園竹野地区	364	—	—	—	—	—	—	—	—	0	—	—	—	0	兵庫県豊岡市
環境省	竹野地区(猫崎)	365	—	—	—	—	—	—	—	—	5	—	—	—	5	兵庫県豊岡市
環境省	瀬戸内海国立公園南淡路集団施設地区	366	—	—	1	0	—	18	0	31	194	—	—	—	244	兵庫県南あわじ市
国土交通省	国営明石海峡公園（淡路地区）	367	515	5,207	6	—	—	475	7	815	2,196	—	—	—	8,694	兵庫県淡路市
環境省	瀬戸内海国立公園西播地区	368	—	—	—	—	—	—	—	—	0	—	—	—	0	兵庫県赤穂市
環境省	瀬戸内海国立公園淡路地区	369	—	—	—	—	—	—	—	—	0	—	—	—	0	兵庫県洲本市
環境省	ミョウセンジマ（山陰海岸国立公園）	370	0	0	—	—	—	—	—	—	—	—	—	—	0	兵庫県美方郡香美町
環境省	イズモ（山陰海岸国立公園）	371	1	0	—	—	—	—	—	—	—	—	—	—	0	兵庫県美方郡香美町
環境省	大振島（山陰海岸国立公園）	372	2	0	—	—	—	—	—	—	—	—	—	—	0	兵庫県美方郡新温泉町
環境省	沖矢城（山陰海岸国立公園）	373	0	0	—	—	—	—	—	—	—	—	—	—	0	兵庫県美方郡新温泉町
環境省	茶釜（山陰海岸国立公園）	374	0	0	—	—	—	—	—	—	—	—	—	—	0	兵庫県美方郡新温泉町
国土交通省	国営飛鳥・平城宮跡歴史公園平城宮跡区域	375	18	762	0	—	—	20	13	7,188	2,080	—	—	—	10,052	奈良県奈良市
国土交通省	国営飛鳥歴史公園甘樫丘地区	376	245	2,288	11	0	—	113	0	61	265	—	—	—	2,728	奈良県高市郡明日香村
国土交通省	国営飛鳥歴史公園高松塚地区	377	89	1,677	6	—	0	96	0	10	145	—	—	—	1,929	奈良県高市郡明日香村
国土交通省	国営飛鳥歴史公園飛鳥区域　キトラ古墳周辺地区	378	135	1,562	1	0	—	86	3	1,018	808	—	—	—	3,475	奈良県高市郡明日香村
国土交通省	国営飛鳥歴史公園祝戸地区	379	71	353	6	—	0	41	0	0	129	—	—	—	524	奈良県高市郡明日香村
国土交通省	国営飛鳥歴史公園石舞台地区	380	43	550	2	—	—	17	0	6	170	—	—	—	744	奈良県高市郡明日香村
環境省	吉野熊野国立公園吉野山地区	381	—	—	—	—	—	—	0	9	3	—	—	—	12	奈良県吉野郡吉野町
環境省	吉野熊野国立公園大峯山系植生復元施設	382	—	—	—	—	—	—	—	—	2	—	—	—	2	奈良県吉野郡天川村
環境省	吉野熊野国立公園大峯山地区	383	8,631	107	—	202	—	90	0	19	71	—	—	—	289	奈良県吉野郡上北山村
環境省	吉野熊野国立公園大台ヶ原集団施設地区	384	8,139	216	—	152	—	436	0	37	174	—	—	—	865	奈良県吉野郡上北山村
環境省	瀬戸内海国立公園加太集団施設地区	385	473	204	4	0	—	17	0	24	204	—	—	—	452	和歌山県和歌山市
環境省	瀬戸内海国立公園加太集団施設地区(地ノ島地区)	386	451	3	—	0	—	0	—	—	0	—	—	—	4	和歌山県和歌山市
環境省	瀬戸内海国立公園加太地区	387	0	0	—	—	—	—	—	—	—	—	—	—	0	和歌山県和歌山市
環境省	吉野熊野国立公園宇久井集団施設地区	388	87	145	2	—	—	5	0	37	20	—	—	—	208	和歌山県東牟婁郡那智勝浦町
環境省	大平石（吉野熊野国立公園）	389	4	0	—	—	—	—	—	—	—	—	—	—	0	和歌山県東牟婁郡那智勝浦町
環境省	大島（吉野熊野国立公園）	390	2	0	—	—	—	—	—	—	—	—	—	—	0	和歌山県東牟婁郡太地町
環境省	吉野熊野国立公園熊野地区(北山村)	391	—	—	—	—	—	—	—	—	0	—	—	—	0	和歌山県東牟婁郡北山村

21. 公　共　用　財

省庁名	口座名	番号	土地		立木竹				建物		工作物	その他			合計	所在地
			数量	価格	樹木	立木	竹	価格	数量	価格	価格	数量		価格	価格	
			千平方メートル		千本	千立方メートル	千束		延べ千平方メートル			隻	千平方メートル			
環境省	吉野熊野国立公園みなべ地区	392	−	−	−	−	−	−	−	−	2	−	−	−	2	和歌山県日高郡みなべ町
環境省	吉野熊野国立公園白浜地区	393	−	−	−	−	−	−	−	−	0	−	−	−	0	和歌山県西牟婁郡白浜町
環境省	吉野熊野国立公園すさみ地区	394	−	−	−	−	−	−	−	−	25	−	−	−	25	和歌山県西牟婁郡すさみ町
環境省	米粒岩（吉野熊野国立公園）	395	0	0	−	−	−	−	−	−	−	−	−	−	0	和歌山県東牟婁郡串本町
環境省	山陰海岸国立公園鳥取砂丘集団施設地区	396	1	28	0	−	−	0	0	294	117	−	−	−	440	鳥取県鳥取市
環境省	海士島（山陰海岸国立公園）	397	4	0	−	−	−	−	−	−	−	−	−	−	0	鳥取県鳥取市
環境省	大山隠岐国立公園大山寺集団施設地区	398	139	89	−	−	−	−	1	132	371	−	−	−	593	鳥取県西伯郡大山町
環境省	大山隠岐国立公園桝水高原集団施設地区	399	198	32	0	−	−	1	0	13	23	−	−	−	71	鳥取県西伯郡伯耆町
環境省	大山隠岐国立公園鏡ヶ成集団施設地区	400	−	−	1	−	−	1	1	124	108	−	−	−	234	鳥取県日野郡江府町
環境省	大山隠岐国立公園船上山地区	401	−	−	−	−	−	−	0	4	3	−	−	−	8	鳥取県東伯郡琴浦町
環境省	山陰海岸国立公園浦富地区	402	−	−	−	−	−	−	−	−	51	−	−	−	51	鳥取県岩美郡岩美町
環境省	いがい島（山陰海岸国立公園）	403	0	0	−	−	−	−	−	−	−	−	−	−	0	鳥取県岩美郡岩美町
環境省	坊主（山陰海岸国立公園）	404	0	0	−	−	−	−	−	−	−	−	−	−	0	鳥取県岩美郡岩美町
環境省	イガイトリゼ（山陰海岸国立公園）	405	0	0	−	−	−	−	−	−	−	−	−	−	0	鳥取県岩美郡岩美町
環境省	大ジャクリ（大山隠岐国立公園）	406	0	0	−	−	−	−	−	−	−	−	−	−	0	島根県松江市
環境省	大黒島（大山隠岐国立公園）	407	2	0	−	−	−	−	−	−	−	−	−	−	0	島根県松江市
環境省	船島（大山隠岐国立公園）	408	0	0	−	−	−	−	−	−	−	−	−	−	0	島根県松江市
環境省	大山隠岐国立公園島根半島地区	409	−	−	−	−	−	−	−	−	12	−	−	−	12	島根県松江市
環境省	大山隠岐国立公園三瓶山地区	410	−	−	−	−	−	−	−	−	59	−	−	−	59	島根県大田市
環境省	国指定中海鳥獣保護区	411	−	−	−	−	−	−	−	−	0	−	−	−	0	島根県安来市
環境省	大山隠岐国立公園隠岐国賀浜地区	412	−	−	−	−	−	−	−	−	159	−	−	−	159	島根県隠岐郡西ノ島町
環境省	鬼ヶ島（大山隠岐国立公園）	413	3	0	−	−	−	−	−	−	−	−	−	−	0	島根県隠岐郡西ノ島町
環境省	大山隠岐国立公園隠岐浄土ヶ浦地区	414	−	−	−	−	−	−	−	−	89	−	−	−	89	島根県隠岐郡隠岐の島町
環境省	大山隠岐国立公園隠岐赤ハゲ山地区	415	−	−	−	−	−	−	−	−	1	−	−	−	1	島根県隠岐郡知夫村
環境省	沖ノ島（大山隠岐国立公園）	416	0	0	−	−	−	−	−	−	−	−	−	−	0	島根県隠岐郡知夫村
環境省	大山隠岐国立公園隠岐白島地区	417	−	−	−	−	−	−	−	−	0	−	−	−	0	島根県隠岐郡隠岐の島町
環境省	大山隠岐国立公園隠岐明屋海岸地区	418	−	−	−	−	−	−	−	−	0	−	−	−	0	島根県隠岐郡海士町
環境省	瀬戸内海国立公園王子ヶ岳渋川集団施設地区	419	2	5	−	−	−	−	0	1	5	−	−	−	11	岡山県玉野市
環境省	大山隠岐国立公園蒜山集団施設地区	420	−	−	4	−	−	14	2	87	112	−	−	−	214	岡山県真庭市
環境省	瀬戸内海国立公園野呂山集団施設地区	421	−	−	−	−	−	−	−	−	0	−	−	−	0	広島県呉市
環境省	瀬戸内海国立公園大久野島集団施設地区	422	710	33	4	−	−	26	6	18	556	−	−	−	634	広島県竹原市
環境省	瀬戸内海国立公園仙酔島集団施設地区	423	859	155	0	8	−	5	0	0	228	−	−	−	388	広島県福山市

産　　明　　細（令和５年３月31日現在）（続）

（単位　百万円）

省庁名	口座名	番号	土地		立木竹				建物		工作物	その他		合計	所在地
			数量	価格	樹木	立木	竹	価格	数量	価格	価格	数量	価格	価格	
			千平方メートル		千本	千立方メートル	千束		延べ千平方メートル			隻, 千平方メートル			
国土交通省	国営備北丘陵公園	424	3,026	7,723	99	37	0	1,701	18	969	1,783	－ －	－	12,176	広島県庄原市
環境省	瀬戸内海国立公園宮島地区	425	4	2	0	－	－	0	0	0	2	－ －	－	5	広島県廿日市市
環境省	瀬戸内海国立公園包ヶ浦集団施設地区	426	26	2	0	1	－	2	0	0	5	－ －	－	10	広島県廿日市市
環境省	瀬戸内海国立公園弥山地区	427	－	－	－	－	－	－	0	165	8	－ －	－	173	広島県廿日市市
環境省	瀬戸内海国立公園火の山地区	428	－	－	0	－	－	1	0	0	8	－ －	－	10	山口県下関市
環境省	瀬戸内海国立公園周防大島地区	429	－	－	－	－	－	－	－	－	0	－ －	－	0	山口県大島郡周防大島町
環境省	瀬戸内海国立公園鳴門集団施設地区	430	－	－	－	－	－	－	0	21	42	－ －	－	63	徳島県鳴門市
環境省	国指定剣山鳥獣保護区	431	－	－	－	－	－	－	0	2	0	－ －	－	2	徳島県三好市
環境省	瀬戸内海国立公園屋島集団施設地区	432	136	5	0	1	－	1	0	63	60	－ －	－	131	香川県高松市
環境省	瀬戸内海国立公園五色台集団施設地区	433	121	133	8	0	－	36	2	3	37	－ －	－	210	香川県坂出市
国土交通省	国営讃岐まんのう公園　オートキャンプ場	434	－	－	28	－	－	98	2	112	189	－ －	－	400	香川県仲多度郡まんのう町
国土交通省	国営讃岐まんのう公園　サイクリングセンター	435	－	－	－	－	－	－	0	29	0	－ －	－	29	香川県仲多度郡まんのう町
国土交通省	国営讃岐まんのう公園　環境保全ゾーン	436	－	－	14	－	－	50	0	14	268	－ －	－	333	香川県仲多度郡まんのう町
国土交通省	国営讃岐まんのう公園　讃岐公園	437	3,436	2,571	77	51	－	613	1	44	171	－ －	－	3,400	香川県仲多度郡まんのう町
国土交通省	国営讃岐まんのう公園　中央広場	438	－	－	28	－	－	241	2	224	200	－ －	－	665	香川県仲多度郡まんのう町
国土交通省	国営讃岐まんのう公園　健康ゾーン	439	－	－	5	－	－	94	2	247	235	－ －	－	577	香川県仲多度郡まんのう町
国土交通省	国営讃岐まんのう公園　湖畔ゾーン	440	－	－	－	－	－	－	0	3	27	－ －	－	30	香川県仲多度郡まんのう町
国土交通省	国営讃岐まんのう公園　自然活用ゾーン	441	－	－	0	－	－	15	0	42	93	－ －	－	152	香川県仲多度郡まんのう町
国土交通省	国営讃岐まんのう公園　総合センター	442	－	－	7	－	－	38	2	228	15	－ －	－	283	香川県仲多度郡まんのう町
国土交通省	国営讃岐まんのう公園　中央駐車場	443	－	－	－	－	－	－	－	－	9	－ －	－	9	香川県仲多度郡まんのう町
環境省	瀬戸内海国立公園近見山集団施設地区	444	25	1	－	－	－	－	－	－	11	－ －	－	13	愛媛県今治市
環境省	瀬戸内海国立公園東予集団施設地区	445	135	2	3	0	－	9	1	56	56	－ －	－	125	愛媛県今治市
環境省	足摺宇和海国立公園大岐海岸地区	446	－	－	－	－	－	－	－	－	1	－ －	－	1	高知県土佐清水市
環境省	足摺宇和海国立公園竜串集団施設地区	447	－	－	－	－	－	－	0	176	111	－ －	－	287	高知県土佐清水市
国土交通省	海の中道海浜公園	448	4,188	41,865	383	559	0	1,689	26	1,257	3,512	(雑船)　1	0	48,323	福岡県福岡市東区
国土交通省	海洋生態科学館	449	－	－	－	－	－	－	22	2,015	311	－ －	－	2,327	福岡県福岡市東区
環境省	国指定東よか島獣保護区	450	－	－	－	－	－	－	－	－	0	－ －	－	0	佐賀県佐賀市
環境省	国指定肥前鹿島干潟鳥獣保護区	451	－	－	－	－	－	－	－	－	0	－ －	－	0	佐賀県鹿島市
国土交通省	国営吉野ケ里歴史公園	452	36	269	25	－	－	924	15	1,442	1,003	－ －	－	3,640	佐賀県神埼郡吉野ヶ里町
環境省	西海国立公園鹿子前集団施設地区	453	31	122	0	－	－	3	0	38	42	－ －	－	208	長崎県佐世保市
環境省	西海国立公園南九十九島地区	454	－	－	－	－	－	－	－	－	0	－ －	－	0	長崎県佐世保市
環境省	西海国立公園北九十九島地区	455	－	－	－	－	－	－	－	－	4	－ －	－	4	長崎県佐世保市
環境省	雲仙天草国立公園垂木台地地区	456	48	12	0	－	－	1	0	90	18	－ －	－	123	長崎県島原市

21. 公 共 用 財

省庁名	口座名	番号	土地 数量	土地 価格	立木竹 樹木	立木竹 立木	立木竹 竹	立木竹 価格	建物 数量	建物 価格	工作物 価格	その他 数量	その他 価格	合計 価格	所在地
			千平方メートル		千本	千立方メートル	千束		延べ千平方メートル			隻，千平方メートル			
環境省	西海国立公園平戸地区	457	―	―	―	―	―	―	―	―	3	―	―	3	長崎県平戸市
環境省	ツシマヤマネコ保護増殖地	458	216	7	―	7	―	14	―	―	0	―	―	21	長崎県対馬市
環境省	対馬野生生物保護センター	459	―	―	0	―	―	0	1	79	40	―	―	120	長崎県対馬市
環境省	ツシマヤマネコ野生順化施設	460	―	―	0	―	―	2	0	103	128	―	―	234	長崎県対馬市
環境省	国指定舟志ノ内鳥獣保護区	461	―	―	―	―	―	―	―	―	0	―	―	0	長崎県対馬市
環境省	西海国立公園五島地区（五島）	462	―	―	―	―	―	―	0	2	14	―	―	16	長崎県五島市
環境省	小美郎島（西海国立公園）	463	2	0	―	―	―	―	―	―	―	―	―	0	長崎県五島市
環境省	雲仙天草国立公園雲仙温泉集団施設地区	464	183	2,204	0	―	―	9	1	88	148	―	―	2,450	長崎県雲仙市
環境省	雲仙天草国立公園雲仙諏訪ノ池集団施設地区	465	―	―	1	―	―	8	1	95	61	―	―	165	長崎県雲仙市
環境省	雲仙天草国立公園白雲の池地区	466	49	7	0	0	―	1	0	2	5	―	―	16	長崎県雲仙市
環境省	雲仙地域	467	―	―	―	―	―	―	0	1	7	―	―	8	長崎県雲仙市
環境省	西海国立公園五島地区（上五島）	468	―	―	―	―	―	―	―	―	0	―	―	0	長崎県南松浦郡新上五島町
環境省	西海国立公園五島地区（小値賀島）	469	―	―	―	―	―	―	―	―	5	―	―	5	長崎県北松浦郡小値賀町
環境省	荒尾干潟水鳥・湿地センター	470	―	―	0	―	―	2	0	124	88	―	―	214	熊本県荒尾市
環境省	阿蘇くじゅう国立公園菊池地区	471	―	―	―	―	―	―	―	―	0	―	―	0	熊本県菊池市
環境省	雲仙天草国立公園上天草地区	472	―	―	―	―	―	―	―	―	0	―	―	0	熊本県上天草市
環境省	阿蘇くじゅう国立公園阿蘇山上地区	473	6,266	30	―	―	―	―	0	98	156	―	―	284	熊本県阿蘇市
環境省	阿蘇くじゅう国立公園阿蘇谷地区	474	―	―	―	―	―	―	―	―	3	―	―	3	熊本県阿蘇市
環境省	阿蘇くじゅう国立公園古坊中地区	475	―	―	―	―	―	―	―	―	0	―	―	0	熊本県阿蘇市
環境省	阿蘇くじゅう国立公園小里園地	476	4	28	0	―	―	0	0	113	51	―	―	192	熊本県阿蘇市
環境省	阿蘇くじゅう国立公園草千里博物展示施設	477	―	―	―	―	―	―	―	―	37	―	―	37	熊本県阿蘇市
環境省	阿蘇草原再生施設 北外輪山地区	478	―	―	―	―	―	―	―	―	58	―	―	58	熊本県阿蘇市
環境省	阿蘇草原再生施設 東外輪山地区	479	―	―	―	―	―	―	―	―	1	―	―	1	熊本県阿蘇市
環境省	雲仙天草国立公園天草地区	480	―	―	―	―	―	―	―	―	0	―	―	0	熊本県天草市
環境省	阿蘇くじゅう国立公園南小国地区	481	―	―	―	―	―	―	―	―	1	―	―	1	熊本県阿蘇郡南小国町
環境省	阿蘇草原再生施設 瀬の本地区	482	―	―	―	―	―	―	―	―	20	―	―	20	熊本県阿蘇郡南小国町
環境省	阿蘇くじゅう国立公園瀬の本地区	483	―	―	―	―	―	―	―	―	2	―	―	2	熊本県阿蘇郡南小国町
環境省	阿蘇くじゅう国立公園南阿蘇集団施設地区	484	398	104	20	―	―	58	1	66	107	―	―	336	熊本県阿蘇郡高森町
環境省	阿蘇くじゅう国立公園南郷谷地区	485	―	―	―	―	―	―	―	―	2	―	―	2	熊本県阿蘇郡南阿蘇村
環境省	阿蘇草原再生施設 阿蘇五岳地区	486	―	―	―	―	―	―	―	―	13	―	―	13	熊本県阿蘇郡南阿蘇村
環境省	阿蘇草原再生施設 南外輪山地区	487	―	―	―	―	―	―	―	―	9	―	―	9	熊本県阿蘇郡南阿蘇村
環境省	阿蘇くじゅう国立公園鶴見岳地区	488	―	―	―	―	―	―	―	―	0	―	―	0	大分県別府市
環境省	阿蘇くじゅう国立公園九州自然歩道（くじゅう）	489	―	―	―	―	―	―	―	―	0	―	―	0	大分県竹田市
環境省	阿蘇くじゅう国立公園久住高原地区	490	―	―	―	―	―	―	―	―	1	―	―	1	大分県竹田市

産　明　細（令和５年３月31日現在）（続）

（単位　百万円）

省庁名	口座名	番号	土地		立木竹				建物		工作物	その他			合計	所在地
			数量	価格	樹木	立木	竹	価格	数量	価格	価格	数量		価格	価格	
			千平方メートル		千本	千立方メートル	千束		延べ千平方メートル			隻	千平方メートル			
環境省	阿蘇くじゅう国立公園くじゅう地区	491	－	－	－	－	－	－	－	－	69	－	－	－	69	大分県玖珠郡九重町
環境省	阿蘇くじゅう国立公園長者原集団施設地区	492	468	114	0	0	－	1	0	88	186	－	－	－	391	大分県玖珠郡九重町
環境省	阿蘇くじゅう国立公園飯田高原地区	493	－	－	－	－	－	－	－	－	2	－	－	－	2	大分県玖珠郡九重町
環境省	霧島錦江湾国立公園えびの集団施設地区	494	527	20	4	1	－	6	1	140	175	－	－	－	343	宮崎県えびの市
環境省	御池野鳥の森	495	－	－	－	－	－	－	0	0	1	－	－	－	1	宮崎県西諸県郡高原町
環境省	出水一級鳥類観測ステーション	496	－	－	－	－	－	－	0	0	0	－	－	－	0	鹿児島県出水市
環境省	霧島錦江湾国立公園指宿集団施設地区	497	227	151	22	0	－	164	0	20	59	－	－	－	395	鹿児島県指宿市
環境省	霧島錦江湾国立公園指宿地区	498	－	－	－	－	－	－	－	－	4	－	－	－	4	鹿児島県指宿市
環境省	霧島錦江湾国立公園湯之野地区	499	25	3	－	0	－	0	0	1	6	－	－	－	11	鹿児島県霧島市
環境省	霧島錦江湾国立公園桜島・奥錦江湾地区	500	－	－	－	－	－	－	－	－	6	－	－	－	6	鹿児島県霧島市
環境省	霧島錦江湾国立公園大浪池園地地区	501	－	－	－	－	－	－	0	56	2	－	－	－	58	鹿児島県霧島市
環境省	奄美群島国立公園金作原線道路（車道）	502	－	－	－	－	－	－	－	－	1	－	－	－	1	鹿児島県奄美市
環境省	重富海岸自然ふれあい館	503	－	－	－	－	－	－	0	32	11	－	－	－	43	鹿児島県姶良市
環境省	奄美群島国立公園奄美大島地域	504	20, 815	2, 072	－	－	－	－	－	－	1	－	－	－	2, 073	鹿児島県奄美市
環境省	奄美群島国立公園名瀬地区	505	－	－	－	－	－	－	－	－	2	－	－	－	2	鹿児島県奄美市
環境省	奄美群島国立公園役勝地区	506	－	－	－	－	－	－	－	－	1	－	－	－	1	鹿児島県奄美市
環境省	奄美大島世界遺産センター	507	－	－	0	－	－	3	0	235	258	－	－	－	497	鹿児島県奄美市
環境省	霧島錦江湾国立公園佐多地区	508	81	3	0	－	－	2	0	160	190	－	－	－	355	鹿児島県肝属郡南大隅町
環境省	屋久島世界遺産センター	509	－	－	0	－	－	0	0	60	22	－	－	－	83	鹿児島県熊毛郡屋久島町
環境省	屋久島国立公園屋久島地区（屋久）	510	－	－	－	－	－	－	0	17	110	－	－	－	128	鹿児島県熊毛郡屋久島町
環境省	七瀬（屋久島国立公園）	511	6	0	－	－	－	－	－	－	－	－	－	－	0	鹿児島県熊毛郡屋久島町
環境省	屋久島国立公園屋久島地区	512	6, 175	47	－	－	－	－	0	3	75	－	－	－	126	鹿児島県熊毛郡屋久島町
環境省	奄美群島国立公園奄美地区	513	－	－	－	－	－	－	－	－	0	－	－	－	0	鹿児島県大島郡大和村
環境省	奄美群島国立公園湯湾岳登山線道路（歩道）	514	－	－	－	－	－	－	－	－	45	－	－	－	45	鹿児島県大島郡大和村
環境省	奄美群島国立公園湯湾釜地区	515	－	－	－	－	－	－	－	－	0	－	－	－	0	鹿児島県大島郡大和村
環境省	奄美群島国立公園福元線道路（車道）	516	－	－	－	－	－	－	－	－	3	－	－	－	3	鹿児島県大島郡大和村
環境省	奄美群島国立公園名音地区	517	－	－	－	－	－	－	－	－	0	－	－	－	0	鹿児島県大島郡大和村
環境省	奄美群島国立公園大棚湯湾岳線道路（車道）	518	－	－	－	－	－	－	－	－	1	－	－	－	1	鹿児島県大島郡大和村
環境省	奄美群島国立公園大棚湯湾線道路（車道）（大和村）	519	－	－	－	－	－	－	－	－	1	－	－	－	1	鹿児島県大島郡大和村
環境省	奄美群島国立公園湯湾新村線道路（車道）（宇検村）	520	－	－	－	－	－	－	－	－	1	－	－	－	1	鹿児島県大島郡宇検村
環境省	奄美群島国立公園由井岳地区	521	－	－	－	－	－	－	－	－	1	－	－	－	1	鹿児島県大島郡瀬戸内町
環境省	奄美群島国立公園網野子地区	522	－	－	－	－	－	－	－	－	0	－	－	－	0	鹿児島県大島郡瀬戸内町

21. 公　共　用　財

省庁名	口座名	番号	土地		立木竹				建物		工作物	その他		合計	所在地
			数量	価格	樹木	立木	竹	価格	数量	価格	価格	数量	価格	価格	
			千平方メートル		千本	千立方メートル	千束		延べ千平方メートル			隻, 千平方メートル			
環境省	奄美群島国立公園奄美自然観察の森線道路（車道）	523	—	—	—	—	—	—	—	—	1	— —	—	1	鹿児島県大島郡龍郷町
環境省	奄美群島国立公園百之台線道路（車道）	524	—	—	—	—	—	—	—	—	3	— —	—	3	鹿児島県大島郡喜界町
環境省	奄美群島国立公園荒木地区	525	—	—	—	—	—	—	—	—	0	— —	—	0	鹿児島県大島郡喜界町
環境省	奄美群島国立公園志戸桶地区	526	—	—	—	—	—	—	—	—	0	— —	—	0	鹿児島県大島郡喜界町
環境省	奄美群島国立公園畦海岸地区	527	—	—	—	—	—	—	—	—	1	— —	—	1	鹿児島県大島郡徳之島町
環境省	奄美群島国立公園大原線道路	528	—	—	—	—	—	—	—	—	2	— —	—	2	鹿児島県大島郡徳之島町
環境省	奄美群島国立公園井之川岳	529	—	—	—	—	—	—	—	—	0	— —	—	0	鹿児島県大島郡徳之島町
環境省	奄美群島国立公園金見崎地区	530	—	—	—	—	—	—	—	—	0	— —	—	0	鹿児島県大島郡徳之島町
環境省	奄美群島国立公園花徳	531	—	—	—	—	—	—	—	—	0	— —	—	0	鹿児島県大島郡徳之島町
環境省	奄美群島国立公園山くびり地内	532	—	—	—	—	—	—	—	—	0	— —	—	0	鹿児島県大島郡徳之島町
環境省	奄美群島国立公園手て地内	533	—	—	—	—	—	—	—	—	0	— —	—	0	鹿児島県大島郡徳之島町
環境省	奄美群島国立公園母間地内	534	—	—	—	—	—	—	—	—	0	— —	—	0	鹿児島県大島郡徳之島町
環境省	奄美群島国立公園犬の門蓋地区	535	—	—	—	—	—	—	—	—	1	— —	—	1	鹿児島県大島郡天城町
環境省	奄美群島国立公園当部地内	536	—	—	—	—	—	—	—	—	0	— —	—	0	鹿児島県大島郡天城町
環境省	奄美群島国立公園与名間地内	537	—	—	—	—	—	—	—	—	0	— —	—	0	鹿児島県大島郡天城町
環境省	奄美群島国立公園松原線道路（歩道）	538	—	—	—	—	—	—	—	—	14	— —	—	14	鹿児島県大島郡天城町
環境省	奄美群島国立公園犬田布岬地区	539	—	—	—	—	—	—	—	—	1	— —	—	1	鹿児島県大島郡伊仙町
環境省	奄美群島国立公園フーチャ地区	540	—	—	—	—	—	—	—	—	1	— —	—	1	鹿児島県大島郡和泊町
環境省	奄美群島国立公園和泊地区	541	—	—	—	—	—	—	—	—	0	— —	—	0	鹿児島県大島郡和泊町
環境省	奄美群島国立公園田皆崎地区	542	—	—	—	—	—	—	—	—	1	— —	—	1	鹿児島県大島郡知名町
環境省	奄美群島国立公園屋子母海岸園地	543	—	—	—	—	—	—	—	—	0	— —	—	0	鹿児島県大島郡知名町
環境省	奄美群島国立公園西原地区	544	—	—	—	—	—	—	—	—	0	— —	—	0	鹿児島県大島郡知名町
環境省	奄美群島国立公園知名地区	545	—	—	—	—	—	—	—	—	0	— —	—	0	鹿児島県大島郡知名町
環境省	奄美群島国立公園屋子母地区	546	—	—	—	—	—	—	—	—	1	— —	—	1	鹿児島県大島郡知名町
環境省	奄美群島国立公園昇竜洞地区	547	—	—	—	—	—	—	—	—	1	— —	—	1	鹿児島県大島郡知名町
環境省	奄美群島国立公園大金久海岸地区	548	—	—	—	—	—	—	—	—	1	— —	—	1	鹿児島県大島郡与論町
環境省	奄美群島国立公園古里地区	549	—	—	—	—	—	—	—	—	0	— —	—	0	鹿児島県大島郡与論町
国土交通省	国営沖縄記念公園首里城地区	550	46	4,489	4	—	—	126	1	525	2,428	— —	—	7,569	沖縄県那覇市
環境省	西表石垣国立公園　石垣島地区	551	—	—	—	—	—	—	—	—	10	— —	—	10	沖縄県石垣市
環境省	西表石垣国立公園米原園地	552	—	—	—	—	—	—	—	—	3	— —	—	3	沖縄県石垣市
環境省	沖縄一級鳥類観測ステーション	553	—	—	—	—	—	—	0	0	0	— —	—	0	沖縄県名護市
環境省	国指定漫湖鳥獣保護区	554	—	—	—	—	—	—	—	—	50	— —	—	50	沖縄県豊見城市
環境省	国指定池間鳥獣保護区	555	—	—	0	—	—	2	—	—	16	— —	—	18	沖縄県宮古島市
環境省	やんばる国立公園辺戸地区	556	—	—	—	—	—	—	—	—	0	— —	—	0	沖縄県国頭郡国頭村
環境省	やんばる国立公園奥地区	557	—	—	—	—	—	—	—	—	0	— —	—	0	沖縄県国頭郡国頭村

（注） 計数は，単位未満を切り捨てているため，合計欄の数字と内訳の計とは一致しないことがある。

産　明　細（令和５年３月31日現在）（続）

（単位　百万円）

省庁名	口座名	番号	土地 数量	土地 価格	立木竹 樹木	立木竹 立木	立木竹 竹	立木竹 価格	建物 数量	建物 価格	工作物 価格	その他 数量		その他 価格	合計 価格	所在地
			千平方メートル		千本	千立方メートル	千束		延べ千平方メートル			隻，千平方メートル				
環境省	やんばる国立公園安波地区	558	—	—	—	—	—	—	—	—	0	—	—	—	0	沖縄県国頭郡国頭村
環境省	やんばる国立公園奥宜名真線道路（車道）	559	—	—	—	—	—	—	—	—	3	—	—	—	3	沖縄県国頭郡国頭村
環境省	やんばる国立公園東海岸線道路（車道）	560	—	—	—	—	—	—	—	—	3	—	—	—	3	沖縄県国頭郡国頭村
環境省	やんばる国立公園山原横断線道路（車道）	561	—	—	—	—	—	—	—	—	7	—	—	—	7	沖縄県国頭郡国頭村
環境省	やんばる国立公園与那覇岳線道路（歩道）	562	—	—	—	—	—	—	—	—	0	—	—	—	0	沖縄県国頭郡国頭村
環境省	やんばる国立公園国道５８号線	563	—	—	—	—	—	—	—	—	3	—	—	—	3	沖縄県国頭郡国頭村
環境省	やんばる国立公園県道７０号線	564	—	—	—	—	—	—	—	—	1	—	—	—	1	沖縄県国頭郡国頭村
環境省	ヤンバルクイナ飼育下繁殖施設	565	—	—	0	—	—	0	0	96	10	—	—	—	107	沖縄県国頭郡国頭村
環境省	やんばる野生生物保護センター	566	5	35	0	—	—	3	0	40	24	—	—	—	103	沖縄県国頭郡国頭村
環境省	やんばる国立公園慶佐次地区	567	—	—	—	—	—	—	—	—	0	—	—	—	0	沖縄県国頭郡東村
国土交通省	国営沖縄記念公園	568	729	1,643	166	—	—	1,372	103	7,415	3,596	—	—	—	14,027	沖縄県国頭郡本部町
環境省	慶良間諸島国立公園見花大見座線道路（歩道）	569	—	—	—	—	—	—	—	—	21	—	—	—	21	沖縄県島尻郡渡嘉敷村
環境省	フカヌシー（慶良間諸島国立公園）	570	0	0	—	—	—	—	—	—	—	—	—	—	0	沖縄県島尻郡渡嘉敷村
環境省	慶良間諸島国立公園阿嘉園地休憩所	571	—	—	0	—	—	0	0	63	85	—	—	—	149	沖縄県島尻郡座間味村
環境省	ヘーカニジ（カキセ）（慶良間諸島国立公園）	572	3	0	—	—	—	—	—	—	—	—	—	—	0	沖縄県島尻郡座間味村
環境省	ふかかね瀬（慶良間諸島国立公園）	573	7	0	—	—	—	—	—	—	—	—	—	—	0	沖縄県島尻郡座間味村
環境省	慶良間諸島国立公園北浜地区	574	—	—	—	—	—	—	—	—	59	—	—	—	59	沖縄県島尻郡座間味村
環境省	慶良間諸島国立公園神の浜園地	575	—	—	—	—	—	—	—	—	41	—	—	—	41	沖縄県島尻郡座間味村
環境省	慶良間諸島国立公園多言語解説等標識（阿嘉島地区）	576	—	—	—	—	—	—	—	—	11	—	—	—	11	沖縄県島尻郡座間味村
環境省	慶良間諸島国立公園多言語解説等標識（外地島地区）	577	—	—	—	—	—	—	—	—	0	—	—	—	0	沖縄県島尻郡座間味村
環境省	慶良間諸島国立公園多言語解説等標識（慶留間島地区）	578	—	—	—	—	—	—	—	—	3	—	—	—	3	沖縄県島尻郡座間味村
環境省	慶良間諸島国立公園多言語解説等標識（座間味島地区）	579	—	—	—	—	—	—	—	—	28	—	—	—	28	沖縄県島尻郡座間味村
環境省	座間味博物展示施設	580	—	—	—	—	—	—	0	297	124	—	—	—	421	沖縄県島尻郡座間味村
環境省	慶良間諸島国立公園多言語解説等標識（渡嘉敷島地区）	581	—	—	—	—	—	—	—	—	5	—	—	—	5	沖縄県島尻郡渡嘉敷村
環境省	国指定大東諸島鳥獣保護区	582	—	—	—	—	—	—	—	—	15	—	—	—	15	沖縄県島尻郡南大東村
環境省	西表石垣国立公園石西礁湖地区	583	—	—	—	—	—	—	—	—	0	—	—	—	0	沖縄県八重山郡竹富町
環境省	西表野生生物保護センター	584	6	5	—	—	—	—	0	30	120	—	—	—	155	沖縄県八重山郡竹富町
環境省	西表石垣国立公園黒島地区	585	—	—	—	—	—	—	0	1	13	—	—	—	15	沖縄県八重山郡竹富町
環境省	西表石垣国立公園西表島地区	586	0	3	—	—	—	—	0	0	5	—	—	—	9	沖縄県八重山郡竹富町
環境省	西表石垣国立公園竹富島地区	587	3	8	0	0	—	6	0	5	68	—	—	—	89	沖縄県八重山郡竹富町
環境省	西表石垣国立公園西表島西田川線道路	588	—	—	—	—	—	—	—	—	5	—	—	—	5	沖縄県八重山郡竹富町
環境省	キクザトサワヘビ生息地保護区	589	—	—	—	—	—	—	—	—	2	—	—	—	2	沖縄県島尻郡久米島町
	合　　計		136,945	680,460	2,222	1,361	1	15,861	621	57,846	63,531	(雑船) (地上権)	55 0	5 30	817,736	

22. 皇　室　用　財

口座名	番号	土地		立木竹				建
		数量	価格	樹木	立木	竹	価格	数量
		千平方メートル		千本	千立方メートル	千束		延べ千平方メートル
皇居	1	1,150	376,172	46	−	−	644	116
赤坂御用地	2	508	221,222	9	−	0	160	27
常盤松御用邸	3	19	20,467	0	−	−	21	1
須崎御用邸	4	384	1,412	0	9	0	22	5
御料牧場	5	2,518	1,814	6	0	0	60	21
葉山御用邸	6	95	3,044	4	−	0	12	3
新浜鴨場	7	195	57	1	−	0	6	1
埼玉鴨場	8	116	219	1	−	1	27	1
那須御用邸	9	6,625	154	0	15	−	9	6
高輪皇族邸	10	19	21,110	1	−	−	74	2
京都御所	11	201	52,964	3	−	−	9	16
修学院離宮	12	544	1,158	0	5	0	16	1
桂離宮	13	69	2,097	1	−	0	22	2
正倉院	14	88	412	1	−	−	9	5
陵墓	15	6,515	10,108	15	160	3	619	6
合計	16	19,055	712,417	95	191	5	1,716	219

（注）　計数は，単位未満を切り捨てているため，合計欄の数字と内訳の計とは一致しないことがある。

産　　明　　細（令和５年３月31日現在）

（単位　百万円）

物	工作物	船舶		地上権等		合計	所在地	番号
価格	価格	数量	価格	数量	価格	価格		
		隻		千平方メートル				
7,695	5,350	1	0	−	−	389,863	東京都千代田区	1
2,894	2,350	1	0	−	−	226,628	東京都港区	2
120	64	−	−	−	−	20,673	東京都渋谷区	3
25	89	−	−	−	−	1,550	静岡県下田市	4
489	703	−	−	−	−	3,067	栃木県塩谷郡	5
104	96	−	−	−	−	3,258	神奈川県三浦郡	6
32	162	4	0	−	−	258	千葉県市川市	7
2	16	3	0	−	−	267	埼玉県越谷市	8
8	43	−	−	1	16	233	栃木県那須郡	9
57	132	−	−	−	−	21,374	東京都港区	10
177	317	2	1	−	−	53,470	京都府京都市	11
9	111	1	0	−	−	1,297	京都府京都市	12
22	63	1	0	−	−	2,207	京都府京都市	13
715	313	−	−	−	−	1,450	奈良県奈良市	14
364	2,183	11	0	−	−	13,275	大阪府堺市ほか	15
12,720	12,001	24	2	1	16	738,875		16

23. 宿　舎　戸　数（所管別内訳）

（令和５年９月１日現在）　（単位　戸）

所管	戸数
合同宿舎	69,724
省庁別宿舎	91,173
衆議院	183
参議院	60
最高裁判所	1,611
会計検査院	6
内閣	30
内閣府	1,621
デジタル庁	0
復興庁	6
総務省	172
法務省	12,717
外務省	560
財務省	4,169
文部科学省	241
厚生労働省	1,804
農林水産省	4,716
経済産業省	182
国土交通省	13,623
環境省	356
防衛省	49,116
合計	160,897

（注）宿舎戸数は，被災者の方々等に提供している123戸を除いている。

24. 普通財産所管別・会計別・

省庁名	会計	番号	土地 千平方メートル	土地 価格	立木竹 価格	建物 延べ千平方メートル	建物 価格	工作物 価格	機械器具 価格
内閣府	一般	1	−	−	−	0	8	0	−
	特別	2	−	−	−	−	−	−	−
総務省	一般	3	12	54	−	2	0	0	−
法務省	一般	4	1	9,869	−	0	0	−	−
外務省	一般	5	28	258	10	16	1,411	1,172	−
財務省	一般	6	669,544	4,984,568	5,000	6,322	320,548	177,324	0
	特別	7	456	33,576	10	71	696	49	−
文部科学省	一般	8	138	166	5	22	2,035	6	−
	特別	9	−	−	−	−	−	−	−
厚生労働省	一般	10	2	200	1	2	130	4	−
	特別	11	277	4,888	1	50	646	33	−
農林水産省	一般	12	225,041	86,702	152	9	14	0	−
	特別	13	21	741	0	6	276	4	−
経済産業省	一般	14	−	−	−	−	−	−	−
	特別	15	5	17	−	1	154	4	−
国土交通省	一般	16	1,473	17,263	6	4	217	42	−
	特別	17	1,162	19,794	305	3	82	174	−
環境省	一般	18	−	−	9,467	276	16,791	5,160	−
	特別	19	−	−	−	0	14	0	−
防衛省	一般	20	9	125	3,103	3,101	128,465	106,480	−
計	**一般**	21	**896,253**	**5,099,208**	**17,749**	**9,757**	**469,622**	**290,192**	**0**
	特別	22	**1,922**	**59,017**	**317**	**134**	**1,871**	**266**	**−**
合計		23	**898,176**	**5,158,226**	**18,066**	**9,891**	**471,494**	**290,458**	**0**

（注）　計数は，単位未満を切り捨てているため，合計欄の数字と内訳の計とは一致しないことがある。

25. 財務省所管一般会計所属普通

区分 / 年度末	番号	土地 千平方メートル	土地 価格	立木竹 樹木 千本	樹木 価格	立木 千立方メートル	立木 価格	竹 千束	竹 価格	計 価格	建物 建千平方メートル	建物 延べ千平方メートル	建物 価格	工作物 価格	機械器具 価格
平成15年度末	1	843,060	6,828,900	623	1,988	543	1,647	10	2	3,638	2,929	4,888	328,605	272,839	86
16………	2	821,000	6,528,393	648	2,065	542	1,642	10	2	3,710	2,977	4,986	343,271	306,325	65
17………	3	816,854	5,173,902	526	1,984	564	1,649	10	2	3,636	2,978	4,994	265,681	304,103	56
18………	4	810,958	5,132,764	532	1,992	565	1,653	14	6	3,651	2,978	5,020	271,387	318,183	56
19………	5	800,488	5,140,978	539	2,028	578	1,666	14	6	3,701	3,013	5,119	283,788	335,987	54
20………	6	792,303	5,162,628	571	2,068	568	1,642	10	2	3,713	3,024	5,165	287,490	342,573	54
21………	7	789,765	5,123,283	568	2,064	538	1,572	10	2	3,640	2,981	5,080	286,498	342,661	53
22………	8	789,580	4,929,969	583	1,968	527	1,425	10	2	3,396	3,010	5,153	207,354	197,263	9
23………	9	790,357	4,760,285	586	1,878	520	1,260	10	2	3,141	3,038	5,198	199,162	185,274	0
24………	10	788,082	4,740,101	590	1,781	515	1,176	10	2	2,960	3,082	5,333	199,512	182,292	0
25………	11	787,240	4,715,708	588	1,702	516	1,114	10	2	2,819	3,129	5,394	196,111	171,884	0
26………	12	787,030	4,739,839	596	2,137	516	1,235	10	2	3,375	3,247	5,653	212,862	192,216	0
27………	13	786,626	4,595,986	655	2,381	517	1,189	10	2	3,572	3,604	6,575	246,159	211,082	0
28………	14	785,319	4,590,429	613	2,148	517	1,201	11	2	3,352	3,579	6,349	306,413	242,520	0
29………	15	783,868	4,529,839	604	2,111	517	1,224	11	2	3,338	3,516	6,135	292,770	221,356	0
30………	16	784,135	4,667,029	633	2,287	517	1,275	11	2	3,565	3,606	6,358	349,901	255,418	0
令和元年度末	17	785,524	4,745,202	638	2,365	517	1,301	11	2	3,669	3,644	6,407	350,572	239,179	0
2………	18	786,562	4,830,794	631	2,337	517	1,275	11	2	3,615	3,628	6,350	342,221	219,767	0
3………	19	785,052	4,959,839	646	2,718	516	1,464	10	2	4,186	3,608	6,360	331,925	196,013	0
4………	20	669,544	4,984,568	645	3,241	513	1,755	10	3	5,000	3,603	6,322	320,526	177,324	0

（注）　計数は，単位未満を切り捨てているため，合計欄の数字と内訳の計とは一致しないことがある。

区分別現在額（令和５年３月31日現在）

（単位　百万円）

船舶		航空機		地上権等		特許権等		政府出資等	不動産の信託の受益権		合計	番号
隻	価格	機	価格	千平方メートル	価格	件	価格	価格	件	価格	価格	
2	0	7	72	−	−	−	−	−	−	−	80	1
−	−	−	−	−	−	−	−	9,338	−	−	9,338	2
−	−	−	−	−	−	−	−	−	−	−	54	3
−	−	−	−	−	−	−	−	−	−	−	9,869	4
−	−	−	−	−	−	−	−	−	−	−	2,853	5
3	0	−	−	1	5	−	−	66,760,336	2	461,201	72,708,984	6
−	−	−	−	−	−	−	−	22,746,064	−	−	22,780,397	7
−	−	−	−	−	−	8	−	−	−	−	2,213	8
−	−	−	−	−	−	−	−	183,017	−	−	183,017	9
−	−	−	−	−	−	−	−	−	−	−	338	10
−	−	−	−	−	−	−	−	6,242,775	−	−	6,248,344	11
−	−	−	−	−	−	19	46	−	−	−	86,917	12
−	−	−	−	−	−	−	−	40,883	−	−	41,906	13
−	−	−	−	−	−	16	−	−	−	−	−	14
−	−	−	−	−	−	4	−	2,094,034	−	−	2,094,209	15
6	0	−	−	−	−	70	−	−	−	−	17,529	16
−	−	−	−	−	−	1	0	791,442	−	−	811,800	17
−	−	−	−	−	−	−	−	−	−	−	31,419	18
−	−	−	−	−	−	−	−	4,540	−	−	4,555	19
17	28	−	−	−	−	−	−	−	−	−	238,203	20
28	28	7	72	1	5	113	46	66,760,336	2	461,201	73,098,463	21
−	−	−	−	−	−	5	0	32,112,096	−	−	32,173,570	22
28	28	7	72	1	5	118	47	98,872,432	2	461,201	105,272,034	23

財産年度別・区分別現在額の推移

（単位　百万円）

船舶										地上権等		政府出資等	不動産の信託の受益権		合計	番号
汽船			艦船			雑船		計								
隻	千トン	価格	隻	千トン	価格	隻	価格	隻	価格	千平方メートル	価格	価格	件	価格	価格	
−	−	−	−	−	−	6	13	6	13	4,388	7	26,225,506	308	26,991	33,686,589	1
−	−	−	−	−	−	6	13	6	13	4,388	7	31,989,384	360	23,132	39,194,305	2
−	−	−	−	−	−	5	11	5	11	2,458	5	29,431,882	8	28,178	35,207,457	3
−	−	−	−	−	−	4	4	4	4	2,458	5	40,373,758	9	19,872	46,119,684	4
−	−	−	−	−	−	4	4	4	4	2,458	5	33,884,994	7	14,588	39,664,102	5
−	−	−	−	−	−	4	4	4	4	2,458	5	32,966,815	5	9,752	38,773,039	6
−	−	−	−	−	−	4	4	4	4	2,458	5	35,913,453	3	15,293	41,684,894	7
−	−	−	−	−	−	4	0	4	0	2,034	5	35,306,282	2	13,551	40,657,834	8
−	−	−	−	−	−	4	0	4	0	2,034	4	37,000,797	1	10,218	42,158,884	9
−	−	−	−	−	−	4	0	4	0	2,034	4	37,424,950	2	24,507	42,574,330	10
−	−	−	−	−	−	4	0	4	0	2,034	4	39,181,226	2	23,338	44,291,093	11
−	−	−	−	−	−	4	0	4	0	2,034	92	48,753,620	1	15,003	53,917,008	12
−	−	−	−	−	−	4	0	4	0	2,034	4	46,696,159	3	195,352	51,948,318	13
−	−	−	−	−	−	4	0	4	0	2,034	4	47,474,514	3	202,093	52,819,327	14
−	−	−	−	−	−	4	0	4	0	0	0	49,796,965	3	200,776	55,045,047	15
−	−	−	−	−	−	3	0	3	0	1	5	50,499,702	3	258,940	56,034,563	16
−	−	−	−	−	−	3	0	3	0	1	5	50,810,504	3	267,600	56,416,735	17
−	−	−	−	−	−	3	0	3	0	1	5	55,908,058	2	256,180	61,560,643	18
−	−	−	−	−	−	3	0	3	0	1	5	64,095,998	2	257,719	69,845,688	19
−	−	−	−	−	−	3	0	3	0	1	5	66,760,336	2	461,201	72,708,963	20

26.　財務省所管一般会計所属普通財産区分別増減及び年度末現在額

（単位　百万円）

区分	数量単位	３年度末現在額		４年度中増加額		４年度中減少額		４年度末現在額	
		数量	台帳価格	数量	台帳価格	数量	台帳価格	数量	台帳価格
土地	千平方メートル	785,052	4,959,839	4,741	64,633	120,248	39,905	669,544	4,984,568
立木竹　樹木	千本	646	2,718	0	568	1	45	645	3,241
立木竹　立木	千立方メートル	516	1,464	0	305	3	14	513	1,755
立木竹　竹	千束	10	2	－	0	－	－	10	3
立木竹　計			4,186		874		60		5,000
建物	建千平方メートル	3,608		39		44		3,603	
	延べ千平方メートル	6,360	331,925	63	2,227	102	13,626	6,322	320,526
工作物			196,013		4,166		22,854		177,324
機械器具			0		－		－		0
船舶　汽船	隻	－		－		－		－	
	千トン	－	－	－	－	－	－	－	－
船舶　艦船	隻	－		－		－		－	
	千トン	－	－	－	－	－	－	－	－
船舶　雑船	隻	3	0	－	－	－	－	3	0
船舶　計	隻	3	0	－	－	－	－	3	0
地上権等	千平方メートル	1	5	－	－	－	－	1	5
政府出資等			64,095,998		3,572,993		908,655		66,760,336
不動産の信託の受益権	件	2	257,719	－	203,482	－	－	2	461,201
合計			**69,845,688**		**3,848,376**		**985,102**		**72,708,963**
政府出資等を除いたものの合計			5,749,689		275,383		76,446		5,948,627

（注）　計数は，単位未満を切り捨てているため，合計欄の数字と内訳の計とは一致しないことがある。

27. 財務省所管一般会計所属普通財産

区分 財務局 都道府県別	番号	土地		立木竹							建物			工作物	機械器具
				樹木		立木		竹		計					
		千平方メートル	価格	千本	価格	千立方メートル	価格	千束	価格	価格	建千平方メートル	延べ千平方メートル	価格	価格	価格
北海道財務局	1	**433,955**	**38,424**	**0**	**11**	**96**	**556**	**—**	**—**	**567**	**11**	**25**	**184**	**26**	**—**
東北財務局	2	**42,705**	**156,868**	**74**	**345**	**72**	**379**	**2**	**1**	**725**	**351**	**534**	**17,389**	**7,006**	**—**
青森	3	25,622	115,005	73	341	64	356	—	—	698	347	524	17,279	6,931	—
岩手	4	1,059	896	0	0	1	4	—	—	4	—	—	—	0	—
宮城	5	6,548	35,604	0	2	3	8	2	1	11	0	1	18	67	—
秋田	6	3,741	1,630	0	0	0	0	—	—	1	0	1	36	1	—
山形	7	3,279	1,635	0	0	2	9	—	—	9	2	3	38	5	—
福島	8	2,454	2,095	0	0	0	0	—	—	0	1	3	16	0	—
関東財務局	9	**85,685**	**3,816,913**	**406**	**1,992**	**68**	**235**	**0**	**1**	**2,229**	**2,251**	**3,984**	**97,235**	**39,218**	**0**
茨城	10	6,981	42,728	28	35	3	21	—	—	57	27	80	967	24	—
栃木	11	3,308	12,652	0	0	3	10	—	—	11	5	9	46	23	—
群馬	12	2,762	4,552	0	0	1	1	—	—	2	2	3	68	213	—
埼玉	13	4,640	208,013	8	31	2	4	—	—	36	16	27	670	1,443	—
千葉	14	9,383	88,808	3	11	5	23	0	0	34	59	95	343	153	—
東京	15	23,570	2,031,211	159	922	14	125	0	1	1,048	567	1,155	29,070	11,564	—
神奈川	16	28,360	1,414,001	204	987	34	45	0	0	1,032	1,561	2,591	66,002	25,752	0
新潟	17	4,621	8,173	0	1	0	2	—	—	3	4	11	55	24	—
山梨	18	1,472	4,109	0	0	0	0	—	—	1	5	7	1	16	—
長野	19	584	2,661	0	0	0	0	—	—	0	0	0	10	0	—
北陸財務局	20	**1,839**	**16,929**	**1**	**16**	**0**	**0**	**—**	**—**	**16**	**0**	**1**	**7**	**1**	**—**
富山	21	675	1,861	0	1	0	0	—	—	1	—	—	—	0	—
石川	22	880	14,282	0	14	0	0	—	—	14	0	1	7	0	—
福井	23	283	785	0	0	0	0	—	—	0	—	—	—	0	—
東海財務局	24	**11,528**	**110,604**	**18**	**54**	**24**	**33**	**—**	**—**	**88**	**33**	**71**	**1,525**	**174**	**—**
岐阜	25	1,188	8,120	0	0	6	17	—	—	17	1	1	51	11	—
静岡	26	3,411	23,634	9	9	0	4	—	—	14	21	45	791	79	—
愛知	27	4,628	57,430	5	33	18	11	—	—	45	9	22	614	79	—
三重	28	2,299	21,419	4	10	0	0	—	—	10	0	2	67	3	—
近畿財務局	29	**17,345**	**280,082**	**23**	**40**	**80**	**139**	**6**	**0**	**181**	**53**	**106**	**2,810**	**1,796**	**—**
滋賀	30	536	3,718	1	0	0	3	—	—	3	0	1	4	0	—
京都	31	4,602	27,432	1	32	12	19	6	0	53	37	66	2,503	1,718	—
大阪	32	3,716	165,063	21	4	—	—	—	—	4	10	20	23	10	—
兵庫	33	2,117	80,209	0	1	0	1	—	—	3	2	9	140	54	—
奈良	34	5,347	1,381	0	0	67	114	—	—	114	0	1	11	1	—
和歌山	35	1,024	2,276	0	0	0	0	—	—	0	2	6	126	10	—
中国財務局	36	**35,868**	**288,115**	**93**	**575**	**109**	**300**	**0**	**0**	**876**	**675**	**1,162**	**185,636**	**110,662**	**—**
鳥取	37	1,354	2,259	0	1	0	2	0	0	3	1	3	125	4	—
島根	38	2,278	1,847	0	0	0	0	—	—	0	1	2	2	6	—
岡山	39	6,112	13,574	0	2	1	4	0	0	7	7	8	58	45	—
広島	40	12,981	95,765	3	54	103	287	0	0	342	55	67	889	1,739	—
山口	41	13,141	174,668	89	516	3	5	0	0	521	609	1,081	184,560	108,867	—
四国財務局	42	**9,632**	**19,098**	**1**	**2**	**16**	**46**	**0**	**0**	**49**	**5**	**18**	**103**	**58**	**—**
徳島	43	478	5,161	0	0	0	0	—	—	0	1	4	0	11	—
香川	44	1,224	2,105	0	0	13	39	—	—	40	3	13	83	9	—
愛媛	45	690	9,759	0	0	0	0	—	—	0	0	0	0	20	—
高知	46	7,237	2,071	0	0	2	7	0	0	7	0	0	19	16	—
福岡財務支局	47	**16,704**	**146,048**	**23**	**194**	**41**	**44**	**0**	**0**	**239**	**207**	**394**	**15,401**	**18,326**	**0**
福岡	48	7,336	113,361	4	68	35	33	—	—	102	10	15	764	764	—
佐賀	49	426	945	0	4	0	3	0	0	7	0	0	2	9	—
長崎	50	8,941	31,741	18	121	5	7	0	0	128	195	378	14,633	17,552	0
九州財務局	51	**5,795**	**23,658**	**1**	**0**	**3**	**18**	**0**	**0**	**19**	**7**	**16**	**126**	**22**	**—**
熊本	52	1,258	13,089	0	0	2	6	—	—	6	2	6	94	17	—
大分	53	1,202	7,217	1	0	1	11	—	—	12	1	1	0	3	—
宮崎	54	842	1,500	0	0	0	0	—	—	0	0	0	12	0	—
鹿児島	55	2,491	1,850	0	0	0	0	0	0	0	2	8	19	1	—
沖縄総合事務局	56	**8,485**	**87,824**	**0**	**8**	**—**	**—**	**—**	**—**	**8**	**3**	**5**	**106**	**31**	**—**
理財局	57	**—**	**—**	**—**	**—**	**—**	**—**	**—**	**—**	**—**	**—**	**—**	**—**	**—**	**—**
合計	58	**669,544**	**4,984,568**	**645**	**3,241**	**513**	**1,755**	**10**	**3**	**5,000**	**3,603**	**6,322**	**320,526**	**177,324**	**0**

（注）1.「政府出資等」は次に掲げるものをいう。
　(イ) 各財務局等及び都道府県欄に掲げてあるものは，租税物納等により国が取得した株券及び地方債証券等である。
　(ロ) 理財局欄に掲げてあるものは，国が特別の法律（国際条約を含む）の規定に基づいて出資したことにより取得した出資による権利，株券等である。
2. 計数は，単位未満を切り捨てているため，合計欄の数字と内訳の計とは一致しないことがある。

都道府県別・区分別現在額（令和５年３月31日現在）

（単位　百万円）

船舶										地上権等		政府出資等	不動産の信託の受益権		合計	番号
汽船			艦船			雑船		計								
隻	トン	価格	隻	トン	価格	隻	価格	隻	価格	千平方メートル	価格	価格	件	価格	価格	
−	−	−	−	−	−	−	−	−	−	−	−	180	−	−	39,383	1
−	−	−	−	−	−	−	−	−	−	−	−	−	−	−	181,990	2
−	−	−	−	−	−	−	−	−	−	−	−	−	−	−	139,915	3
−	−	−	−	−	−	−	−	−	−	−	−	−	−	−	901	4
−	−	−	−	−	−	−	−	−	−	−	−	−	−	−	35,702	5
−	−	−	−	−	−	−	−	−	−	−	−	−	−	−	1,669	6
−	−	−	−	−	−	−	−	−	−	−	−	−	−	−	1,689	7
−	−	−	−	−	−	−	−	−	−	−	−	−	−	−	2,112	8
−	−	−	−	−	−	−	−	−	−	0	0	6,515	2	461,201	4,423,314	9
−	−	−	−	−	−	−	−	−	−	−	−	−	−	−	43,777	10
−	−	−	−	−	−	−	−	−	−	−	−	−	−	−	12,734	11
−	−	−	−	−	−	−	−	−	−	−	−	−	−	−	4,837	12
−	−	−	−	−	−	−	−	−	−	−	−	6,515	−	−	216,679	13
−	−	−	−	−	−	−	−	−	−	−	−	−	−	−	89,340	14
−	−	−	−	−	−	−	−	−	−	−	−	−	2	461,201	2,534,096	15
−	−	−	−	−	−	−	−	−	−	0	0	−	−	−	1,506,789	16
−	−	−	−	−	−	−	−	−	−	−	−	−	−	−	8,257	17
−	−	−	−	−	−	−	−	−	−	−	−	−	−	−	4,128	18
−	−	−	−	−	−	−	−	−	−	−	−	−	−	−	2,673	19
−	−	−	−	−	−	−	−	−	−	−	−	−	−	−	16,954	20
−	−	−	−	−	−	−	−	−	−	−	−	−	−	−	1,863	21
−	−	−	−	−	−	−	−	−	−	−	−	−	−	−	14,305	22
−	−	−	−	−	−	−	−	−	−	−	−	−	−	−	786	23
−	−	−	−	−	−	−	−	−	−	−	−	274	−	−	112,666	24
−	−	−	−	−	−	−	−	−	−	−	−	−	−	−	8,202	25
−	−	−	−	−	−	−	−	−	−	−	−	−	−	−	24,519	26
−	−	−	−	−	−	−	−	−	−	−	−	274	−	−	58,443	27
−	−	−	−	−	−	−	−	−	−	−	−	−	−	−	21,501	28
−	−	−	−	−	−	−	−	−	−	−	−	−	−	−	284,869	29
−	−	−	−	−	−	−	−	−	−	−	−	−	−	−	3,727	30
−	−	−	−	−	−	−	−	−	−	−	−	−	−	−	31,708	31
−	−	−	−	−	−	−	−	−	−	−	−	−	−	−	165,102	32
−	−	−	−	−	−	−	−	−	−	−	−	−	−	−	80,406	33
−	−	−	−	−	−	−	−	−	−	−	−	−	−	−	1,509	34
−	−	−	−	−	−	−	−	−	−	−	−	−	−	−	2,414	35
−	−	−	−	−	−	−	−	−	−	0	4	0	−	−	585,296	36
−	−	−	−	−	−	−	−	−	−	−	−	−	−	−	2,392	37
−	−	−	−	−	−	−	−	−	−	−	−	−	−	−	1,856	38
−	−	−	−	−	−	−	−	−	−	−	−	−	−	−	13,685	39
−	−	−	−	−	−	−	−	−	−	0	4	0	−	−	98,742	40
−	−	−	−	−	−	−	−	−	−	−	−	−	−	−	468,618	41
−	−	−	−	−	−	−	−	−	−	0	0	−	−	−	19,309	42
−	−	−	−	−	−	−	−	−	−	−	−	−	−	−	5,173	43
−	−	−	−	−	−	−	−	−	−	−	−	−	−	−	2,239	44
−	−	−	−	−	−	−	−	−	−	−	−	−	−	−	9,781	45
−	−	−	−	−	−	−	−	−	−	0	0	−	−	−	2,115	46
−	−	−	−	−	−	3	0	3	0	−	−	−	−	−	180,015	47
−	−	−	−	−	−	−	−	−	−	−	−	−	−	−	114,993	48
−	−	−	−	−	−	−	−	−	−	−	−	−	−	−	965	49
−	−	−	−	−	−	3	0	3	0	−	−	−	−	−	64,056	50
−	−	−	−	−	−	−	−	−	−	−	−	−	−	−	23,826	51
−	−	−	−	−	−	−	−	−	−	−	−	−	−	−	13,208	52
−	−	−	−	−	−	−	−	−	−	−	−	−	−	−	7,233	53
−	−	−	−	−	−	−	−	−	−	−	−	−	−	−	1,513	54
−	−	−	−	−	−	−	−	−	−	−	−	−	−	−	1,871	55
−	−	−	−	−	−	−	−	−	−	−	−	−	−	−	87,970	56
−	−	−	−	−	−	−	−	−	−	−	−	66,753,365	−	−	66,753,365	57
−	−	−	−	−	−	3	0	3	0	1	5	66,760,336	2	461,201	72,708,963	58

28. 財務省所管一般会計所属普通財産（無償

区分 財務局 都道府県別	番号	土地		立木竹							建物			工作物	機械器具
				樹木		立木		竹		計					
		千平方メートル	価格	千本	価格	千立方メートル	価格	千束	価格	価格	建千平方メートル	延べ千平方メートル	価格	価格	価格
北海道財務局	1	**9,302**	**8,501**	**0**	**1**	**12**	**73**	**—**	**—**	**74**	**2**	**2**	**0**	**0**	**—**
東北財務局	2	**5,201**	**31,814**	**0**	**2**	**5**	**21**	**—**	**—**	**23**	**0**	**1**	**8**	**0**	**—**
青森	3	491	906	0	0	1	6	—	—	6	—	—	—	0	—
岩手	4	39	334	0	0	—	—	—	—	0	—	—	—	0	—
宮城	5	4,390	29,169	0	2	2	7	—	—	9	—	—	—	0	—
秋田	6	47	272	0	0	0	0	—	—	1	—	—	—	—	—
山形	7	196	696	—	—	1	6	—	—	6	—	—	—	—	—
福島	8	35	432	0	0	—	—	—	—	0	0	1	8	0	—
関東財務局	9	**13,105**	**692,338**	**36**	**100**	**11**	**29**	**0**	**0**	**130**	**8**	**14**	**14**	**64**	**—**
茨城	10	1,003	8,859	1	1	1	9	—	—	10	—	—	—	0	—
栃木	11	418	5,717	0	0	2	2	—	—	2	—	—	—	0	—
群馬	12	407	1,481	0	0	1	0	—	—	0	—	—	—	0	—
埼玉	13	1,411	25,227	4	14	2	1	—	—	16	—	—	—	—	—
千葉	14	2,603	24,291	1	5	1	8	0	0	13	0	0	0	0	—
東京	15	3,316	494,940	9	44	0	0	0	0	45	4	11	3	2	—
神奈川	16	3,449	126,969	17	31	1	5	—	—	37	3	3	10	61	—
新潟	17	274	2,460	0	1	0	0	—	—	2	0	0	0	0	—
山梨	18	123	620	—	—	0	0	—	—	0	—	—	—	0	—
長野	19	96	1,771	0	0	0	0	—	—	0	0	0	0	0	—
北陸財務局	20	**788**	**14,833**	**1**	**15**	**0**	**0**	**—**	**—**	**15**	**0**	**0**	**0**	**0**	**—**
富山	21	409	1,509	0	1	—	—	—	—	1	—	—	—	0	—
石川	22	365	13,103	0	13	0	0	—	—	13	0	0	0	0	—
福井	23	13	220	0	0	—	—	—	—	0	—	—	—	0	—
東海財務局	24	**4,884**	**60,937**	**14**	**22**	**6**	**17**	**—**	**—**	**40**	**0**	**0**	**0**	**0**	**—**
岐阜	25	1,089	7,350	0	0	6	17	—	—	17	—	—	—	0	—
静岡	26	495	10,551	5	1	0	0	—	—	2	0	0	0	0	—
愛知	27	2,169	27,804	4	10	—	—	—	—	10	0	0	0	0	—
三重	28	1,130	15,230	4	10	0	0	—	—	10	—	—	—	0	—
近畿財務局	29	**10,148**	**192,624**	**2**	**5**	**71**	**127**	**—**	**—**	**132**	**0**	**0**	**0**	**1**	**—**
滋賀	30	406	1,788	1	0	0	2	—	—	2	—	—	—	0	—
京都	31	745	5,520	0	0	3	9	—	—	9	0	0	0	0	—
大阪	32	2,303	125,335	0	2	—	—	—	—	2	0	0	0	0	—
兵庫	33	791	58,148	0	1	0	0	—	—	2	—	—	—	0	—
奈良	34	5,159	608	0	0	67	114	—	—	114	0	0	0	1	—
和歌山	35	742	1,223	0	0	0	0	—	—	0	—	—	—	0	—
中国財務局	36	**9,014**	**42,455**	**0**	**2**	**98**	**281**	**0**	**0**	**283**	**0**	**0**	**32**	**0**	**—**
鳥取	37	178	777	—	—	0	1	—	—	1	—	—	—	0	—
島根	38	352	1,263	0	0	—	—	—	—	0	—	—	—	0	—
岡山	39	670	8,731	0	0	1	3	—	—	3	0	0	32	0	—
広島	40	5,420	26,515	0	2	94	271	—	—	273	0	0	0	0	—
山口	41	2,392	5,166	—	—	1	4	0	0	4	—	—	—	0	—
四国財務局	42	**1,893**	**14,162**	**0**	**0**	**16**	**46**	**—**	**—**	**47**	**0**	**0**	**0**	**11**	**—**
徳島	43	115	3,111	0	0	0	0	—	—	0	—	—	—	7	—
香川	44	943	1,011	0	0	13	39	—	—	39	0	0	0	3	—
愛媛	45	314	8,827	0	0	0	0	—	—	0	—	—	—	0	—
高知	46	520	1,212	—	—	2	6	—	—	6	0	0	0	0	—
福岡財務支局	47	**4,566**	**80,731**	**3**	**66**	**26**	**23**	**—**	**—**	**90**	**2**	**2**	**0**	**0**	**—**
福岡	48	4,184	78,196	3	64	24	15	—	—	79	2	2	0	0	—
佐賀	49	119	490	0	2	0	3	—	—	5	—	—	—	0	—
長崎	50	262	2,045	—	—	1	4	—	—	4	—	—	—	0	—
九州財務局	51	**1,153**	**17,340**	**0**	**0**	**3**	**17**	**—**	**—**	**17**	**2**	**4**	**94**	**3**	**—**
熊本	52	605	11,336	0	0	2	6	—	—	6	2	4	94	3	—
大分	53	313	5,103	0	0	1	11	—	—	11	0	0	0	0	—
宮崎	54	138	562	0	0	—	—	—	—	0	0	0	0	0	—
鹿児島	55	95	338	0	0	0	0	—	—	0	—	—	—	0	—
沖縄総合事務局	56	**189**	**4,414**	**—**	**—**	**—**	**—**	**—**	**—**	**—**	**—**	**—**	**—**	**1**	**—**
理財局	57	**—**	**—**	**—**	**—**	**—**	**—**	**—**	**—**	**—**	**—**	**—**	**—**	**—**	**—**
合計	58	**60,248**	**1,160,154**	**60**	**217**	**251**	**638**	**0**	**0**	**856**	**17**	**27**	**149**	**81**	**—**

（注）1.「政府出資等」は次に掲げるものをいう。
(ｲ) 各財務局等及び都道府県欄に掲げてあるものは，租税物納等により国が取得した株券及び地方債証券等である。
(ﾛ) 理財局欄に掲げてあるものは，国が特別の法律（国際条約を含む）の規定に基づいて出資したことにより取得した出資による権利，株券等である。
2. 計数は，単位未満を切り捨てているため，合計欄の数字と内訳の計とは一致しないことがある。

貸付）都道府県別・区分別現在額（令和５年３月31日現在）

（単位　百万円）

船舶										地上権等		政府出資等	不動産の信託の受益権		合計	番号
汽船			艦船			雑船		計								
隻	トン	価格	隻	トン	価格	隻	価格	隻	価格	千平方メートル	価格	価格	件	価格	価格	
－	－	－	－	－	－	－	－	－	－	－	－	－	－	－	8,575	1
－	－	－	－	－	－	－	－	－	－	－	－	－	－	－	31,846	2
－	－	－	－	－	－	－	－	－	－	－	－	－	－	－	913	3
－	－	－	－	－	－	－	－	－	－	－	－	－	－	－	334	4
－	－	－	－	－	－	－	－	－	－	－	－	－	－	－	29,179	5
－	－	－	－	－	－	－	－	－	－	－	－	－	－	－	273	6
－	－	－	－	－	－	－	－	－	－	－	－	－	－	－	703	7
－	－	－	－	－	－	－	－	－	－	－	－	－	－	－	441	8
－	－	－	－	－	－	－	－	－	－	－	－	－	－	－	692,547	9
－	－	－	－	－	－	－	－	－	－	－	－	－	－	－	8,870	10
－	－	－	－	－	－	－	－	－	－	－	－	－	－	－	5,719	11
－	－	－	－	－	－	－	－	－	－	－	－	－	－	－	1,482	12
－	－	－	－	－	－	－	－	－	－	－	－	－	－	－	25,243	13
－	－	－	－	－	－	－	－	－	－	－	－	－	－	－	24,305	14
－	－	－	－	－	－	－	－	－	－	－	－	－	－	－	494,991	15
－	－	－	－	－	－	－	－	－	－	－	－	－	－	－	127,078	16
－	－	－	－	－	－	－	－	－	－	－	－	－	－	－	2,462	17
－	－	－	－	－	－	－	－	－	－	－	－	－	－	－	621	18
－	－	－	－	－	－	－	－	－	－	－	－	－	－	－	1,772	19
－	－	－	－	－	－	－	－	－	－	－	－	－	－	－	14,849	20
－	－	－	－	－	－	－	－	－	－	－	－	－	－	－	1,511	21
－	－	－	－	－	－	－	－	－	－	－	－	－	－	－	13,117	22
－	－	－	－	－	－	－	－	－	－	－	－	－	－	－	220	23
－	－	－	－	－	－	－	－	－	－	－	－	－	－	－	60,977	24
－	－	－	－	－	－	－	－	－	－	－	－	－	－	－	7,368	25
－	－	－	－	－	－	－	－	－	－	－	－	－	－	－	10,553	26
－	－	－	－	－	－	－	－	－	－	－	－	－	－	－	27,814	27
－	－	－	－	－	－	－	－	－	－	－	－	－	－	－	15,240	28
－	－	－	－	－	－	－	－	－	－	－	－	－	－	－	192,757	29
－	－	－	－	－	－	－	－	－	－	－	－	－	－	－	1,791	30
－	－	－	－	－	－	－	－	－	－	－	－	－	－	－	5,529	31
－	－	－	－	－	－	－	－	－	－	－	－	－	－	－	125,338	32
－	－	－	－	－	－	－	－	－	－	－	－	－	－	－	58,150	33
－	－	－	－	－	－	－	－	－	－	－	－	－	－	－	723	34
－	－	－	－	－	－	－	－	－	－	－	－	－	－	－	1,223	35
－	－	－	－	－	－	－	－	－	－	－	－	－	－	－	42,771	36
－	－	－	－	－	－	－	－	－	－	－	－	－	－	－	779	37
－	－	－	－	－	－	－	－	－	－	－	－	－	－	－	1,263	38
－	－	－	－	－	－	－	－	－	－	－	－	－	－	－	8,767	39
－	－	－	－	－	－	－	－	－	－	－	－	－	－	－	26,789	40
－	－	－	－	－	－	－	－	－	－	－	－	－	－	－	5,171	41
－	－	－	－	－	－	－	－	－	－	－	－	－	－	－	14,220	42
－	－	－	－	－	－	－	－	－	－	－	－	－	－	－	3,119	43
－	－	－	－	－	－	－	－	－	－	－	－	－	－	－	1,054	44
－	－	－	－	－	－	－	－	－	－	－	－	－	－	－	8,828	45
－	－	－	－	－	－	－	－	－	－	－	－	－	－	－	1,218	46
－	－	－	－	－	－	－	－	－	－	－	－	－	－	－	80,822	47
－	－	－	－	－	－	－	－	－	－	－	－	－	－	－	78,276	48
－	－	－	－	－	－	－	－	－	－	－	－	－	－	－	495	49
－	－	－	－	－	－	－	－	－	－	－	－	－	－	－	2,050	50
－	－	－	－	－	－	－	－	－	－	－	－	－	－	－	17,456	51
－	－	－	－	－	－	－	－	－	－	－	－	－	－	－	11,440	52
－	－	－	－	－	－	－	－	－	－	－	－	－	－	－	5,114	53
－	－	－	－	－	－	－	－	－	－	－	－	－	－	－	562	54
－	－	－	－	－	－	－	－	－	－	－	－	－	－	－	338	55
－	－	－	－	－	－	－	－	－	－	－	－	－	－	－	4,415	56
－	－	－	－	－	－	－	－	－	－	－	－	－	－	－	－	57
－	－	－	－	－	－	－	－	－	－	－	－	－	－	－	1,161,241	58

29.　財務省所管一般会計所属普通

増加の事由	番号	土地		立木竹							建物		工作物	機械器具
				樹木		立木		竹		計				
		千平方メートル	価格	千本	価格	千立方メートル	価格	千束	価格	価格	延べ千平方メートル	価格	価格	価格
Ⅰ 対外的異動	1	547	1,433	−	−	−	−	−	−	−	4	764	438	−
1. 歳出を伴うもの	2	0	0	−	−	−	−	−	−	−	0	−	420	−
(1) 購入	3	−	−	−	−	−	−	−	−	−	−	−	−	−
(2) 売払取消，その他	4	0	0	−	−	−	−	−	−	−	−	−	−	−
売払取消	5	−	−	−	−	−	−	−	−	−	−	−	−	−
売払解除	6	0	0	−	−	−	−	−	−	−	−	−	−	−
(3) 新築，その他	7	−	−	−	−	−	−	−	−	−	0	−	55	−
新築・新設等	8	−	−	−	−	−	−	−	−	−	−	−	55	−
増築・増設	9	−	−	−	−	−	−	−	−	−	0	−	0	−
改築・改設	10	−	−	−	−	−	−	−	−	−	−	−	−	−
移築・移設	11	−	−	−	−	−	−	−	−	−	−	−	−	−
地均	12	−	−	−	−	−	−	−	−	−	−	−	−	−
(4) 修繕，その他	13	−	−	−	−	−	−	−	−	−	−	−	365	−
修繕	14	−	−	−	−	−	−	−	−	−	−	−	−	−
模様替	15	−	−	−	−	−	−	−	−	−	−	−	365	−
(5) 出資（現金）	16	−	−	−	−	−	−	−	−	−	−	−	−	−
(6) 設定	17	−	−	−	−	−	−	−	−	−	−	−	−	−
2. 歳出を伴わないもの	18	547	1,433	−	−	−	−	−	−	−	4	764	17	−
(1) 寄附	19	−	−	−	−	−	−	−	−	−	−	−	−	−
(2) 帰属	20	529	241	−	−	−	−	−	−	−	4	35	0	−
(3) 租税物納	21	18	1,068	−	−	−	−	−	−	−	−	−	−	−
(4) 現物賠償	22	−	−	−	−	−	−	−	−	−	−	−	−	−
(5) 代物弁済	23	−	123	−	−	−	−	−	−	−	0	729	17	−
(6) 譲与取消	24	−	−	−	−	−	−	−	−	−	−	−	−	−
(7) 交換，その他	25	−	−	−	−	−	−	−	−	−	−	−	−	−
交換	26	−	−	−	−	−	−	−	−	−	−	−	−	−
土地区画整理法による換地	27	−	−	−	−	−	−	−	−	−	−	−	−	−
土地改良法による換地	28	−	−	−	−	−	−	−	−	−	−	−	−	−
（その他の法）による権利変換	29	−	−	−	−	−	−	−	−	−	−	−	−	−
(8) 出資（現物）	30	−	−	−	−	−	−	−	−	−	−	−	−	−
(9) 出資金回収（現物）	31	−	−	−	−	−	−	−	−	−	−	−	−	−
(10) 株式分割	32	−	−	−	−	−	−	−	−	−	−	−	−	−
(11) 再交付	33	−	−	−	−	−	−	−	−	−	−	−	−	−
(12) 信託	34	−	−	−	−	−	−	−	−	−	−	−	−	−
(13) 信託終了	35	−	−	−	−	−	−	−	−	−	−	−	−	−
(14) 信託取消	36	−	−	−	−	−	−	−	−	−	−	−	−	−
Ⅱ 対内的異動	37	4,193	63,200	0	568	0	305	−	0	874	59	1,462	3,727	−
1. 調整上の増加	38	2,926	11,784	0	5	0	0	−	−	6	45	1,462	3,724	−
(1) 所管換	39	76	12	−	−	−	−	−	−	−	−	−	−	−
(2) 所属替	40	1	97	−	−	−	−	−	−	−	1	14	0	−
(3) 引受，その他	41	2,425	11,629	0	5	0	0	−	−	6	44	1,448	3,724	−
引受	42	1,366	11,126	0	5	0	0	−	−	6	44	1,448	3,724	−
公共物より編入	43	1,058	503	−	−	−	−	−	−	−	−	−	−	−
(4) 整理替，その他	44	422	45	−	−	−	−	−	−	−	−	−	0	−
整理替	45	217	23	−	−	−	−	−	−	−	−	−	0	−
種目変更	46	204	21	−	−	−	−	−	−	−	−	−	0	−
2. 整理上の増加	47	1,266	3,359	−	−	−	−	−	−	−	13	0	3	−
(1) 登録修正	48	1,266	3,359	−	−	−	−	−	−	−	13	0	3	−
誤謬訂正	49	0	129	−	−	−	−	−	−	−	13	0	0	−
報告洩	50	12	16	−	−	−	−	−	−	−	−	−	0	−
新規登載	51	1,197	3,073	−	−	−	−	−	−	−	−	−	3	−
実測	52	55	140	−	−	−	−	−	−	−	0	−	0	−
実査	53	−	−	−	−	−	−	−	−	−	−	−	−	−
端数合算	54	0	−	−	−	−	−	−	−	−	−	−	−	−
通貨調整	55	−	−	−	−	−	−	−	−	−	−	−	−	−
3. 価格改定上の増加	56	−	48,056	−	562	−	304	−	0	867	−	−	−	−
(1) 価格改定	57	−	48,056	−	562	−	304	−	0	867	−	−	−	−
合計	58	4,741	64,633	0	568	0	305	−	0	874	63	2,227	4,166	−

財産事由別・区分別増減状況（令和４年度）

（単位　百万円）

船舶										航空機		地上権等		政府出資等	不動産の信託の受益権		合計	番
汽船			艦船			雑船		計										
隻	トン	価格	隻	トン	価格	隻	価格	隻	価格	機	価格	千平方メートル	価格	価格	件	価格	価格	号
－	－	－	－	－	－	－	－	－	－	－	－	－	－	688,986	－	－	691,622	1
－	－	－	－	－	－	－	－	－	－	－	－	－	－	384,014	－	－	384,435	2
－	－	－	－	－	－	－	－	－	－	－	－	－	－	－	－	－	－	3
－	－	－	－	－	－	－	－	－	－	－	－	－	－	－	－	－	0	4
－	－	－	－	－	－	－	－	－	－	－	－	－	－	－	－	－	－	5
－	－	－	－	－	－	－	－	－	－	－	－	－	－	－	－	－	0	6
－	－	－	－	－	－	－	－	－	－	－	－	－	－	－	－	－	55	7
－	－	－	－	－	－	－	－	－	－	－	－	－	－	－	－	－	55	8
－	－	－	－	－	－	－	－	－	－	－	－	－	－	－	－	－	0	9
－	－	－	－	－	－	－	－	－	－	－	－	－	－	－	－	－	－	10
－	－	－	－	－	－	－	－	－	－	－	－	－	－	－	－	－	－	11
－	－	－	－	－	－	－	－	－	－	－	－	－	－	－	－	－	－	12
－	－	－	－	－	－	－	－	－	－	－	－	－	－	－	－	－	365	13
－	－	－	－	－	－	－	－	－	－	－	－	－	－	－	－	－	－	14
－	－	－	－	－	－	－	－	－	－	－	－	－	－	－	－	－	365	15
－	－	－	－	－	－	－	－	－	－	－	－	－	－	384,014	－	－	384,014	16
－	－	－	－	－	－	－	－	－	－	－	－	－	－	－	－	－	－	17
－	－	－	－	－	－	－	－	－	－	－	－	－	－	304,971	－	－	307,186	18
－	－	－	－	－	－	－	－	－	－	－	－	－	－	－	－	－	－	19
－	－	－	－	－	－	－	－	－	－	－	－	－	－	－	－	－	276	20
－	－	－	－	－	－	－	－	－	－	－	－	－	－	8,484	－	－	9,552	21
－	－	－	－	－	－	－	－	－	－	－	－	－	－	－	－	－	－	22
－	－	－	－	－	－	－	－	－	－	－	－	－	－	－	－	－	870	23
－	－	－	－	－	－	－	－	－	－	－	－	－	－	－	－	－	－	24
－	－	－	－	－	－	－	－	－	－	－	－	－	－	－	－	－	－	25
－	－	－	－	－	－	－	－	－	－	－	－	－	－	－	－	－	－	26
－	－	－	－	－	－	－	－	－	－	－	－	－	－	－	－	－	－	27
－	－	－	－	－	－	－	－	－	－	－	－	－	－	－	－	－	－	28
－	－	－	－	－	－	－	－	－	－	－	－	－	－	－	－	－	－	29
－	－	－	－	－	－	－	－	－	－	－	－	－	－	296,487	－	－	296,487	30
－	－	－	－	－	－	－	－	－	－	－	－	－	－	－	－	－	－	31
－	－	－	－	－	－	－	－	－	－	－	－	－	－	－	－	－	－	32
－	－	－	－	－	－	－	－	－	－	－	－	－	－	－	－	－	－	33
－	－	－	－	－	－	－	－	－	－	－	－	－	－	－	－	－	－	34
－	－	－	－	－	－	－	－	－	－	－	－	－	－	－	－	－	－	35
－	－	－	－	－	－	－	－	－	－	－	－	－	－	－	－	－	－	36
－	－	－	－	－	－	－	－	－	－	－	－	－	－	2,884,006	－	203,482	3,156,754	37
－	－	－	－	－	－	－	－	－	－	－	－	－	－	1,827	－	－	18,805	38
－	－	－	－	－	－	－	－	－	－	－	－	－	－	－	－	－	12	39
－	－	－	－	－	－	－	－	－	－	－	－	－	－	1,827	－	－	1,939	40
－	－	－	－	－	－	－	－	－	－	－	－	－	－	－	－	－	16,808	41
－	－	－	－	－	－	－	－	－	－	－	－	－	－	－	－	－	16,305	42
－	－	－	－	－	－	－	－	－	－	－	－	－	－	－	－	－	503	43
－	－	－	－	－	－	－	－	－	－	－	－	－	－	－	－	－	45	44
－	－	－	－	－	－	－	－	－	－	－	－	－	－	－	－	－	23	45
－	－	－	－	－	－	－	－	－	－	－	－	－	－	－	－	－	21	46
－	－	－	－	－	－	－	－	－	－	－	－	－	－	1	－	－	3,364	47
－	－	－	－	－	－	－	－	－	－	－	－	－	－	1	－	－	3,364	48
－	－	－	－	－	－	－	－	－	－	－	－	－	－	－	－	－	129	49
－	－	－	－	－	－	－	－	－	－	－	－	－	－	－	－	－	16	50
－	－	－	－	－	－	－	－	－	－	－	－	－	－	1	－	－	3,078	51
－	－	－	－	－	－	－	－	－	－	－	－	－	－	－	－	－	140	52
－	－	－	－	－	－	－	－	－	－	－	－	－	－	－	－	－	－	53
－	－	－	－	－	－	－	－	－	－	－	－	－	－	－	－	－	－	54
－	－	－	－	－	－	－	－	－	－	－	－	－	－	－	－	－	－	55
－	－	－	－	－	－	－	－	－	－	－	－	－	－	2,882,177	－	203,482	3,134,584	56
－	－	－	－	－	－	－	－	－	－	－	－	－	－	2,882,177	－	203,482	3,134,584	57
－	－	－	－	－	－	－	－	－	－	－	－	－	－	3,572,993	－	203,482	3,848,376	58

29.　財務省所管一般会計所属普通

減少の事由	番号	土地		立木竹							建物		工作物	機械器具
				樹木		立木		竹		計				
		千平方メートル	価格	千本	価格	千立方メートル	価格	千束	価格	価格	延べ千平方メートル	価格	価格	価格
Ⅰ 対外的異動	1	2,456	22,885	1	34	0	0	—	—	34	80	745	41	—
1. 歳入を伴うもの	2	1,796	20,082	0	1	—	—	—	—	1	18	360	13	—
(1) 売払	3	1,796	20,082	0	1	—	—	—	—	1	18	360	13	—
(2) 出資金回収(現金)	4	—	—	—	—	—	—	—	—	—	—	—	—	—
2. 歳入を伴わないもの	5	660	2,802	0	32	0	0	—	—	32	61	384	27	—
(1) 譲与	6	544	840	—	—	—	—	—	—	—	—	—	0	—
(2) 交換，その他	7	56	52	—	—	—	—	—	—	—	—	—	—	—
交換	8	—	—	—	—	—	—	—	—	—	—	—	—	—
土地区画整理法による引渡	9	0	0	—	—	—	—	—	—	—	—	—	—	—
土地改良法による引渡	10	55	7	—	—	—	—	—	—	—	—	—	—	—
都市再開発法による引渡	11	0	43	—	—	—	—	—	—	—	—	—	—	—
その他の法による引渡	12	—	—	—	—	—	—	—	—	—	—	—	—	—
都市再開発法による権利変換	13	—	—	—	—	—	—	—	—	—	—	—	—	—
(その他の法)による権利変換	14	—	—	—	—	—	—	—	—	—	—	—	—	—
(3) 取こわし，その他	15	59	1,909	0	32	0	0	—	—	32	61	384	27	—
取こわし	16	—	—	—	—	—	—	—	—	—	61	384	27	—
消滅	17	—	—	—	—	—	—	—	—	—	—	—	—	—
移築	18	—	—	—	—	—	—	—	—	—	—	—	—	—
改設	19	—	—	—	—	—	—	—	—	—	—	—	—	—
租税物納取消・撤回	20	1	197	—	—	—	—	—	—	—	—	—	—	—
喪失	21	57	1,712	—	—	—	—	—	—	—	—	—	—	—
(うち取得時効によるもの)	22	(51)	(1,665)	—	—	—	—	—	—	—	—	—	—	—
伐採	23	—	—	0	32	0	0	—	—	32	—	—	—	—
模様替	24	—	—	—	—	—	—	—	—	—	—	—	—	—
出資金回収(現物)	25	—	—	—	—	—	—	—	—	—	—	—	—	—
出資金回収不能	26	—	—	—	—	—	—	—	—	—	—	—	—	—
資本金減少	27	—	—	—	—	—	—	—	—	—	—	—	—	—
(4) 出資(現物)	28	—	—	—	—	—	—	—	—	—	—	—	—	—
(5) 信託	29	—	—	—	—	—	—	—	—	—	—	—	—	—
(6) 信託終了	30	—	—	—	—	—	—	—	—	—	—	—	—	—
(7) 信託取消	31	—	—	—	—	—	—	—	—	—	—	—	—	—
Ⅱ 対内的異動	32	117,792	17,020	0	11	2	14	—	—	25	21	12,880	22,813	—
1. 調整上の減少	33	117,571	3,169	0	11	2	14	—	—	25	8	680	39	—
(1) 所管換	34	442	2,212	0	11	—	—	—	—	11	8	680	39	—
(2) 所属替	35	—	—	—	—	—	—	—	—	—	—	—	—	—
(3) 公共物へ編入	36	116,706	911	—	—	2	14	—	—	14	—	—	0	—
(4) 整理替，その他	37	422	45	—	—	—	—	—	—	—	0	0	0	—
整理替	38	217	23	—	—	—	—	—	—	—	—	—	0	—
引受取消	39	—	—	—	—	—	—	—	—	—	—	—	—	—
種目変更	40	204	21	—	—	—	—	—	—	—	0	0	—	—
2. 整理上の減少	41	220	278	—	—	0	0	—	—	0	13	0	0	—
(1) 登録修正	42	220	278	—	—	0	0	—	—	0	13	0	0	—
誤謬訂正	43	17	75	—	—	—	—	—	—	—	0	0	—	—
報告洩	44	16	30	—	—	—	—	—	—	—	13	—	0	—
実測	45	186	172	—	—	—	—	—	—	—	0	0	0	—
実査	46	—	—	—	—	0	0	—	—	0	—	—	—	—
端数切捨	47	—	—	—	—	—	—	—	—	—	—	—	—	—
通貨調整	48	—	—	—	—	—	—	—	—	—	—	—	—	—
3. 価格改定上の減少	49	—	13,572	—	—	—	—	—	—	—	—	12,199	22,774	—
(1) 価格改定	50	—	13,572	—	—	—	—	—	—	—	—	12,199	22,774	—
合計	51	120,248	39,905	1	45	3	14	—	—	60	102	13,626	22,854	—

(注)　計数は，単位未満を切り捨てているため，合計欄の数字と内訳の計とは一致しないことがある。

財産事由別・区分別増減状況（令和4年度）（続）

（単位　百万円）

船										航空機		地上権等		政府出資等	不動産の信託の受益権		合計	番
汽船			艦船			雑船		計										
隻	トン	価格	隻	トン	価格	隻	価格	隻	価格	機	価格	千平方メートル	価格	価格	件	価格	価格	号
—	—	—	—	—	—	—	—	—	—	—	—	—	—	231, 894	—	—	255, 602	1
—	—	—	—	—	—	—	—	—	—	—	—	—	—	4, 011	—	—	24, 470	2
—	—	—	—	—	—	—	—	—	—	—	—	—	—	3, 561	—	—	24, 020	3
—	—	—	—	—	—	—	—	—	—	—	—	—	—	450	—	—	450	4
—	—	—	—	—	—	—	—	—	—	—	—	—	—	227, 883	—	—	231, 131	5
—	—	—	—	—	—	—	—	—	—	—	—	—	—	—	—	—	840	6
—	—	—	—	—	—	—	—	—	—	—	—	—	—	—	—	—	52	7
—	—	—	—	—	—	—	—	—	—	—	—	—	—	—	—	—	—	8
—	—	—	—	—	—	—	—	—	—	—	—	—	—	—	—	—	0	9
—	—	—	—	—	—	—	—	—	—	—	—	—	—	—	—	—	7	10
—	—	—	—	—	—	—	—	—	—	—	—	—	—	—	—	—	43	11
—	—	—	—	—	—	—	—	—	—	—	—	—	—	—	—	—	—	12
—	—	—	—	—	—	—	—	—	—	—	—	—	—	—	—	—	—	13
—	—	—	—	—	—	—	—	—	—	—	—	—	—	—	—	—	—	14
—	—	—	—	—	—	—	—	—	—	—	—	—	—	201, 955	—	—	204, 310	15
—	—	—	—	—	—	—	—	—	—	—	—	—	—	—	—	—	412	16
—	—	—	—	—	—	—	—	—	—	—	—	—	—	—	—	—	—	17
—	—	—	—	—	—	—	—	—	—	—	—	—	—	—	—	—	—	18
—	—	—	—	—	—	—	—	—	—	—	—	—	—	—	—	—	—	19
—	—	—	—	—	—	—	—	—	—	—	—	—	—	—	—	—	197	20
—	—	—	—	—	—	—	—	—	—	—	—	—	—	—	—	—	1, 712	21
—	—	—	—	—	—	—	—	—	—	—	—	—	—	—	—	—	(1, 665)	22
—	—	—	—	—	—	—	—	—	—	—	—	—	—	—	—	—	32	23
—	—	—	—	—	—	—	—	—	—	—	—	—	—	—	—	—	—	24
—	—	—	—	—	—	—	—	—	—	—	—	—	—	—	—	—	—	25
—	—	—	—	—	—	—	—	—	—	—	—	—	—	—	—	—	—	26
—	—	—	—	—	—	—	—	—	—	—	—	—	—	201, 955	—	—	201, 955	27
—	—	—	—	—	—	—	—	—	—	—	—	—	—	25, 927	—	—	25, 927	28
—	—	—	—	—	—	—	—	—	—	—	—	—	—	—	—	—	—	29
—	—	—	—	—	—	—	—	—	—	—	—	—	—	—	—	—	—	30
—	—	—	—	—	—	—	—	—	—	—	—	—	—	—	—	—	—	31
—	—	—	—	—	—	—	—	—	—	—	—	—	—	676, 760	—	—	729, 500	32
—	—	—	—	—	—	—	—	—	—	—	—	—	—	34, 790	—	—	38, 704	33
—	—	—	—	—	—	—	—	—	—	—	—	—	—	—	—	—	2, 943	34
—	—	—	—	—	—	—	—	—	—	—	—	—	—	34, 790	—	—	34, 790	35
—	—	—	—	—	—	—	—	—	—	—	—	—	—	—	—	—	925	36
—	—	—	—	—	—	—	—	—	—	—	—	—	—	—	—	—	45	37
—	—	—	—	—	—	—	—	—	—	—	—	—	—	—	—	—	23	38
—	—	—	—	—	—	—	—	—	—	—	—	—	—	—	—	—	—	39
—	—	—	—	—	—	—	—	—	—	—	—	—	—	—	—	—	21	40
—	—	—	—	—	—	—	—	—	—	—	—	—	—	—	—	—	278	41
—	—	—	—	—	—	—	—	—	—	—	—	—	—	—	—	—	278	42
—	—	—	—	—	—	—	—	—	—	—	—	—	—	—	—	—	76	43
—	—	—	—	—	—	—	—	—	—	—	—	—	—	—	—	—	30	44
—	—	—	—	—	—	—	—	—	—	—	—	—	—	—	—	—	172	45
—	—	—	—	—	—	—	—	—	—	—	—	—	—	—	—	—	0	46
—	—	—	—	—	—	—	—	—	—	—	—	—	—	—	—	—	—	47
—	—	—	—	—	—	—	—	—	—	—	—	—	—	—	—	—	—	48
—	—	—	—	—	—	—	—	—	—	—	—	—	—	641, 970	—	—	690, 517	49
—	—	—	—	—	—	—	—	—	—	—	—	—	—	641, 970	—	—	690, 517	50
—	—	—	—	—	—	—	—	—	—	—	—	—	—	908, 655	—	—	985, 102	51

30.　財務省所管一般会計所属

区分		番号	3年度末貸付中 時価	3年度末貸付中 減額	3年度末貸付中 無償	3年度末貸付中 計	4年度中の 時価	4年度中の 減額	4年度中の 無償
土地	件数	1	21,840	571	4,226	**26,637**	8,968	178	782
土地	数量(千平方メートル)	2	15,317	3,192	71,365	**89,875**	5,984	1,234	7,538
土地	台帳価格	3	486,605	147,697	1,430,433	**2,064,737**	223,771	58,271	187,021
建物	件数	4	615	2	1	**618**	280	2	1
建物	数量(延べ千平方メートル)	5	91	0	29	**121**	41	0	25
建物	台帳価格	6	155	0	176	**332**	44	0	1,236

（注）　計数は，単位未満を切り捨てているため，合計欄の数字と内訳の計とは一致しないことがある。

31.　財務省所管一般会計所属

(1)　相　　手　　方

区分	数量単位	公共団体 件数	公共団体 数量	公共団体 台帳価格	公益法人 件数	公益法人 数量	公益法人 台帳価格	法 件数
土地	千平方メートル	4,825	75,281	1,494,482	315	1,675	97,196	1,863
建物	延べ千平方メートル	8	30	206	−	0	0	63

（注）1. 「公共団体」は，国有財産法第22条第１項に規定する公共団体（地方公共団体，水害予防組合及び土地改良区）である。（統計32(1)，統計33及び統計34において同じ。）
2. 「公益法人」は，国有財産特別措置法第２条第２項第１号及び第５号並びに第３条第１項第４号に規定する公益法人（学校法人，社会福祉法人等）である。（統計32(1)において同じ。）

(2)　用　　途　　別

区分	数量単位	医療施設 件数	医療施設 数量	医療施設 台帳価格	社会福祉施設 件数	社会福祉施設 数量	社会福祉施設 台帳価格	学校施設 件数	学校施設 数量	学校施設 台帳価格	社会教育施設 件数	社会教育施設 数量	社会教育施設 台帳価格
土地	千平方メートル	3	17	529	85	254	23,329	375	2,594	106,159	11	12	346
建物	延べ千平方メートル	−	−	−	−	−	−	−	−	−	−	−	−

（注）「その他」は，小笠原諸島振興開発特別措置法第６条に規定する振興開発計画に基づく事業に供する施設等である。

(3)　用　　途　　別

区分	数量単位	緑地・公園・ため池・用排水路 件数	緑地・公園・ため池・用排水路 数量	緑地・公園・ため池・用排水路 台帳価格	火葬場・墓地・ごみ処理施設・屎尿処理施設・と畜場 件数	火葬場・墓地・ごみ処理施設・屎尿処理施設・と畜場 数量	火葬場・墓地・ごみ処理施設・屎尿処理施設・と畜場 台帳価格	信号機等の小規模施設 件数	信号機等の小規模施設 数量	信号機等の小規模施設 台帳価格	生活困窮者の収容施設・災害の応急施設・地震防災の応急施設等 件数	生活困窮者の収容施設・災害の応急施設・地震防災の応急施設等 数量	生活困窮者の収容施設・災害の応急施設・地震防災の応急施設等 台帳価格
土地	千平方メートル	2,770	59,327	1,145,097	103	873	13,109	119	2	196	8	44	1,751
建物	延べ千平方メートル	1	21	46	−	0	0	−	−	−	−	5	103

（注）「その他」は，下水道法第36条に規定する下水道施設，警察法附則第12項に規定する警察用施設並びに国家公務員共済組合法第12条に規定する組合の運営に必要な施設等である。

普通財産（土地・建物）貸付増減状況

（単位　百万円）

増	4年度中の減				4年度末貸付中				番
計	時価	減額	無償	計	時価	減額	無償	計	号
9,928	9,552	187	785	10,524	21,256	562	4,223	26,041	1
14,757	6,126	1,250	7,589	14,966	15,175	3,175	71,314	89,665	2
469,064	227,552	60,731	159,631	447,916	482,824	145,238	1,457,823	2,085,885	3
283	311	2	−	313	584	2	2	588	4
67	44	0	25	70	88	0	29	118	5
1,280	55	0	541	597	144	0	871	1,015	6

普通財産（土地・建物）貸付状況（令和５年３月31日現在）

別　貸　付

（単位　百万円）

人		その他			合計		
数量	台帳価格	件数	数量	台帳価格	件数	数量	台帳価格
7,459	195,958	19,038	5,248	298,248	26,041	89,665	2,085,885
57	784	517	29	24	588	118	1,015

3. 「法人」は，上記の公共団体及び公益法人以外の法人である。（統計32(1)において同じ。）
4. 計数は，単位未満を切り捨てているため，合計欄の数字と内訳の計とは一致しないことがある。((2)及び(3)においても同じ。)

減　額　貸　付

（単位　百万円）

住宅			公害防止施設			スポーツ施設			防災施設			その他			合計		
件数	数量	台帳価格	件数	数量	台帳価格	件数	数量	台帳価格	件数	数量	台帳価格	件数	数量	台帳価格	件数	数量	台帳価格
55	260	13,369	2	2	3	10	30	1,431	21	3	63	−	0	5	562	3,175	145,238
2	0	0	−	−	−	−	−	−	−	−	−	−	−	−	2	0	0

無　償　貸　付

（単位　百万円）

水道施設			臨港施設			社会福祉施設			学校施設			その他			合計		
件数	数量	台帳価格	件数	数量	台帳価格	件数	数量	台帳価格	件数	数量	台帳価格	件数	数量	台帳価格	件数	数量	台帳価格
313	3,174	51,019	28	128	3,294	171	403	42,467	59	196	1,421	652	7,162	199,465	4,223	71,314	1,457,823
−	−	−	−	−	−	−	0	0	−	0	0	1	1	722	2	29	871

32.　財務省所管一般会計所属

(1)　相　　手　　方

区分	数量単位	公共団体					公益法人				
		件数	数量	台帳価格	評価額	売払価格	件数	数量	台帳価格	評価額	売払価格
土地	千平方メートル	236	188	3,605	6,396	6,891	7	5	95	87	137
建物	延べ千平方メートル	－	0	0	－	－	－	1	0	－	－

(注)　計数は，単位未満を切り捨てているため，合計欄の数字と内訳の計とは一致しないことがある。((2)及び(3)においても同じ。)

(2)　契　　約　　方　　式

区分	数量単位	一般競争契約（うち価格公表）					指名競争入			
		件数	数量	台帳価格	評価額	売払価格	件数	数量	台帳価格	評価額
土地	千平方メートル	205 (134)	193 (135)	4,294 (3,153)	3,239 (2,506)	4,683 (3,949)	－	－	－	－
建物	延べ千平方メートル	1 (1)	16 (13)	360 (247)	123 (100)	171 (146)	－	－	－	－

(3)　用　　途　　別

区分	数量単位	医療施設					社会福祉施設					学
		件数	数量	台帳価格	評価額	売払価格	件数	数量	台帳価格	評価額	売払価格	件数
土地	千平方メートル	－	－	－	－	－	1	0	6	5	3	8
建物	延べ千平方メートル	－	－	－	－	－	－	－	－	－	－	－

区分	数量単位	公害防止施設					スポーツ施設					防
		件数	数量	台帳価格	評価額	売払価格	件数	数量	台帳価格	評価額	売払価格	件数
土地	千平方メートル	－	－	－	－	－	－	－	－	－	－	－
建物	延べ千平方メートル	－	－	－	－	－	－	－	－	－	－	－

33.　財務省所管一般会計所属普通

区分	数量単位	公共団体						そ	
		件数	数量	台帳価格	評価額	国が支払った交換差金	国が収納した交換差金	件数	数量
土地	千平方メートル	－	－	－	－	－	－	－	－
建物	延べ千平方メートル	－	－	－	－	－	－	－	－

(注)　計数は，単位未満を切り捨てているため，合計欄の数字と内訳の計とは一致しないことがある。

34.　財務省所管一般会計所属普通財産（土地・建物）相手方別譲与状況（令和４年度）

（単位　百万円）

区分	数量単位	公共団体				その他				合計			
		件数	数量	台帳価格	評価額	件数	数量	台帳価格	評価額	件数	数量	台帳価格	評価額
土地	千平方メートル	180	544	840	845	1	0	0	0	181	544	840	845
建物	延べ千平方メートル	－	－	－	－	－	－	－	－	－	－	－	－

(注) 1.「その他」は国有財産法第28条第１項第２号の規定により，公共団体以外の者が公共用財産の代替施設を設置したことに伴い，用途廃止された旧施設を譲与したもの等である。
2.　計数は，単位未満を切り捨てているため，合計欄の数字と内訳の計とは一致しないことがある。

普通財産（土地・建物）売払状況（令和４年度）

別　売　払

（単位　百万円）

法人					その他					合計				
件数	数量	台帳価格	評価額	売払価格	件数	数量	台帳価格	評価額	売払価格	件数	数量	台帳価格	評価額	売払価格
912	614	10,613	11,550	12,841	1,592	987	5,768	5,344	5,450	2,747	1,796	20,082	23,379	25,320
1	13	298	120	167	1	3	61	8	9	2	18	360	129	177

別　時　価　売　払

（単位　百万円）

札	随意契約					合計				
売払価格	件数	数量	台帳価格	評価額	売払価格	件数	数量	台帳価格	評価額	売払価格
–	2,529	1,584	14,593	17,796	18,104	2,734	1,777	18,888	21,036	22,788
–	1	2	0	5	5	2	18	360	129	177

減　額　売　払

（単位　百万円）

校施設				社会教育施設					住宅				
数量	台帳価格	評価額	売払価格	件数	数量	台帳価格	評価額	売払価格	件数	数量	台帳価格	評価額	売払価格
4	436	630	340	–	–	–	–	–	3	9	25	26	25
–	–	–	–	–	–	–	–	–	–	–	–	–	–

災施設				その他					合計				
数量	台帳価格	評価額	売払価格	件数	数量	台帳価格	評価額	売払価格	件数	数量	台帳価格	評価額	売払価格
–	–	–	–	1	4	725	1,680	2,162	13	18	1,194	2,342	2,532
–	–	–	–	–	–	–	–	–	–	–	–	–	–

財産（土地・建物）相手方別交換（渡）状況（令和４年度）

（単位　百万円）

の他				合計					
台帳価格	評価額	国が支払った交換差金	国が収納した交換差金	件数	数量	台帳価格	評価額	国が支払った交換差金	国が収納した交換差金
–	–	–	–	–	–	–	–	–	–
–	–	–	–	–	–	–	–	–	–

35. 財務省所管一般会計所属普通財産（土地・建物）有償無償別所管換（減）状況（令和４年度）

（単位　百万円）

区分	数量単位	有償所管換			無償所管換			合計		
		件数	数量	台帳価格	件数	数量	台帳価格	件数	数量	台帳価格
土地	千平方メートル	1	4	143	13	438	2,069	14	442	2,212
建物	延べ千平方メートル	–	–	–	–	8	680	–	8	680

（注）計数は，単位未満を切り捨てているため，合計欄の数字と内訳の計とは一致しないことがある。

36.　国有財産関係（財務局分）歳入科目別・年度別収納状況

（単位　百万円）

科目＼年度	平成25年度	26	27	28	29	30	令和元年度	2	3	4	5年度予算額
国有財産売払収入	81,867	100,166	78,585	53,273	69,236	55,430	53,409	43,592	52,888	37,893	37,281
土地売払代	79,537	86,744	69,248	51,650	66,839	45,669	30,777	39,246	44,146	34,312	27,698
立木竹売払代	0	－	－	－	－	－	－	－	－	－	－
建物売払代	654	521	232	107	188	313	397	141	244	177	263
工作物売払代	13	4	－	－	－	－	1	0	－	－	1
船舶売払代	－	－	－	－	－	－	－	－	－	－	－
証券売払代	1,662	12,898	9,106	1,516	2,210	9,449	22,234	4,205	8,498	3,404	9,319
特定国有財産売払収入	－	918	－	792	－	283	6,794	4,783	－	－	9,299
特定施設売払代	－	918	－	792	－	283	6,794	4,783	－	－	9,299
東日本大震災復興国有財産売払収入	50,290	30,052	41,488	112,997	19,458	1,332	－	－	－	－	－
土地売払代	50,248	30,010	41,358	112,172	19,157	1,332	－	－	－	－	－
立木竹売払代	－	－	－	－	－	－	－	－	－	－	－
建物売払代	42	41	129	824	301	－	－	－	－	－	－
工作物売払代	－	1	0	0	0	－	－	－	－	－	－
防衛力強化国有財産売払収入	－	－	－	－	－	－	－	－	－	－	416,402
土地売払代	－	－	－	－	－	－	－	－	－	－	416,402
国有財産貸付収入	32,851	30,853	30,123	31,721	36,051	41,399	36,279	35,651	35,572	34,063	35,964
土地及水面貸付料	17,816	14,975	15,373	15,364	19,740	22,449	18,330	18,225	18,676	17,535	19,639
建物及物件貸付料	856	782	659	780	799	1,454	771	723	771	734	755
公務員宿舎貸付料	14,179	15,095	14,090	15,577	15,513	17,497	17,178	16,704	16,124	15,794	15,570
（小　計）	**165,007**	**161,988**	**150,195**	**198,784**	**124,746**	**98,444**	**96,482**	**84,027**	**88,459**	**71,957**	**498,947**
有償管理換収入	434	491	321	－	0	－	－	－	211	180	－
配当金収入	27	16	13	13	16	73	115	146	114	45	－
利子収入	71	55	43	51	26	21	17	15	11	10	14
弁償及返納金	1,036	546	598	762	708	825	835	798	792	789	751
物品売払収入	3	3	0	6	56	4	2	4	23	35	10
雑入	444	291	1,304	323	280	512	343	311	353	295	341
（小　計）	**2,015**	**1,402**	**2,279**	**1,154**	**1,087**	**1,435**	**1,312**	**1,273**	**1,506**	**1,354**	**1,116**
特別会計整理収入	－	－	－	－	－	－	－	－	－	－	－
引継債権整理収入	－	－	0	0	0	－	－	－	－	－	0
（小　計）	**－**	**－**	**0**	**0**	**0**	**－**	**－**	**－**	**－**	**－**	**0**
合　計	**167,022**	**163,390**	**152,474**	**199,938**	**125,833**	**99,879**	**97,795**	**85,300**	**89,965**	**73,310**	**500,063**
割合（%）（平成25年度＝100）	100.0	97.8	91.3	119.7	75.3	59.8	58.6	51.1	53.9	43.9	299.4

（注）1.　平成27年度までは下記に掲げる管財関係（財務局分）歳入を記載し，平成28年度以降は管財関係以外も含むすべての歳入（財務局）を記載している。
　(1)　普通財産及び特殊物品の管理又は処分に係るもの
　(2)　合同宿舎の管理に係るもの
　(3)　国が従前の法令による公団から引き継いだもの（通商産業省の所掌に属するものを除く。）
　(4)　薪炭需給調節特別会計廃止の際一般会計に帰属したもの
　(5)　特殊物件の管理又は処分に係る債権で建設省から引き継いだもの
2.　金額は単位未満，割合は小数第２位で各々四捨五入しているため，合計欄の数字と内訳の計は一致しない場合がある。

37. 管財関係（財務局分）歳入科目別徴収決定額及び収納額（令和４年度）

（単位　千円，％）

科目	過年度分			当年度分			計		
	徴収決定額	収納額	収納割合	徴収決定額	収納額	収納割合	徴収決定額	収納額	収納割合
国有財産売払収入	95,891	626	0.7	37,892,884	37,892,721	99.9	37,988,776	37,893,347	99.7
土地売払代	95,891	626	0.7	34,311,370	34,311,207	99.9	34,407,261	34,311,833	99.7
立木竹売払代	–	–	–	–	–	–	–	–	–
建物売払代	–	–	–	177,027	177,027	100.0	177,027	177,027	100.0
工作物売払代	–	–	–	–	–	–	–	–	–
船舶売払代	–	–	–	–	–	–	–	–	–
証券売払代	–	–	–	3,404,487	3,404,487	100.0	3,404,487	3,404,487	100.0
特定国有財産売払収入	–	–	–	–	–	–	–	–	–
東日本大震災復興国有財産売払収入	–	–	–	–	–	–	–	–	–
土地売払代	–	–	–	–	–	–	–	–	–
立木竹売払代	–	–	–	–	–	–	–	–	–
建物売払代	–	–	–	–	–	–	–	–	–
工作物売払代	–	–	–	–	–	–	–	–	–
国有財産貸付収入	793,416	45,211	5.7	33,891,421	33,830,007	99.8	34,684,837	33,875,218	97.7
土地及水面貸付料	336,740	40,565	12.0	17,511,631	17,457,801	99.7	17,848,371	17,498,366	98.0
建物及物件貸付料	456,479	4,466	1.0	585,644	578,098	98.7	1,042,123	582,563	55.9
公務員宿舎貸付料	197	180	91.3	15,794,145	15,794,108	99.9	15,794,342	15,794,289	99.9
（小計）	889,307	45,837	5.2	71,784,305	71,722,728	99.9	72,673,612	71,768,565	98.8
有償管理換収入	–	–	–	180,000	180,000	100.0	180,000	180,000	100.0
配当金収入	–	–	–	44,796	44,796	100.0	44,796	44,796	100.0
利子収入	22,256	1,494	6.7	8,724	8,546	98.0	30,979	10,040	32.4
弁償及返納金	1,487,336	7,617	0.5	792,747	759,018	95.7	2,280,083	766,635	33.6
物品売払収入	–	–	–	31,774	31,774	100.0	31,774	31,774	100.0
雑入	86,408	29,263	33.9	228,720	227,118	99.3	315,128	256,381	81.4
（小計）	1,596,000	38,374	2.4	1,286,760	1,251,251	97.2	2,882,760	1,289,625	44.7
特別会計整理収入	–	–	–	–	–	–	–	–	–
引継債権整理収入	386	–	–	–	–	–	386	–	–
（小計）	386	–	–	–	–	–	386	–	–
合計	2,485,694	84,211	3.4	73,071,065	72,973,979	99.9	75,556,759	73,058,191	96.7

（注）金額は単位未満，割合は小数第２位で各々四捨五入しているため，合計欄の数字と内訳の計とは一致しないことがある。

（参考資料）1.　相手方別大口売払状況（令和４年度）

（１件売払数量千㎡以上で，かつ，売買契約金額３億円以上）

（単位　㎡，千円）

相手方	契約年月日	所在地	旧口座名	区分	数量	売買契約金額	備考
北九州市	R4.10.13	福岡県北九州市小倉北区城内46－３外３筆	小倉合同庁舎，福岡県警察第二機動隊小倉分遣隊	土地	9,635.07	1,415,500	
				建物	1,410.68/4,743.23		
法人	R5.3.13	東京都小金井市緑町２－2350－13	関東総合通信局小金井宿舎	土地	1,440.13	463,070	
				建物	436.01/1,110.55		
品川区	R5.3.14	東京都品川区小山台２－22－12外１筆	小山台住宅・峰友寮	土地	2,976.99	2,546,937	
立川市	R5.3.14	東京都立川市錦町３－11－１		土地	4,425.14	2,162,877	国有財産特別措置法第３条により減額した価格である。
神戸市	R5.3.17	兵庫県神戸市中央区新港町30番２ほか５筆	神戸港湾（神戸第２合同庁舎駐車場敷地）	土地	2,088.00	1,021,000	

（注）1.　金額は，単位未満を切り捨てている。
　　　2.　建物欄の上段は建築面積，下段は延床面積である。

（参考資料）2.　国有財産地方審議会審議経過一覧表（令和４年度）

審議会名	開催年月日	付議事項	対象財産				審議結果
			口座名等	所在地	区分	数量	
北海道地方審議会	令和４年５月25日（第99回）	札幌市中央区に所在する留保財産の利用方針の策定について	旧石狩森林管理署庁舎及び旧北海道森林管理局公舎（一般会計）	北海道札幌市中央区南９条西23丁目１番	土地	6,252.42㎡	可決
		札幌市東区に所在する留保財産の利用方針の策定について	陸上自衛隊丘珠駐屯地栄町第２宿舎（一般会計）	北海道札幌市東区北45条東14丁目７番，８番	土地	4,220.13㎡	可決
		札幌市南区に所在する留保財産を二段階一般競争入札に付すことについて	旧北海道防衛局国家公務員宿舎（一般会計）	北海道札幌市南区川沿10条１丁目477番62	土地	11,968.12㎡	可決
東北地方審議会	令和４年12月12日（第109回）	①仙台市宮城野区に所在する留保財産の利用方針の策定について ②二段階一般競争入札の実施について ③二段階一般競争入札における審査委員の選任について	－（一般会計）	宮城県仙台市宮城野区東仙台４丁目	土地	28,732㎡	可決
関東地方審議会	令和４年12月２日（第273回）	千葉県松戸市岩瀬に所在する財産を松戸市に対し，市役所敷地として時価売払いすることについて	旧松戸法務総合庁舎外（一般会計）	千葉県松戸市岩瀬（千葉県松戸市相模台地区土地区画整理事業５街区１画地）	土地 建物 立木竹 工作物	8,745㎡ 4,820㎡ 10本，29㎡ 一式	可決
		埼玉県さいたま市浦和区北浦和５丁目に所在する土地を留保財産から除外することについて	旧浦和税務署北浦和宿舎（一般会計）	埼玉県さいたま市浦和区北浦和５丁目159番	土地	2,234.59㎡	可決
	令和５年３月７日（第274回）	東京都渋谷区神宮前３丁目に所在する国有地の利用方針について	旧独立行政法人国立印刷局旧神宮前第２宿舎（一般会計）	東京都渋谷区神宮前３丁目18番１	土地	1,451㎡	可決
		留保財産の選定について	旧衆議院法制局分室（一般会計）	東京都渋谷区上原１丁目1373番２	土地	1,243.99㎡	可決

（参考資料）2.　国有財産地方審議会審議経過一覧表（令和４年度）（続）

審議会名	開催年月日	付議事項	対象財産 口座名等	対象財産 所在地	対象財産 区分	対象財産 数量	審議結果
北陸地方審議会	令和４年６月１日～６月16日（第77回）	石川県金沢市平和町１丁目に所在する国有地の処理について ①利用方針の策定について ②本財産を二段階一般競争入札に付すことについて ③二段階一般競争入札における審査委員の選任について	旧平和町宿舎Ａ（10号棟，11号棟，管理人事務所，集会場）（一般会計）	石川県金沢市平和町１丁目12番７	土地	2,958.73㎡	可決
北陸地方審議会	令和４年12月13日（第78回）	福井県福井市田原下町に所在する国有地の処理について ①利用方針の策定について ②本財産を二段階一般競争入札に付すことについて ③二段階一般競争入札における審査委員の選任について	旧田原宿舎（一般会計）	福井県福井市田原下町９字44番３	土地	2,099.19㎡	可決
東海地方審議会	令和４年５月13日（第116回）	愛知県豊橋市向山町に所在する留保財産を愛知県企業庁に対し，庁舎敷地として，定期借地権を活用して貸付することについて	旧豊橋寮及び旧豊橋税務署集中管理簿書庫（一般会計）	愛知県豊橋市向山町字南中畑39番外１筆	土地	2,141.42㎡	可決
近畿地方審議会	令和４年12月２日（第133回）	京都市上京区に所在する財産の留保財産の選定について	京都府警察本部別館（一般会計）	京都府京都市上京区西洞院通椹木町上る東裏辻町418番１外１筆	土地	2,463.63㎡	可決
近畿地方審議会	令和４年12月２日（第133回）	神戸市垂水区に所在する留保財産の利用方針の策定について	旧垂水白雲寮　外（一般会計）	兵庫県神戸市垂水区上高丸３丁目2252番1863外３筆	土地	2,432.29㎡	可決
中国地方審議会	令和５年２月10日（第122回）	広島市中区基町に所在する留保財産を広島市に対し，市営住宅敷地として定期借地権を設定して貸付けすることについて	旧広島県営基町住宅（一般会計）	広島県広島市中区基町１番３外１筆	土地	21,027.14㎡のうち約7,600㎡	可決
中国地方審議会	令和５年２月10日（第122回）	岡山市中区浜に所在する留保財産を学校法人就実学園に対し，学校施設敷地として定期借地権を設定して貸付けすることについて	旧岡山地方裁判所浜共同宿舎及び旧岡山地方検察庁浜住宅（一般会計）	岡山県岡山市中区浜一丁目50番55外２筆	土地	2,482.13㎡	可決

（参考資料）2.　国有財産地方審議会審議経過一覧表（令和４年度）（続）

審議会名	開催年月日	付議事項	対象財産 口座名等	所在地	区分	数量	審議結果
四国地方審議会	令和４年12月２日（第82回）	香川県高松市に所在する留保財産の二段階一般競争入札の実施及び審査委員の選任について	旧四国管区警察局庁舎（一般会計）	香川県高松市中野町19番13	土地	3,317.02㎡	可決
九州地方審議会	令和４年５月25日（第78回）	福岡市博多区麦野及び板付，中央区舞鶴並びに南区野多目に所在する留保財産の処理について ①利用方針の策定について ②本留保財産を福岡市が公募によって選定する社会福祉法人に対して特別養護老人ホーム等敷地として定期借地権により貸付けを行うことについて	①旧福岡維持出張所（一般会計） ②旧九州管区警察学校宿舎（一般会計） ③旧福岡法務合同庁舎（一般会計） ④旧野多目住宅（一般会計）	①福岡県福岡市博多区麦野２丁目７番６ ②福岡県福岡市博多区板付６丁目１番82 ③福岡県福岡市中央区舞鶴３丁目142番２ ④福岡県福岡市南区野多目３丁目626番２	土地	①3,118.26㎡ ②2,022.15㎡ ③1,706.39㎡ ④2,167.34㎡	可決
	令和４年12月２日（第79回）	熊本市東区栄町，北区植木町及び北九州市門司区清滝に所在する留保財産の利用方針の策定について（公的利用要望の受付）	①旧栄町住宅（一般会計） ②旧九州農業試験場植木庁舎（一般会計） ③門司税務署庁舎（一般会計）	①熊本県熊本市東区栄町18番 ②熊本県熊本市北区植木町岩野字相田原285番１ ③福岡県北九州市門司区清滝３丁目１番１	土地	①4,133.41㎡ ②2,071.49㎡ ③2,435.40㎡	可決
		福岡市博多区東公園に所在する留保財産の利用方針の策定等について（福岡県に対し福岡武道館用地として定期借地権により貸付け）	東公園（一般会計）	福岡県福岡市博多区東公園107番25	土地	6,420.84㎡	可決
		福岡市中央区大手門に所在する普通財産に係る処理方針について（二段階一般競争入札による売払い）	旧福岡家庭裁判所庁舎（一般会計）	福岡県福岡市中央区大手門１丁目114番１	土地 建物 立木竹 工作物	5,133.39㎡ 建1,084.23㎡ ／延4,709.93㎡ 58本 一式	可決

（注）　沖縄地方審議会は令和４年度の開催実績なし。

経　　　　済

3日　○米供給管理協会，12月のISM景況指数（製造業）を発表
総合指数は47.4％と前月（46.7％）から上昇

5日　○自販連，12月の国内新車販売台数を発表
国内新車販売台数（含む軽）は，36万2,839台で前年比＋5.4％と16か月連続のプラス
○米労働省，12月の雇用統計を発表
非農業部門の雇用者数は前月比21.6万人増，11月分は同17.3万人増に下方修正（△2.6万人），10月分は同10.5万人増に下方修正（△4.5万人）
失業率は3.7％と前月（3.7％）から横ばい

9日　○総務省，11月の家計調査（二人以上の世帯）を発表
実質消費支出は前年同月比△2.9％と９か月連続の減少，季調済前月比は△1.0％と２か月連続の減少
基調判断は「住居や交通通信といった幅広い項目で減少がみられたものの，外出機会の増加に伴い外食や洋服などが増加した」
○米商務省，11月の貿易・サービス収支を発表
貿易・サービス収支（国際収支ベース）は△632億ドルとなり，前月（△645億ドル）から赤字額は縮小

10日　○厚生労働省，11月の毎月勤労統計（速報）を発表
現金給与総額（共通事業所系列）は前年比＋2.0％（うち所定内給与は同＋2.1％，所定外給与は同＋1.8％，特別給与は同＋1.0％）となり33か月連続のプラス

11日　○内閣府，11月の景気動向指数（CI）（速報）を発表
先行指数は107.7（前月差△1.2ポイント）で３か月連続の下降，一致指数は114.5（前月差△1.4ポイント）で４か月ぶりの下降，遅行指数は105.2（前月差△1.1ポイント）で２か月連続の下降，基調判断は「改善を示している」とし据え置き
○米労働省，12月の消費者物価指数を発表
総合指数は前年比＋3.4％，前月比＋0.3％，食品とエネルギーを除いたコア指数は前年比＋3.9％，前月比＋0.3％

12日　○財務省，11月の国際収支状況（速報）を発表
経常収支は１兆9,256億円，前年差1,533億円で2023年２月以来，10か月連続の黒字
○内閣府，12月の景気ウォッチャー調査を発表
景気の現状判断DIは前月差＋1.2ポイントの50.7となり３か月ぶりの上昇，先行き判断DIは前月差△0.3ポイントの49.1となり２か月ぶりの低下，景気現状の基調判断は「景気は，緩やかな回復基調が続いているものの，一服感がみられる。先行きについては，価格上昇の影響等を懸念しつつも，緩やかな回復が続くとみている。」と据え置き
○国土交通省，11月の建設工事受注動態統計を発表
公共工事受注額は前年比＋8.3％で３か月ぶりのプラス
○中国海関総署，12月の貿易収支を発表
貿易収支は＋753億ドル，輸出は3,036億ドルで前年比＋2.3％，輸入は2,283億ドルで前年比＋0.2％

15日　○日本銀行，12月のマネーストック（速報）を発表
M2は前年比＋2.3％，M3は同＋1.7％，広義流動性は同＋2.2％
○東日本建設業保証会社等，12月の公共工事前払金保証統計を発表
公共工事請負金額は前年同月比＋14.5％で４か月連続のプラス
○東京商工リサーチ，12月の全国企業倒産状況を発表
倒産件数は810件（前年比＋33.6％）と21か月連続の前年比プラス，負債総額は1,032億2,800万円（同＋30.3％），倒産企業の従業員数は3,974人（同＋25.7％），上場企業倒産は０件

16日　○日本銀行，12月の企業物価指数（速報）を発表
前年比0.0％となった

17日　○米商務省，12月の小売売上高を発表
総合は前月比＋0.6％，自動車・同部品を除くと前月比＋0.4％
○米連邦準備制度理事会（FRB），12月の鉱工業生産を発表
総合は季調済前月比＋0.1％
○中国国家統計局，2023年10－12月期のGDPを発表
実質GDP成長率は前年比＋5.2％と前期（同＋4.9％）から上昇

18日　○内閣府，11月の機械受注統計を発表
民需（除く船舶・電力）は季調済前月比△4.9％
基調判断は「足踏みがみられる」とし据え置き

19日　○国土交通省，11月の建設総合統計を発表
公共工事出来高は前年同月比＋2.4％で，15か月連続のプラス
○総務省，12月の消費者物価指数を発表
生鮮除く総合は前年比＋2.3％となり，28か月連続のプラス

23日　○日本銀行，金融政策決定会合を開催：（22日～）
○金融政策の現状維持
①長短金利操作（イールドカーブ・コントロール）については，以下のとおりとする
短期金利：日本銀行当座預金のうち政策金利残高に△0.1％のマイナス金利を適用する
長期金利：10年物国債金利がゼロ％程度で推移するよう，上限を設けず必要な金額の長期国債の買入れを行う
・長期金利の上限は1.0％を目処とし，上記の金融市場調節方針と整合的なイールドカーブの形成を促すため，大規模な国債買入を継続するとともに，各年限において，機動的に，買入れ額の増額や指値オペを実施する
②資産の買入れについては，以下の方針とする
・ETF及びJ-REITについて，それぞれ年間約12兆円，年間約1,800億円に相当する残高増加ペースを上限に，必要に応じて，買入れを行う
・CP等は，約２兆円の残高を維持する。社債等は，感染症拡大前と同程度のペースで買入れを行い，買入れ残高を感染症拡大前の水準（約３兆円）へと徐々に戻していく。ただし，社債等の買入れ残高の調整は，社債の発行環境に十分配慮して進めることとする

24日　○財務省，12月の貿易統計（速報）を発表
輸出は自動車，船舶，自動車の部分品等が増加し，前年比＋9.8％の９兆6,482億円，輸入は石炭，液化天然ガス，医薬品等が減少し，同△6.8％の９兆5,861

日　　　　誌

（1　月　中）

億円，貿易収支は621億円で３か月ぶりの黒字

25日 ○政府，１月の月例経済報告を発表
景気の基調判断を「景気は，このところ一部に足踏みもみられるが，緩やかに回復している」とし現状維持

○米商務省，2023年10－12月期のGDP（１次速報）を発表
実質GDP成長率は前期比年率＋3.3％（前期は同＋4.9％）

○欧州中央銀行（ECB），政策理事会を開催
（１）政策金利は据え置き
預金ファシリティ金利（中央銀行預金金利）4.00％，メイン・リファイナンス・オペ金利（資金供給１週間物オペ金利4.50％，貸出ファシリティ金利（中央銀行貸出金利）4.75％
（２）資産残高
・「資産買入プログラム」（APP）での買入資産（2022年７月買入終了）
・2023年７月～償還分残高減
（参考）買入終了～現在
・2022年７月買入終了，償還分全額再投資（残高維持）
・2023年３月償還分再投資額縮減（減額分残高減）
・2023年６月償還分再投資終了（償還分全額分残高減）
（３）「パンデミック緊急買入プログラム」（PEPP）での買入資産（2022年３月買入終了）
・2024年前半は償還分全額の再投資を続ける意向（残高維持），年後半は再投資を続けつつ保有額を月平均75億ユーロ削減する意向（残高減），再投資は柔軟に実施
・2024年末で再投資を終える意向（2025年１月～償還分全額分残高減）

30日 ○総務省，12月の労働力調査を発表
完全失業率（季調済前月比）は2.4％で前月（2.5％）から減少
雇用者数（原数値）は6,114万人で前年同月比59万人の増加
完全失業者数（同）は156万人で前年同月比２万人の減少

○厚生労働省，12月の一般職業紹介状況を発表
有効求人倍率（季調済）は1.27倍となり，前月（1.28倍）から減少
雇用情勢の基調判断は「求人が底堅く推移しており，緩やかに持ち直している。物価上昇等が雇用に与える影響に留意する必要がある」と据え置き

○EU統計局，ユーロ圏の2023年10－12月期GDP（１次速報）を発表
実質GDP成長率は季調済前期比＋0.03％（年率＋0.1％）

○独連邦統計局，2023年10－12月期のGDP（速報）を発表
実質GDP成長率は季調済前期比△0.3％（年率△1.1％）

31日 ○経済産業省，12月の商業動態統計を発表
小売業販売額は前年比＋2.1％で22か月連続の増加，季調済前月比は△2.9％で２か月ぶりの減少
基調判断は「一進一退の小売業販売」とし下方修正

○経済産業省，12月の鉱工業指数（速報）を発表
生産は季調済前月比＋1.8％，出荷は同＋2.5％，在庫は同△1.2％
基調判断は「生産は一進一退」とし据え置き

○国土交通省，12月の建築着工統計調査を発表
新設住宅着工総戸数（原数値）は,64,586戸（前年比△4.0％）と７か月連続の減少，季調済年率は81.4万戸（前月比＋3.1％）

○米連邦準備制度理事会（FRB），米連邦公開市場委員会（FOMC）を開催（30日～）
（１）政策金利の誘導目標レンジの据え置き（5.25～5.50％を決定
※据え置きは４会合連続
（２）政策金利に関するフォワードガイダンスを変更
・「FFレートの誘導目標に関するあらゆる調整を検討する際，足元のデータ，進展する見通し，リスクバランスを注意深く評価するだろう。FOMCはインフレ率が継続的に２％へ向かうより強い確信を得られるまで誘導目標を引き下げることは適切ではないだろうと予測している」との記載に変更
※追加引き締めの文言削除
※インフレ率が継続的に２％へ向かうより強い確信を得られるまで利下げしないことを記載
（３）パウエル議長は記者会見で，今後の政策金利の推移について
・「我々は，この引き締めサイクルがピークに到達しているか，又はそれに近い水準であると信じており，もし経済が予想通りに幅広く進展すれば，今年のある時点で政策抑制を弱め始めるのが適切であろうと考えている」と発言する一方，
・「適切であれば，現在の誘導目標レンジをより長く維持する用意がある」
・「FOMCはインフレ率が継続的に２％へ向かうより強い確信を得られるまで誘導目標を引き下げることは適切ではないだろうと予測している」と発言

○中国国家統計局，１月の製造業PMI（購買部担当者指数）を発表
製造業PMIは49.2ポイントと前月（49.0）から上昇

東証株価指数（TOPIX）第１部（終値）
月間最高値　2,551.10（31日）
〃　最安値　2,378.79（４日）

日経平均株価（終値）
月間最高値　36,546.95円（22日）
〃　最安値　33,288.29円（４日）

東京外為市場（ドル・円相場，銀行間直物，17時時点）
月間最高値　143.38円（４日）
〃　最安値　148.27円（19日）

主　要　経　済　指　標（令和６年１月）

〔財政・金融〕

	財政資金対民間収支	租税収入実績（注）				日銀券発行高		マネーストック（注）			資金需給					国内銀行勘定（注）				コールレート	コール市場残高	貸出約定平均金利	
	収支尻総計	一般会計総計	進捗割合	所得税	法人税	末残	平残前年比	M3	M2	広義流動性	銀行券要因	財政等要因	資金過不足	金融調節	当座預金	実質預金残高 末残	前年比	貸出残高 末残	前年比	無担保オーバーナイト物（末値）	平残	国内銀行総合ストック（注）	
								平残前年比															
	億円		%	億円		億円	%				億円					十億円	%	十億円	%		億円	%	日歩銭
1975年度	△21,250	137,527	102.2	54,823	41,279	112,760	11.7	12.0	13.9	−	△10,405	14,224	3,819	△9,601	△5,782	88,089	15.6	90,825	11.7	−	19,885	8.304	2.066
1980	△28,603	268,687	99.0	107,996	89,227	168,275	5.2	0.5	8.5	10.8	△1,915	18,809	16,894	△15,546	1,348	145,778	8.5	139,298	7.7	−	33,095	8.019	−
1985	46,527	381,988	100.1	154,350	120,207	222,705	5.8	4.5	8.6	9.5	△12,855	△42,749	△55,604	57,334	1,730	221,971	8.7	242,476	11.8	5.625	52,609	6.266	
1990	21,525	601,059	101.6	259,955	183,836	337,239	7.1	3.0	10.3	8.6	△1,942	4,039	2,097	5,731	7,828	462,529	2.8	448,059	5.1	8.563	262,592	7.684	
1995	176,503	519,308	102.5	195,151	137,354	421,329	6.5	10.8	2.9	3.8	△40,061	△55,924	△95,985	91,080	△4,905	460,710	0.3	482,700	0.1	0.490	412,888	2.709	
2000	344,674	507,125	101.6	187,889	117,472	586,744	6.5	1.5	2.2	3.2	△15,543	△327,488	△343,031	217,760	△125,271	476,855	1.0	456,965	△1.4	0.120	234,611	2.047	
2005	377,929	490,654	104.3	155,859	132,736	749,781	2.7	0.3	1.7	2.3	△3,060	△384,329	△387,389	341,841	△45,548	531,600	1.2	410,758	2.2	0.004	206,047	1.599	
2007	371,981	510,182	97.1	160,800	147,444	764,615	1.4	0.5	1.9	3.0	△5,671	△390,085	△395,759	421,469	25,710	552,339	2.8	419,419	1.4	0.641	231,144	1.926	
2008	364,688	442,674	95.3	149,851	100,106	768,977	0.7	0.8	2.1	1.1	△4,364	△369,451	△373,815	452,835	79,020	567,747	2.8	437,537	4.3	0.088	202,488	1.776	
2009	364,784	387,331	105.1	129,139	63,564	773,527	0.4	2.0	2.9	0.9	△4,548	△357,665	△362,213	375,277	13,064	580,724	2.3	427,612	△2.3	0.082	171,332	1.623	
2010	343,706	414,868	104.7	129,844	89,677	809,230	1.6	2.0	2.7	2.0	△35,701	△342,886	△378,587	551,590	173,003	597,558	2.9	425,151	△0.6	0.062	167,265	1.519	
2011	253,292	428,326	101.9	134,762	93,514	808,428	2.5	2.4	2.9	1.0	805	△253,800	△252,995	189,762	△63,233	611,205	2.3	430,289	1.2	0.076	176,039	1.428	
2012	386,636	439,314	103.1	139,925	97,583	833,782	2.4	2.1	2.5	0.8	△25,354	△386,509	△411,863	648,829	236,966	631,290	3.3	441,471	2.6	0.058	187,432	1.325	
2013	1,071,136	469,529	103.5	155,308	104,937	866,308	3.5	3.1	3.9	3.2	△32,525	△1,083,578	△1,116,103	1,821,493	705,390	651,751	3.2	453,240	2.7	0.044	179,071	1.234	
2014	1,316,344	539,707	104.3	167,902	110,316	896,732	3.5	2.7	3.3	3.1	△30,422	△1,321,457	△1,351,879	2,080,764	728,885	676,336	3.8	465,464	2.7	0.015	176,827	1.158	
2015	1,058,641	562,854	99.8	178,071	108,274	955,947	5.6	2.9	3.5	3.5	△59,210	△1,074,083	△1,133,293	1,872,124	738,831	704,814	4.2	480,044	3.1	△0.002	185,778	1.076	
2016	1,239,494	554,686	99.3	176,111	103,289	998,001	5.3	3.1	3.6	1.9	△42,050	△1,306,094	△1,348,144	2,021,304	673,160	748,497	6.2	496,374	3.4	△0.060	80,351	0.982	
2017	982,107	587,875	101.9	188,816	119,953	1,040,004	4.5	3.2	3.8	3.1	△41,999	△1,058,295	△1,100,294	1,455,118	354,824	778,344	4.0	509,158	2.6	△0.068	96,393	0.932	
2018	885,582	603,564	100.7	199,006	123,180	1,075,592	3.7	2.4	2.7	2.0	△35,585	△956,671	△992,256	1,148,714	156,458	792,224	1.8	518,432	1.8	△0.060	99,268	0.891	
2019	688,805	584,415	97.1	191,707	107,971	1,096,165	2.7	2.1	2.5	1.8	△20,570	△738,126	△758,696	772,419	13,723	815,068	2.9	530,565	2.3	△0.070	105,746	0.850	
2020	1,552,652	608,216	110.3	191,898	112,346	1,160,116	5.1	6.7	8.1	4.9	△63,950	△1,487,090	△1,551,040	2,824,183	1,273,143	898,872	10.3	558,119	5.2	△0.044	128,991	0.809	
2021	857,223	670,379	104.9	213,822	136,428	1,198,708	3.3	4.4	5.0	5.2	△38,588	△839,557	△878,145	1,284,227	406,082	927,402	3.2	567,193	1.6	△0.020	171,161	0.790	
2022	846,017	711,374	104.1	225,217	149,398	1,219,550	2.9	2.7	3.1	3.6	△20,840	△899,324	△920,164	779,160	△141,004	960,541	3.6	593,030	4.6	△0.030	180,900	0.777	
2022.　4- 6	222,938	32,562	5.0	20,998	1,707	1,201,863	3.3	3.0	3.3	3.7	△3,154	△249,252	△252,406	143,670	△108,736	930,808	3.1	572,245	3.1	△0.040	191,425	0.784	
7- 9	249,468	167,633	30.7	75,809	9,754	1,201,516	2.9	2.9	3.4	3.8	348	△329,005	△328,657	△264,194	△592,851	927,957	3.1	580,278	4.2	△0.073	174,149	0.777	
10-12	189,887	186,675	56.6	42,139	57,752	1,250,683	2.9	2.6	3.0	3.5	△49,165	△227,561	△276,726	371,371	94,645	936,768	3.2	588,464	4.9	△0.022	165,858	0.771	
2023.　1- 3	183,723	324,504	104.1	86,271	80,184	1,219,550	2.4	2.2	2.6	3.5	31,131	△93,506	△62,375	528,313	465,938	960,541	3.6	593,030	4.6	△0.030	192,168	0.777	
4- 6	167,357	28,945	4.2	21,990	454	1,213,784	1.3	2.1	2.6	2.5	5,767	△247,813	△242,046	195,713	△46,333	965,868	3.8	595,867	4.1	△0.077	187,718	0.775	
7- 9	245,306	151,072	25.9	69,384	2,595	1,206,494	0.7	1.9	2.4	2.2	7,288	△278,902	△271,614	299,094	27,480	963,018	3.8	602,644	3.9	△0.062	183,688	0.780	
10-12	216,314					1,246,080	0.1	1.8	2.3	2.1	△39,585	△279,010	△318,595	283,452	△35,143					△0.039	191,204		
2022.　11	97,195	99,984	50.6	15,518	49,786	1,209,522	2.9	2.7	3.1	3.5	△2,625	△96,576	△99,201	87,211	△11,990	944,243	3.9	583,930	4.6	△0.079	165,735	0.775	
12	3,666	41,126	56.6	15,426	2,653	1,250,683	2.7	2.5	2.9	3.3	△41,161	△26,703	△67,864	151,646	83,782	936,768	3.2	588,464	4.9	△0.022	166,422	0.771	
2023.　1	149,044	64,433	66.0	32,901	3,484	1,223,006	2.7	2.3	2.7	3.3	27,677	△104,065	△76,388	299,079	222,691	942,934	3.6	587,937	5.0	△0.014	187,685	0.773	
2	122,653	61,542	75.0	9,204	15,865	1,221,395	2.6	2.2	2.6	3.5	1,610	△103,847	△102,237	103,440	1,203	943,941	3.5	589,415	4.9	△0.011	190,038	0.774	
3	△87,974	198,529	104.1	44,166	60,836	1,219,550	2.1	2.1	2.5	3.5	1,844	114,406	116,250	125,794	242,044	960,541	3.6	593,030	4.6	△0.030	198,782	0.777	
4	12,256	△6,994	−	△4,530	△1,291	1,227,166	1.5	2.1	2.6	2.8	△7,616	△42,893	△50,509	88,871	38,362	968,369	3.9	593,579	4.7	△0.073	194,394	0.779	
5	154,183	11,258	0.6	10,116	△630	1,210,401	1.3	2.1	2.6	2.4	16,765	△172,334	△155,569	90,835	△64,734	970,324	3.8	593,987	4.5	△0.071	187,344	0.777	
6	918	24,681	4.2	16,404	2,375	1,213,784	1.1	2.0	2.6	2.5	△3,382	△32,586	△35,968	16,007	△19,961	965,868	3.8	595,867	4.1	△0.077	181,417	0.775	
7	126,300	67,106	13.8	49,536	289	1,212,699	0.9	1.9	2.5	2.3	1,084	△129,824	△128,740	112,384	△16,356	967,945	3.9	597,462	4.0	△0.061	177,271	0.774	
8	50,040	46,221	20.4	8,056	△133	1,211,668	0.7	1.9	2.5	2.1	1,030	△55,750	△54,720	111,447	56,727	969,099	4.0	599,055	4.0	△0.056	182,591	0.773	
9	68,966	37,745	25.9	11,792	2,439	1,206,494	0.5	1.8	2.4	2.1	5,174	△93,328	△88,154	75,263	△12,891	963,018	3.8	602,644	3.9	△0.062	191,203	0.780	
10	48,736	46,682	32.6	11,901	5,371	1,208,338	0.3	1.8	2.4	2.1	△1,844	△63,111	△64,955	110,048	45,093	967,596	3.5	603,205	3.6	△0.020	190,350	0.782	
11	124,311	P　93,967	46.1	15,305	43,228	1,210,338	0.1	1.7	2.3	2.1	△1,999	△163,392	△165,391	88,952	△76,439	976,754	3.4	606,731	3.9	△0.022	194,129	0.780	
12	43,268					1,246,080	0.1	P 1.7	P 2.3	P　2.2	△35,742	△52,507	△88,249	84,452	△3,797					△0.039	189,133		
発表機関	財務省					日本銀行																	

（資料）財務省大臣官房総合政策課

（注）租税収入実績：４月及び５月税収のうち前年度分については，前年度３月に加えて調整。

マネーストック：2003年度以前は，マネーサプライの計数で，M3は旧M1，M2は旧M2＋CD（ただし1979年５月以前は旧M2）。

国内銀行勘定：1992年度以前は全国銀行勘定である。なお，金融機関の合併，相銀の普銀転換，第２地銀協加盟行（含相銀）の編入等の事由により，不連続の年次がある。1986年度以降，オフショア勘定を含む。

貸出約定平均金利：1992年４月以降，当座貸越を含む。

〔公社債・株式〕　〔企業倒産〕

	公社債発行高（注）					株式（期中平均）				手形交換高（注）	不渡手形（実数）（注）	取引停止処分（注）		企業倒産			
						東京証券取引所（注）											
	国債	地方債	政保債	普通社債	金融債	東証株価指数 <TOPIX>	一日平均出来高	有配平均利回り	日経平均			〔全国〕	負債総額	倒産件数	前年比	負債総額	前年比
	億		円			1968. 1. 4 =100	百万株	%	2012. 5. 16 =176.21	億	円	件	億円	件	%	億円	%
1975年度	53, 627	3, 112	4, 620	15, 042	80, 795	CY 312. 06	CY 179	CY 2. 31	CY 4, 243. 05	4, 356, 120	3, 586. 0	14, 946	11, 153	13, 224	12. 6	20, 752	21. 9
1980	145, 588	7, 290	15, 765	9, 935	135, 633	474. 00	352	1. 63	6, 870. 16	9, 729, 824	5, 134. 0	16, 517	14, 485	18, 212	10. 1	28, 720	21. 7
1985	229, 978	8, 073	27, 479	9, 435	263, 004	997. 72	415	0. 99	12, 565. 62	22, 508, 468	5, 479. 0	15, 082	19, 000	18, 319	△10. 0	44, 113	27. 1
1990	390, 323	9, 419	19, 083	20, 660	469, 079	2, 177. 96	484	0. 52	29, 437. 17	39, 334, 030	8, 023. 0	5, 989	16, 153	7, 157	7. 5	32, 753	176. 0
1995	684, 306	19, 740	32, 370	57, 192	433, 643	1, 378. 93	357	0. 92	17, 329. 70	13, 581, 355	5, 306. 0	10, 762	25, 805	15, 162	6. 7	86, 307	32. 7
2000	1, 053, 917	22, 690	51, 410	76, 371	210, 427	1, 545. 22	684	0. 98	17, 145. 01	7, 267, 447	2, 853. 2	11, 888	30, 096	18, 787	12. 2	261, 287	131. 4
2005	1, 806, 919	61, 894	70, 021	69, 040	87, 555	1, 270. 09	2, 075	1. 14	12, 422. 58	3, 445, 450	873. 7	5, 380	10, 334	13, 170	△0. 1	61, 220	△15. 7
2008	1, 238, 668	63, 460	47, 517	96, 049	55, 174	1, 187. 82	2, 211	1. 99	12, 150. 80	2, 901, 851	2, 216. 7	5, 739	15, 898	16, 146	12. 3	140, 189	141. 8
2009	1, 560, 232	73, 608	46, 671	103, 002	41, 802	869. 33	2, 272	2. 30	9, 346. 11	2, 607, 816	1, 018. 0	3, 986	11, 230	14, 732	△8. 7	71, 367	△49. 0
2010	1, 604, 108	74, 821	41, 973	99, 333	37, 773	885. 43	2, 089	2. 04	10, 006. 49	2, 670, 982	1, 337. 1	2, 993	7, 756	13, 065	△11. 3	47, 245	△33. 7
2011	1, 672, 834	66, 627	33, 311	82, 773	34, 377	820. 80	2, 141	2. 12	9, 425. 42	2, 888, 215	716. 4	2, 528	6, 409	12, 707	△2. 7	39, 906	△15. 5
2012	1, 749, 568	65, 768	47, 221	81, 524	30, 002	768. 64	2, 096	2. 23	9, 102. 56	2, 699, 217	948. 7	2, 299	5, 330	11, 719	△7. 7	30, 757	△22. 9
2013	1, 801, 712	70, 694	50, 597	81, 428	26, 183	1, 125. 94	3, 436	1. 70	13, 577. 87	2, 666, 665	1, 166. 4	1, 703	3, 759	10, 536	△10. 0	27, 749	△9. 7
2014	1, 760, 647	69, 426	42, 197	87, 163	24, 992	1, 263. 58	2, 512	1. 62	15, 460. 43	2, 275, 066	1, 682. 8	1, 414	3, 178	9, 543	△9. 4	18, 686	△32. 6
2015	1, 736, 700	67, 716	31, 456	69, 412	23, 647	1, 554. 16	2, 541	1. 51	19, 203. 77	2, 036, 776	1, 645. 5	1, 198	2, 960	8, 684	△9. 0	20, 358	8. 9
2016	1, 680, 014	62, 493	31, 069	114, 129	17, 380	1, 355. 93	2, 423	1. 84	16, 920. 48	1, 478, 828	2, 693. 0	1, 024	2, 067	8, 381	△3. 4	19, 508	△4. 1
2017	1, 559, 027	61, 012	39, 564	100, 625	13, 296	1, 624. 09	1, 985	1. 63	20, 209. 03	1, 337, 212	788. 1	857	2, 177	8, 367	△0. 1	30, 837	58. 0
2018	1, 486, 960	63, 119	31, 041	104, 516	14, 463	1, 729. 58	1, 657	1. 67	22, 310. 73	1, 231, 036	751. 3	740	1, 593	8, 110	△3. 0	16, 187	△47. 5
2019	1, 429, 848	64, 503	18, 029	157, 589	11, 163	1, 595. 12	1, 377	2. 03	21, 697. 23	1, 159, 304	316. 6	765	1, 700	8, 631	6. 4	12, 647	△21. 8
2020	2, 214, 160	69, 913	14, 193	156, 133	10, 162	1, 597. 01	1, 519	2. 14	22, 705. 02	738, 681	538. 5	291	811	7, 163	△17. 0	12, 084	△4. 4
2021	2, 154, 093	72, 399	11, 292	148, 598	9, 890	1, 953. 13	1, 371	1. 86	28, 836. 54	707, 382	176. 3	232	615	5, 980	△16. 5	11, 679	△3. 3
2022	2, 130, 286	55, 270	9, 481	128, 947	10, 027	1, 919. 00	1, 392	2. 31	27, 257. 79	412, 325	64. 4	155	509	6, 880	15. 0	23, 243	99. 0
2023						2, 186. 94	1, 564	2. 29	30, 716. 56								
2022. 4- 6	493, 018	14, 095	3, 850	32, 296	2, 743	1, 892. 77	1, 438	2. 44	26, 891. 36	154, 292	56. 3	69	241	1, 556	4. 4	14, 012	336. 0
7- 9	478, 227	13, 277	1, 800	31, 691	2, 642	1, 932. 66	1, 269	2. 39	27, 610. 50	143, 121	35. 4	61	214	1, 585	9. 5	3, 408	34. 5
10-12	558, 506	18, 326	2, 500	36, 384	2, 297	1, 932. 55	1, 401	2. 36	27, 362. 16	–	–	–	–	1, 783	15. 8	2, 817	△1. 3
2023. 1- 3	600, 535	9, 572	1, 331	28, 576	2, 345	1, 968. 05	1, 368	2. 28	27, 290. 72	249, 782	39. 3	–	–	1, 956	30. 0	3, 005	△2. 3
4- 6	472, 393	16, 555	5, 850	38, 479	2, 132	2, 136. 70	1, 485	2. 31	30, 468. 80	249, 200	26. 2	–	–	2, 086	34. 0	6, 335	△54. 8
7- 9	480, 713	13, 163	4, 700	50, 525	2, 020	2, 311. 35	1, 634	2. 30	32, 517. 39	211, 975	10. 7	–	–	2, 238	41. 1	9, 624	182. 4
10-12						2, 324. 60	1, 762	2. 21	32, 478. 81	223, 269	27. 3	–	–	2, 410	35. 1	5, 061	79. 6
2022. 11	191, 879	6, 330	100	4, 816	714	1, 967. 73	1, 479	2. 26	27, 903. 32	79, 334	22. 9	–	–	581	13. 9	1, 155	22. 8
12	182, 063	5, 730	800	18, 379	862	1, 934. 71	1, 267	2. 36	27, 214. 69	83, 207	2. 2	–	–	606	20. 2	791	△15. 0
2023. 1	207, 827	2, 850	100	4, 760	596	1, 925. 82	1, 273	2. 27	26, 606. 28	80, 304	7. 5	–	–	570	26. 1	565	△15. 5
2	201, 371	3, 490	600	11, 425	801	1, 985. 51	1, 323	2. 30	27, 509. 11	66, 407	20. 7	–	–	577	25. 7	965	36. 0
3	191, 338	3, 232	631	12, 391	948	1, 989. 46	1, 488	2. 28	27, 693. 20	103, 071	11. 1	–	–	809	36. 4	1, 474	△13. 1
4	153, 448	5, 380	1, 150	11, 678	561	2, 016. 47	1, 213	2. 25	28, 275. 82	62, 054	4. 2	–	–	610	25. 5	2, 038	150. 8
5	164, 230	5, 615	1, 550	6, 027	706	2, 125. 76	1, 598	2. 46	30, 147. 53	95, 898	5. 7	–	–	706	34. 7	2, 787	218. 9
6	154, 716	5, 560	3, 150	20, 774	865	2, 255. 94	1, 628	2. 31	32, 754. 48	91, 248	16. 4	–	–	770	41. 0	1, 509	△87. 7
7	163, 702	4, 195	1, 950	23, 061	777	2, 273. 04	1, 602	2. 28	32, 694. 15	71, 909	5. 4	–	–	758	53. 4	1, 621	91. 7
8	154, 157	3, 170	950	7, 940	578	2, 284. 19	1, 553	2. 26	32, 167. 38	69, 586	3. 5	–	–	760	54. 4	1, 083	△2. 7
9	162, 854	5, 798	1, 800	19, 524	665	2, 379. 55	1, 755	2. 30	32, 725. 64	70, 478	1. 7	–	–	720	20. 2	6, 919	377. 6
10	171, 061	6, 682	1, 150	11, 430	625	2, 270. 78	1, 792	2. 34	31, 381. 00	80, 495	18. 7	–	–	793	33. 0	3, 080	254. 0
11	179, 555	5, 050	1, 950	9, 867	920	2, 356. 32	1, 843	2. 23	32, 960. 35	75, 976	4. 8	–	–	807	38. 8	948	△17. 9
12						2, 348. 20	1, 655	2. 21	33, 118. 00	66, 797	3. 8	–	–	810	33. 6	1, 032	30. 3
発表機関	日本証券業協会					東京証券取引所				全国銀行協会				東京商工リサーチ			

（注）公社債発行高：2019年４月以降，国債以外の一般債の算出方法変更。
東京証券取引所：2022年４月４日，市場区分の見直し。
東証株価指数（期中平均）：四半期は当課試算。2022年10月末日からTOPIX構成銘柄の構成比率を四半期ごと10段階で見直し。
一日平均出来高：2022年３月以前は東証第一部，2022年４月以降はプライム市場の値。
なお，2022年４月の数値は，2022年４月４日以降の値である。
有配平均利回り：2022年３月以前は東証第一部，2022年４月以降はプライム市場の値。月と四半期は末現在の値。
株式（日経平均）：2000年４月24日に構成銘柄の大幅な入替えが行われている。

（注）手形交換高，不渡手形：2022年11月２日，手形交換所における手形交換業務の終了に伴い，同年11月４日以降，電子交換所における統計を掲載。
2022年11月及び2022年度の数値は，2022年11月４日以降の値，2022年10月までの数値は，東京の交換所における値である。
（注）取引停止処分：2007年４月以降，算出方法変更。
2022年11月２日，手形交換所における手形交換業務の終了に伴い，統計公表を終了。2022年度の数値は，2022年10月までの値。

〔生産・出荷・在庫・稼働率〕

	鉱工業生産指数				特殊分類生産指数					生産者出荷指数		生産者製品在庫指数		生産者製品在庫率指数		製造工業生産能力指数	製造工業稼働率指数
	原指数		季節調整済		季節調整済							(末)					
		前年比	指数	前期比	資本財	建設財	耐久消費財	非耐久消費財	生産財	〔季節調整済〕	前期比(前年比)	〔季節調整済〕	前期比(前年比)	〔季節調整済〕	前期比(前年比)	(末)(原指数)	(季調済)
	2020年＝100 (注) %																
1975年度	59.6	△4.4	−	−	−	−	−	−	−	59.8	△1.6	83.7	△6.4	78.6	△3.6	−	−
1980	80.4	2.2	−	−	81.4	207.3	94.7	76.7	67.7	77.6	0.4	97.3	7.7	71.6	14.4	139.5	88.8
1985	95.6	2.5	−	−	103.7	187.2	130.0	87.5	81.0	90.4	2.7	101.6	4.3	70.7	4.0	140.7	99.9
1990	120.5	5.0	−	−	143.0	229.7	154.7	102.7	102.3	115.0	5.2	110.4	4.1	64.2	△2.4	152.0	108.9
1995	114.2	2.1	−	−	128.5	205.6	127.3	103.0	101.3	110.7	1.8	116.0	3.5	75.5	4.3	112.8	124.7
2000	119.0	4.3	−	−	131.5	174.2	143.9	101.9	110.9	119.0	4.4	108.1	2.3	74.1	△0.2	110.9	124.7
2005	120.8	1.6	−	−	130.5	142.7	148.2	96.4	118.4	123.5	2.2	99.3	2.5	69.8	2.0	103.2	130.6
2007	129.9	2.7	−	−	140.6	135.3	164.9	100.2	128.6	132.7	3.2	101.7	1.9	70.3	0.8	108.3	135.1
2008	113.6	△12.7	−	−	118.0	128.1	138.3	100.7	109.9	115.2	△12.6	97.8	△5.2	86.5	21.2	107.8	114.9
2009	102.8	△9.5	−	−	90.6	112.0	125.3	99.7	103.5	104.6	△9.2	87.6	△10.5	82.7	△4.4	106.7	104.1
2010	111.9	8.8	−	−	109.0	111.8	130.8	99.3	113.7	113.4	8.4	85.9	△1.9	72.6	△12.2	106.4	114.3
2011	111.1	△0.7	−	−	115.1	111.8	127.8	100.3	110.0	111.7	△1.5	96.2	12.1	78.8	8.6	105.3	112.9
2012	108.1	△2.9	−	−	107.1	113.1	122.0	99.7	108.5	110.1	△1.8	94.6	△3.0	82.8	5.0	104.3	110.7
2013	111.7	3.4	−	−	111.2	118.8	126.3	101.5	112.6	115.0	4.5	90.7	△4.1	76.3	△7.9	102.5	118.0
2014	111.1	△0.6	−	−	115.0	113.8	118.6	100.2	112.5	113.1	△1.7	95.4	5.2	81.1	6.3	102.1	118.7
2015	110.3	△0.7	−	−	112.5	111.4	117.5	102.8	111.0	112.0	△1.0	95.6	0.2	81.9	0.9	101.4	115.6
2016	111.2	0.8	−	−	111.2	110.5	120.7	104.2	112.3	112.7	0.6	94.3	△1.4	82.3	0.5	100.8	115.6
2017	114.3	2.9	−	−	117.5	111.4	122.3	104.6	116.1	114.9	2.2	99.6	5.1	83.3	1.2	100.7	119.4
2018	114.2	△0.1	−	−	116.8	110.6	122.0	106.2	115.8	114.4	△0.4	98.6	△1.0	85.9	3.1	100.9	118.5
2019	110.2	△3.5	−	−	111.5	108.5	117.3	104.7	111.2	110.4	△3.5	101.0	2.4	91.7	6.8	100.5	112.7
2020	99.7	△9.5	−	−	100.5	98.4	99.1	99.2	99.8	99.7	△9.7	91.2	△9.7	98.1	7.0	99.4	100.4
2021	105.2	5.5	−	−	110.9	100.3	94.1	100.0	107.5	103.8	4.1	98.4	7.9	91.7	△6.5	98.8	108.0
2022	104.9	△0.3	−	−	115.8	100.6	100.1	100.8	103.8	103.7	△0.1	100.7	2.3	98.5	7.4	98.4	107.9
2022. 1- 3	105.4	△0.8	105.4	0.8	110.5	99.6	96.9	101.4	107.2	104.0	1.3	101.4	0.9	94.4	0.7	98.8	108.1
4- 6	101.5	△3.4	103.9	△1.4	113.9	103.1	90.7	100.7	104.2	103.4	△0.6	99.9	△1.5	94.9	0.5	98.3	104.3
7- 9	106.9	4.0	107.1	3.1	122.2	102.3	99.9	101.4	104.8	105.2	1.7	103.4	3.5	97.5	2.7	98.4	109.5
10-12	107.2	△0.2	105.3	△1.7	115.8	99.6	101.6	101.1	104.6	103.7	△1.4	103.1	△0.3	99.3	1.8	98.2	111.2
2023. 1- 3	104.0	△1.3	103.4	△1.8	111.1	98.0	107.0	100.5	101.8	102.7	△1.0	103.8	0.7	102.5	3.2	98.4	106.6
4- 6	102.5	1.0	104.8	1.4	118.1	98.2	111.9	100.0	102.7	104.3	1.6	105.8	1.9	105.4	2.8	98.4	107.8
7- 9	103.0	△3.6	103.5	△1.2	111.2	94.1	105.2	99.9	102.4	103.1	△1.2	103.6	△2.1	105.1	△0.3	98.4	106.2
2022. 10	105.4	3.1	105.5	△1.7	118.6	100.1	98.3	98.9	104.6	104.4	△0.6	103.2	△0.2	97.7	△1.5	98.3	111.6
11	108.6	△1.4	105.5	0.0	113.6	100.4	103.0	102.0	104.9	104.0	△0.4	103.2	0.0	99.0	1.3	98.3	111.8
12	107.6	△2.2	104.9	△0.6	115.3	98.4	103.5	102.3	104.4	102.8	△1.2	103.1	△0.1	101.2	2.2	98.2	110.1
2023. 1	94.0	△2.8	100.8	△3.9	106.9	96.8	98.8	100.5	100.7	99.5	△3.2	102.4	△0.7	103.2	2.0	98.4	103.9
2	100.8	△0.6	104.5	3.7	114.3	99.1	109.0	100.8	102.8	103.8	4.3	103.4	1.0	101.5	△1.6	98.3	108.0
3	117.2	△0.8	104.8	0.3	112.2	98.0	113.2	100.3	102.0	104.7	0.9	103.8	0.4	102.8	1.3	98.4	107.9
4	102.6	△0.7	105.5	0.7	117.5	99.1	119.8	99.8	102.9	104.5	△0.2	103.7	△0.1	104.6	1.8	98.1	111.1
5	96.7	4.2	103.2	△2.2	120.0	96.9	106.5	100.1	101.5	103.3	△1.1	105.6	1.8	106.2	1.5	98.3	104.1
6	108.3	0.0	105.7	2.4	116.7	98.7	109.5	100.0	103.8	105.0	1.6	105.8	0.2	105.3	△0.8	98.4	108.1
7	105.4	△2.3	103.8	△1.8	111.5	94.7	105.0	100.7	101.9	103.1	△1.8	106.4	0.6	106.4	1.0	98.4	105.7
8	96.4	△4.4	103.1	△0.7	110.3	93.8	100.7	99.3	102.6	102.8	△0.3	105.0	△1.3	105.3	△1.0	98.3	106.2
9	107.2	△4.4	103.6	0.5	111.7	93.9	110.0	99.8	102.7	103.4	0.6	103.6	△1.3	103.5	△1.7	98.4	106.6
10	106.6	1.1	104.9	1.3	111.2	94.5	109.1	101.8	104.1	103.8	0.4	104.2	0.6	103.2	△0.3	98.5	108.2
11	107.1	△1.4	104.0	△0.9	107.4	94.7	112.6	100.9	104.1	102.6	△1.2	104.2	0.0	105.1	1.8	98.5	108.5
発表機関	経済産業省																

(注) 2023年6月基準年次改訂。2017年以前の指数は，2020年基準指数に接続させたものである。
年度の指数については原指数。

〔設備・住宅〕

	機械受注（280社）（季節調整済）（注）									建設工事受注（50社）（注）			新設住宅着工						
	総額	前期比	民需	〔船舶・電力を除く〕	前期比	製造業	前期比	非製造業〔船舶・電力を除く〕	前期比	総額	民間非住宅	前年比	戸数	前年比	季調済年率戸数	前期比	利用関係別 持家	貸家	分譲住宅
	億円	%	億	円	%	億円	%	億円	%	億	円	%	千戸	%	千戸	%	前年比%		
1975年度	86,048	△0.0	38,599	32,593	△18.2	17,104	△30.8	15,607	2.1	59,449	24,520	△17.3	1,428	13.2	—	—	9.8	20.5	15.8
1980	146,409	13.3	74,602	55,174	15.7	29,674	17.8	25,727	14.1	91,978	41,549	11.6	1,214	△18.3	—	—	△18.5	△25.8	△10.2
1985	159,584	△2.5	80,053	67,000	5.1	37,262	2.5	29,861	8.1	121,576	62,723	11.0	1,251	3.6	—	—	△2.8	12.8	△1.4
1990	283,949	8.3	167,625	145,762	8.7	73,297	6.1	72,656	11.3	268,167	166,203	30.4	1,665	△0.4	—	—	△5.0	△6.5	20.3
1995	261,322	4.2	142,394	119,380	8.5	52,149	9.9	67,485	8.1	197,556	88,846	1.5	1,485	△4.9	—	—	△5.2	△1.8	△8.7
2000	265,489	12.3	134,044	122,028	16.6	51,905	19.1	70,254	14.6	149,680	68,794	△11.8	1,213	△1.1	—	—	△8.0	△1.8	11.0
2005	276,779	—	124,425	112,340	—	54,880	—	57,721	—	134,537	70,895	3.2	1,249	4.7	—	—	△4.0	10.8	6.1
2007	302,637	3.9	127,931	111,841	△3.8	56,114	△3.6	56,157	△3.8	141,141	81,128	7.5	1,036	△19.4	—	—	△12.3	△19.9	△26.1
2008	247,049	△18.4	112,839	97,221	△13.1	43,487	△22.5	54,363	△3.2	123,767	72,342	△10.8	1,039	0.3	—	—	△0.4	3.2	△3.5
2009	200,800	△18.7	94,917	77,405	△20.4	31,366	△27.9	46,346	△14.7	106,162	60,464	△16.4	775	△25.4	—	—	△7.6	△30.0	△40.0
2010	243,646	21.3	104,817	84,480	9.1	37,112	18.3	47,576	2.7	100,685	56,214	△7.0	819	5.6	—	—	7.5	△6.3	29.6
2011	250,226	2.7	108,746	89,742	6.2	39,284	5.9	50,698	6.6	107,829	59,446	5.7	841	2.7	—	—	△1.2	△0.7	12.7
2012	233,338	△6.7	103,233	87,026	△3.0	35,313	△10.1	52,125	2.8	110,447	61,182	2.9	893	6.2	—	—	3.8	10.7	4.4
2013	263,702	13.0	114,991	97,030	11.5	38,904	10.2	58,441	12.1	132,677	71,714	17.2	987	10.6	—	—	11.5	15.3	3.8
2014	285,756	8.4	120,172	97,805	0.8	41,620	7.0	56,510	△3.3	143,579	74,890	4.4	880	△10.8	—	—	△21.1	△3.1	△8.9
2015	283,956	△0.6	125,918	101,838	4.1	44,214	6.2	57,898	2.5	142,253	79,811	6.6	921	4.6	—	—	2.2	7.1	4.5
2016	267,957	△5.6	121,603	102,314	0.5	42,167	△4.6	60,373	4.3	147,907	83,980	5.2	974	5.8	—	—	2.6	11.4	1.1
2017	284,769	6.3	120,312	101,480	△0.8	46,056	9.2	55,644	△7.8	148,962	87,883	4.6	946	△2.8	—	—	△3.3	△4.0	△0.3
2018	290,315	1.9	124,779	104,364	2.8	47,792	3.8	56,801	2.1	158,590	98,419	12.0	953	0.7	—	—	2.0	△4.9	7.5
2019	273,908	△5.7	125,248	104,036	△0.3	43,917	△8.1	60,324	6.2	149,285	92,089	△6.4	884	△7.3	—	—	△1.5	△14.2	△2.8
2020	264,849	△3.3	111,690	94,870	△8.8	40,193	△8.5	54,873	△9.0	148,811	87,264	△5.2	812	△8.1	—	—	△7.1	△9.4	△7.9
2021	318,008	20.1	119,702	103,732	9.3	50,929	26.7	53,027	△3.4	150,979	96,676	10.8	866	6.6	—	—	6.9	9.2	3.9
2022	328,317	3.2	122,617	107,937	4.1	52,719	3.5	55,441	4.6	165,377	100,649	4.1	861	△0.6	—	—	△11.8	5.0	4.5
2022. 1-3	78,204	△8.8	29,337	26,010	△2.7	13,344	1.3	12,829	△5.2	52,473	31,846	△5.0	200	4.9	871	1.2	△6.9	13.5	7.6
4-6	91,180	16.6	32,127	27,740	6.7	14,104	5.7	13,718	6.9	34,133	22,657	32.9	218	△1.3	853	△2.1	△8.9	2.5	2.7
7-9	82,671	△9.3	31,502	27,301	△1.6	13,705	△2.8	13,667	△0.4	41,127	23,951	7.3	225	0.0	863	1.2	△12.8	6.3	7.1
10-12	81,850	△1.0	28,877	26,028	△4.7	12,255	△10.6	13,955	2.1	37,749	24,246	△4.8	216	△1.6	851	△1.3	△15.7	8.4	1.8
2023. 1-3	74,716	△8.7	30,930	26,705	2.6	12,492	1.9	14,401	3.2	52,368	29,795	△6.4	202	0.6	876	2.9	△8.9	3.0	6.5
4-6	80,011	7.1	30,237	25,855	△3.2	12,627	1.1	13,134	△8.8	37,397	24,389	7.6	208	△4.7	815	△7.0	△11.9	2.0	△6.6
7-9	82,701	3.4	32,792	25,385	△1.8	12,306	△2.5	13,034	△0.8	40,835	26,298	9.8	207	2.9	797	△2.2	16.6	9.8	△16.4
2022. 10	26,828	0.8	9,785	9,073	3.5	4,280	△4.1	4,768	9.0	10,520	6,752	2.4	77	△1.8	867	0.9	△18.7	7.3	4.8
11	26,880	0.2	9,679	8,466	△6.7	3,939	△8.0	4,668	△2.1	9,636	5,724	△18.1	72	△1.4	842	△2.9	△15.1	11.4	△0.8
12	28,142	4.7	9,413	8,489	0.3	4,036	2.5	4,519	△3.2	17,593	11,769	△1.0	67	△1.7	846	0.5	△13.0	6.4	1.4
2023. 1	25,274	△10.2	10,538	9,296	9.5	3,930	△2.6	5,399	19.5	10,021	6,045	△18.4	64	6.6	893	5.5	△8.3	4.2	25.0
2	25,067	△0.8	10,866	8,880	△4.5	4,333	10.2	4,606	△14.7	14,867	8,174	12.4	64	△0.3	859	△3.8	△4.6	4.7	△1.8
3	24,375	△2.8	9,525	8,529	△3.9	4,229	△2.4	4,397	△4.5	27,481	15,576	△9.3	74	△3.2	877	2.0	△13.6	0.9	△0.4
4	27,186	11.5	10,337	9,000	5.5	4,100	△3.0	4,880	11.0	10,993	7,876	28.5	67	△11.9	771	△12.1	△11.6	△2.8	△21.8
5	26,391	△2.9	9,794	8,315	△7.6	4,230	3.2	3,934	△19.4	9,304	6,036	△4.3	70	3.5	862	11.8	△11.5	10.5	9.1
6	26,434	0.2	10,106	8,540	2.7	4,296	1.6	4,321	9.8	17,100	10,477	2.5	71	△4.8	811	△5.9	△12.4	△0.6	△2.9
7	29,014	9.8	12,790	8,449	△1.1	4,067	△5.3	4,376	1.3	9,973	5,537	△4.8	68	△6.7	778	△4.1	△7.8	1.6	△17.6
8	24,957	△14.0	9,761	8,407	△0.5	4,157	2.2	4,210	△3.8	9,888	6,662	△14.1	70	△9.4	812	4.4	△5.9	△6.2	△15.5
9	28,729	15.1	10,241	8,529	1.4	4,082	△1.8	4,448	5.7	20,973	14,099	35.8	69	△6.8	800	△1.5	△12.3	△2.9	△7.3
10	26,544	△7.6	10,047	8,587	0.7	4,092	0.2	4,500	1.2	10,962	7,047	4.4	72	△6.3	808	1.0	△17.2	△1.0	△1.2
11	27,069	2.0	9,304	8,167	△4.9	3,774	△7.8	4,482	△0.4	12,872	7,892	37.9	66	△8.5	775	△4.0	△17.3	△5.3	△5.2
発表機関	内閣府									国土交通省									

（注）機械受注（280社）：1986年度以前は178社ベース。
2005年度以降は，「携帯電話」の受注額を含まない。
建設工事受注（50社）：1984年度以前は43社ベース。

〔賃金・労働〕

	毎月勤労統計調査															労働力調査（注）						
	賃金指数					常用雇用指数					所定外労働時間指数					労働力人口	就業者数	雇用者数	完全失業者数	完全失業率	有効求人倍率	新規有効求人倍率
	事業所規模5人以上																					
	全産業	名目 前年比	実質 前年比	製造業	前年比	全産業	前年比	製造業	前年比	季調済前期比	全産業	前年比	製造業	前年比	季調済前期比				（季調済）			
	2020年＝100									（注）	%					万人				%	倍	
1975年度	46.5	12.4	1.9	39.1	9.9	80.4	△1.4	121.6	△5.0	—	83.5	△8.7	55.9	△8.5	—	5,344	5,240	3,669	104	1.9	0.59	0.98
1980	66.9	6.0	△1.7	57.3	7.1	84.7	1.6	117.3	1.2	—	105.7	0.0	92.2	2.6	—	5,671	5,552	3,997	118	2.1	0.73	1.02
1985	80.2	3.1	1.1	69.4	3.1	88.7	0.9	121.9	1.4	—	114.5	1.3	102.1	△0.7	—	5,975	5,817	4,328	158	2.6	0.67	0.95
1990	101.1	—	—	83.5	—	78.6	—	138.1	—	—	145.8	—	149.3	—	—	6,414	6,280	4,882	134	2.1	1.43	2.11
1995	110.1	0.9	1.2	92.0	2.5	85.5	0.6	134.4	△1.5	—	107.9	2.0	105.7	6.4	—	6,672	6,456	5,279	216	3.2	0.64	1.09
2000	109.8	0.1	0.8	95.7	1.4	85.9	△0.3	120.4	△2.4	—	109.6	3.7	119.4	10.5	—	6,772	6,453	5,372	319	4.7	0.62	1.08
2005	104.4	0.8	1.2	98.6	0.9	84.2	0.1	106.5	△0.2	—	115.9	1.6	135.1	1.0	—	6,655	6,366	5,421	289	4.3	0.98	1.49
2007	103.7	△0.7	△1.1	99.7	0.1	87.2	2.5	107.5	0.5	—	120.6	1.5	140.0	△0.1	—	6,686	6,431	5,539	255	3.8	1.02	1.47
2008	102.6	△1.0	△2.2	98.6	△1.0	89.0	2.1	107.4	△0.1	—	112.3	△6.9	113.8	△18.6	—	6,674	6,399	5,544	275	4.1	0.77	1.08
2009	99.3	△3.3	△1.6	93.6	△5.2	89.5	0.5	104.4	△2.8	—	103.4	△8.1	97.3	△14.2	—	6,643	6,300	5,488	343	5.2	0.45	0.79
2010	99.9	0.6	1.2	97.0	3.6	89.7	0.2	103.6	△0.8	—	111.8	8.1	119.6	22.7	—	6,631	6,302	5,508	328	4.9	0.56	0.93
2011	99.6	△0.3	△0.3	98.8	2.0	89.9	0.2	102.9	△0.7	—	112.6	0.8	121.5	1.6	—	6,584	6,285	5,506	298	4.5	0.68	1.11
2012	98.6	△1.0	△0.7	97.9	△1.0	90.1	0.2	102.0	△0.9	—	112.9	0.4	120.8	△0.6	—	6,567	6,286	5,520	280	4.3	0.82	1.32
2013	98.5	0.0	△1.1	97.9	0.0	90.7	0.7	100.5	△1.4	—	118.2	4.8	130.2	7.7	—	6,595	6,338	5,579	256	3.9	0.97	1.53
2014	99.1	0.5	△2.9	99.4	1.6	91.8	1.2	99.5	△1.0	—	120.8	2.2	134.0	2.9	—	6,616	6,381	5,627	233	3.5	1.11	1.69
2015	99.3	0.2	△0.1	100.0	0.5	92.8	1.1	98.4	△1.1	—	118.9	△1.6	133.1	△0.6	—	6,633	6,414	5,686	218	3.3	1.23	1.86
2016	99.8	0.5	0.5	100.7	0.7	94.2	1.5	97.9	△0.5	—	118.2	△0.5	132.8	△0.3	—	6,689	6,486	5,771	202	3.0	1.39	2.08
2017	100.5	0.7	△0.2	102.3	1.6	96.4	2.3	98.5	0.6	—	119.0	0.4	136.7	3.0	—	6,764	6,580	5,861	183	2.7	1.54	2.29
2018	101.4	0.9	0.0	103.8	1.5	97.5	1.2	99.1	0.7	—	116.9	△1.7	135.6	△0.8	—	6,868	6,701	5,975	167	2.4	1.62	2.42
2019	101.4	0.0	△0.6	103.3	△0.5	99.4	1.9	100.0	0.8	—	114.0	△2.5	122.6	△9.6	—	6,923	6,760	6,046	163	2.3	1.55	2.35
2020	99.9	△1.5	△1.1	100.1	△3.0	100.2	0.7	99.9	△0.1	—	98.2	△13.9	98.4	△19.8	—	6,901	6,702	5,998	199	2.9	1.10	1.90
2021	100.6	0.7	0.5	102.0	1.9	101.3	1.1	98.6	△1.3	—	106.3	8.2	117.0	18.9	—	6,897	6,706	6,013	191	2.8	1.16	2.08
2022	102.5	1.9	△1.8	103.7	1.7	102.5	1.2	98.1	△0.5	—	110.4	3.9	119.6	2.2	—	6,906	6,728	6,048	178	2.6	1.31	2.30
2022. 1-3	87.2	1.5	0.5	84.8	0.4	100.8	0.6	97.4	△1.5	△0.3	107.9	4.3	122.1	10.7	5.1	6,844	6,663	6,003	185	2.7	1.21	2.20
4-6	105.9	1.5	△1.2	101.7	1.1	102.0	0.8	98.4	△1.2	△0.2	110.1	5.3	116.8	5.1	3.1	6,927	6,739	6,045	179	2.6	1.25	2.23
7-9	97.5	1.7	△1.7	104.4	2.1	102.5	1.1	98.4	△0.4	0.3	108.0	5.2	119.6	4.0	1.1	6,938	6,757	6,055	178	2.6	1.30	2.31
10-12	118.4	2.9	△1.7	123.3	2.5	102.8	1.1	98.0	△0.4	△0.2	114.1	3.7	125.8	5.1	△4.0	6,899	6,732	6,063	174	2.5	1.35	2.37
2023. 1-3	88.0	0.9	△3.2	85.5	0.8	102.5	1.7	97.6	0.2	0.3	109.4	1.4	116.2	△4.8	△5.0	6,862	6,685	6,027	181	2.6	1.34	2.33
4-6	108.0	2.0	△1.8	104.5	2.8	103.8	1.8	98.7	0.3	△0.1	109.4	△0.6	112.0	△4.1	4.3	6,942	6,757	6,076	177	2.6	1.31	2.30
7-9	98.4	0.9	△2.6	106.2	1.7	104.4	1.9	98.4	0.0	0.1	105.8	△2.0	111.5	△6.8	△2.0	6,961	6,777	6,099	182	2.6	1.29	2.28
2022. 10	86.4	1.4	△2.9	84.5	1.1	102.7	1.1	98.0	△0.6	△0.1	114.1	6.9	125.2	10.8	△1.3	6,933	6,755	6,081	178	2.6	1.34	2.33
11	90.5	1.9	△2.5	92.0	1.7	102.8	1.1	98.0	△0.3	0.1	114.1	2.7	126.9	4.5	△1.6	6,889	6,724	6,053	173	2.5	1.35	2.38
12	178.4	4.1	△0.6	193.4	3.5	103.0	1.2	97.9	△0.3	△0.1	114.1	1.7	125.2	0.3	△2.5	6,875	6,716	6,055	171	2.5	1.36	2.38
2023. 1	87.0	0.8	△4.1	84.5	0.6	102.7	1.6	97.7	0.0	0.2	105.4	1.1	109.2	△4.5	△3.3	6,854	6,689	6,034	167	2.4	1.35	2.38
2	85.2	0.8	△2.9	83.1	0.1	102.6	1.8	97.6	0.2	0.0	108.7	2.1	119.3	△4.7	0.5	6,840	6,667	6,012	180	2.6	1.34	2.32
3	91.9	1.3	△2.3	89.0	1.7	102.1	1.7	97.6	0.4	0.2	114.1	1.0	120.2	△5.3	0.6	6,892	6,699	6,036	195	2.8	1.32	2.29
4	89.4	0.8	△3.2	86.6	△0.2	103.4	1.8	98.7	0.4	△0.3	114.1	△1.9	117.6	△6.1	0.5	6,930	6,741	6,057	180	2.6	1.32	2.23
5	89.5	2.9	△0.9	87.2	4.2	103.7	1.8	98.7	0.3	0.1	105.4	0.0	105.9	△2.3	4.0	6,932	6,745	6,063	177	2.6	1.31	2.36
6	145.1	2.3	△1.6	139.8	3.9	104.2	1.8	98.7	0.1	0.1	108.7	0.0	112.6	△3.6	1.3	6,964	6,785	6,109	173	2.5	1.30	2.32
7	119.4	1.1	△2.7	144.7	1.4	104.4	1.8	98.6	0.0	△0.1	108.7	△2.0	113.4	△6.9	△2.8	6,955	6,772	6,085	184	2.7	1.29	2.27
8	88.5	0.8	△2.8	87.7	2.0	104.3	1.8	98.4	0.0	0.1	101.1	△1.1	106.7	△7.3	△2.4	6,960	6,773	6,088	185	2.7	1.29	2.33
9	87.2	0.6	△2.9	86.1	2.0	104.4	1.9	98.3	0.2	0.0	107.6	△3.0	114.3	△6.2	0.9	6,969	6,787	6,124	177	2.6	1.29	2.22
10	87.7	1.5	△2.3	85.8	1.5	104.6	1.9	98.3	0.3	0.0	112.0	△1.8	117.6	△6.1	△1.1	6,947	6,771	6,089	175	2.5	1.30	2.24
11	91.1	0.7	△2.5	91.9	△0.1	105.0	2.1	98.3	0.3	0.1	112.0	△1.8	119.3	△6.0	△1.7	6,949	6,780	6,100	177	2.5	1.28	2.26
発表機関	厚生労働省															総務省					厚生労働省	

（注）毎月勤労統計調査：2022年４月基準年次改訂。1989年度以前は事業所規模30人以上（2005年基準）。
2012年以降は，東京都の「500人以上規模の事業所」についても復元して再集計した値。
労働力調査：2022年１月分結果以降，算出の基礎となる人口が2020年国勢調査結果を基準とする推計人口（新基準）に切り替えられた。
2015年10月から2021年12月までの数値は新基準による遡及ないし補正を行ったもの。
網掛け部分は，東日本大震災の影響を受けた岩手県，宮城県及び福島県を含む補完推計値（2015年国勢調査基準）。
完全失業者数，完全失業率の四半期は当課試算。

〔消費・物価〕

	家計調査 消費支出（二人以上の世帯）	前年比 名目	前年比 実質	(勤労者世帯) 平均消費性向(季調済)	商業動態統計 小売業販売額	百貨店・スーパー販売額	百貨店	スーパー	企業物価指数 国内 前年比	国内 前期比	輸出(円ベース) 前年比	輸出 前期比	輸入(円ベース) 前年比	輸入 前期比	連鎖方式による国内（参考） 前年比	連鎖 前期比	原油価格<ドバイ> 期中平均	消費者物価指数 全国 総合 前年比	全国 総合 前期比	全国 生鮮食品を除く 前年比	全国 生鮮食品を除く 前期比	東京 総合 前年比	東京 総合 前期比	東京 生鮮食品を除く 前年比	東京 生鮮食品を除く 前期比
	円(1カ月当り)	%			前年比（注） %				2020年 = 100（注） %								$/bl	2020年 = 100（注） %							
1975年度	162,041	13.6	2.9	77.3	—	—	—	—	2.3	—	△5.9	—	4.5	—	—	—	—	10.4	—	10.1	—	11.1	—	11.0	—
1980	233,465	6.5	△1.2	78.2	—	—	—	—	12.8	—	2.6	—	26.3	—	—	—	—	7.6	—	7.8	—	7.0	—	7.5	—
1985	273,907	2.1	0.2	77.1	3.6	—	—	—	△1.7	—	△6.3	—	△9.2	—	—	—	27.38	1.9	—	1.8	—	2.3	—	2.2	—
1990	314,641	4.1	0.8	75.2	8.0	6.9	8.4	5.2	1.3	—	△1.0	—	5.4	—	—	—	20.77	3.3	—	2.8	—	3.2	—	2.7	—
1995	330,736	△0.3	0.1	72.7	0.3	△1.0	△0.2	△1.7	△1.0	—	0.4	—	△0.0	—	—	—	16.12	△0.1	—	0.0	—	△0.4	—	△0.1	—
2000	317,903	△1.2	△0.5	72.5	△0.8	△4.7	△2.7	△6.2	△0.4	—	△2.5	—	4.5	—	△0.9	—	26.00	△0.5	—	△0.4	—	△0.9	—	△0.8	—
2005	299,156	△0.9	△0.6	74.7	1.2	△1.7	0.3	△3.2	2.1	—	3.0	—	17.3	—	1.2	—	53.44	△0.1	—	0.1	—	△0.4	—	△0.2	—
2007	299,067	1.2	0.8	73.6	1.1	△1.0	△0.8	△1.1	2.3	—	△0.2	—	8.0	—	2.1	—	76.99	0.4	—	0.3	—	0.1	—	0.1	—
2008	294,428	△1.6	△2.9	73.3	△1.0	△4.2	△6.7	△2.5	3.1	—	△7.4	—	0.4	—	2.9	—	82.61	1.1	—	1.2	—	1.0	—	1.1	—
2009	292,146	△0.8	1.1	74.7	△0.5	△6.4	△8.6	△5.1	△5.2	—	△7.7	—	△19.1	—	△4.5	—	69.56	△1.7	—	△1.6	—	△1.7	—	△1.6	—
2010	287,645	△1.5	△1.1	73.4	1.1	△2.0	△3.1	△1.4	0.7	—	△3.2	—	6.8	—	0.4	—	84.13	△0.4	—	△0.8	—	△0.6	—	△0.9	—
2011	284,044	△1.3	△1.3	73.3	0.8	△0.9	△0.0	△1.3	1.4	—	△2.3	—	7.0	—	1.2	—	109.98	△0.1	—	0.0	—	△0.4	—	△0.3	—
2012	287,700	1.3	1.6	74.8	0.3	△1.4	△0.1	△2.1	△1.1	—	0.9	—	1.7	—	△1.2	—	106.78	△0.3	—	△0.2	—	△0.7	—	△0.6	—
2013	293,448	2.0	0.9	75.5	2.9	1.5	4.2	0.1	1.9	—	10.3	—	13.5	—	1.7	—	104.51	0.9	—	0.8	—	0.5	—	0.4	—
2014	288,188	△1.8	△5.1	74.2	△1.2	△1.7	△2.3	△1.4	2.7	—	2.9	—	0.2	—	2.8	—	83.83	2.9	—	2.8	—	2.6	—	2.5	—
2015	285,588	△0.9	△1.2	73.6	0.8	1.8	1.9	1.7	△3.2	—	△1.5	—	△13.7	—	△3.2	—	45.85	0.2	—	0.0	—	0.1	—	0.0	—
2016	281,038	△1.6	△1.6	72.1	△0.2	△1.4	△2.8	△0.7	△2.4	—	△6.9	—	△10.6	—	△2.5	—	46.76	△0.1	—	△0.2	—	△0.2	—	△0.4	—
2017	284,587	1.2	0.3	71.7	1.9	0.5	1.0	0.2	2.7	—	4.7	—	9.6	—	2.6	—	55.86	0.7	—	0.7	—	0.5	—	0.4	—
2018	289,007	0.9	0.0	69.2	1.6	△1.0	△0.7	△1.1	2.2	—	0.8	—	6.5	—	2.0	—	69.11	0.7	—	0.8	—	0.8	—	0.9	—
2019	291,235	0.2	△0.4	66.9	△0.4	△1.9	△4.7	△0.5	0.1	—	△4.1	—	△6.1	—	0.3	—	59.93	0.5	—	0.6	—	0.8	—	0.7	—
2020	276,167	△5.2	△4.9	61.3	△2.8	△6.3	△23.2	1.3	△1.4	—	△1.9	—	△9.9	—	△1.5	—	44.49	△0.2	—	△0.4	—	△0.1	—	△0.2	—
2021	280,935	1.7	1.6	62.8	1.8	1.6	10.1	△1.0	7.1	—	11.3	—	31.3	—	6.5	—	78.15	0.1	—	0.1	—	0.1	—	0.0	—
2022	293,671	4.5	0.7	64.3	4.1	3.9	14.8	0.3	9.5	—	15.1	—	34.2	—	8.7	—	92.52	3.2	—	3.0	—	3.1	—	2.9	—
2022. 4- 6	289,694	3.2	0.3	64.5	2.8	4.6	25.8	△1.4	9.8	3.0	17.8	9.8	45.3	18.8	9.0	2.7	109.14	2.4	1.0	2.1	1.0	2.4	1.1	2.0	1.1
7- 9	285,429	7.1	3.6	64.8	3.7	3.5	17.2	△0.5	9.9	2.0	19.1	2.8	47.1	8.2	9.1	1.9	98.03	2.9	0.9	2.7	1.0	2.7	0.9	2.6	0.9
10-12	304,022	4.1	△0.5	63.7	3.6	3.4	6.0	2.3	10.1	2.6	15.3	△0.2	30.6	△2.6	9.5	2.6	84.36	3.9	1.2	3.7	1.2	3.7	1.1	3.6	1.1
2023. 1- 3	295,539	3.9	△0.4	64.6	6.4	4.3	14.5	0.8	8.4	0.5	8.5	△3.7	13.7	△9.1	8.2	0.8	79.51	3.6	0.4	3.5	0.2	3.7	0.6	3.6	0.4
4- 6	288,355	△0.5	△4.2	64.0	5.5	4.1	7.5	2.9	5.0	△0.2	1.5	2.7	△7.1	△2.9	5.6	0.3	77.63	3.3	0.7	3.3	0.8	3.3	0.7	3.3	0.8
7- 9	285,955	0.2	△3.4	64.7	6.7	5.4	10.0	3.8	3.0	0.1	2.1	3.4	△13.6	0.5	4.1	0.4	86.71	3.2	0.8	3.0	0.7	2.9	0.5	2.8	0.5
10-12									0.4	△0.0	4.2	1.8	△7.9	3.8	1.6	0.1	83.87	2.9	0.9	2.5	0.8	2.8	0.9	2.4	0.7
2022. 11	285,947	3.2	△1.2	63.4	2.5	2.4	4.3	1.6	10.0	0.8	15.1	△2.0	28.0	△5.3	9.3	0.7	86.28	3.8	0.2	3.7	0.4	3.7	0.3	3.6	0.3
12	328,114	3.4	△1.3	62.8	3.8	3.6	4.0	3.5	10.6	0.6	12.1	△3.3	22.2	△4.6	9.9	0.6	76.78	4.0	0.2	4.0	0.2	3.9	0.2	3.9	0.3
2023. 1	301,646	4.8	△0.3	67.0	5.0	4.9	14.8	1.6	9.5	0.0	9.0	△2.1	17.0	△4.4	9.0	0.1	80.03	4.3	0.5	4.2	0.2	4.4	0.6	4.3	0.3
2	272,214	5.6	1.6	63.2	7.3	4.7	20.3	0.0	8.3	△0.3	9.4	1.5	15.0	0.8	8.2	0.0	81.21	3.3	△0.6	3.1	△0.6	3.4	△0.5	3.3	△0.5
3	312,758	1.8	△1.9	63.6	6.9	3.2	9.9	0.7	7.4	0.1	7.1	0.7	9.4	△1.5	7.4	0.2	77.52	3.2	0.4	3.1	0.5	3.3	0.3	3.2	0.4
4	303,076	△0.5	△4.4	61.6	5.1	4.8	8.9	3.4	5.8	0.3	1.8	0.2	△3.7	△3.0	6.2	0.4	83.83	3.5	0.6	3.4	0.7	3.5	0.7	3.5	0.7
5	286,443	△0.4	△4.0	66.0	5.8	3.4	6.6	2.3	5.1	△0.7	2.0	1.7	△5.4	2.1	5.7	△0.4	75.08	3.2	0.1	3.2	0.0	3.2	0.0	3.1	0.0
6	275,545	△0.5	△4.2	64.6	5.6	4.1	7.1	2.9	4.1	△0.1	0.7	1.4	△11.7	△1.7	4.9	0.1	74.67	3.3	0.1	3.3	0.2	3.2	0.0	3.2	0.1
7	281,736	△1.3	△5.0	65.1	7.0	5.5	8.8	4.3	3.6	0.3	△0.4	0.0	△14.7	△0.6	4.5	0.3	80.46	3.3	0.5	3.1	0.4	3.2	0.4	3.0	0.4
8	293,161	1.1	△2.5	64.1	7.0	6.0	12.1	4.2	3.4	0.3	3.9	1.9	△11.7	1.3	4.5	0.3	86.61	3.2	0.3	3.1	0.2	2.9	0.1	2.8	0.2
9	282,969	0.7	△2.8	65.0	6.2	4.5	9.4	2.8	2.2	△0.2	2.9	1.9	△14.3	2.2	3.4	△0.1	93.08	3.0	0.3	2.8	0.0	2.8	0.1	2.5	△0.1
10	301,974	1.3	△2.5	66.2	4.1	3.7	6.3	2.8	0.9	△0.3	2.3	0.6	△11.9	2.5	2.0	△0.3	90.62	3.3	0.9	2.9	0.7	3.2	1.0	2.7	0.7
11	286,922	0.3	△2.9	62.6	P 5.3	P 4.4	P 7.7	P 3.1	0.3	0.3	4.7	0.3	△6.4	0.5	1.5	0.3	83.45	2.8	△0.2	2.5	0.0	2.7	△0.3	2.3	0.0
12									0.0	0.3	5.5	△2.6	△4.9	△3.0	1.2	0.3	77.22	2.6	△0.1	2.3	0.0	2.4	0.0	2.1	0.1
発表機関	総務省				経済産業省				日本銀行								Bloomberg	総務省							

（注）家計調査：2000年1月以降は，二人以上の世帯（農林漁家世帯を含む）。2018年及び2019年は，調査方法の影響による変動を調整した変動調整値。平均消費性向の年度は原数値。
商業動態統計：店舗調整済による。
企業物価指数：2022年6月基準年次改訂。年度の前年比については，各基準年の公表値による。
消費者物価指数：2021年8月基準年次改訂。年度の前年比については，各基準年の公表値による。

〔通　関〕

	貿易実績（注）																					
	輸出											輸入										
	総額	原数値前年比	季調済前期比	金属及び同製品	一般機械	事務用機器	電気機器	輸送用機器 自動車	アメリカ	EU	アジア	総額	原数値前年比	季調済前期比	食料品	原燃料	原粗油・石油製品	機械機器	事務用機器	アメリカ	EU	アジア
	億円	%		億					円			億円	%		億					円		
1975年度	170,262	△0.3	－	－	－	－	－	－	－	－	－	173,963	△4.2	－	－	－	－	－	－	－	－	－
1980	300,588	22.8	－	47,141	42,419	5,226	53,704	54,996	71,260	38,978	84,110	314,771	14.0	－	33,309	208,665	129,160	22,064	2,294	54,998	17,831	81,380
1985	407,312	△1.1	－	40,848	69,664	19,321	89,749	82,115	153,454	48,836	103,908	290,797	△11.0	－	36,324	162,840	88,244	27,691	3,446	56,796	21,208	83,505
1990	418,750	7.7	－	28,247	92,345	29,644	97,032	73,912	128,622	79,815	133,735	341,711	12.4	－	45,826	125,701	62,280	59,065	7,494	74,926	50,094	99,410
1995	420,694	3.2	－	27,518	101,690	29,362	108,279	48,655	113,541	67,049	195,578	329,530	13.7	－	48,593	83,494	35,213	88,007	16,776	75,049	47,522	122,206
2000	520,452	7.2	－	28,792	112,600	31,459	137,256	69,137	155,353	84,536	214,680	424,494	16.5	－	50,123	112,993	59,294	135,685	30,362	80,015	52,116	178,117
2005	682,902	10.6	－	49,944	137,360	25,956	150,212	105,018	154,131	99,451	328,869	605,113	20.1	－	56,522	201,176	116,296	176,734	30,736	73,966	66,334	264,950
2007	851,134	9.9	－	68,950	168,150	28,427	167,361	146,733	166,011	126,058	410,953	749,581	9.5	－	60,382	278,653	158,136	201,890	27,165	83,303	76,908	318,352
2008	711,456	△16.4	－	64,831	140,255	22,281	135,712	111,293	120,876	97,068	355,657	719,104	△4.1	－	59,918	295,195	156,409	169,077	23,075	73,793	67,454	295,329
2009	590,079	△17.1	－	50,606	103,851	17,988	116,959	77,451	93,425	70,420	326,004	538,209	△25.2	－	49,738	188,484	99,245	141,818	19,463	55,912	56,030	239,907
2010	677,888	14.9	－	61,150	137,814	17,579	125,441	90,359	104,025	77,141	381,732	624,567	16.0	－	53,139	231,969	114,631	162,870	22,049	58,855	58,824	283,475
2011	652,885	△3.7	－	59,130	137,600	15,589	115,463	85,479	103,220	74,383	361,207	697,106	11.6	－	59,490	283,405	142,411	164,046	21,388	60,208	65,202	309,142
2012	639,400	△2.1	－	58,977	125,985	14,975	113,153	91,630	113,969	63,910	349,113	720,978	3.4	－	59,547	294,361	151,319	177,276	22,282	61,116	68,150	318,926
2013	708,565	10.8	－	64,014	136,498	16,422	122,274	106,171	132,066	72,379	384,058	846,129	17.4	－	65,141	339,442	175,387	222,213	26,973	71,414	79,582	375,387
2014	746,670	5.4	－	67,034	145,119	16,698	129,961	111,905	142,119	77,007	403,264	837,948	△1.0	－	68,566	306,303	142,766	233,410	26,066	76,907	80,840	385,907
2015	741,151	△0.7	－	59,407	140,547	15,828	130,336	120,560	150,934	81,033	391,962	752,204	△10.2	－	68,948	206,273	90,114	239,121	25,231	78,734	87,335	372,736
2016	715,222	△3.5	－	53,373	140,311	14,368	125,593	112,924	141,186	79,791	384,154	675,488	△10.2	－	64,108	172,117	73,634	223,204	22,947	74,997	81,164	335,163
2017	792,212	10.8	－	60,014	160,131	15,094	138,078	120,841	151,833	88,607	434,465	768,105	13.7	－	71,295	211,172	89,486	248,566	26,076	81,856	90,548	376,108
2018	807,099	1.9	－	60,912	163,144	14,643	139,362	122,668	156,286	92,693	440,133	823,190	7.2	－	72,219	239,781	106,713	259,204	26,487	91,126	96,986	390,170
2019	758,788	△6.0	－	57,128	146,248	13,489	132,537	117,440	149,000	85,225	409,317	771,724	△6.3	－	71,414	214,441	95,496	247,717	27,317	85,121	94,396	365,282
2020	694,854	△8.4	－	52,934	134,799	12,193	131,962	95,111	124,400	63,671	405,129	684,868	△11.3	－	66,076	155,151	52,791	236,605	30,477	73,955	78,816	356,526
2021	858,737	23.6	－	75,641	169,287	13,791	157,750	107,308	154,150	79,250	497,387	914,603	33.5	－	78,111	272,711	103,362	276,524	29,456	95,035	99,793	433,012
2022	992,262	15.5	－	86,002	190,110	14,467	172,314	137,352	187,030	95,787	551,578	1,209,808	32.3	－	96,429	432,254	166,131	334,674	33,322	120,491	113,518	547,291
2022. 1- 3	219,777	14.5	－	10,980	43,234	3,308	39,254	27,263	39,166	20,927	125,143	254,571	35.5	－	19,834	82,985	30,809	72,914	8,265	26,006	26,695	117,585
4- 6	239,400	15.9	－	13,479	45,666	3,539	41,798	27,813	43,117	22,865	137,732	286,325	41.0	－	24,486	101,273	41,672	77,914	7,990	27,474	29,127	127,152
7- 9	256,310	23.2	－	11,790	48,514	3,713	45,528	35,593	47,950	23,917	146,175	320,272	47.7	－	24,906	119,161	46,052	84,710	8,382	32,134	26,709	143,917
10-12	266,250	18.7	－	12,267	51,675	3,986	46,791	39,447	52,317	25,876	145,013	323,865	34.4	－	25,716	115,068	44,345	90,006	8,627	31,975	31,926	145,351
2023. 1- 3	230,289	4.8	－	19,859	44,248	3,228	38,198	34,497	43,646	23,128	122,646	282,141	10.8	－	21,336	98,451	35,302	82,434	8,328	29,134	26,168	131,187
4- 6	243,248	1.6	－	20,934	44,912	3,423	39,233	40,661	47,697	26,141	127,253	261,041	△8.8	－	24,552	78,327	30,677	81,552	7,657	27,337	28,545	122,560
7- 9	259,179	1.1	－	21,057	46,081	3,640	43,778	46,745	53,057	26,944	133,277	268,595	△16.1	－	23,290	79,973	33,030	84,013	7,250	28,561	28,563	128,049
2022. 10	90,013	25.3	0.5	3,957	17,258	1,338	16,388	12,110	17,784	8,600	49,493	112,073	54.1	2.8	8,578	38,926	14,630	31,769	3,245	10,613	10,836	51,189
11	88,368	20.0	0.6	4,250	16,689	1,290	14,872	14,327	17,224	8,617	47,970	108,944	30.6	△4.6	8,799	37,712	14,798	30,738	2,783	10,466	10,777	49,889
12	87,868	11.5	△4.2	4,060	17,728	1,358	15,531	13,009	17,309	8,658	47,550	102,848	21.2	△2.4	8,339	38,430	14,916	27,499	2,598	10,895	10,313	44,274
2023. 1	65,506	3.5	△5.4	5,857	12,090	974	11,474	8,981	12,311	6,763	34,338	100,570	17.2	△5.6	7,082	36,303	12,747	29,536	3,113	9,515	8,504	48,193
2	76,543	6.5	4.2	6,487	14,500	1,038	12,473	11,537	14,560	7,603	41,345	85,742	8.2	△2.5	6,368	31,052	10,823	24,645	2,362	9,253	8,802	37,634
3	88,240	4.3	△1.2	7,514	17,659	1,216	14,251	13,979	16,775	8,762	46,963	95,828	7.1	△0.9	7,885	31,096	11,732	28,253	2,854	10,366	8,863	45,360
4	82,890	2.6	2.5	6,701	15,451	1,220	13,359	13,430	16,570	9,007	42,940	87,253	△2.7	△0.1	8,257	26,949	10,756	26,765	2,453	8,626	9,731	39,989
5	72,920	0.6	△3.1	6,963	13,392	1,017	11,767	11,554	13,739	7,952	39,261	86,742	△10.2	△5.1	8,052	26,129	10,212	27,480	2,482	9,478	9,364	40,320
6	87,438	1.5	3.4	7,271	16,069	1,185	14,107	15,677	17,388	9,183	45,051	87,046	△13.1	0.7	8,243	25,249	9,708	27,306	2,723	9,233	9,450	42,251
7	87,243	△0.3	1.9	7,128	15,881	1,205	14,316	15,904	17,913	9,471	44,189	87,881	△14.1	1.8	7,810	25,663	9,957	28,743	2,490	9,457	9,682	41,511
8	79,945	△0.8	△1.6	6,833	13,744	1,166	13,952	14,305	16,181	8,135	41,846	89,377	△17.6	△1.8	7,697	27,907	11,917	26,338	2,337	9,684	9,357	41,870
9	91,991	4.3	7.4	7,096	16,456	1,269	15,509	16,536	18,964	9,338	47,241	91,337	△16.5	5.2	7,783	26,403	11,157	28,932	2,423	9,420	9,524	44,667
10	91,471	1.6	△2.1	7,096	16,162	1,334	15,762	16,402	19,288	9,364	46,850	98,143	△12.4	△1.0	7,957	28,196	12,639	33,208	2,490	10,144	10,232	47,492
11	88,196	△0.2	△1.8	6,722	14,981	1,211	14,825	16,664	18,145	8,614	46,023	P 95,999	△11.9	△2.7	8,161	28,548	13,247	31,833	2,565	10,103	10,066	46,559
発表機関	財務省																					

（注）「ＥＵ」は，1981年１月以降10カ国，1986年１月以降12カ国，1995年１月以降15カ国，2004年５月以降25カ国，2007年１月以降27カ国，2013年７月以降28カ国，2020年２月以降27カ国ベース。

〔通　関〕

	貿易指数						
	(価格：円建)			(数量)			
	輸出	輸入	交易条件	輸出	前年比	輸入	前年比
	2020年＝100				(注)	%	
1975暦年	78.2	111.5	−	31.0	2.2	22.8	△12.5
1980	89.6	166.9	−	48.0	17.1	28.3	△5.4
1985	89.9	147.9	−	68.3	4.4	30.9	0.3
1990	77.3	101.2	−	78.4	5.7	49.3	5.8
1995	71.7	68.5	104.7	84.6	3.7	67.8	12.4
2000	71.5	71.8	99.6	105.6	9.4	83.8	11.0
2005	79.5	84.8	93.8	120.8	0.8	98.8	2.9
2007	90.0	105.0	85.7	136.4	4.8	102.4	△0.2
2008	88.2	114.1	77.3	134.3	△1.5	101.8	△0.6
2009	80.3	86.9	92.4	98.6	△26.6	87.1	△14.4
2010	80.5	90.0	89.4	122.5	24.2	99.2	13.9
2011	81.4	98.4	82.7	117.8	△3.8	101.8	2.6
2012	83.1	99.8	83.3	112.1	△4.8	104.2	2.4
2013	92.4	114.3	80.8	110.4	△1.5	104.5	0.3
2014	96.2	120.1	80.1	111.1	0.6	105.2	0.7
2015	100.6	112.8	89.2	109.9	△1.1	102.2	△2.9
2016	92.7	96.2	96.4	110.5	0.5	100.9	△1.3
2017	98.4	105.4	93.4	116.4	5.3	105.1	4.2
2018	100.7	112.5	89.5	118.3	1.6	108.1	2.9
2019	99.3	108.2	91.8	113.2	△4.3	106.9	△1.1
2020	100.0	100.0	100.0	100.0	△11.7	100.0	△6.5
2021	109.7	119.1	92.1	110.7	10.7	104.8	4.8
2022	130.4	166.9	78.1	110.0	△0.6	104.4	△0.4
2022. 1- 3	118.8	142.2	83.5	108.2	△0.6	105.3	1.5
4- 6	128.3	163.9	78.3	109.1	△2.6	102.8	△0.8
7- 9	135.5	178.8	75.8	110.6	2.1	105.3	1.2
10-12	139.0	182.6	76.1	112.0	△1.2	104.3	△3.0
2023. 1- 3	134.4	165.5	81.2	100.2	△7.4	100.3	△4.8
4- 6	135.8	157.9	86.0	104.7	△4.0	97.3	△5.4
7- 9	140.6	160.2	87.8	107.8	△2.6	98.6	△6.4
2022. 10	139.3	186.5	74.7	113.4	2.3	106.1	4.5
11	141.0	183.8	76.7	110.0	△0.8	104.6	△6.5
12	136.7	177.5	77.0	112.8	△5.0	102.2	△6.3
2023. 1	133.9	165.0	81.2	85.8	△8.3	107.6	△2.6
2	133.8	169.8	78.8	100.4	△6.3	89.1	△8.6
3	135.3	162.1	83.5	114.4	△7.5	104.3	△3.5
4	134.3	158.1	84.9	108.3	△4.4	97.4	△1.6
5	134.5	158.0	85.1	95.1	△3.6	96.9	△6.6
6	138.5	157.6	87.9	110.8	△4.0	97.5	△7.6
7	136.9	160.0	85.6	111.8	△2.8	96.9	△6.2
8	142.0	159.9	88.8	98.7	△5.3	98.6	△9.0
9	143.0	160.8	88.9	112.9	0.2	100.2	△3.9
10	146.6	168.8	86.8	109.5	△3.4	102.6	△3.2
11	149.1	P 167.6	P 89.0	103.8	△5.6	P 101.1	P △3.4
発表機関	財務省						

(注) 2023年11月基準年次改訂。
2022年暦年は確々報。

〔国際収支〕

	国際収支状況（ＩＭＦ統計ベース）(注)									
	経常収支	貿易・サービス収支	貿易収支	輸出	輸出 前年比	輸入	輸入 前年比	サービス収支	第一次所得収支	第二次所得収支
	億円				%	億円	%	億円		
1975年度	−	−	−	−	−	−	−	−	−	−
1980	−	−	−	−	−	−	−	−	−	−
1985	−	−	−	−	−	−	−	−	−	−
1990	−	−	−	−	−	−	−	−	−	−
1995	−	−	−	−	−	−	−	−	−	−
2000	135,804	63,573	117,226	492,322	6.6	375,095	16.2	△53,653	81,604	△9,373
2005	194,128	74,072	110,677	655,948	12.2	545,271	22.3	△36,604	128,989	△8,934
2007	243,376	90,902	136,862	812,627	9.8	675,765	9.2	△45,960	165,476	△13,002
2008	106,885	△8,878	26,683	679,452	△16.4	652,769	△3.4	△35,561	129,053	△13,290
2009	167,551	48,437	80,250	559,068	△17.7	478,818	△26.6	△31,812	129,868	△10,755
2010	182,687	55,176	80,332	649,175	16.1	568,843	18.8	△25,155	139,260	△11,749
2011	81,852	△50,306	△22,097	628,438	△3.2	650,535	14.4	△28,210	143,085	△10,927
2012	42,495	△92,753	△52,474	622,026	△1.0	674,499	3.7	△40,280	144,825	△9,577
2013	23,929	△144,785	△110,455	697,326	12.1	807,782	19.8	△34,330	183,191	△14,477
2014	87,031	△94,116	△66,389	756,403	8.5	822,792	1.9	△27,728	200,488	△19,341
2015	182,957	△10,141	2,999	731,761	△3.3	728,762	△11.4	△13,140	213,195	△20,097
2016	216,771	44,084	57,863	708,026	△3.2	650,163	△10.8	△13,779	193,732	△21,044
2017	223,995	40,397	45,338	782,801	10.6	737,463	13.4	△4,941	205,331	△21,733
2018	193,837	△6,514	5,658	802,487	2.5	796,829	8.1	△12,172	217,704	△17,352
2019	186,712	△13,548	3,753	746,694	△7.0	742,941	△6.8	△17,302	215,078	△14,817
2020	169,459	2,571	37,853	683,635	△8.4	645,782	△13.1	△35,282	194,709	△27,821
2021	201,522	△64,202	△15,432	856,373	25.3	871,805	35.0	△48,770	290,083	△24,360
2022	94,294	△232,005	△180,276	996,750	16.4	1,177,026	35.0	△51,729	356,276	△29,977
2022. 1- 3	48,586	△30,585	△19,236	224,032	17.2	243,268	37.2	△11,349	87,118	△7,948
4- 6	20,871	△51,841	△37,270	240,521	19.1	277,791	44.2	△14,572	76,857	△4,145
7- 9	21,360	△72,856	△54,544	255,453	23.5	309,997	49.9	△18,312	99,969	△5,753
10-12	16,328	△57,441	△46,386	267,682	19.7	314,068	37.1	△11,055	80,676	△6,907
2023. 1- 3	24,123	△51,754	△42,076	233,094	4.0	275,170	13.1	△9,678	89,048	△13,171
4- 6	51,923	△21,748	△10,650	241,120	0.2	251,770	△9.4	△11,097	82,457	△8,786
7- 9	77,724	△13,853	△2,749	255,839	0.2	258,588	△16.6	△11,104	101,988	△10,411
2022. 10	△1,490	△25,828	△18,787	90,179	27.2	108,965	57.5	△7,042	27,264	△2,926
11	17,722	△16,455	△15,210	90,283	20.7	105,493	33.9	△1,245	36,341	△2,164
12	95	△15,157	△12,389	87,220	11.9	99,609	22.7	△2,768	17,071	△1,818
2023. 1	△20,136	△38,851	△31,674	68,214	3.2	99,888	22.0	△7,177	21,998	△3,283
2	21,894	△8,005	△5,865	76,830	5.0	82,695	10.1	△2,140	34,095	△4,196
3	22,365	△4,898	△4,537	88,050	3.8	92,587	7.3	△361	32,955	△5,692
4	18,545	△7,411	△1,763	81,999	2.3	83,762	△3.7	△5,648	30,045	△4,089
5	18,941	△13,850	△12,025	72,560	△2.6	84,585	△9.9	△1,825	36,158	△3,367
6	14,437	△487	3,138	86,561	0.8	83,423	△13.9	△3,624	16,254	△1,330
7	27,560	△4,336	1,073	85,807	△0.3	84,734	△13.5	△5,409	35,297	△3,402
8	22,184	△10,559	△7,563	78,994	△2.5	86,557	△18.1	△2,995	35,806	△3,063
9	27,980	1,041	3,741	91,038	3.0	87,297	△18.0	△2,700	30,885	△3,946
P 10	25,828	△1,290	△4,728	91,066	1.0	95,795	△12.1	3,438	30,508	△3,390
P 11	19,256	△6,994	△7,241	86,239	△4.5	93,481	△11.4	247	28,949	△2,700
発表機関	財務省									

(注) ＩＭＦの国際収支マニュアル第６版ベース。

〔国際収支〕

	国際収支状況（IMF統計ベース）（注）																		外貨準備高（期末）	為替レート	
	資本移転等収支	金融収支						誤差脱漏	経常収支（季節調整済）										〔ゴールド・トランシュを算入〕	〔インターバンク米ドル直物中心相場〕	
			直接投資	証券投資	金融派生商品	その他投資	外貨準備			貿易・サービス収支	貿易収支	輸出	前期比	輸入	前期比	サービス収支	第一次所得収支	第二次所得収支		最高～最安	平均
	億				円				億		円		%	億円	%		億円		百万ドル	1ドルにつき円	
1975年度	–	–	–	–	–	–	–	–	–	–	–	–	–	–	–	–	–	–	14,182	290.60 ～ 306.85	299.01
1980	–	–	–	–	–	–	–	–	–	–	–	–	–	–	–	–	–	–	27,020	199.00 ～ 262.50	217.43
1985	–	–	–	–	–	–	–	–	–	–	–	–	–	–	–	–	–	–	27,917	174.80 ～ 255.55	221.68
1990	–	–	–	–	–	–	–	–	–	–	–	–	–	–	–	–	–	–	69,894	124.30 ～ 160.10	141.52
1995	–	–	–	–	–	–	–	–	–	–	–	–	–	–	–	–	–	–	203,951	80.30 ～ 107.40	96.30
2000	△6,517	132,932	54,261	64,373	8,170	△28,215	34,343	3,646	–	–	–	–	–	–	–	–	–	–	361,472	104.20 ～ 124.60	110.45
2005	△7,213	163,246	49,532	9,728	9,000	67,433	27,554	△23,668	–	–	–	–	–	–	–	–	–	–	852,030	104.68 ～ 121.35	113.21
2007	△3,856	255,221	64,399	59,414	△11,739	102,307	40,839	15,701	–	–	–	–	–	–	–	–	–	–	1,015,587	97.00 ～ 123.95	114.32
2008	△4,940	168,446	81,901	250,716	△19,580	△169,349	24,758	66,500	–	–	–	–	–	–	–	–	–	–	1,018,549	87.50 ～ 110.30	100.64
2009	△4,886	168,599	56,538	131,307	△8,040	△35,198	23,992	5,934	–	–	–	–	–	–	–	–	–	–	1,042,715	86.00 ～ 100.80	92.85
2010	△4,804	208,412	65,283	63,573	△6,701	34,222	52,035	30,529	–	–	–	–	–	–	–	–	–	–	1,116,025	79.20 ～ 94.40	85.71
2011	2,561	87,080	97,889	△61,046	△14,062	△50,640	114,939	2,668	–	–	–	–	–	–	–	–	–	–	1,288,703	75.86 ～ 85.30	79.05
2012	△3,710	14,719	96,583	△135,154	34,760	42,464	△23,934	△24,066	–	–	–	–	–	–	–	–	–	–	1,254,356	77.57 ～ 96.50	82.89
2013	△5,838	△9,830	148,269	△209,590	31,768	△27,168	46,891	△27,921	–	–	–	–	–	–	–	–	–	–	1,279,346	93.05 ～ 105.30	100.16
2014	△2,707	142,128	133,913	51,089	46,509	△92,303	2,920	57,804	–	–	–	–	–	–	–	–	–	–	1,245,316	100.95 ～ 121.62	109.66
2015	△7,009	242,833	162,054	300,342	△5,492	△220,147	6,075	66,885	–	–	–	–	–	–	–	–	–	–	1,262,099	111.30 ～ 125.35	119.92
2016	△2,486	249,964	177,614	51,733	7,552	7,363	5,703	35,679	–	–	–	–	–	–	–	–	–	–	1,230,330	99.80 ～ 118.20	108.33
2017	△3,055	208,173	147,206	69,071	18,600	△49,412	22,709	△12,767	–	–	–	–	–	–	–	–	–	–	1,268,287	104.90 ～ 114.37	110.81
2018	△1,649	216,213	207,537	69,431	1,297	△95,514	33,461	24,024	–	–	–	–	–	–	–	–	–	–	1,291,813	105.89 ～ 114.40	110.90
2019	△4,604	204,568	190,228	223,190	△3,346	△226,275	20,772	22,460	–	–	–	–	–	–	–	–	–	–	1,366,177	102.10 ～ 112.05	108.65
2020	△2,091	133,150	89,967	△153,297	27,263	156,411	12,805	△34,218	–	–	–	–	–	–	–	–	–	–	1,368,465	102.80 ～ 110.70	106.09
2021	△3,707	180,787	177,074	△160,496	16,914	85,283	62,012	△17,027	–	–	–	–	–	–	–	–	–	–	1,356,071	107.88 ～ 124.20	112.38
2022	△1,772	90,709	183,524	△86,567	37,772	20,850	△64,870	△1,813	–	–	–	–	–	–	–	–	–	–	1,257,061	122.20 ～ 150.38	135.43
2022. 4- 6	265	△1,365	45,242	△117,314	26,928	42,553	1,225	△22,501	29,460	△47,902	△36,917	245,697	6.9	282,614	14.3	△10,985	83,217	△5,855	1,311,254	122.20 ～ 136.63	129.71
7- 9	△464	11,917	41,484	△90,479	10,425	71,373	△20,886	△8,979	7,538	△75,472	△55,731	255,149	3.8	310,880	10.0	△19,741	88,301	△5,291	1,238,056	130.85 ～ 144.74	138.24
10-12	△510	△3,680	47,496	△28,752	10,449	19,397	△52,270	△19,498	21,824	△62,211	△51,616	256,583	0.6	308,199	△0.9	△10,595	91,301	△7,266	1,227,576	131.73 ～ 150.38	141.25
2023. 1- 3	△1,063	74,111	39,576	149,978	△10,030	△112,473	7,060	51,052	24,156	△50,226	△37,250	238,621	△7.0	275,871	△10.5	△12,977	86,061	△11,679	1,257,061	127.65 ～ 137.33	132.33
4- 6	△971	40,839	57,860	△91,839	24,198	44,781	5,839	△10,112	58,669	△17,070	△9,705	245,283	2.8	254,988	△7.6	△7,364	86,054	△10,316	1,247,179	131.10 ～ 144.88	137.43
7- 9	△1,296	76,306	71,612	218,227	33,407	△262,843	15,903	△122	64,237	△18,089	△6,175	254,872	3.9	261,047	2.4	△11,914	92,509	△10,183	1,237,248	137.50 ～ 149.49	144.56
10-12																			1,294,637	141.62 ～ 151.72	147.77
2022. 11	△108	6,346	17,894	△51,790	9,075	25,855	5,312	△11,268	15,094	△18,650	△15,201	87,579	△0.3	102,780	△5.3	△3,449	35,472	△1,728	1,226,332	138.80 ～ 148.73	142.44
12	△273	△9,293	16,125	19,682	△1,734	△46,661	3,295	△9,116	11,093	△18,430	△15,673	81,163	△7.3	96,836	△5.8	△2,757	32,271	△2,748	1,227,576	131.73 ～ 137.80	134.93
2023. 1	△234	21,031	18,817	95,209	△7,262	△86,769	1,036	41,402	2,295	△21,595	△16,804	78,297	△3.5	95,101	△1.8	△4,790	27,941	△4,051	1,250,228	127.65 ～ 133.64	130.20
2	△158	32,685	16,530	△15,456	△3,884	31,034	4,461	10,949	12,155	△14,979	△10,737	80,220	2.5	90,957	△4.4	△4,242	31,530	△4,396	1,226,044	128.40 ～ 136.29	132.68
3	△671	20,395	4,229	70,225	1,116	△56,738	1,562	△1,299	9,705	△13,653	△9,708	80,104	△0.1	89,812	△1.3	△3,944	26,589	△3,231	1,257,061	130.60 ～ 137.33	133.85
4	225	30,895	21,757	△61,188	6,469	62,559	1,297	12,124	18,752	△3,221	△4,456	82,983	3.6	87,439	△2.6	1,235	26,169	△4,196	1,265,414	131.10 ～ 134.82	133.33
5	△776	6,348	20,007	△6,439	6,213	△20,750	7,317	△11,817	17,215	△9,062	△4,929	78,326	△5.6	83,255	△4.8	△4,133	29,231	△2,954	1,254,522	134.10 ～ 140.75	137.37
6	△420	3,596	16,096	△24,212	11,516	2,972	△2,775	△10,420	22,701	△4,787	△321	83,974	7.2	84,295	1.2	△4,466	30,654	△3,165	1,247,179	138.75 ～ 144.88	141.19
7	△649	20,510	34,752	23,596	8,526	△49,012	2,648	△6,400	27,634	△3,349	△754	85,353	1.6	86,106	2.1	△2,595	34,533	△3,550	1,253,673	137.50 ～ 144.50	141.21
8	△63	27,198	31,039	91,244	12,492	△114,306	6,729	5,077	15,758	△9,950	△4,426	82,040	△3.9	86,466	0.4	△5,524	28,664	△2,956	1,251,171	141.65 ～ 146.49	144.77
9	△584	28,598	5,821	103,387	12,390	△99,525	6,526	1,202	20,845	△4,791	△995	87,479	6.6	88,474	2.3	△3,795	29,313	△3,677	1,237,248	145.64 ～ 149.49	147.67
10 P	△182	17,649	16,279	39,989	8,370	△50,102	3,113	△7,997	26,217	3,274	△2,915	89,214	2.0	92,130	4.1	6,190	26,140	△3,198	1,238,000	148.55 ～ 150.18	149.53
11 P	△300	10,871	15,616	△55,198	7,198	35,170	8,085	△8,085	18,854	△8,291	△6,130	83,564	△6.3	89,694	△2.6	△2,161	29,391	△2,247	1,269,707	146.86 ～ 151.72	149.83
12																			1,294,637	141.62 ～ 147.79	144.07
発表機関	財務省																			日本銀行	当課

（注）IMFの国際収支マニュアル第６版ベース。

〔国内総支出・国民総所得〕

	国内総支出(GDP)(季節調整済)(注)		成長率				国民総所得(GNI)成長率(季節調整済)(注)				国内総支出(季節調整済)(注) 民間最終消費支出				民間資本形成 企業設備				在庫変動				住宅			
	名目	実質	名目	名目 暦年	実質	実質 暦年	名目	名目 暦年	実質	実質 暦年		前期比 名目	前期比 実質	名目構成比		前期比 名目	前期比 実質	名目構成比		前期比 名目	前期比 実質	名目構成比		前期比 名目	前期比 実質	名目構成比
	10億円		%				%				10億円	%			10億円	%			10億円	%			10億円	%		
1975年度	−	−	−	−	−	−	−	−	−	−	−	−	−	−	−	−	−	−	−	−	−	−	−	−	−	−
1980	261,681.3	276,175.4	−	−	−	−	−	−	−	−	133,943.4	−	−	51.2	17.7	−	−	17.7	2,018.9	−	−	0.8	18,917.7	−	−	7.2
1985	345,766.3	339,278.4	6.6	6.5	5.4	5.2	6.7	6.7	5.6	5.3	178,128.8	5.9	4.3	51.5	60,165.5	7.1	7.5	17.4	2,405.4	***	***	0.7	19,481.0	4.1	3.5	5.6
1990	470,873.7	430,861.9	8.3	7.5	5.6	4.8	8.1	7.5	4.9	4.4	236,712.8	7.9	5.0	50.3	99,947.3	14.4	11.5	21.2	1,843.6	***	***	0.4	30,285.5	4.8	0.3	6.4
1995	525,299.5	462,177.3	2.6	2.1	3.2	2.6	2.7	2.1	3.6	2.9	276,324.8	2.0	2.4	52.6	85,897.5	6.7	8.4	16.4	1,264.9	***	***	0.2	29,132.9	△5.5	△4.6	5.5
2000	537,614.2	485,623.0	1.4	1.4	2.6	2.8	1.6	1.6	2.7	2.7	287,984.1	0.5	1.4	53.6	87,966.2	4.5	6.1	16.4	537.1	***	***	0.1	25,274.6	0.6	1.0	4.7
2002	523,465.9	486,545.5	△0.7	△1.3	0.9	0.0	△0.9	△1.4	0.8	0.0	288,839.8	△0.0	1.2	55.2	78,221.9	△5.2	△3.0	14.9	△955.7	***	***	△0.2	23,054.7	△2.3	△1.3	4.4
2003	526,219.9	495,922.8	0.5	△0.1	1.9	1.5	0.8	0.1	2.0	1.5	288,061.1	△0.3	0.7	54.7	78,796.3	0.7	3.1	15.0	772.6	***	***	0.1	23,155.8	0.4	0.5	4.4
2004	529,637.9	504,269.4	0.6	1.0	1.7	2.2	0.9	1.3	1.6	2.3	289,855.0	0.6	1.2	54.7	81,037.9	2.8	4.0	15.3	1,440.4	***	***	0.3	23,773.0	2.7	2.6	4.5
2005	534,106.2	515,134.1	0.8	0.6	2.2	1.8	1.3	0.9	1.6	1.3	293,091.6	1.1	1.8	54.9	87,009.3	7.4	7.6	16.3	511.4	***	***	0.1	23,895.8	0.5	0.0	4.5
2006	537,257.9	521,784.6	0.6	0.5	1.3	1.4	1.0	0.9	1.0	0.9	294,634.2	0.5	0.6	54.8	89,082.2	2.4	2.3	16.6	925.8	***	***	0.2	24,221.6	1.4	△0.3	4.5
2007	538,485.5	527,271.6	0.2	0.8	1.1	1.5	0.5	1.2	0.4	1.3	296,432.3	0.6	0.7	55.0	88,517.9	△0.6	△0.7	16.4	1,813.5	***	***	0.3	21,392.1	△11.7	△13.3	4.0
2008	516,174.9	508,262.0	△4.1	△2.1	△3.6	△1.2	△4.7	△2.5	△4.9	△3.1	290,695.7	△1.9	△2.1	56.3	83,495.3	△5.7	△5.8	16.2	1,487.6	***	***	0.3	21,332.5	△0.3	△2.5	4.1
2009	497,364.2	495,875.6	△3.6	△6.2	△2.4	△5.7	△3.5	△6.4	△1.3	△4.3	285,779.6	△1.7	0.7	57.5	71,813.2	△14.0	△11.4	14.4	△4,580.9	***	***	△0.9	16,501.2	△22.6	△20.3	3.3
2010	504,873.7	512,064.7	1.5	2.1	3.3	4.1	1.7	2.3	2.6	3.5	286,110.2	0.1	1.3	56.7	72,539.8	1.0	2.0	14.4	1,105.8	***	***	0.2	17,239.7	4.5	4.8	3.4
2011	500,046.2	514,686.7	△1.0	△1.6	0.5	0.0	△0.9	△1.4	△0.6	△1.0	286,945.8	0.3	0.6	57.4	74,920.1	3.3	4.0	15.0	1,600.5	***	***	0.3	17,986.7	4.3	4.4	3.6
2012	499,420.6	517,919.3	△0.1	0.6	0.6	1.4	△0.1	0.5	0.6	1.0	289,477.1	0.9	1.7	58.0	75,794.8	1.2	1.5	15.2	307.2	***	***	0.1	18,680.7	3.9	4.5	3.7
2013	512,677.5	532,072.3	2.7	1.6	2.7	2.0	3.3	2.3	3.1	2.5	298,772.1	3.2	2.9	58.3	80,547.3	6.3	5.4	15.7	△1,431.4	***	***	△0.3	20,777.5	11.2	8.6	4.1
2014	523,422.8	530,195.3	2.1	2.0	△0.4	0.3	2.4	2.3	0.1	0.3	297,522.6	△0.4	△2.6	56.8	83,792.6	4.0	2.7	16.0	217.7	***	***	0.0	19,768.3	△4.9	△8.1	3.8
2015	540,740.8	539,413.5	3.3	3.7	1.7	1.6	3.4	3.9	3.3	3.2	299,840.7	0.8	0.7	55.4	86,962.4	3.8	3.4	16.1	1,402.7	***	***	0.3	20,396.3	3.2	3.1	3.8
2016	544,829.9	543,479.1	0.8	1.2	0.8	0.8	0.4	0.7	0.8	1.3	298,336.2	△0.5	△0.3	54.8	87,000.6	0.0	0.8	16.0	210.2	***	***	0.0	21,251.1	4.2	4.3	3.9
2017	555,712.5	553,173.5	2.0	1.6	1.8	1.7	2.1	1.8	1.3	1.2	303,006.0	1.6	1.0	54.5	90,183.4	3.7	2.8	16.2	1,748.2	***	***	0.3	21,247.5	△0.0	△1.8	3.8
2018	556,570.5	554,533.8	0.2	0.6	0.2	0.6	0.4	0.8	△0.2	△0.0	304,774.3	0.6	0.1	54.8	92,385.8	2.4	1.6	16.6	2,212.2	***	***	0.4	20,538.8	△3.3	△4.8	3.7
2019	556,845.4	550,160.8	0.0	0.2	△0.8	△0.4	0.1	0.3	△0.5	△0.2	303,931.1	△0.3	△0.9	54.6	91,552.3	△0.9	△1.3	16.4	893.4	***	***	0.2	21,409.1	4.2	2.6	3.8
2020	539,009.1	528,797.7	△3.2	△3.2	△3.9	△4.1	△3.4	△3.5	△3.2	△3.5	289,441.7	△4.8	△4.8	53.7	86,072.2	△6.0	△5.6	16.0	△573.5	***	***	△0.1	19,928.0	△6.9	△7.4	3.7
2021	553,642.3	543,649.3	2.7	2.4	2.8	2.6	4.3	3.5	2.4	2.3	298,188.6	3.0	1.8	53.9	89,840.6	4.4	1.7	16.2	2,275.5	***	***	0.4	21,471.9	7.7	0.1	3.9
2022	566,489.7	551,813.9	2.3	1.3	1.5	1.0	3.1	2.5	0.4	△0.1	315,849.2	5.9	2.7	55.8	96,890.8	7.8	3.4	17.1	3,616.6	***	***	0.6	21,799.6	1.5	△3.4	3.8
2023年度実績見込み(注)	597,500.0	−	5.5	−	1.6	−	5.5	−	2.9	−	324,900.0	2.9	0.1	−	100,100.0	3.3	0.0	−	2,500.0	*△0.2	*△0.2	−	21,900.0	0.4	0.6	−
2024年度見通し(注)	615,300.0	−	3.0	−	1.3	−	3.2	−	1.4	−	336,400.0	3.5	1.2	−	104,800.0	4.7	3.3	−	2,100.0	*△0.1	*0.0	−	22,200.0	1.3	△0.3	−
2020. 1- 3	554,226.3	544,708.3	0.7	−	0.5	−	0.8	−	0.7	−	302,883.0	1.3	0.9	54.6	91,875.0	4.6	4.5	16.6	△947.7	***	***	△0.2	20,721.3	△4.3	△4.7	3.7
4- 6	513,975.8	502,447.9	△7.3	−	△7.8	−	△7.7	−	△7.2	−	277,413.8	△8.4	△8.1	54.0	84,806.1	△7.7	△6.9	16.5	162.9	***	***	0.0	20,521.9	△1.0	0.1	4.0
7- 9	540,627.5	530,164.5	5.2	−	5.5	−	5.1	−	5.3	−	291,309.5	5.0	5.3	53.9	84,821.9	0.0	0.0	15.7	△1,821.3	***	***	△0.3	19,579.7	△4.6	△4.8	3.6
10-12	549,318.9	539,977.5	1.6	−	1.9	−	1.8	−	2.1	−	295,173.8	1.3	1.7	53.7	86,336.1	1.8	1.8	15.7	△2,195.5	***	***	△0.4	19,527.2	△0.3	△0.0	3.6
2021. 1- 3	551,090.4	541,478.3	0.3	−	0.3	−	0.7	−	△0.1	−	293,705.4	△0.5	△1.3	53.3	88,091.6	2.0	1.1	16.0	1,396.5	***	***	0.3	20,154.7	3.2	1.7	3.7
4- 6	553,919.8	543,500.9	0.5	−	0.4	−	1.5	−	0.8	−	295,466.9	0.6	0.3	53.3	89,717.4	1.8	1.2	16.2	1,153.2	***	***	0.2	20,917.8	3.8	1.7	3.8
7- 9	550,905.5	541,145.3	△0.5	−	△0.4	−	△0.6	−	△1.2	−	292,637.3	△1.0	△1.2	53.1	88,791.5	△1.0	△1.7	16.1	1,895.6	***	***	0.3	21,418.6	2.4	△1.1	3.9
10-12	555,326.9	547,217.3	0.8	−	1.1	−	1.0	−	0.7	−	301,479.0	3.0	2.9	54.3	89,941.3	1.3	0.3	16.2	1,816.1	***	***	0.3	21,741.0	1.5	△0.8	3.9
2022. 1- 3	554,769.9	543,952.4	△0.1	−	△0.6	−	0.5	−	△0.4	−	303,295.5	0.6	△1.1	54.7	90,893.3	1.1	△0.0	16.4	4,099.4	***	***	0.7	21,799.4	0.3	△1.2	3.9
4- 6	559,720.6	549,836.6	0.9	−	1.1	−	0.7	−	△0.0	−	311,542.9	2.7	2.0	55.7	94,179.6	3.6	2.1	16.8	4,027.7	***	***	0.7	21,611.3	△0.9	△2.6	3.9
7- 9	557,809.0	549,308.7	△0.3	−	△0.1	−	0.2	−	△0.2	−	313,459.4	0.6	0.1	56.2	96,880.1	2.9	1.8	17.4	3,743.0	***	***	0.7	21,777.4	0.8	0.4	3.9
10-12	567,390.3	550,671.4	1.7	−	0.2	−	2.3	−	1.2	−	315,721.5	0.7	△0.0	55.6	97,057.6	0.2	△0.8	17.1	2,755.4	***	***	0.5	21,913.8	0.6	0.7	3.9
2023. 1- 3	580,080.9	557,430.3	2.2	−	1.2	−	1.0	−	0.5	−	322,456.3	2.1	0.9	55.6	98,995.5	2.0	1.8	17.1	3,821.0	***	***	0.7	21,897.1	△0.1	0.3	3.8
P 4- 6	595,066.3	562,338.0	2.6	−	0.9	−	2.9	−	2.0	−	322,076.6	△0.1	△0.6	54.1	98,634.6	△0.4	△1.3	16.6	5,225.3	***	***	0.9	22,200.2	1.4	1.7	3.7
P 7- 9	594,998.4	558,240.3	△0.0	−	△0.7	−	△0.2	−	△0.6	−	323,426.9	0.4	△0.2	54.4	99,166.5	0.5	△0.4	16.7	1,253.8	***	***	0.2	22,084.7	△0.5	△0.5	3.7
発表機関	内閣府																									

(注) 国内総支出，国民総所得：2008ＳＮＡ，2023年７－９月期２次速報値（連鎖方式，2015暦年基準。ただし1993年までの数値は簡易遡及）による。
2023年度実績見込み，2024年度見通し：令和５年12月21日閣議了解。なお，＊書きは，寄与度である。

〔国内総支出・国民所得・貯蓄率〕

	国内総支出（季節調整済）（注）																					国民所得		貯蓄率
	政府												財貨・サービスの輸出				財貨・サービスの輸入（控除）						
					最終消費支出				資本形成														1人当り	
		前期比 名目	前期比 実質	名目構成比		前期比 名目	前期比 実質	名目構成比	（含在庫変動）	前期比 名目	前期比 実質	名目構成比		前期比 名目	前期比 実質	名目構成比		前期比 名目	前期比 実質	名目構成比			
	10億円	%			10億円	%			10億円	%			10億円	%			10億円	%			10億円	千円	%
1975年度	−	−	−	−	−	−	−	−	−	−	−	−	−	−	−	−	−	−	−	−	−	−	−
1980	61,921.1	−	−	23.7	37,416.0	−	−	14.3	24,505.1	−	−	9.4	33,588.4	−	−	12.8	34,946.5	−	−	13.4	203,878.7	1,743	17.5
1985	74,378.9	3.9	2.2	21.5	48,252.9	4.6	1.6	14.0	26,126.1	2.4	3.2	7.6	44,572.1	△3.5	2.5	12.9	33,365.3	△12.0	△4.2	9.6	260,559.9	2,153	15.9
1990	98,157.6	7.6	3.7	20.8	62,617.4	7.9	4.0	13.3	35,540.3	7.2	3.2	7.5	46,651.5	6.0	6.9	9.9	42,724.6	10.0	5.5	9.1	346,892.9	2,808	12.6
1995	127,290.0	4.6	4.6	24.2	79,149.3	3.7	3.4	15.1	48,140.7	6.1	6.5	9.2	46,887.1	3.8	4.1	8.9	41,497.6	13.9	14.6	7.9	380,158.1	3,029	10.5
2000	129,627.6	0.0	△0.0	24.1	89,491.2	3.9	3.6	16.6	40,136.4	△7.7	△7.2	7.5	56,468.4	6.9	9.7	10.5	50,243.7	11.6	10.3	9.3	390,163.8	3,075	7.4
2002	127,723.6	△1.5	△0.1	24.4	92,662.8	0.3	1.7	17.7	35,060.9	△5.9	△4.7	6.7	57,879.7	8.6	12.2	11.1	51,298.2	3.7	4.8	9.8	374,247.9	2,936	2.5
2003	125,827.5	△1.5	△0.6	23.9	93,502.4	0.9	2.0	17.8	32,325.2	△7.8	△7.6	6.1	61,576.6	6.4	10.0	11.7	51,970.0	1.3	2.4	9.9	381,555.6	2,988	2.5
2004	124,105.3	△1.4	△1.3	23.4	93,952.3	0.5	0.8	17.7	30,153.0	△6.7	△7.2	5.7	68,504.0	11.3	11.8	12.9	59,077.7	13.7	9.0	11.2	388,576.1	3,042	2.1
2005	122,482.0	△1.3	△1.7	22.9	94,481.5	0.6	0.4	17.7	28,000.6	△7.1	△8.2	5.2	76,745.9	12.0	9.4	14.4	69,629.7	17.9	6.0	13.0	388,116.4	3,038	2.4
2006	120,614.8	△1.5	△1.0	22.5	94,097.9	△0.4	0.6	17.5	26,517.0	△5.3	△6.4	4.9	85,966.1	12.0	8.7	16.0	78,186.8	12.3	3.6	14.6	394,989.7	3,089	3.7
2007	121,496.4	0.7	0.5	22.6	95,581.8	1.6	1.6	17.8	25,914.6	△2.3	△3.8	4.8	94,602.0	10.0	9.5	17.6	85,768.8	9.7	2.5	15.9	394,813.2	3,084	3.2
2008	120,110.8	△1.1	△1.5	23.3	94,893.3	△0.7	△0.6	18.4	25,217.5	△2.7	△4.6	4.9	80,651.2	△14.7	△10.2	15.6	81,598.3	△4.9	△4.3	15.8	364,368.0	2,845	4.1
2009	122,852.2	2.3	4.0	24.7	96,075.9	1.2	2.6	19.3	26,776.2	6.2	9.6	5.4	66,348.8	△17.7	△9.0	13.3	61,349.8	△24.8	△10.5	12.3	352,701.1	2,755	4.5
2010	122,497.7	△0.3	0.1	24.3	97,753.9	1.7	2.3	19.4	24,743.8	△7.6	△7.5	4.9	76,081.6	14.7	17.9	15.1	70,701.1	15.2	12.1	14.0	364,688.2	2,848	3.6
2011	123,762.5	1.0	1.2	24.8	99,435.8	1.7	1.9	19.9	24,326.7	△1.7	△1.9	4.9	73,252.3	△3.7	△1.4	14.6	78,421.7	10.9	5.2	15.7	357,473.5	2,798	3.1
2012	124,496.4	0.6	1.2	24.9	99,963.2	0.5	1.3	20.0	24,533.2	0.8	1.1	4.9	72,690.8	△0.8	△1.4	14.6	82,026.5	4.6	3.8	16.4	358,156.2	2,808	1.6
2013	128,524.2	3.2	3.2	25.1	101,443.1	1.5	1.8	19.8	27,081.1	10.4	8.6	5.3	83,015.1	14.2	4.4	16.2	97,527.3	18.9	7.0	19.0	372,570.0	2,925	△1.0
2014	131,580.6	2.4	0.3	25.1	104,157.8	2.7	0.9	19.9	27,422.8	1.3	△2.1	5.2	92,572.1	11.5	8.9	17.7	102,031.1	4.6	3.9	19.5	376,677.6	2,961	△0.8
2015	133,256.1	1.3	1.3	24.6	106,285.5	2.0	2.2	19.7	26,970.5	△1.6	△1.8	5.0	92,009.6	△0.6	1.1	17.0	93,126.8	△8.7	0.4	17.2	392,629.3	3,089	0.1
2016	133,601.7	0.3	0.6	24.5	106,798.1	0.5	0.9	19.6	26,803.5	△0.6	△0.3	4.9	89,244.3	△3.0	3.4	16.4	84,814.3	△8.9	△0.5	15.6	392,293.9	3,089	1.3
2017	135,483.0	1.4	0.6	24.4	107,706.7	0.9	0.3	19.4	27,776.3	3.6	2.0	5.0	98,692.3	10.6	6.3	17.8	94,647.9	11.6	3.8	17.0	400,621.5	3,157	0.8
2018	137,408.6	1.4	0.9	24.7	109,089.1	1.3	1.1	19.6	28,319.6	2.0	0.3	5.1	101,161.2	2.5	2.0	18.2	101,910.4	7.7	3.0	18.3	403,099.1	3,181	1.4
2019	141,119.0	2.7	2.1	25.3	111,827.1	2.5	2.1	20.1	29,291.9	3.4	1.9	5.3	95,656.1	△5.4	△2.3	17.2	97,715.6	△4.1	0.2	17.5	402,479.2	3,181	3.6
2020	144,548.6	2.4	3.1	26.8	113,834.2	1.8	2.7	21.1	30,714.4	4.9	4.5	5.7	84,403.4	△11.8	△9.9	15.7	84,811.3	△13.2	△6.3	15.7	375,998.0	2,980	11.8
2021	148,554.6	2.8	1.2	26.8	118,769.0	4.3	3.2	21.5	29,785.6	△3.0	△6.1	5.4	103,819.4	23.0	12.4	18.8	110,508.3	30.3	7.1	20.0	395,772.3	3,153	6.3
2022	151,306.0	1.9	△0.1	26.7	122,091.6	2.8	1.4	21.6	29,214.4	△1.9	△6.0	5.2	123,245.1	18.7	4.7	21.8	146,217.6	32.3	7.1	25.8	408,953.8	3,274	1.7
2023年度実績見込み(注)	−	−	−	−	−	−	−	−	−	−	−	−	130,200.0	5.6	3.2	−	137,000.0	△6.3	△2.6	−	633,600.0	−	−
2024年度見通し(注)	−	−	−	−	−	−	−	−	−	−	−	−	136,800.0	5.0	3.0	−	144,700.0	5.6	3.4	−	653,800.0	−	−
2020. 1-3	141,422.2	△0.6	0.0	25.5	111,885.8	△0.8	0.0	20.2	29,536.4	0.3	0.2	5.3	92,127.4	△3.4	△4.4	16.6	93,855.0	△3.2	△3.8	16.9	97,553.5	−	△2.6
4-6	142,262.8	0.6	1.0	27.7	111,841.7	△0.0	0.2	21.8	30,421.1	3.0	4.0	5.9	72,832.7	△20.9	△17.3	14.2	84,024.4	△10.5	△0.5	16.3	87,894.8	−	21.8
7-9	144,873.8	1.8	1.8	26.8	114,317.7	2.2	2.3	21.1	30,556.1	0.4	△0.1	5.7	81,409.2	11.8	9.9	15.1	79,545.2	△5.3	△7.4	14.7	89,696.5	−	9.2
10-12	145,470.7	0.4	0.7	26.5	114,725.1	0.4	0.8	20.9	30,745.5	0.6	0.7	5.6	88,529.3	8.7	9.1	16.1	83,522.8	5.0	5.5	15.2	103,755.4	−	12.8
2021. 1-3	145,436.9	△0.0	△0.0	26.4	114,335.2	△0.3	△0.1	20.7	31,101.7	1.2	0.2	5.6	94,703.5	7.0	3.0	17.2	92,398.2	10.6	2.3	16.8	94,651.2	−	1.6
4-6	148,620.9	2.2	1.2	26.8	117,648.1	2.9	1.7	21.2	30,972.8	△0.4	△1.0	5.6	99,750.1	5.3	3.3	18.0	101,706.4	10.1	5.1	18.4	98,520.3	−	7.0
7-9	150,199.4	1.1	0.3	27.3	119,942.2	1.9	1.3	21.8	30,257.2	△2.3	△3.3	5.5	101,378.2	1.6	△0.5	18.4	105,415.1	3.6	△1.9	19.1	93,546.8	−	6.2
10-12	147,811.2	△1.6	△1.6	26.6	118,163.9	△1.5	△1.2	21.3	29,647.3	△2.0	△3.3	5.3	104,594.3	3.2	△0.0	18.8	112,055.9	6.3	△0.3	20.2	106,481.8	−	10.7
2022. 1-3	147,900.6	0.1	△0.3	26.7	119,202.8	0.9	0.7	21.5	28,697.9	△3.2	△4.5	5.2	109,661.3	4.8	1.5	19.8	122,879.7	9.7	4.3	22.1	97,223.4	−	0.7
4-6	147,994.3	0.1	0.2	26.4	119,389.6	0.2	0.7	21.3	28,604.7	△0.3	△1.7	5.1	119,036.4	8.5	2.2	21.3	138,671.6	12.9	1.5	24.8	99,649.9	−	2.5
7-9	150,393.2	1.6	0.1	27.0	121,900.3	2.1	0.2	21.9	28,492.9	△0.4	0.2	5.1	125,413.8	5.4	2.2	22.5	153,857.8	11.0	4.9	27.6	96,293.3	−	1.1
10-12	152,581.3	1.5	0.7	26.9	123,094.7	1.0	0.5	21.7	29,486.6	3.5	1.0	5.2	127,939.7	2.0	1.5	22.5	150,579.0	△2.1	△0.7	26.5	109,989.4	−	8.6
2023. 1-3	153,987.1	0.9	0.5	26.5	123,872.4	0.6	0.2	21.4	30,114.8	2.1	1.7	5.2	120,548.3	△5.8	△3.6	20.8	141,624.3	△5.9	△1.5	24.4	103,021.2	−	△6.5
P 4-6	154,095.9	0.1	0.1	25.9	123,394.6	△0.4	△0.1	20.7	30,701.3	1.9	1.1	5.2	125,665.8	4.2	3.8	21.1	132,832.0	△6.2	△3.3	22.3		−	−
P 7-9	154,878.4	0.5	0.1	26.0	124,211.5	0.7	0.3	20.9	30,666.9	△0.1	△0.8	5.2	129,503.8	3.1	0.4	21.8	135,315.7	1.9	0.8	22.7		−	−
発表機関	内閣府																						

（注）国内総支出：2008ＳＮＡ，2023年７－９月期２次速報値（連鎖方式，2015暦年基準。ただし1993年までの数値は簡易遡及）による。
国民所得・貯蓄率：1993年度までは2000暦年基準，1994年度以降は2015暦年基準。国民所得（一人当り）は当課試算。
2023年度実績見込み，2024年度見通し：令和５年12月21日閣議了解。

〔企業収益〕 （%）

		法人企業統計（全産業）（注）			日銀短観（全国企業，全産業）（注）					
		売上高前年比	経常利益前年比	設備投資前年比	売上高前年比	大企業製造業	経常利益前年比	大企業製造業	売上高経常利益率	大企業製造業
1975年度		3.7	△45.9	△20.3	−	2.9	−	△49.8	−	1.55
1980		14.0	11.2	15.8	−	12.6	−	△1.1	−	4.17
1985		6.9	4.2	12.8	2.3	0.3	△5.7	△14.4	2.68	4.04
1990		9.2	△2.0	14.1	6.7	9.6	1.1	△1.9	3.41	5.15
1995		3.2	20.2	3.9	1.4	2.6	19.1	27.9	2.67	3.81
2000		3.7	33.2	8.6	2.8	4.9	18.0	32.3	2.87	4.61
2005		6.2	15.6	△3.9	4.8	6.7	12.3	16.5	4.01	6.48
2008		△4.6	△33.7	△38.3	△4.5	△9.2	△42.5	△61.9	2.44	2.70
2009		△9.3	△9.4	20.5	△12.6	△12.7	△4.3	△3.7	2.73	2.98
2010		1.3	36.1	△0.2	4.5	6.9	38.3	67.9	3.61	4.68
2011		△0.3	3.5	0.7	2.2	0.4	△3.2	△11.7	3.42	4.11
2012		△0.5	7.0	4.0	0.6	△0.4	7.2	12.4	3.65	4.64
2013		2.5	23.1	6.6	5.5	7.1	28.4	48.7	4.44	6.45
2014		2.7	8.3	7.8	0.6	1.3	5.9	11.5	4.63	7.38
2015		△1.1	5.6	7.1	△1.3	△2.3	4.8	△5.3	4.91	7.15
2016		1.7	9.9	0.7	△1.5	△2.9	4.4	△0.5	5.21	7.33
2017		6.1	11.4	5.8	4.4	5.6	12.0	20.8	5.83	8.52
2018		△0.6	0.4	8.1	2.5	2.9	0.4	△0.9	5.71	8.21
2019		△3.5	△14.9	△10.4	△1.4	△3.2	△9.6	△17.5	5.23	7.00
2020		△8.1	△12.0	△5.0	△7.8	△7.8	△20.1	△1.4	4.53	7.48
2021		6.3	33.5	9.2	4.3	10.2	42.7	53.7	6.22	10.48
2022		9.0	13.5	4.4	8.7	11.3	16.2	11.7	6.64	10.52
2023		〔2.5〕	〔△2.7〕	〔10.6〕	*2.5	*3.1	*4.0	*2.4	*6.74	*10.45
2019. 10-12	2019・下	△6.4	△4.6	△3.5	△3.4	△5.1	△14.6	△19.7	4.64	5.73
2020. 1- 3		△7.5	△28.4	0.1						
4- 6	2020・上	△17.7	△46.6	△11.3	△13.0	△15.7	△42.0	△36.3	3.89	6.25
7- 9		△11.5	△28.4	△10.6						
10-12	2020・下	△4.5	△0.7	△4.8	△2.7	△0.1	6.8	48.0	5.09	8.50
2021. 1- 3		△3.0	26.0	△7.8						
4- 6	2021・上	10.4	93.9	5.3	5.9	15.8	70.4	108.4	6.29	11.23
7- 9		4.6	35.1	1.2						
10-12	2021・下	5.7	24.7	4.3	2.9	5.7	24.1	20.8	6.15	9.81
2022. 1- 3		7.9	13.7	3.0						
4- 6	2022・上	7.2	17.6	4.6	9.8	12.5	27.4	30.0	7.30	12.97
7- 9		8.3	18.3	9.8						
10-12	2022・下	6.1	△2.8	7.7	7.7	10.2	5.9	△7.3	6.04	8.25
2023. 1- 3		5.0	4.3	11.0						
4- 6	2023・上	5.8	11.6	4.5	3.5	3.4	11.0	2.1	7.8	12.80
7- 9		5.0	20.1	3.4						
10-12	2023・下				*1.6	*2.8	*△3.9	*3.0	*5.72	*8.26
2024. 1- 3										
発表機関		財務省			日本銀行					

（注）法人企業統計：金融業，保険業を除く。
設備投資は，2002年度以降，ソフトウェア投資額を含む。
なお，〔 〕は「法人企業景気予測調査」（金融業，保険業を除く）の年度見通しの計数である。
日銀短観：*印は2023年12月調査による計画である。

最近の財政金融政策（2023年12月25日現在）

2022. 1.17	施政方針演説・財政演説
〃	令和４年度予算（国会提出）
〃	令和４年度の経済見通しと経済財政運営の基本的態度について（閣議決定）
3.22	令和４年度予算成立
〃	令和４年度税制改正法成立
4.26	コロナ禍における「原油価格・物価高騰等総合緊急対策」（関係閣僚会議決定）
5.17	令和４年度補正予算（第１号）（閣議決定）
5.25	財政演説
〃	令和４年度補正予算（第１号）（国会提出）
5.31	令和４年度補正予算（第１号）成立
6. 7	経済財政運営と改革の基本方針2022（骨太の方針）（閣議決定）
〃	新しい資本主義のグランドデザイン及び実行計画・フォローアップ（閣議決定）
〃	デジタル田園都市国家構想基本方針（閣議決定）
7.29	令和５年度予算の概算要求に当たっての基本的な方針について（閣議了解）
10. 3	所信表明演説
10.28	物価高克服・経済再生実現のための総合経済対策（閣議決定）
11. 8	令和４年度補正予算（第２号）（閣議決定）
11.21	財政演説
〃	令和４年度補正予算（第２号）（国会提出）
12. 2	令和４年度補正予算（第２号）成立
12.22	令和５年度の経済見通しと経済財政運営の基本的態度について（閣議了解）
12.23	令和５年度一般会計歳入歳出概算について（閣議決定）
〃	令和５年度税制改正の大綱について（閣議決定）
2023. 1.23	施政方針演説・財政演説
〃	令和５年度予算（国会提出）
〃	令和５年度の経済見通しと経済財政運営の基本的態度について（閣議決定）
3.28	令和５年度予算成立
〃	令和５年度税制改正法成立
6.16	経済財政運営と改革の基本方針2023（骨太の方針）（閣議決定）
〃	新しい資本主義のグランドデザイン及び実行計画2023改訂版・成長戦略等のフォローアップ（閣議決定）
7.25	令和６年度予算の概算要求に当たっての基本的な方針について（閣議了解）
10.23	所信表明演説
11. 2	デフレ完全脱却のための総合経済対策（閣議決定）
11.10	令和５年度補正予算（第１号）（閣議決定）
11.20	財政演説
〃	令和５年度補正予算（第１号及び特第1号）（国会提出）
11.29	令和５年度補正予算（第１号及び特第１号）成立
12. 1	事業性に着目した融資の推進に関する業務の基本方針（閣議決定）
12. 8	令和６年度予算編成の基本方針について（閣議決定）
12.21	令和６年度の経済見通しと経済財政運営の基本的態度について（閣議了解）
12.22	令和６年度一般会計歳入歳出概算について（閣議決定）
〃	令和６年度税制改正の大綱について（閣議決定）
2024. 1.16	令和６年度一般会計歳入歳出概算の変更について（閣議決定）

財政金融統計月報第814号，第825号，第838号，第849号（国有財産特集）の訂正について

記載内容に誤りがありましたので，下記のとおり訂正します。

なお，ホームページには訂正後のものを掲載しております。

※　訂正箇所は下線部分となります。

記

第849号

P. 154

25.　財務省所管一般会計所属普通財産年度別・区分別現在額の推移

【誤】

（単位　百万円）

区分 / 年度末	番号	工作物 価格
30………	17	225, 418

【正】

（単位　百万円）

区分 / 年度末	番号	工作物 価格
30………	17	255, 418

※　財政金融統計月報第814号，第825号，第838号（国有財産特集）の同普通財産統計（財務省所管一般会計所属普通財産年度別・区分別現在額の推移）についても，該当箇所（下線部分）を訂正しております。